本书由郑州中华之源与嵩山文明研究会和郑州嵩山文明研究院资助出版

中华之源与嵩山文明研究系列丛书

环嵩山地区三代城市水利系统的考古学研究

刘亦方　宋国定　著

中国社会科学出版社

图书在版编目（CIP）数据

环嵩山地区三代城市水利系统的考古学研究 / 刘亦方，宋国定著. —北京：中国社会科学出版社，2022.3
(中华之源与嵩山文明研究系列丛书)
ISBN 978 - 7 - 5203 - 9815 - 2

Ⅰ.①环… Ⅱ.①刘… ②宋… Ⅲ.①水利系统—文化遗址—研究—登封 Ⅳ.①K878.44

中国版本图书馆 CIP 数据核字（2022）第 033176 号

出 版 人	赵剑英
责任编辑	郭　鹏
责任校对	刘　俊
责任印制	李寡寡

出　　版	中国社会科学出版社
社　　址	北京鼓楼西大街甲 158 号
邮　　编	100720
网　　址	http://www.csspw.cn
发 行 部	010 - 84083685
门 市 部	010 - 84029450
经　　销	新华书店及其他书店
印刷装订	北京君升印刷有限公司
版　　次	2022 年 3 月第 1 版
印　　次	2022 年 3 月第 1 次印刷
开　　本	787×1092　1/16
印　　张	16
插　　页	5
字　　数	303 千字
定　　价	118.00 元

凡购买中国社会科学出版社图书，如有质量问题请与本社营销中心联系调换
电话：010 - 84083683
版权所有　侵权必究

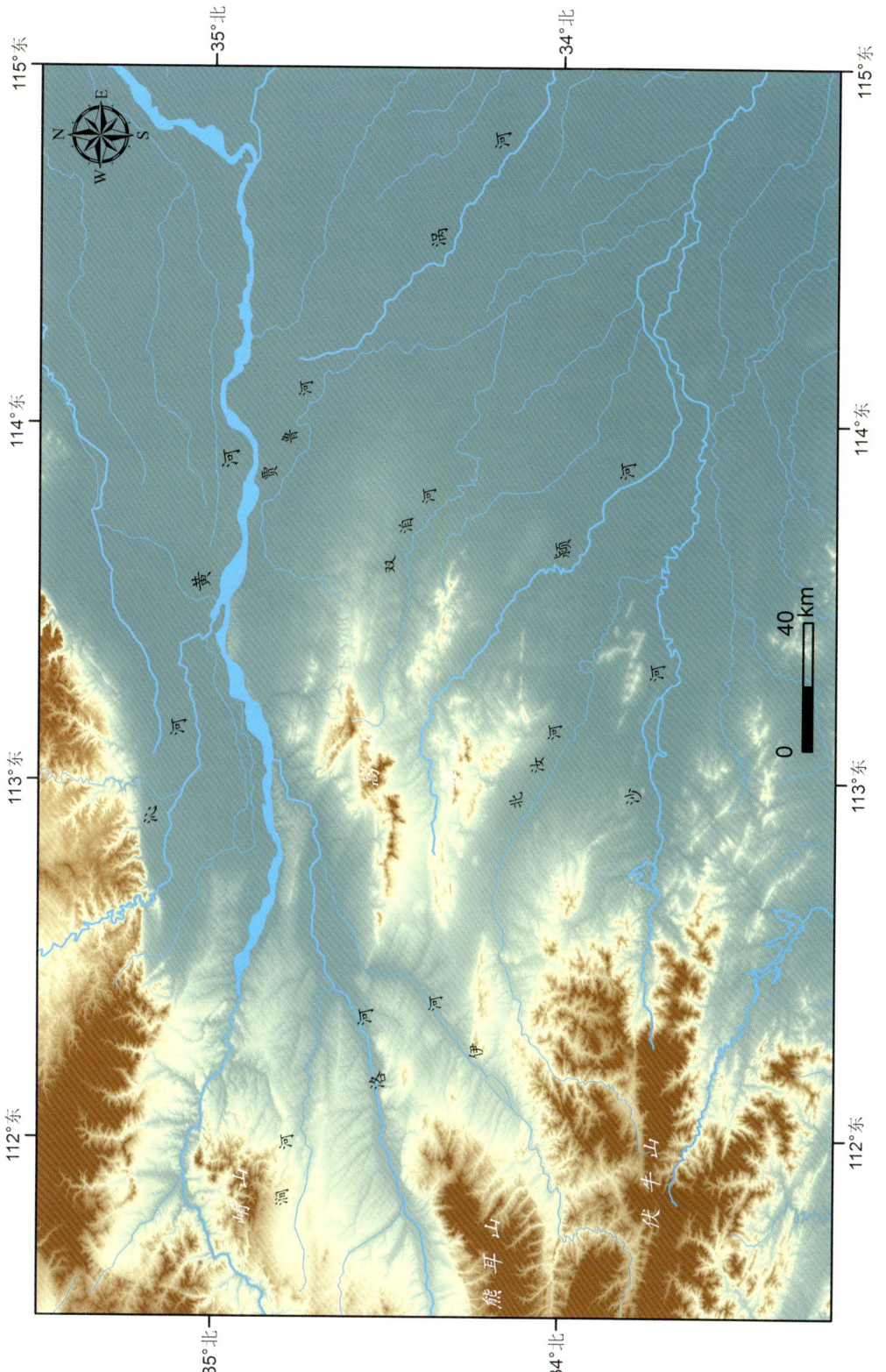

图版一 环嵩山地区地形图

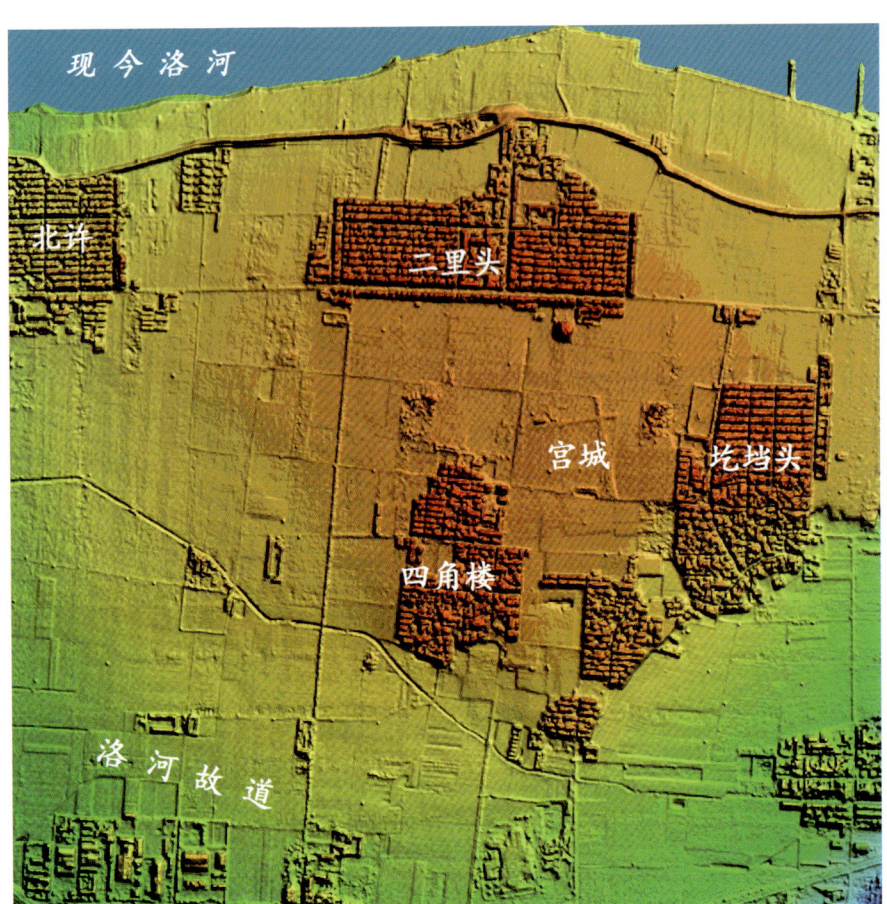

图版二 新密古城寨遗址航拍图

图版三 偃师二里头遗址地形渲染图

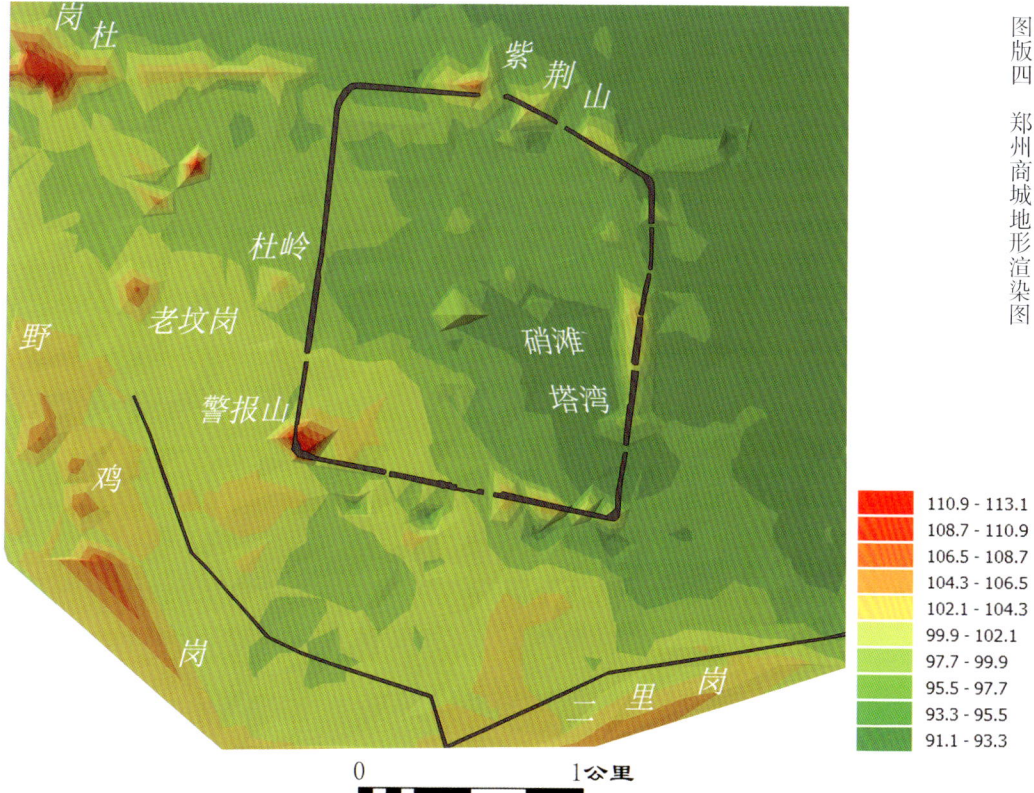

图版四 郑州商城地形渲染图

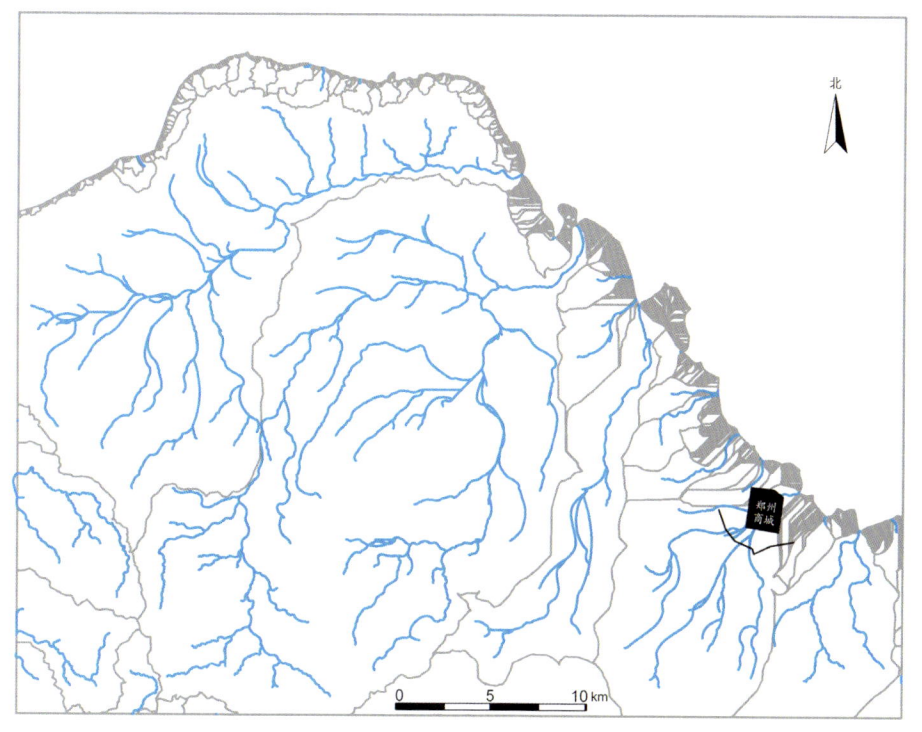

图版五 郑州商城周边水文分析图

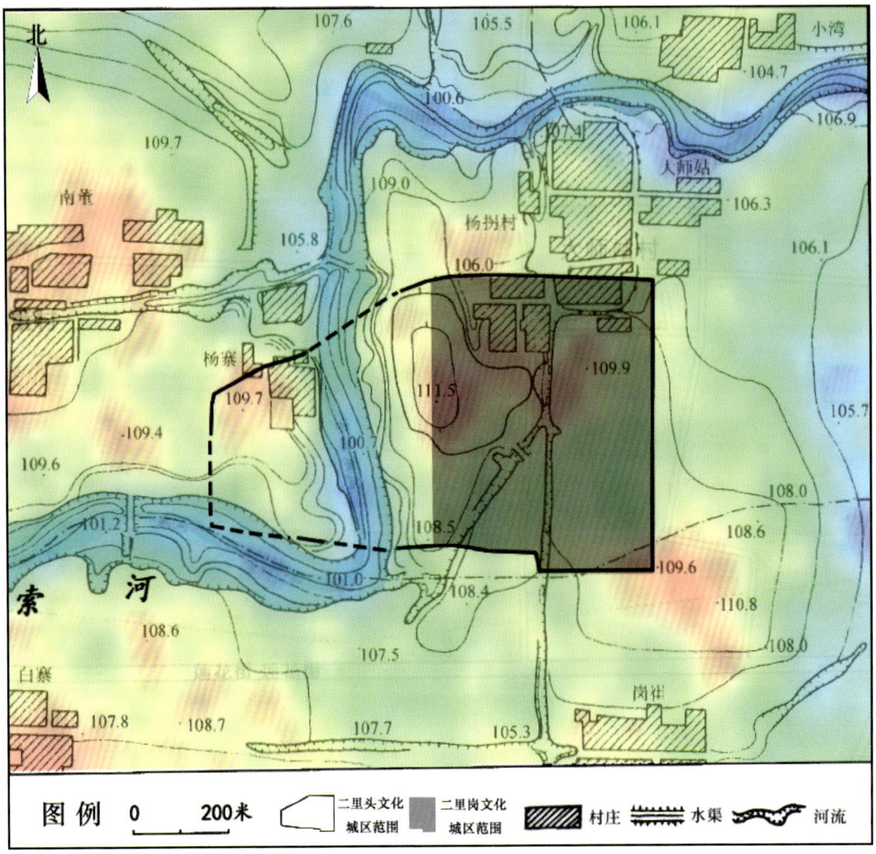

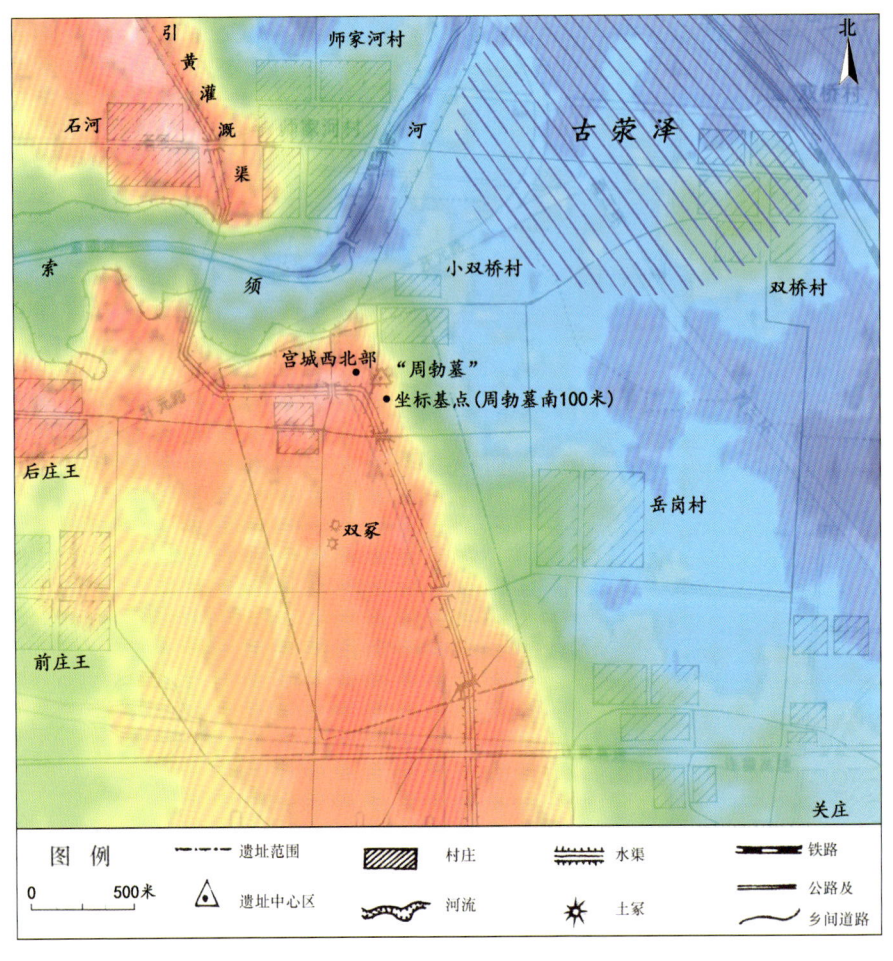

图版六 荥阳大师姑城邑与地形渲染图

图版七 郑州小双桥城邑与地形渲染图

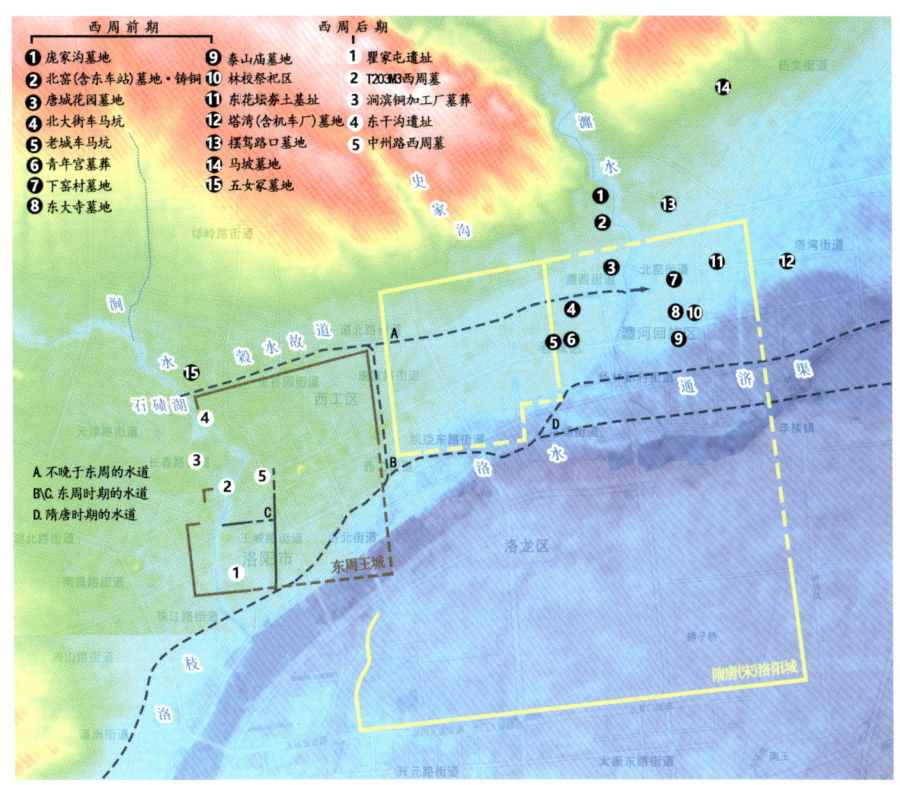

图版八　洛阳瀍涧流域两周遗存与地形渲染图

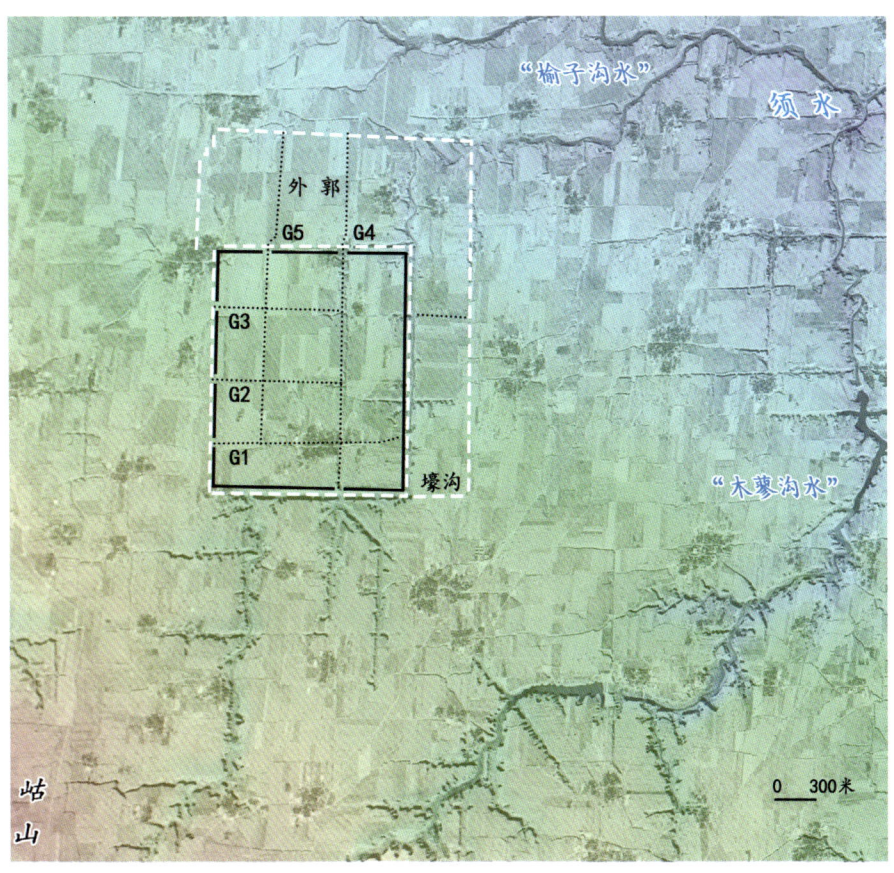

图版九　京襄城周边水系与地形渲染图

中华之源与嵩山文明研究系列丛书

编纂委员会

学术顾问	徐光春　王伟光　李伯谦　严文明
	朱凤瀚　郭黛姮　朱绍侯　朱士光
	王　巍
主　　任	王文超
副 主 任	李柏拴　刘其文　丁世显
委　　员	（以姓氏笔画为序）
	刘太恒　齐岸青　孙英民　陈西川
	苗书梅　赵　辉　赵　健　阎铁成
	韩国河

中华之源与嵩山文明研究系列丛书

编辑委员会

主　　任　李伯谦
副 主 任　王　巍　　赵　辉　　杨焕成　　孙英民
委　　员　陈星灿　　杭　侃　　郭黛姮　　郝本性
　　　　　郑杰祥　　雷兴山　　刘海旺　　张新斌
　　　　　史家珍　　李令福　　杜启明　　张国硕
　　　　　程民生　　阎铁成　　任　伟　　朱　军
　　　　　张松林　　王文华　　顾万发　　张建华

序

位于东部季风区的长江、黄河流域是中华文明起源的重要地带，由于降水的时空分布极不均衡，以农业种植为主体的定居聚落必然面临水资源差异悬殊而造成的各种威胁，治水也理所当然地成为人类社会发展进程中极其重要的社会实践活动，体现出特定的人地关系模式。随着社会复杂化程度的逐步深入、早期国家的形成与发展，古人的治水能力稳步提升，治水范围不断扩大，治水理念趋于完善。探讨古人治水问题能够揭开一个全新的视角，有利于深入、全面地理解和阐释古代社会的兴衰与演变历程。

中国考古学研究经历100年的发展，积累了大量古代水利遗存的重要材料，各地持续发掘多年的众多大型中心性聚落或都城遗址，几乎都具备由各种复杂水利设施构成的水利系统，其功能涵盖防洪、引蓄、给排、消防、环境美化等多个方面。完备的水利设施为定居聚落的长期稳定与繁荣奠定了坚实基础，也彰显出城市化进程中的聚落内部不同功能区的水资源分配模式，逐渐成为学界颇为关注的焦点。良渚古城外围大型水利工程的准确解读，引发了学界深入探讨的热潮，极大地推动了古人治水或者古代水利工程方面的考古学研究。现有的研究表明，通过考古调查、发掘或聚落三维重建等方式，能够揭示越来越多的古代水利遗存，构建古代聚落的水利系统，厘清古代治水文明的发展、演进脉络。

作为中原腹心地带的环嵩山地区，是中国早期国家起源与发展的核心区域，也是早期城市化程度最高的地区之一，积累了数千年的水利资源控制与管理经验，上古夏、商、周三代王朝均在此建都立国。环嵩山地区率先跨入广域王权国家的门槛，离不开广泛、深刻的治水活动，以及由此带来的区域深入开发、生产力水平提高和社会的稳定繁荣。该地区众多的早期水利遗存在中国古代水利技术史、文明起源与发展历程中都极具典型性，对其进行系统研究具有重要的学术价值。

作者，尤其刘亦方博士尽可能地综合各种图文资料，尤其通过对历史文献的解读，借鉴城市考古中的回溯研究视角来进行分析，首次对环嵩山地区夏、商、周三代城市水利设施方面的考古资料进行较为全面的归纳和梳理，结合各城市所在地域的自然地形、水系以及城市形态变迁等要素，揭示出该地区三代城市水利系统的发展脉络，总结了环嵩山地区城市水利设施的特征，认为城市水利设施的建设与不同阶段城市形态的演进相适应。统治者及城市管理者所在的宫城或衙署，往往建设有沟渠、水池组成的"池苑"，是城市中最为重要的权力中心与水利系统营建的核心，体现了与农耕需求迥异的用水特色，凸显"城乡分野"的礼制象征功能逐渐强化。同时，将环嵩山地区代表的早期中国文明与尼罗河流域古埃及文明、美索不达米亚文明、印度河流域哈拉帕文明的城市水利系统进行比较，提出自然地理环境与社会组织形态的异同是世界各地域原生文明城市水利建设存在趋同或分化的重要影响因素。

从各聚落水利设施的考古资料来看，虽然环嵩山地区有着完善的考古学文化谱系框架，以及不同时期丰富的考古调查与发掘材料，但由于一些主持考古工作的学者针对水利设施的理解与重视程度不够，很多聚落中水利设施遗存没有充分梳理，相关材料显得较为零散。加之环嵩山地区历来人口密集，后期频繁开发对早期水利遗存造成了严重的破坏，很难进行全面复原。这些因素给本书的研究很难避免会留下些许遗憾之处。

总之，本书形成了对环嵩山地区三代城市水利系统发展脉络及基本特征的初步认识，对进一步完善中国古代水利技术发展史、探索中国古代水利考古学研究具有较高的学术价值。希望作者能够继续努力，建立并不断充实、完善关于城市水利系统的考古学研究体系，在水利考古研究的道路上进一步探索，并取得新的成绩。

刘建国

2021 年 7 月 11 日

目　　录

第一章　绪论 ……………………………………………………………………… (1)
　第一节　研究缘起与意义 ………………………………………………………… (1)
　第二节　研究范围和概念说明 …………………………………………………… (2)
　　一　时空范围 …………………………………………………………………… (2)
　　二　早期城市与城市水利系统 ………………………………………………… (10)
　第三节　中国古代城市水利研究综述 …………………………………………… (14)
　　一　传统城市水利史研究回顾 ………………………………………………… (14)
　　二　城市水利考古研究及进展 ………………………………………………… (16)
　第四节　研究方法与研究框架 …………………………………………………… (18)
　　一　研究方法 …………………………………………………………………… (19)
　　二　研究框架 …………………………………………………………………… (21)

第二章　城市水利工程的萌动：三代以前的定居聚落与水利设施 …………… (23)
　第一节　裴李岗文化聚落的沟渠设施 …………………………………………… (24)
　第二节　仰韶时期聚落的环壕与围垣 …………………………………………… (26)
　　一　聚落环壕与水利 …………………………………………………………… (27)
　　二　垣壕兼备聚落的出现 ……………………………………………………… (35)
　　三　仰韶时期聚落水利的特点 ………………………………………………… (39)
　第三节　新石器时代中晚期的聚落水利 ………………………………………… (40)

第三章　城市水利系统的肇始：龙山至二里头的城市化与城市水利 ………… (42)
　第一节　龙山时期的早期城市水利工程 ………………………………………… (44)
　　一　城垣与城壕工程的修筑 …………………………………………………… (44)
　　二　明沟暗渠引输水工程的出现 ……………………………………………… (57)
　　三　水井的普及 ………………………………………………………………… (63)
　　四　龙山时期城市水利工程的出现与发展 …………………………………… (64)

第二节　城市水利系统的确立
　　　　　　——二里头都邑的城市水利 ……………………………………… (66)
　　　　一　城市用水条件 …………………………………………………… (67)
　　　　二　城市水利的设置 ………………………………………………… (69)
　　第三节　龙山到二里头时期的城市水利系统 ……………………………… (78)

第四章　城市水利系统的演进：商王朝时期的城市水利系统 …………………… (80)
　　第一节　郑州商城的水利系统 ……………………………………………… (82)
　　　　一　城市用水条件 …………………………………………………… (82)
　　　　二　城市防洪导水工程 ……………………………………………… (84)
　　　　三　以沟渠为中心的引输水系统 …………………………………… (87)
　　　　四　水井设施 ………………………………………………………… (97)
　　第二节　偃师商城的水利系统 ……………………………………………… (101)
　　　　一　城市用水条件 …………………………………………………… (101)
　　　　二　以沟渠为中心的引输水系统 …………………………………… (103)
　　　　三　水井设施 ………………………………………………………… (112)
　　第三节　地方城邑的水利设施 ……………………………………………… (112)
　　　　一　望京楼城邑 ……………………………………………………… (113)
　　　　二　大师姑城邑 ……………………………………………………… (119)
　　　　三　东赵城邑 ………………………………………………………… (123)
　　第四节　商代中晚期城市水利系统的演变 ………………………………… (124)
　　　　一　小双桥水利工程的设置 ………………………………………… (125)
　　　　二　安阳都邑城市水利的变迁 ……………………………………… (129)
　　第五节　商代城市水利的发展 ……………………………………………… (134)

第五章　城市水利系统的兴盛：周王朝时期的城市水利系统 …………………… (137)
　　第一节　周王室都邑的城市水利 …………………………………………… (139)
　　　　一　周王室都邑的用水条件 ………………………………………… (139)
　　　　二　西周洛邑的城市用水 …………………………………………… (141)
　　　　三　东周王都的城市水利 …………………………………………… (149)
　　第二节　郑韩故城的城市水利 ……………………………………………… (158)
　　　　一　城市用水条件 …………………………………………………… (161)

二　城市水利的相关线索 ·· (162)

　第三节　中小型城邑水利的设置 ·· (168)

　　一　两周之际的城市水利——以官庄、娘娘寨为例 ··············· (169)

　　二　战国时期地方城市水利工程 ··· (172)

　第四节　两周时期城市水利的重构与完备 ································· (181)

第六章　环嵩山地区三代城市水利的特征
　　　——基于中外比较的视角 ·· (184)

　第一节　地区三代城市水利系统的基本特征 ································ (185)

　　一　典型城市水利工程的演进趋势 ······································· (185)

　　二　环嵩山地区三代城市水利的分期与结构特点 ···················· (189)

　第二节　世界其他早期文明的城市水利建设 ································ (192)

　　一　古埃及文明的城市与水利 ·· (192)

　　二　美索不达米亚的城市水利 ·· (200)

　　三　印度河流域的早期城市水利 ··· (209)

　第三节　世界早期文明城市水利的异与同 ··································· (214)

第七章　结语 ·· (217)

参考文献 ·· (220)

后　记 ··· (242)

第一章 绪 论

第一节 研究缘起与意义

水是人类赖以生存和繁衍的重要资源，人类社会离不开对水资源的开发与利用，同时也要规避因水产生的旱、涝等灾害，水利工程因之得以修建，用来达到趋利避害的目的。随着社会的发展、人类认识能力的提高以及科技进步，各种水利设施愈发成熟和完善，成为人们适应、掌握自然规律，利用和改造自然能力的重要标志。与此同时，由于大多数的水利工程超越了个体能力范畴，作为集体行为的产物，水利工程也与人类社会形态密不可分。随着人口的集中、社会复杂化程度的加深以及国家政体的出现和发展，水利事业不但满足人们生活生产的客观需求，也促成了社会关系与权力结构的表达[①]。

城市作为人类社会发展至今聚集人口最多、功能结构最为复杂的聚落，也包含着最为复杂的社会关系。城市形态与布局结构体现并强调了城市人口的社会分化，是城市、地区以及国家社会形态的集中体现。而城市所在地区水系条件以及对水的管控，则成为城市社会正常运行以及社会秩序长久稳定的坚实基础之一。城市水利设施除了满足城市密集人口的生计需求以外，也与城市各部分功能结构息息相关。系统的城市水利工程，不仅反映了城市规划思想，也包含了城市不同区域生活的群体间社会关系等信息。同时，城市水利设施的兴建和维护，需要投入一定的人力、物力和财力成本，在很大程度上取决于城市、区域乃至国家的社会组织能力和控制力。

上古三代（即文献记载的夏、商、周时期）是中国早期王朝国家及城市文明形成并逐渐成熟的时期，且根据古史文献的记载，三代社会的最初阶段——夏——就和"治水"密不可分，广域范围内水利事业的开展不但促使古人积累了丰富的治水经验，也显示了早期王朝国家强大的社会凝聚力和组织力量。"大禹治水"以及"禹贡九州"的概念也在水利事业发展的背景下逐渐形成，并成为不同时期各族群共同推崇的文化记忆得以流传至今。作为三代王朝国家统治的核心地带，以郑、洛地区为代表的环嵩山地区则是上述历史过程的集中见证。在这一阶段，区域范围内先后形成了二里头、

---

① Karl A. Wittfogel. *Oriental Despotism*: *A Comparative Study of Total Power*, Yale University Press, 1957.

偃师商城、郑州商城、成周洛邑与东周王城、郑韩故城等国家性中心都邑及相应的城市网络。在早期国家与城市发展的过程中，伴随大规模水利兴修，城市水利系统作为区域内城市选址和营建必不可少的配套设施也在被不断实践。三代核心区域的城市水利不但是表现城市形态结构特征的关键要素之一，也与城市区位条件以及城市布局的发展、演化息息相关，是这一时期城市规划的重要组成部分，并在一定程度上客观反映了中国早期王朝国家社会权力结构与历史的变迁。

本研究正是基于上述考虑，以环嵩山地区三代城市水利系统为研究对象，通过对地区水系以及涉及不同阶段城市水利考古资料的分析，从水资源管理、利用的角度，揭示早期国家与城市化发展阶段，中原腹心地带人地关系的互动，理解早期王朝国家的城市水利设置与城市布局规划的关系，并从城市水资源分配和利用的角度，阐释社会权力秩序的确立。

除此之外，本研究对区域古代城市治水成就和经验的总结，也有着十分重要的现实意义。在城镇化、现代化、全球化迅猛发展的当今社会，人口集中且高度发达的超大规模城市，愈发成为维系地区、国家乃至国际社会稳定与繁荣的重要节点。但另一方面，在应对水资源等各种资源过度消耗、加之极端恶劣天气或自然灾害的不利影响时，高度发达的"国际城市"抑或"国际化都市"却显得更加脆弱，一旦缺乏全面、精细的应对机制和基础设施，便会走向崩溃的边缘，不但严重威胁城市民生，也会波及城市以外的地区和国家，威胁人类社会的可持续发展。在上述背景下，作为关乎社会正常运行的城市水利系统，也是当今城市规划和建设面临的重大课题，面对我国当代城市飞速发展与城市水利等基础设施建设相对滞后的矛盾，对于古代城市水利事业的研究，可为我们思考、分析、验证并优化现当代人地关系、城市与水源关系等提供必要的佐证，以史为鉴，古为今用。

第二节 研究范围和概念说明

在具体展开论述之前，本书要先对研究涉及的概念和时空范围等进行必要的说明，以便于统一认识，易于理解。

一 时空范围

对时空的界定是包括考古学在内所有历史研究面临的基础任务之一。尽管本书涉及的"环嵩山地区"和"三代"概念一再被研究者提及，但因研究目标和立场的差异，不同学者对上述概念的使用以及内涵在表述上并不一致。因而本书仍然需要在分析这些概念的基础上，对相关术语进行必要的阐释。

（一）时间范围——"三代"

"三代"语出自《论语·卫灵公》"三代之所以直道而行也"，邢昺疏"三代，夏、殷、周也"[1]，一般指古史文献中夏、商、周三个朝代[2]，是中国考古研究的重要时段和领域。虽然考古学提供了石器、青铜、铁器时代的三段式分期框架，但受到传统文献史学的强烈影响，除了石器时代考古被中国考古界接纳之外，其余考古学阶段的划分，仍以王朝分期为基本特征，构成了具有中国特色的考古学阶段划分的权威范式和术语体系[3]。三代考古即夏商周考古，与以后的秦汉考古、隋唐考古等阶段称谓具有同构性。在这一背景下，尽管有学者倾向于夏、商、周"三代"是年代上相互平行（互有重叠）、在横向上存在密切互动关系的地域政治体[4]，但绝大多数学者习惯将"三代"视作纵向的时间概念，以夏、商、周王朝依次接替的线性时间观来指导研究，并赋予了族属的内涵。面对考古学文化序列与王朝更迭的对应关系，这一学术惯性思维不可避免地引发了诸多焦点问题。对"王朝+文化"遗存的辨识，以及由此引发的"王朝分界"，长期占据学术研究的主导地位，其中以文字资料相对缺乏的夏与商代早中期尤为突出[5]。本书在对三代的表述上也不可避免会涉及这一问题（表1-1）。

尽管目前仍有学者对关于夏代的考古问题保持谨慎态度[6]，但大多数研究者都承认二里头文化与夏王朝密切相关，并认为其是"夏文化"——夏王朝时期在其统治范围内，由夏人主体创造的考古学文化[7]。但这一概念在实际操作过程中面临较多疑问。在主流观

---

[1] 《论语·卫灵公》。参见（三国）何晏等（注），（宋）邢昺（疏）：《论语注疏》，上海古籍出版社1990年版，第139页。
[2] 结合文献记载，周代因平王东迁，分为西周和东周两段，后者包括春秋和战国两个时期，其年代下限延续至秦统一之前。
[3] 许宏：《三代文明与青铜时代考古——以概念和时空流变为中心："三代文明"专栏开栏语》，《南方文物》2014年第1期。
[4] [美]张光直：《从夏商周三代考古论三代关系与中国古代国家的形成》，《中国青铜时代》，生活·读书·新知三联书店2013年版，第72页。
[5] 文献记载商王朝的都邑自盘庚迁殷以后才一直稳定在安阳直至亡国，在此之前则多有迁徙。根据有关商王朝早晚权力中心变迁的考古发现，我们在接下来的表述中，将按照商代早期（这一时期的都邑主要包括郑州商城、偃师商城）、商代中期（小双桥、洹北商城）和商代晚期（殷墟，以小屯为中心）来进行叙述，其中，洹北商城和以小屯为中心的殷墟大体隔河相望，又代表了商代安阳都邑的早晚两个阶段。
[6] 许宏：《关于二里头为早商都邑的假说》，《南方文物》2015年第3期。
[7] 邹衡：《试论夏文化》，《夏商周考古学论文集》，文物出版社1980年版。

点下，龙山文化晚期阶段"王湾三期"文化以及"新砦期"遗存[①]，都与二里头文化的形成紧密相关[②]，它们与二里头文化的相互关系展现了二里头文化复杂的形成过程，但夏王朝开始的时间难以和这些考古学文化相对应。而二里头文化晚期遗存又与属于"商文化"范畴的二里岗文化早段存在密切关联[③]，二里头文化晚期也很可能进入了商纪年[④]。如此，二里头文化晚期遗存就超出了"夏文化"所定义的年代，但将其割舍显然也不太合适。同样的问题在处理商文化与周文化的归属及其相互关系上也依然存在。

表1-1 不同表述体系下"三代"序列对应表

传统文献叙事		考古学文化序列	权力中心	社会形态演变过程
三代	夏	龙山文化晚期（王湾三期及"新砦期"）	地区中心聚落	区域社会复杂化政体（早期国家形成初期）
		二里头文化	二里头	广域王权国家
		二里岗文化	郑州商城 偃师商城	
	商		小双桥 洹北商城	
		殷墟文化	殷墟（小屯为中心）	
	两周	周文化	成周洛邑	
		周文化衍生的列国文化	列国都邑	向大一统帝国过渡的国家形态

实际上，考古学文化与历史朝代、古代族群的相互关系十分复杂，并非简单的一一对应。其发展并不受王朝国家更迭的限制，二者起止时间往往也不相符[⑤]。其次，考古学文化分期基于陶器形制演变的逻辑序列，具有一定的主观性，其主要强调的是文化发展过程中达到的稳定状态，弱化了各期、段之间的联系性[⑥]。再者，考古学文化

[①] 赵芝荃：《略论新砦期二里头文化》，《中国考古学会第四次年会论文集》，文物出版社1985年版。

[②] 邹衡：《试论夏文化》，《夏商周考古学论文集》文物出版社1980年版，第166页；赵芝荃：《试论二里头文化的源流》，《考古学报》1986年第1期。

[③] 许宏、刘莉：《关于二里头遗址的省思》，《文物》2008年第1期。

[④] 如高炜、杨锡璋、杜金鹏、王巍《偃师商城与夏商文化分界》，《考古》1998年第10期。

[⑤] 孙华：《商文化研究的若干问题——在纪念殷墟发掘70周年之际的反思》，《三代文明研究（一）》，科学出版社1999年版；许宏、刘莉：《关于二里头遗址的省思》，《文物》2008年第1期。

[⑥] 张东：《编年与阐释：二里头文化年代学研究的时间观》，《文物》2013年第6期。

遗存的内涵并不单纯只有陶器，不同物质文化遗存针对社会历史变革的演变节奏实际上并不一致。在一定程度上，以陶器分期为主导的年代标尺会将时间属性不同的文化因素统一在一个时间链条中，而其间确实还存在各种不平衡性。这些因素都会导致在描述"三代"发展脉络时，考古学文化发展序列与历史文献叙事的时间线难以直接对应，也非常容易产生各种争议。从这一角度看，与其直接使用"王朝（族属）+文化"的表述，倒不如采用与之有关的考古学文化表述更能有效地避免争议。

从社会发展进程看，"三代"毋庸置疑进入了复杂社会阶段，其见证了中国早期广域王权国家的形成、发展并逐渐向秦汉统一帝国演变。而广域政体的形成无疑带动了更大范围内的人口迁徙、文化整合与社会认同，考古学文化相比于以族群认同为基准的"族属文化"的概念，因具有一定的地域倾向性，实则在表述地区交互影响过程中发挥的作用更大。我们不难看到，学界主流认可的各种与"夏文化""商文化""周文化"相对应的考古学文化概念，其核心就是在描述一定时期内以中心聚落（尤其是广域国家阶段的都邑）所在地区的主体物质文化面貌，并以此来衡量其他考古学文化的归属[1]。在此基础上，就聚落形态变迁的角度而言，即便学界对已发现不同阶段各地区中心聚落的地望考证存在各种争议，但这些聚落的功能属性都得到了普遍认可：其均是一定阶段内的区域中心，或与政治权力中心有关，甚至作为广域国家的都邑。加之，地区中心聚落的变化相比于以陶器为代表物质文化的演变，更能客观地反映社会变革及其对区域历史进程的影响。采用不同考古学文化最具代表性的区域中心聚落，来指示时间发展序列上的不同阶段，不仅易于把握不同时间阶段的特征，更为直观地表现出地区社会历史的变迁，也便于在各种争议之下促成相对一致的共识。

正是基于上述认识，本书对夏、商、周"三代"时间序列的表述（特别是针对夏及商代早中期），主要是以考古学文化发展序列为依据，结合宏观上聚落形态反映的社会演进过程，以地区中心聚落（尤其中心都邑）的变迁为线索来展开。采用这一方式进行论述实则也有利于把握三代城市水利早晚发展的节奏，便于体现政权变迁与水利的相互关系。

需要说明的是，由于三代社会历史的形成与发展并非一蹴而就，城市与城市水利工程也经过了长期的起源与发展过程，本书在具体研究中适当地将时间上限扩展至史前时期（主要是新石器时代中晚期阶段，大体以距今8000年前后稳定的定居聚落出现为起点）。这一时期农业和稳定定居聚落逐渐发展成熟，这为后来区域社会复杂化政体乃至广域国家的形成、以城市为代表的复杂区域中心聚落的出现奠定了基础。三代城

---

[1] 许宏：《对山东地区商代文化的几点认识》，《纪念山东大学考古专业创建20周年论文集》，山东大学出版社1992年版。

市水利系统的起源也与史前聚落治水经验的不断积累息息相关。因此，对三代之前聚落水利的考察有利于深入理解三代社会城市水利系统的形成脉络。

（二）空间范围——环嵩山地区

环嵩山地区指的是以嵩山为中心，大体涵盖现今河南郑州、洛阳、许昌、平顶山等地及其邻近区域，属于传统意义上中原腹心地带（图1-1）。该地区拥有"天下之中"的地理区位优势，并且在早期国家发展以及社会复杂化进程中，率先形成了广域王权国家，成为三代文明相继发生并繁荣的中心，见证了中华文明的起源与发展。相比于传统"中原地区"抑或"中原文化圈"的概念，"环嵩山地区"或者"嵩山文化圈"概念的提出和推广①，更多地侧重从人地关系的角度，强调古人繁衍生息，在创造发达古代文明的历史进程中，与当地特有自然生态环境之间的互动关系。区域内城市聚落的出现和发展以及相应水利工程的兴建，则是上述文明进程中人地关系互动的重要表现形式，本书采用"环嵩山地区"这一概念的出发点也正在于此。

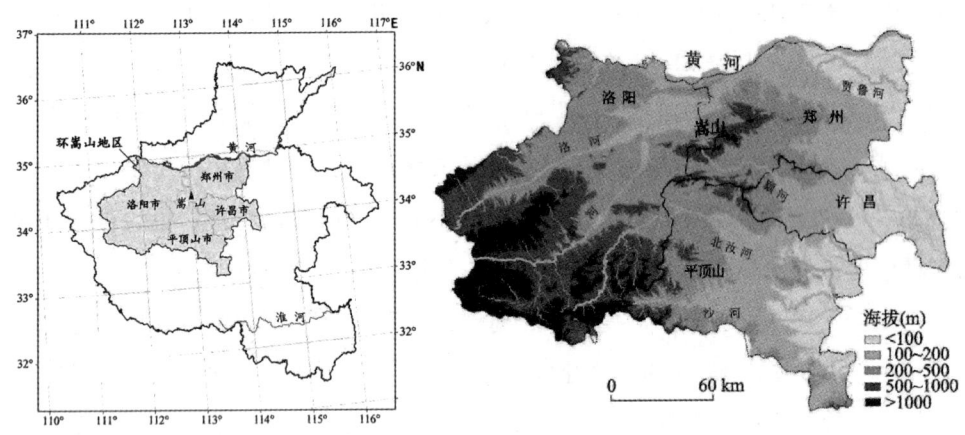

图1-1 环嵩山地区地理位置图

改自鲁鹏等《环嵩山地区9000—3000aBP聚落分布与区域构造的关系》，《地理学报》2014年第6期。

1. 区域地理概况

环嵩山地区地处我国二、三级阶梯的交界过渡地带，其区间范围西连豫西山地丘陵，北抵现今黄河，东、南皆可至豫东黄淮冲积平原的西部，总体地势西高东低。除了东部冲积平原因长期受黄河摆动因素的影响古今变化较大以外，地区基本山川地形自晚更新

---

① 周昆叔等：《论嵩山文化圈》，《中原文物》2005年第1期。

世以来相对稳定①。地区地形地貌条件复杂多样，基本地貌类型主要由山地丘陵、黄土丘陵和平原构成。其中，嵩山属于秦岭东端余脉，大体上呈东西向展布，横亘于地区中部。山体所在区域地势起伏大，海拔最低为350米，最高可达1500米以上。其外围环山则广泛分布有低山丘陵，多因河流沟谷发育而具有沟壑纵横的特点，地貌单元较为破碎。再向外，西北部为伊河与洛河谷地，东部为黄淮冲积平原的西部边缘，向南还包括了颍河、沙河谷地，地势平坦开阔，海拔多降至200米以下②。

上述环嵩山地区地貌景观的差异也会造成局部地域小气候存在些许不同，并影响干湿条件和水分平衡，促使不同区域人们生产生活用水条件的差异。环嵩山地区整体属于暖温带大陆季风气候，四季分明，雨热同期，但年降雨量呈现南多北少的特征③。在一些具有喇叭口式或圈椅式地形条件的山口地带，在雨季会造成区域性的暴雨④。总体来看，受季风气候的影响，环嵩山地区降水分配不均，地域差异较大，河流水量也都存在较为明显的季节性变化，具有旱涝灾害交替发生的特征。自古以来，伴随人类定居以及农业活动的增多，原始自然植被的减少与地区自然景观发生改变，水旱灾害较为频繁，地区社会的稳定发展也愈发依赖水利工程的建设。

2. 分区与水系

山川地理条件将环嵩山地区分割为不同的地理单元（图1-2），河流水系的分布状况不仅成了沟通这些不同地理单元的线索，也会对城市选址与水利工程的设计与实施产生影响。按照流域的不同，结合以往学者的研究⑤，本书探讨的环嵩山地区主要包括以下四个区域。

（1）洛阳盆地

该地区主要指伊、洛河下游冲积平原地区，大体涵盖了除伊河中上游嵩县等地区外的洛阳及巩义市地。其地四面环山，形成了相对封闭的地理空间，南靠嵩山及其余脉，北依邙山与黄河相隔，西连崤山，东部则是嵩山与黄河相夹形成狭长过道，自古以来即为东西交通必经之地。

伊河与洛河是地区水系的主干，二者大体自西而东横穿地区中部，汇集了从南、北两侧山地丘陵发源的各条支流，并在经由偃师之后合流形成伊洛河，流经巩义境内，

---

① 张光业：《河南省第四纪古地理的演变》，《河南大学学报（自然科学版）》1985年第3期。
② 时子明主编：《河南自然条件与自然资源》，河南科学技术出版社1983年版，第22—49页。
③ 李克煌：《论豫西山地区的水分平衡和气候干燥度》，《河南大学学报（自然科学版）》1985年第1期。
④ 施其仁：《伊洛河流域暴雨主要特征及其成因分析》，《河南师范大学学报（自然科学版）》1983年第1期；施其仁：《淮河上游地形对大暴雨的影响》，《河南大学学报（自然科学版）》1997年第1期。
⑤ 张海：《公元前4000至前1500年中原腹地的文化演进与社会复杂化》，北京大学，博士研究生学位论文，2007年，第13—25页。

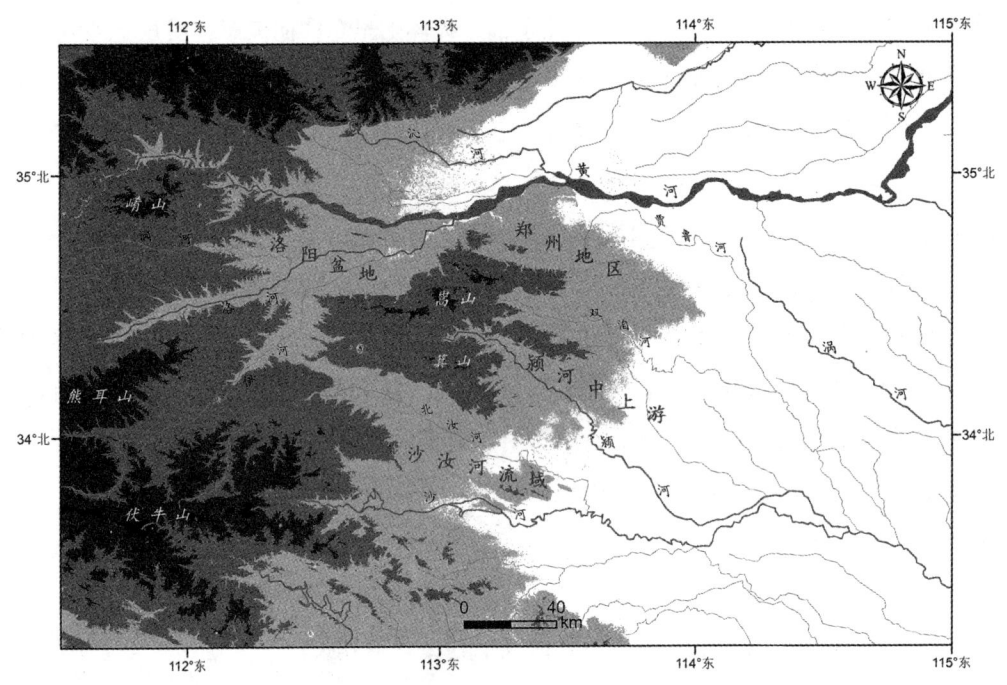

图1-2 环嵩山地区主要地理单元图

(地图制作:李文成)

最终自西南而东北注入黄河。几条较大的伊洛河支流自西向东包括发源于地区北侧邙山丘陵的瀍河和涧(穀)河,以及源自嵩山北麓的马涧河、坞罗河等。此外,伊洛河流域周邻的山地丘陵还发源有一些季节冲沟。在河流发源的上游地区,因河流下切往往沟谷发育,地形相对破碎,并且存在黄土梁和黄土残塬地貌。在由伊、洛河形成的冲积平原地区,在三代以前及三代早期阶段还存在一定范围的湖泊沼地[①],水源充沛,地势平坦开阔,古往今来皆为大型地区中心城市发展的重点地域。特别是瀍、涧(穀)与伊、洛河流经今洛阳市区一带,自上古三代至中古唐宋时期,一直是中国古代王朝都城重要的选址区域,地区水系也因此长期受到人为干预的影响。

(2)郑州地区

主要指现今枯河(即《水经注》"砾石溪")、索河、须水河,并且包括今贾鲁河(即《水经注》中的"京水"或"黄水")中上游等区域,大体相当于现今荥阳、郑州市地为中心及其邻近地区。其地北靠广武山,西、南部皆为嵩山及其余脉,东部面向

---

① 梁亮、夏正楷、刘德成:《中原腹地距今5000—4000年间古环境重建的软体动物化石证据》,《北京大学学报(自然科学版)》2003年第39卷第4期;夏正楷等:《伊洛河水系变迁和二里头都邑的出现》,《夏商都邑与文化(二)》,中国社会科学出版社2014年版。

广阔的黄淮冲积平原，构成了一个相对开放的地理空间。区域内自西、南向东、北大体依次可划分为低山、黄土丘陵、黄土台地、冲积平原（含少量沙丘）等地貌类型，海拔高度则从大约700米降至100米以内。其中，京广铁路所在的地貌陡坎，是东部冲积平原与西侧黄土台地、丘陵山地的天然分界。

该区域河流水系复杂，古今变化极大，特别是进入东部冲积平原之后，早晚水系变迁尤为明显。现今地区范围内除枯河属于黄河支流以外，其余河流均汇入淮河，属于淮河水系。根据《水经注》等文献记载，当地在汉魏之前还曾存在古济水，索、须水等河流均属于济水系统。历代黄河改道以及运河等水利工程的修筑是促使当地黄、淮水系格局演化的决定性因素，贾鲁河水系的形成则是地区由黄河—济水系统转向以淮河水系为主导的关键[1]。唐宋时期汴河漕运系统的确立、济水的消亡，成了地区内水系变迁的重要转折，原先汇入黄河、济水的河流至此之后改经贾鲁河汇入淮河。除了上述河流之外，地区范围内在汉魏以前还曾存在大范围的湖泊沼泽，文献中记载的"荥泽""圃田泽"均位于这一地区，成为史前以来人们在此定居繁衍的重要水源，也发挥了蓄水调控的功能。

（3）颍河中上游地区

该区域主要指的是嵩山东南麓，以颍河及其支流双洎河的中上游地区为主，大体涉及了现今登封、新密、禹州以及许昌等地市。区域地貌单元包括了山地、山前丘陵、低丘岗地、河流阶地和冲积平原等。双洎河、颍河上游因嵩山及其延伸支脉具茨山、箕山的分布，形成山河相间的地理格局，至中游以下进入开阔平坦的冲积平原。

地区内的颍河、双洎河等均属淮河水系。其中，颍河作为淮河的二级支流，也是淮河流域最大的水系。双洎河是贾鲁河的支流，而后者在今周口市一带汇入颍河。区域内处于河流上游的登封、新密一带，山地和丘陵分布面积较广，尤其登封一带四周山地环绕，环境更为封闭。这些区域地势相对较高，沟谷发育，地形较为破碎，河流在山谷中穿行，拥有众多支流。在进入东南部的平原地区以后，流速放缓，河道受自然及人为因素的影响易发生改动。而根据《水经注》的记载，在地区内双洎河（即"洧水"）、溱水河下游一带，因古鸿沟（浪荡渠）自然堤的阻挡，还壅塞形成如"洧渊""棘泽""皇陂"等大小多个湖沼，其中不少也应属于人工改造的陂塘水利工程[2]，起到了调蓄水量的功能。

（4）沙汝河流域

该区域指的是嵩山以南，沙河、北汝河流经的河谷和冲积平原，大体包括今汝阳、

---

[1] 于革等：《郑州地区湖泊水系沉积与环境演化研究》，科学出版社2016年版，第89页。
[2] 邹逸麟、张修桂（主编）：《中国历史自然地理》，科学出版社2013年版，第256页。

襄城、鲁山、平顶山、叶县、郾城等地区。区域地貌类型可划分为山地、丘陵台地和平原。山地主要有地区西部的外方山、伏牛山以及北部的箕山构成，海拔高度超过 500 米。平原主要分布于郏县、宝丰、鲁山、平顶山和叶县等地，地势平坦，海拔高度在 100—200 米，其中叶县和平顶山部分区域海拔高度小于 100 米。山地与平原之间还分布有丘陵台地，区域沟谷发育，地势略有起伏，地形较为破碎，海拔高度在 200—500 米[①]。

该地区内河流以沙河与北汝河为主干，也属于颍河—淮河水系。二者均发源于伏牛山。北汝河自山北麓出，先向东北，后再沿箕山南麓转向东南，沿途又汇入洗耳河、荆河、燕子河等支流。沙河主干则出山南麓自西而东，在现今平顶山东南与北汝河相汇，又有自西而东的澧河注入，一并向东再注入颍河。在上述这些河流交汇的下游冲积平原地区，存在较多洼地，一些地势略高的小型岗地就成为古人定居的重点区域。而在河流中上游地区，受山地地形的阻隔，北汝河流域的降水量相对小于南部的沙河、澧河流域，或对地区水源和居民用水有一定的影响[②]。

总体上看，由于环嵩山地区内山水相间，自然地理环境较为复杂，在保持文化整体面貌与发展脉络大体一致的前提下，不同地貌单元分隔而成的较小地域空间内，还存在文化连续、传承与演替复杂多样的特点（史前阶段尤为明显）。这不仅反映了周边不同文化背景影响下地区内部文化与社会发展的差异性，也和古人适应地区不同生态环境有着密切关联。在此基础上，环嵩山地区从出现定居聚落到城市文明产生并发展，不仅关乎地区古代社会的进步，也是古人不断适应并改造自然环境、重塑地区景观的反映。城市水利系统工程的修建体现了古人对地区自然水系的开发和管控，是地区人地关系互动与区域景观变迁过程中的重要环节。

二　早期城市与城市水利系统

本书研究的城市水利系统主要针对上古三代，属于中国古代城市起源和发展阶段。城市水利系统作为城市基础设施建设，其设置也与城市聚落的发展历程密不可分。因而，本书需要对聚落形态反映的城市特征予以确认，并对城市水利系统的内涵进行界定。

[①] 王文楷（主编）：《河南地理志》，河南人民出版社 1990 年版，第 1—9 页。
[②] 张海：《公元前 4000 至前 1500 年中原腹地的文化演进与社会复杂化》，北京大学，博士研究生学位论文，2007 年，第 23 页。

（一）早期城市的认定[①]

现当代中国城市的认定，取决于一个定居聚落是否具备相应的行政建制级别，并作为一定区域内、具有综合权威性的职能中心。相对于乡村，建制镇—县—市（地级市—省会—首都）构成了不同行政层级的城市体系或网络[②]，体现了行政手段是国家实现地域管理和维系社会运作的主要有效方式。我们对于中国古代城市的判断，也大体遵循了与上述现代城市类似的价值取向，即城市的基本特质与国家行政、权力控制有关。

中国古代城市文明与国家的起源和发展同步，其自出现以来就是社会等级分化下实现政治权力控制的工具[③]，是文明阶段特有的、与国家相应的高级聚落形态[④]。在历史文献较为丰富的汉代及其以后阶段，我们默认不同时期的都城以及各级府、州、郡、县治属于城市范畴，而这些聚落实则也都是不同层次、不同地域范围的权力中心聚落。在历史文献相对缺乏的三代以及三代以前的社会，我们在对聚落发展程度以及聚落间关系进行判断和描述时，通常也会采用文献中的"都""城""邑""国"等体现统治者权力意识的术语[⑤]，而"都邑""城邑"等概念在研究中实则与"城市"等同。

考古学上对早期城市的认定，往往是通过判断聚落是否具有体现社会权力控制的物质形态来实现。通常情况下，大型礼仪性建筑群（包括具有礼制象征意义的城垣）和聚落整体表现出的规划特点，是城市作为地区权力中心所具备的一般特征[⑥]。而聚落是否作为地区权力中心，则需要在社会复杂化进程的视角下，通过考察聚落形态（包括聚落布局结构与区域聚落之间相互关系）予以判断。一般而言，随着社会复杂化加剧，地区聚落群愈发表现出分层控制的特征，城市作为高等级的复杂聚落，与一般乡村的差别得以逐渐显现。一定区域内，等级和发展程度越高的聚落，其控制的地区范围或者对外辐射的范围往往更为广大，聚落也通常拥有更大的规模以及更为严密的功能分区，社会分层结构在聚落形态上的表现更加明显，并且注重对社会权力的象征表达，聚落体现出的城市特质也愈发具有典型性。

[①] 关于早期城市的概念，参见刘亦方《从中心都城到地方城市——郑州古代城市的考古学研究》，北京大学，博士研究生学位论文，2019年，第2—5页。

[②] 顾朝林：《中国城市地理》，商务印书馆1999年版，第161页。

[③] [美] 张光直：《关于中国初期"城市"这个概念》，《文物》1985年第2期。

[④] 许宏：《先秦城市考古学研究》，北京燕山出版社2000年版，第51页。

[⑤] 李鑫：《商周城市形态的演变》，中国社会科学出版社2012年版，第25页。

[⑥] 许宏：《先秦城邑考古》，金城出版社、西苑出版社2017年版，第136页；徐良高：《宗庙与祭祀：夏商周都城的突出特征》，《"城市与文明"学术研讨会论文集》，上海古籍出版社2016年版。

综上，本书探讨的早期城市范围主要包括：自二里头广域王权国家阶段以后的中心都邑，以及与之体现层级控制关系、且具有一定区域中心属性的城邑（或称为地方城市），并兼及新石器时代末期（龙山时期）社会复杂化进程中的区域中心聚落或城邑。

（二）水利与城市水利

西汉司马迁在《史记·河渠书》中首次阐释了"水利"的内涵[①]，即通过坝、堰、堤防、沟渠等工程，产生的漕运、灌溉、防洪等诸多效益者是为水利。自此以后，"水利"特指以除害兴利为目的，以治河防洪、灌溉、航运、聚落供排水等为主要内容的各项公共事业。随着人们对水资源的深度开发，水利事业也不断拓展至其他领域，例如，农田灌溉与水土保持等环境科学联系在一起，而现代水利实践还通常与电力事业相结合。为了满足上述不同水资源管理和利用的需要，专门修建的各类装置和设施也就是"水利工程"。水利工程的规划设计、施工建设、管理维护等均属于水利事业的范畴。"水利工程"是"水利"的重要表现形式，两个概念一定程度上可以等同，兴修水利也就是兴修水利工程。

"城市水利"抑或"城市水利工程"属于水利事业的组成部分，其主要针对城市水资源的管控，主要涉及城市用水（生产、生活、消防等）、防洪、排涝、污废水处理、园林景观营造、交通运输等内容。城市水利的规划设计、修建和维护主要以城市所在区域的水系状况为基础，工程的设置并不局限于城市内部。由于城市形态的复杂性以及对水需求的多样性，城市水利通常是由各项子工程相互组合构成的系统工程，称为"城市水利系统"。

有学者根据主要功能的不同，将城市水利系统分为城市供蓄水、排水和漕运等几个子系统工程。其中，供蓄水系统主要有水库、蓄水池、给水井、水渠，排水系统则包括收集、输送并排放城市污废水的渗水井和各类沟渠，漕运系统则包括运河和埠头等[②]。上述各项水利工程设施大都能够相互通连，并与城市外部河流水系相通，构成城市内、外水循环。在此基础上，我们按照城市形态描述的一般次序，结合考古发现水利遗迹的保存状况及特征，将城市水利系统分为以下几个部分：

第一，城市外围防洪工程。其分布往往是在城区范围之外，主要是结合城市选址，

[①] "自是之后，用事者争言水利。朔方、西河、河西、酒泉皆引河及川谷以灌田；而关中辅渠、灵轵引堵水；汝南、九江引淮；东海引钜定；泰山下引汶水；皆穿渠为溉田，各万余顷。佗小渠披山通道者，不可胜言……"参见（西汉）司马迁（撰）《史记》：卷二九《河渠书》，中华书局点校本1982年版，第1414页。

[②] 张建锋：《汉长安城地区城市水利设施和水利系统的考古学研究》，科学出版社2016年版，第21—22页。

对可能暴发洪水、威胁城市安全的地区水系进行治理。作为城市防御洪水灾害的外部屏障，城市外围防洪工程涉及拦防与疏导两方面内容，一般涵盖了阻挡洪水的堤坝（城垣在一定程度上也发挥堤坝的功能）等、导水分流的壕沟与其他泄洪通道。

第二，城市引（给）输（排）水工程。这一水利工程主要是为了解决城市日常用、排水问题而设置的，通常也被认为是城市水利系统最具标志性的设置之一。城市引输水工程的突出形态特征是具有一定的网络结构。其以人工开凿的沟渠为中介，从城外引水入城，并最终经由城市不同的功能区及各蓄水设施后排出城外，回归地区河流水系，构成城市内外水系的循环。该工程系统能够贯穿城内和城外，所涵盖的各项工程设施也最为多样，以各种输排水沟渠（包括暴露在地表的明沟和埋藏于地下的暗渠管道）为中心，形成能够连通城外湖泽陂塘和城内各种人工蓄水池（坑）等水利设施的水网。

第三，水井（含"渗水井"）。水井作为结构相对简单且深入地下的一项城市水利设施，主要分布于城区范围内，与其他城市水利相比，通常具有相对独立性。其与城内其他水利工程设施（特别是明、暗沟渠）是否连通，需要结合实际需要来设置。水井一般具有一定的深度，以方便开采地下水资源。此外，考古发现所见的一些水井类遗存还可能具有藏冰的功效，或作为"凌阴"使用。需要说明的是，考古发现有一类可能与收纳缓存、转运水有关，被称为"渗水井"的遗存（如二里头 VH34），较为特殊，我们暂且将其与水井放在一起进行论述。

第四，漕运工程（运河）。漕运水利工程以交通运输为主要目的，并与沿途农业灌溉、城乡居民用水等水利事业息息相关。这项水利工程的规模超过一地一域，具有广域性、综合性的特点。相比于上述几项城市水利，漕运工程能够在较大范围沟通不同的城市，加强了城际间的密切互动，促进了城市网络的形成和稳固，是一项特殊的城市水利工程。城市或紧邻漕渠或将其引入城内，这两种情况均会对相关河渠进行整治，修建各种设施，包括闸口、码头等。其中，穿城的漕运工程具有贯通城市内、外空间的特点，并且还会与城内布设的引（给）输（排）水设施相连，从而形成更复杂的城市水利系统。

需要说明的是，降雨是地表径流和地下水的重要补充，也是造成水旱灾害的主导因素之一。城市水利工程的设置以地上及地下河流水系为主，但实则也包含了对雨水的收集和排泄。除此之外，城市内较为明显的雨水处理设施还体现在不同的单体或组合房屋建筑形态局部结构上（例如建筑散水），但因材料过于零散，本书暂不对这类与水处理有关的房屋建筑结构进行专门讨论。

第三节 中国古代城市水利研究综述

需要说明的是，上古时期成书的《管子》就已对防洪、防旱、引排等城市水利原则进行了论述，且历代水利志书等文献也都不同程度地总结了治水的技术、经验与实践，以下研究综述的内容主要针对现代学者的研究。

一 传统城市水利史研究回顾

长期以来，探索古代城市水利及工程设置，主要集中于历史地理学、水运交通、城市规划与建设、水利技术史等学科领域[①]，不同领域之间相互联系密切但又各具特色。目前既有的研究大都以文献史料为基础，与传统的文献史学联系紧密，已取得的成果主要有通史和个案研究两类。

（一）通史研究

这类研究通常以把握中国古代城市水利的时空特征和总体发展规律为目的，以城市社会的发展、水系变迁为线索来进行论述。郑连第先生的《古代城市水利》以及吴庆洲先生的《中国古城防洪研究》等，基本都属于这类研究的典范。

郑氏著作首次对中国古代城市水利发展史进行了阶段划分，大体以贯通南北的运河工程之形成和改道为主线，将中国古代城市水利划分为春秋战国至南北朝、隋唐宋元和明清三个时段，并对不同时期都城的水系规划、工程建设进行了概述，归纳了中国古代城市水利工程建设以城市供水为主导，重视防洪和综合利用，在沿用过程中经过历次修整和改造等四项基本特征[②]。吴氏之作则按城市社会的发展，将古代城市防洪分为夏商及其以前、两周、秦汉至五代、宋至明清等四个阶段，总结先秦典型城邑和秦汉之后历代都城的防洪实践，在此基础上进行了分区研究，结合城市形态布局，较为全面地探讨了古代城市防洪工程技术特点，并归纳了中国古代城市治水理念和经验[③]。因其运用了大量的考古资料，一定程度上也填补了对上古城市起源阶段水利建设探讨的缺失。值得注意的是，由于防洪与城市水利的其他功能相辅相成，其虽以防洪

[①] 郭涛：《中国城市水利史的研究现状及趋势》，《水利史研究论文集（第 1 辑）——姚汉源先生八十华诞纪念》，河海大学出版社 1994 年版。

[②] 郑连第：《古代城市水利》，水利电力出版社 1985 年版。

[③] 吴庆洲：《中国古城防洪研究》，中国建筑工业出版社 2010 年版。

为题，但实则也包含了对历代城市水利系统的论述。

此外，在针对中国古代水利科技、工程建设、维护管理、文化观念等综合水利史著作中[1]，也都涵盖了对历代城市水利设置的总结和概括。而一些学者则从水运交通的角度，论述中国古代运河的发展历程及其历史作用，着重凸显了历代漕运水利对沿线城市的影响[2]，一定程度上也可纳入通史性研究的范畴。

（二）个案研究

中国历代都城的水利建设，是古代城市水利系统个案研究的重点。其中，有关北京古代城市用水问题历来备受关注，而侯仁之先生及蔡蕃先生的论著，代表了两种不同的古代城市水利研究经典范式，也体现了历史地理、水利技术史等相关学科进行城市水利考察时的不同研究倾向。

侯仁之先生对北京古代城市水利的分析与考证[3]，是探讨城市区位及其历史变迁的重要组成部分。其最大的特点在于通过河湖水系及历代水利设置与演化，"揭示北平（北京）城的起源、布局和城址转移的全过程，把古代城市规划的特点放在水网系统上来分析"[4]。而蔡蕃先生之作则侧重于在北京地区水资源分布特征的基础上，揭示水利工程的修建与改造、管理和运营[5]，探讨城市水利（运河、引输水沟渠等）对城市生活生产用水的解决，以及针对不同阶段城市用水而采取的工程技术措施和管理规定，从而揭示城市水利系统对北京城市经济发展的促进作用。

除此以外，不同学者针对汉长安城[6]、汉魏洛阳城[7]、曹魏及东魏北齐邺城[8]、北魏平城[9]、宋代开封城[10]等不同历史阶段的重要都城水利问题进行过专门探讨。还有学者对

---

[1] 例如周魁一《中国科学技术史·水利卷》，科学出版社2002年版；郭涛《中国古代水利科学技术史》，中国建筑工业出版社2013年版；谭徐明《中国古代物质文化史·水利》，开明出版社2017年版。
[2] 傅筑兰：《中国运河城市发展史》，四川人民出版社1985年版。
[3] 侯仁之：《北平历史地理》，邓辉等译，外语教学与研究出版社2014年版。
[4] 邓辉：《〈北平历史地理〉评介》，《地理研究》2013年第11期。
[5] 蔡蕃：《北京古运河与城市供水研究》，北京出版社1987年版。
[6] 关于汉长安城水系与水利的研究颇多，涉及漕渠、陂池等水系水利的地望考证、建设与布局、利用改造及影响等方面。如黄盛璋《关于〈水经注〉长安城附件复原的若干问题》，《考古》1962年第6期；戴应新《关中水利史话》，陕西人民出版社1977年版；李令福《关中水利开发与环境》，人民出版社2004年版；徐为民《汉长安城对周边水环境的改造与利用》，《河南科技大学学报（社会科学版）》2007年第6期等。
[7] 周勋：《曹魏至北魏时期洛阳用水研究》，陕西师范大学，硕士学位论文，2016年。
[8] 徐晓亮：《都城时代安阳水环境与城市发展互动关系研究》，陕西师范大学，硕士学位论文，2008年。
[9] 李乾太：《北魏故都平城城市水利试探》，《晋阳学刊》1990年第4期。
[10] 王卓然：《古代开封城市水利建设》，武汉大学，硕士学位论文，2008年。

一些占据特殊地理位置，拥有发达水系的地方城市，如广州城等也进行过专门系统的研究①。上述这些城市个案的研究思路或多或少都与侯、蔡两位先生类同，并且结合城市形态体现了古代城市规划建设和水利紧密的互动关系。

综上所述，传统城市水利研究主要有以下两个特点：首先，无论传统的通史研究还是个案分析，尽管不同学科背景的研究者各有侧重，但在阐释水利与城市营建关系上，都不可避免地表现出明显的多学科交叉倾向，这是由城市水利系统建设的特殊性所决定的。其次，传世文献作为研究依据的基础材料，因其早晚不平衡性决定了这些研究主要以秦汉以后的城市（尤其都城）为研究对象，对于上古时期的城市水利研究较为薄弱，呈现出前略后详的特点。从已取得的成果看，这一点恰是需要考古工作予以填补的。而考古学本身在提供材料的同时，也能够为古代城市水利研究开辟新的视角。

二 城市水利考古研究及进展

早在20世纪30年代，殷墟商代晚期都邑的发掘过程中，考古学者就已经注意到小屯宫殿区存在沟渠水利设施②。在此之后，伴随田野考古事业的不断发展，大型城邑聚落尤其是都城考古工作，除了发掘各类文化遗物、墓葬、手工业作坊以及宫殿建筑基址等遗迹以外，对水利设施的揭示也逐渐成了一项备受关注的重要内容。而从考古发现的各种城市水利工程设施出发，尽管已有学者指出古代城市规划与水利、水系的密切关系③，但有关城市水利的系统性考古研究一直以来却并不多见。近年来，在聚落、城市考古理念和GIS等空间技术方法的推动下，关于城市水利的考古学研究才取得了较大的进展，有学者还提出了"城市水利考古"的新概念④。

对于考古发现各项城市水利工程遗迹，以往大部分的研究基本可纳入分类研究的范畴。其主要特点是开展不同水利设施（如壕沟、引排水管道、水池、水井等）的形制分析，归纳并总结其形态、营建及功能等方面的特点及演变，并试图说明其在城市规划布局中的作用。其中，有学者分析了早商都邑中水池的形制特征，从而引申出对

---

① 刘卫：《广州古城水系与城市发展关系研究》，华南理工大学出版社2016年版。
② 石璋如：《小屯·第一本·遗址的发现与发掘·乙编·殷墟建筑遗存》，"中央研究院"历史语言研究所，1959年版；《殷代的夯土、版筑与一般建筑》，《历史语言研究所集刊》第四十一本，1969年版，第127—168页。
③ 徐良高：《先秦城市聚落中的水与水系》，《三代考古（三）》，科学出版社2009年版；许宏：《中国古代城市排水系统》，《中国文物报》，2012年8月3日第5版。
④ 张建锋：《汉长安城地区城市水利设施和水利系统的考古学研究》，科学出版社2016年版，第21—22页；白云翔：《城市水利考古的探索与实践——〈汉长安城地区城市水利设施和水利系统的考古学研究·序〉》，《中国文物报》2017年2月21日第7版。

城市规划中王宫池苑制度的探讨①。而对水井进行分类的研究者甚多②，尽管各家分类标准有所差别，但不同程度地反映了水井工程在开凿技术、建筑用材等方面体现出的时代特点和地域特征。除此以外，针对聚落城市的环壕围沟③等其他水利工程，也都有学者进行专门的探讨。而诸如对商代或其他某一特定时段城邑水利工程设施及水利工具、建材等的综合考察④，在研究理念上实则也并未脱离分类研究的思路。

上述研究从考古学擅长的形态分析入手，展现了各项城市水利设施的时代特征，反映了水利事业以及相应的社会发展水平，但却在一定程度上忽略了不同水利设施在城市聚落中的空间组合关系，造成系统研究的不足。在聚落与城市考古理念日渐深化的学术趋势下，一般的描述性分类研究已难以完全满足以理解古代人地关系与社会组织形态为目的之研究需要。古代城市水利作为与城市形态、地区水环境相适应的系统工程，开展空间结构的分析势在必行，而这也是城市水利考古研究最近几年才有的新动向。在此背景下，城市水利系统考古研究才逐渐兴起，并且首先在大型都邑考古中得以实践，不同学者先后结合聚落形态的考察，对陶寺⑤、殷墟⑥、周原⑦、丰镐⑧、东周列国城邑⑨等先秦都邑内部的水利系统进行了探讨，改变了以往研究缺少城市水利空间布局考察的局面，而水利设施也成了联系城市不同功能分区的"网络结构"，为探索城市社会组织关系提供了新的视角。与此同时，航空影像资料与地理信息系统（GIS）等空间信息技术的应用，极大地扩展了城市水利考古研究的视域。有关良渚水利工程和新石器时代江汉平原聚落治水的研究即为典范⑩。

对于拥有丰富文献史料的秦汉以后阶段，不同学者在进行城市考古研究中，无一

---

① 杜金鹏：《试论商代早期王宫池苑考古发现》，《考古》2006年第11期。
② 宋国定：《试论郑州商代水井类型》，《郑州商城考古新发现与研究》，中州古籍出版社1993年版；刘诗中：《中国古代水井形制初探》，《农业考古》1991年第1期；张子明：《秦汉以前水井的考古发现和凿井技术》，《文博》1996年第1期；贾兵强：《先秦时期我国水井形制初探》，《农业考古》2007年第4期。
③ 如宋雪地《河南史前聚落外围沟状设施的分类研究》，南京师范大学，硕士学位论文，2012年。
④ 周通：《商代用水问题研究》，郑州大学，硕士学位论文，2012年；张兴照：《商代水利研究》，中国社会科学出版社2015年版，第179—264页。
⑤ 何驽：《陶寺遗址的水资源利用和水控制》，《故宫博物院院刊》2019年第11期。
⑥ 唐际根、岳洪彬等：《洹北商城与殷墟的路网水网》，《考古学报》2016年第3期。
⑦ 雷兴山、种建荣：《周原遗址商周时期聚落新识》，《大宗维翰：周原青铜器特展》，文物出版社2014年版；张煜珧：《周原西周水资源利用的初步认识》，《中国国家博物馆馆刊》2019年第1期。
⑧ 付仲杨：《丰镐遗址水系与聚落布局》，《江汉考古》2019年第5期；付仲杨：《丰镐遗址近年考古工作收获与思考》，《三代考古（八）》，科学出版社2019年版；王迪、魏泽华：《再议丰京遗址新发现的水系遗存》，《中原文物》2019年第3期。
⑨ 孙艳：《周代都城的排水系统研究》，山东大学，硕士学位论文，2016年。
⑩ 刘建国：《空间分析技术支持的良渚古城外围水利工程研究》，《江汉考古》2018年第4期；刘建国：《江汉平原及其周边地区史前聚落调查》，《江汉考古》2019年第5期。

例外地将文献与考古资料对照,对城市水道早晚变迁、洪涝影响范围等城市水利问题进行分析,相关研究在成都①、洛阳②、郑州③等城市考古案例中均有所体现,有的还在一定程度上借助了空间信息技术。此外,以城市水利系统为专题的个案研究也在逐渐展开。有学者针对汉长安城的城市水利系统展开了论述④,明确了结合城市形态与地区水系,将考古发现的水利设施遗存放在整个城市水利系统中进行考察的研究方法,其研究也树立了城市水利考古的一个研究范式。"城市水利考古"作为新兴的专门考古命题也由此得以提出。但从目前的情况看,在实际考古工作中,地区水系古今变化显著、城市水利遗迹历经长期沿革辨识困难、文献史料丰富程度有限等不利因素,都需要制定更具针对性的研究方法,这一命题也仍然有补充和完善的空间。

综上,考古学者对城市水利的关注虽然开始较早,但系统论述并且初步形成一套专门的研究方法,则是近十年来才逐渐发展起来的。值得注意的是,有关城市水利的考古研究,无论是从形态角度上的分类还是地理空间的综合分析,均是以梳理田野考古资料、分析考古遗存为重点,这是由考古学研究特点决定的。这一特性也决定了考古学在古代城市水利研究中不可或缺的作用——只有考古学才能弥补因上古时期文献缺乏而造成的研究缺失,并且能够在揭示、解释城市水利系统的物质遗存基础上,进行综合研究。在新的学科发展理念的推动下,城市水利考古不断关注不同水利遗存的相互组合关系,从而扩展至水利系统的空间结构,注重将城市水利置于自然环境和社会历史的背景之下进行考察,着力探讨水利工程建设与城市形态、建筑布局的关系,并且重视与文献史料的有机结合。上述这些特点与前文所述历史地理、水利史等传统古代城市水利研究具有一定的趋同性。而城市水利的考古学研究实则也是古代城市水利研究的新兴领域,具有明显的学科交叉特征。

第四节 研究方法与研究框架⑤

本研究属于古代城市水利考古研究的范畴,主要针对环嵩山地区三代时期的城市

---

① 孙华:《战国时期的成都城——兼探蜀国的都城规划传统》,《古代文明(第13卷)》,上海古籍出版社2019年版。
② 王炬:《谷水与洛阳诸城址的关系初探》,《考古》2011年第10期;王书林:《北宋西京城市考古研究》,北京大学,博士研究生学位论文,2018年,第127—131页。
③ 刘亦方:《试论郑州城垣形态及相关河道的变迁》,《古代文明(第13卷)》,上海古籍出版社2019年版;刘亦方:《从中心都城到地方城市——郑州古代城市的考古学研究》,北京大学,博士研究生学位论文,2019年。
④ 张建锋:《汉长安城地区城市水利设施和水利系统的考古学研究》,科学出版社2016年版,第21—22页。
⑤ 本书借鉴了城市考古的研究理念(尤其"回溯复原"),将城市水利系统作为城市形态结构要素的重要组成部分,并把城市水利系统与城市形态、城市体系紧密联系起来。此研究思路源自刘亦方《从中心都城到地方城市——郑州古代城市的考古学研究》,北京大学,博士研究生学位论文,2019年。

水利系统，包含了对不同时期、不同地理分区内不同层级城邑进行个案研究。在此基础上，我们结合社会复杂化进程以及早期国家的发展，归纳当地三代城市水利系统的阶段特征，揭示城市形态与水利工程设置的相互关系，认识环嵩山地区三代城市水利系统的基本特征，并理解城市水利工程蕴含的社会权力对水资源的控制与分配。

一 研究方法

（一）聚落及城市考古

一般来说，聚落考古关注单个聚落的内部结构和聚落之间的相互关系及其历史演变[①]。由于城市是人口集聚、社会分化程度更高的复杂聚落，城市考古在一定程度上借鉴了聚落考古的理念，但其主要是通过考察体现城市结构特征的要素，来进行城市形态的分析[②]，从而服务于探究社会历史进程及其发展轨迹。

城市水利作为系统工程，其设置不但要适应城市所在地区水系条件，还要符合城市布局的规划要求。其不仅是水资源开发利用的一项重要内容，也伴随城市社会发展成为一项必备的城建基础设施，实则可看作是与城市聚落形态密切关联的结构性要素[③]。因此，我们在探讨城市水利系统时，需要紧密结合聚落、城市考古的研究方法。由于各种条件的制约，田野考古揭示的水利遗迹通常是点状、线状或某一区域的水利设施[④]，在进行城市水利考古时，就需要结合聚落、城市的建筑布局形态、功能分区等空间线索，对这些揭示不完全的水利设施遗存进行有机整合和串联，从而复原并构建城市水利系统。

（二）水利设施"遗痕"的辨识

城市水利系统不仅涉及各种人工开设的水利工程，还包括那些以自然河流湖泊为基础加以改造或利用的水利设施。前者主要见于城市内部，后者则多见于城市外围。水利工程在城市营建、使用过程中均发挥重要的作用，是一项在建成后可长期利用，

[①] 严文明：《聚落考古与史前社会研究》，《文物》1997年第6期；严文明：《关于聚落考古的方法问题》《中原文物》2010年第2期。

[②] 孙华：《中国城市考古概说》，《东亚都城和帝陵考古与契丹辽文化国际学术研讨会论文集》，科学出版社2016年版。

[③] 刘亦方：《从中心都城到地方城市——郑州古代城市的考古学研究》，北京大学，博士研究生学位论文，2019年，第19页。

[④] 白云翔：《城市水利考古的探索与实践——〈汉长安城地区城市水利设施和水利系统的考古学研究·序〉》，《中国文物报》2017年2月21日第7版。

并需要定期维护的基础设施。但由于水利工程建成后仍然会受到自然及人为因素的影响，一些古代城市水利工程的原始面貌至今大多发生了很大变化，这就需要对相关遗迹现象进行有效辨识。

在实际的考古发掘过程中，古代城市内部的水利设施尚可通过对遗迹现象、土壤以及水利设施构件等现象的判断得到有效辨认，但在城区范围之外的水利工程，人工干预的标志物多数已经不存，这些本就在自然水系基础上形成的水利工程又重新回归自然漫流的状态，经过漫长且复杂的历史沿革过程，最终成为现今地区水系的组成部分。对于这些经过复杂演变过程的水利工程，我们一定程度上可运用"回溯"的研究方法，借助历史文献和遥感考古的研究，结合区域早期的航空影像、数字高程模型（DEM）和 GIS 水文分析，在理解地区水系变化的基础上，辨识早期水利工程"遗痕"。而"回溯法"最大的优势也正是在于能从资料丰富、认识清楚的现在（或者某一过去时刻）上溯，把研究推进到资料贫乏或情况模糊的早期阶段[①]。在具体操作过程中，由于《水经注》等历史文献保留了先秦至汉魏时期地区水系状况，我们能够以其作为基点，进行相关水利工程"遗痕"的回溯分析。

（三）跨文化的比较研究

张光直先生曾指出"全球模式和个别道路并不互相排斥"[②]，而西方学者在 20 世纪 90 年代也曾提出"跨文化相似性和差异性并非不可调和"[③]。只有将中国古代的状况纳入研究对象中去，才能显现古代中国在一般社会发展理论中的重要地位[④]。比较研究通常是在统一的术语体系下来论述地区与人类社会发展的异同，其目的不仅限于凸显地区或人群的差异特征，更在于对存在共性特征的揭示和理解，从而对人类社会的发展进行理论阐释。只有进行比较研究，才能更好地理解人类行为以及世界范围内古代文明发生、发展异同的影响因素。在古埃及、美索不达米亚以及南亚等地区早期文明被逐步揭示以来，早期西方学者就已经通过跨地域的比较，来试图阐释各地区的文明化程度及社会进程（例如学者对哈拉帕文明与美索不达米亚文明的阐释，往往是通过比较研究进行的，而两者之间的相互关系至今仍然是两地区文明研究中的重要内容）。我们目前已知的有关人类社会发展进程中城市的起源、国家与文明的出现等经典阐释理

---

① [日] 菊地利夫：《历史地理学的理论与方法》，辛德勇译，陕西师范大学出版社 2014 年版，第 56—61 页；张海：《景观考古学——理论、方法与实践》，《南方文物》2010 年第 4 期。
② [美] 张光直：《商文明》，张良仁等译，陈星灿校，生活·读书·新知三联书店 2013 年版，第 395 页。
③ [加] 布鲁斯·G. 炊格尔：《理解早期文明：比较研究》，徐坚译，北京大学出版社 2014 年版，第 9—11 页。
④ [美] 张光直：《商文明》，张良仁等译，陈星灿校，生活·读书·新知三联书店 2013 年版，第 399 页。

论的构建也大都建立在跨地区比较研究之上[①]。

城市、水利作为古代人类社会留给当今世界共同的文化遗产，不仅是古代中国，在世界范围的其他早期文明中也都存在。环嵩山地区作为中国古代文明的核心地区，三代城市水利工程也是世界早期城市水利文明的重要组成部分。进行跨文化的比较研究，有利于理解不同地域文化背景下早期城市、水利、社会组织的相互关系及其特征，从而更为深入和全面地理解古代中国的城市水利文明的独特性。

二　研究框架

本书主要包括了七章内容，具体研究的思路框架如图所示（图1-3）。

第一章绪论部分介绍研究缘起，界定研究的时空范围，并对涉及的概念和术语进行适当的阐释和说明。在对以往关于城市水利的研究进行综述的基础上，结合考古工作所揭示城市水利工程遗存的特点，将城市水利系统进行分类，针对本书的研究目的提出具体的研究方法。借鉴聚落考古与城市考古的研究理念，对环嵩山地区三代城市的水利遗存进行辨析，是探讨地区城市水利系统的基础。将水利系统与城市形态分析相结合，是理解社会权力与城市水资源管控互动关系的必要途径。世界范围内其他早期文明的城市水利设置的比较研究，则是在早期文明城市水利系统一般特征的基础上，深入理解以环嵩山地区为代表的早期中国城市水利系统特质的关键。

第二章主要是对三代以前的聚落水利设施进行梳理。在社会复杂化的背景下，理解环嵩山地区聚落的发展状况，把握地区水资源管理与兴建水利的基本特征，为探讨三代城市水利系统中各项子工程的起源和发展奠定基础。

第三至五章是本研究的主要内容。在阐述广域王权国家形成并逐渐成熟的基础上，理解当地城市起源与发展的过程。结合城市形态（尤其中心都邑）的变迁，探讨城市水利系统的演变历程，从而深入理解环嵩山地区三代城市水利系统设置的结构特点和发展规律。

第六章内容则是在上述章节论述的基础上，对环嵩山地区三代城市水利的发展阶段及其结构特征进行总结和归纳，并揭示城市水利系统各项子工程的演变规律，概括出地区三代城市水利系统的基本特点。同时，通过对比古埃及、美索不达米亚以及印度哈拉帕文明的城市水利建设，以中外比较研究的视角，揭示世界早期文明城市水利系统设置的异同，指出不同地区文明城市发展、水利建设和社会权力之间的密切关系，

[①] 例如［美］埃尔曼·塞维斯（著）《国家与文明的起源：文化演进的过程》，龚辛译，陈淳审校，上海古籍出版社2019年版。

并进一步阐释环嵩山地区三代城市水利系统的特质。

第七章结论部分则是对全书主要观点的进一步总括。

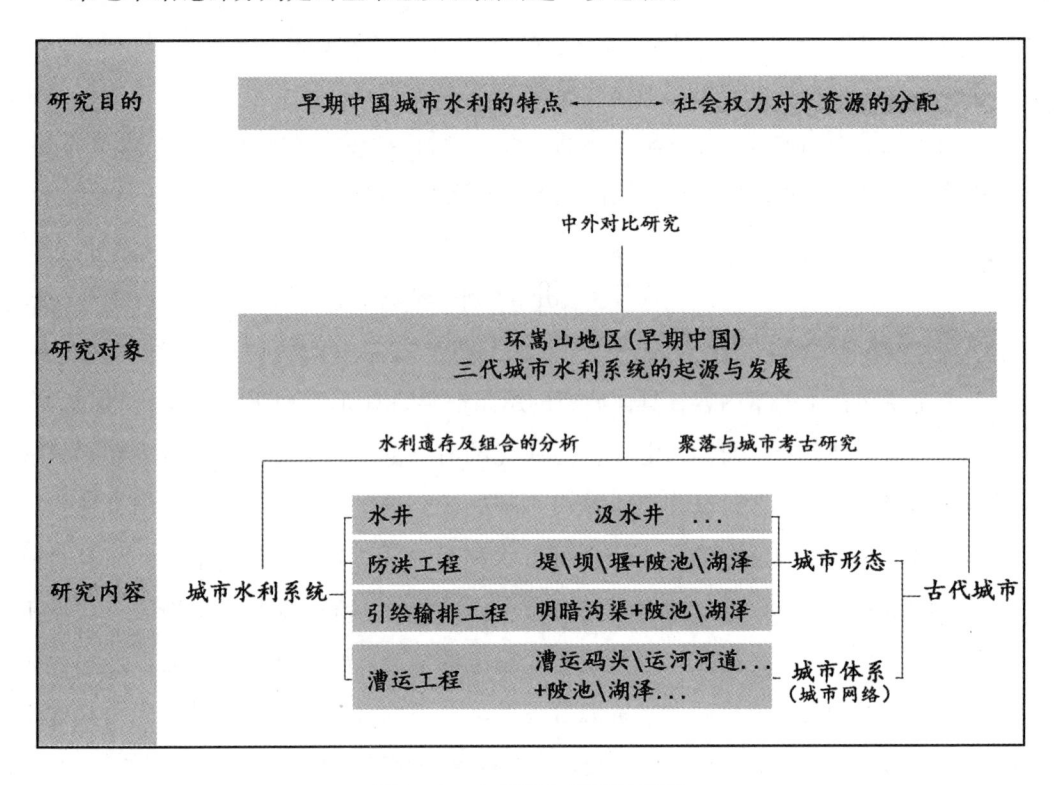

图 1-3 本书研究框架示意图

第二章　城市水利工程的萌动：三代以前的定居聚落与水利设施

> 小国寡民，使有什伯之器而不用，使民重死而不远徙，虽有舟舆，无所乘之，虽有甲兵，无所陈之。使人复结绳而用之。
>
> ——《老子》八十章

新石器时代中晚期，是各地区社会复杂化进程的肇始阶段。这一阶段，人类经过长期生存经验的积累，地域生态环境适应能力的增强，生业经济的发展不但有效地推动了区域史前人口逐渐增长，也为定居聚落的稳定与扩展奠定了基础。伴随这一发展过程，中国广大地域内各具特色的考古学文化及地方类型逐渐成熟，文化的多样性特征更加凸显，区域聚落形态也开始从简单的村落逐渐向复杂政治实体发展。至公元前4000年前后，以环嵩山地区为代表的中原腹地，以彩陶为特征的仰韶文化表现出较强的统一性，以中原为中心的历史趋势由此发端，伴随地域交互往来的逐渐频繁，中原腹地也逐步走向中国史前文明多元一体化进程的中心舞台[①]。以仰韶文化为代表的新石器时代晚期阶段，环嵩山地区内开始出现了具有层级控制特征的聚落形态，地域社会的复杂化为此后夏、商、周三代文明的形成奠定了基础。而在具备区域中心属性的大型聚落里，三代以降中国古代城市的一些基本特征也在孕育之中。

大型定居聚落的出现和稳定发展，也与人们对自然的适应性、利用和改造自然能力的提高相适应。在此过程中，古人也在不断加强对水的认识和聚落用水的管理，满足聚落整体用水需要的配套水利设施也初露端倪。这些聚落水利设施的出现，离不开人们在长期生产生活中不断积累的水流特性的认识。尽管这一阶段以明沟（包括沟渠和环壕）为代表的聚落水利工程较为简单，但其确是此后一系列城市水利系统工程发明的开端。新石器中晚期阶段人们在治水实践中总结的聚落水利经验与技术在随后得到了进一步的提升，为三代系统城市水利工程的出现、普及和完善奠定了基础。

---

① 赵辉：《以中原为中心的历史发展趋势的形成》，《文物》2000年第1期；赵辉：《中国的史前基础——再论以中原为中心的历史趋势》，《文物》2006年第8期。

第一节 裴李岗文化聚落的沟渠设施

相当于新石器时代中期的裴李岗文化阶段，环嵩山地区就已经出现了定居聚落。尽管定居聚落的出现可以追溯至更新世末期流动的狩猎采集社群[1]，但这一时期，农业的发展尤其是需要对土地进行管理的农耕，促使人们选择合适的居地长期定居，社会组织结构也较为稳定。此时的定居聚落地处旷野，往往已经开始对聚落空间布局进行有意的安排，出现了墓地、居所等不同的功能区，并且在一定地域范围内形成聚落群，从而构成了一派村落景观。作为区域内已知最早的定居村落，已发现的裴李岗文化聚落可达百余处，主要分布在豫西山地东部边缘的丘陵地带以及黄淮平原地区，以嵩山周围地区相对密集[2]。聚落选址大都在山前洪积扇或是浅山区河谷地带，处于两河相交的三角形台地或近水阶地，生活取水便利。目前考古发现的裴李岗文化聚落的面积均不大，绝大多数规模在 5 万平方米以下，甚至只有几千平方米。其中，地理位置靠近山区的聚落，例如铁生沟聚落群仍然表现出间歇性季节营地的特征，人们只有在季节适宜、周边河流水量稳定且没有泛滥的情况下才会在此生活，并且采用了狩猎采集与粟作农业相混合的生业策略[3]。而在地处冲积平原的聚落中，也唯有极少数的聚落面积超过了 5 万平方米，并且出现了相对较高水平的物质文化以及礼仪行为，或为长年定居的区域中心聚落。总体上，这一时期人们的定居生活依赖于自然水土条件。除了耕地农业的用排水之外，只有在较大规模的中心聚落里才出现了简易的水利设施，人们开始有意识地对聚落用水进行管理。在目前已发布的考古材料中，环嵩山地区新石器时代早中期的聚落水利可以唐户裴李岗聚落为典型代表。

该聚落位于嵩山东南麓潩水河与九龙河（又名石洞寺河）之间的夹角台地上，地势大体自北向南倾斜。其裴李岗文化时期的聚落面积可达 30 万平方米，是目前环嵩山地区发现面积最大的裴李岗聚落[4]。唐户聚落包含了大面积的居住址，已发现有五个相对集中的居住区，具有反复营建的特征，代表了先民在此长期稳定居住的状态。有学者针对聚

---

[1] 刘莉、陈星灿：《中国考古学：旧石器时代晚期到早期青铜时代》，生活·读书·新知三联书店 2017 年版，第 136 页。

[2] 许俊杰：《郑州及其邻近地区全新世人地关系研究》，北京大学，博士研究生学位论文，2013 年，第 52 页。

[3] 刘莉、陈星灿：《中国考古学：旧石器时代晚期到早期青铜时代》，生活·读书·新知三联书店 2017 年版，第 157—159 页。

[4] 河南省文物管理局南水北调文物保护办公室、郑州市文物考古研究院：《河南新郑市唐户遗址裴李岗文化遗存发掘简报》，《考古》2008 年第 5 期；郑州市文物考古研究院、河南省文物管理局南水北调文物保护办公室：《河南新郑市唐户遗址裴李岗文化遗存 2007 年发掘简报》，《考古》2010 年第 5 期。

落内房屋结构体现不出明显的规格差异，且房址群的形成存在时间差异等现象，指出唐户裴李岗聚落尚不具备区域中心聚落的属性①。然而，相比于同时期的其他聚落来说，唐户聚落拥有超大的规模，应该与其容纳了大量人口有关。而至于这一时期人群在此聚集，似乎也存在除区域社会分化以外的其他解释，仍然需要进一步的探究。

就考古发现的唐户聚落形态来看，其东、西、南三面环水，有利于取水与排水。其中，聚落内发现有若干人工开挖的壕沟或沟渠，应该与当时的河道相接，是聚落内最为重要的水利设施。其中，第四居住区的 23 座房址主要分布于壕沟 G11 内侧阶地上，这条壕沟呈东南—西北走向，向西呈环状与九龙河相接，已知该壕沟长度 300 余米，宽约 10—20 米，最宽处达 40 米，深约 2—4 米，房屋依沟的自然走向布局，一方面便于生活给排水，另一方面也起到防御的屏障作用，形成了聚落的环壕。而在中心居址区（即第五区），发现有水沟 G13，规模较小，但可分作三条支流依地势由北向南延伸，汇流后由地势低洼处流出，其从已发现的房址外围穿过，应该是居住区内的排水设施，也有利于保持居住区内的清洁（图 2-1）。除此以外，在聚落内已发现半地穴房址的柱洞外围，有的还存在一周小沟②，发掘者认为起到房屋"散水"功能，有利于排水，有效地避免了雨水过大等原因导致水流灌入房屋内部造成积水。

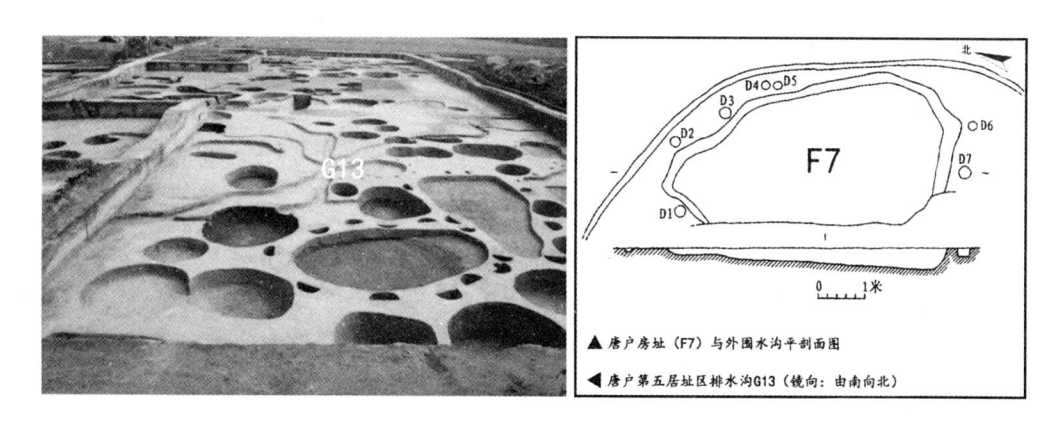

图 2-1　唐户裴李岗文化聚落居址区内排水沟

改自河南省文物管理局南水北调文物保护办公室等《河南新郑市唐户遗址裴李岗文化遗存发掘简报》，《考古》2008 年第 5 期。

由此可见，在三代之前的新石器时代中期阶段，环嵩山地区范围内的大型聚落已

---

① 戴向明：《中原地区早期复杂社会的形成与初步发展》，《考古学研究（九）》，文物出版社 2012 年版。
② 河南省文物管理局南水北调文物保护办公室、郑州市文物考古研究院：《河南新郑市唐户遗址裴李岗文化遗存发掘简报》，《考古》2008 年第 5 期；郑州市文物考古研究院、河南省文物管理局南水北调文物保护办公室：《河南新郑市唐户遗址裴李岗文化遗存 2007 年发掘简报》，《考古》2010 年第 5 期。

经出现了规模较大的沟渠设施，人们已经开始有意识地考虑聚落整体的用、排水问题。除了在聚落选址上接近水源之外，沟渠应当是聚落中最早出现的水利设施，是解决人类聚居区积水或渍涝问题最容易实现的一种有效方法。唐户裴李岗文化聚落中已经设置了不同形态的明渠（包括壕沟），此后则成为保证定居生活长期稳定的一项必不可少的聚落水利工程，利于消除积水，并为人们留下生存空间。至于聚落开始修建引排水沟渠（或壕），也应该与同一阶段因农业生产而逐渐积累的治水经验具有内在关联。尽管缺乏直接的考古证据，但在稍晚阶段长江下游地区史前聚落的大规模稻田已经具备了较为成熟的农业灌溉系统[1]，说明农业水利中常见的沟渠设施在此之前应该已经过了较长时间的发展，人们将其应用于聚落之中也是可以想见的。新石器时代早中期阶段，伴随农耕活动中引排水经验和技术的积累与定居规模的不断扩大，环嵩山地区聚落内相对简易的沟渠工程因之得以实践。

第二节　仰韶时期聚落的环壕与围垣

以仰韶文化为代表的新石器时代晚期，受全新世大暖期的影响，包括环嵩山地区在内的中国北方大部分地区与今天相比更为温暖湿润[2]。适宜的气候条件加之长期发展的粟作农业和家畜饲养提供了稳定的食物来源，包括环嵩山地区在内各地域的人口得到了稳步增长，聚落的数量大幅度增加，其规模也进一步扩大。农业的集约化促进了人口集中化，社会分化日益明显，社会组织也变得更为复杂。环嵩山地区不同聚落之间的关联性逐渐加强，还初步形成了等级化的区域聚落形态。具有权威地位的社会上层集团的出现和发展，成了凝聚更大规模社群力量的社会组织者，在技术经验已经达到一定高度的前提下，确保了聚落水利工程的规划建设。

仰韶文化阶段（尤其仰韶中晚期以来[3]），环嵩山地区已发现的聚落，均不同程度

---

[1] 长江下游发现稻田的地点主要集中于宁绍平原和环太湖地区，如余姚田螺山、吴县草鞋山、苏州澄湖和昆山绰墩，其年代最早可上溯至公元前5000年左右，下可延续至公元前3000年之间，基本都属于新石器时代晚期阶段。相应的农田水利已经能够利用自然或人工池塘和水井汲蓄水源，并通过沟渠进行灌溉。刘莉、陈星灿：《中国考古学：旧石器时代晚期到早期青铜时代》，生活·读书·新知三联书店2010年版，第211—212页。

[2] 施雅风、孔昭宸、王苏民：《中国全新世大暖期气候与环境的基本特征》，《中国全新世大暖期气候与环境》，科学出版社1992年版。

[3] 环嵩山地区仰韶向龙山的过渡一直以来都较为模糊，龙山时期在地区开始的时间目前也仍然存在一定的争议。地区内明确的龙山早期遗存整体数量较少，已确定的绝大部分龙山文化遗存大都属于龙山晚期阶段。从聚落形态的角度看，区域内已知的几个拥有明确龙山早期遗存的聚落基本自仰韶时期开始就已经存在，表明地区内的聚落自仰韶向龙山发展过程中存在一定的延续性。为了方便论述，本书将仰韶至龙山的过渡暂时归为仰韶文化中晚期的范畴内进行讨论。下文提到的龙山时期则主要指的是龙山文化晚期，按照目前流行的观点，其已经跨入了上古三代中"夏王朝"的范畴。特此说明，不再另注。

地修建有大型环壕，用以抵御洪水并增强聚落输排水的能力，同时也形成了抵御群体暴力冲突、维护聚落安全的防卫设施。在新石器时代中期开挖沟渠工程的基础上，这一时期聚落的环壕数量有增多的趋势，规模也逐渐加宽加深，一般都与自然河道相连，一方面便于排泄雨季的洪水，另一方面则能够为定居生活提供稳定的水源。在平原地区选址的聚落壕沟底部还发现有静水沉积。少数地处山地丘陵地带的聚落还在开挖环壕的基础上，修筑了夯土围垣。伴随社会复杂化进程和早期国家的发展进程，环壕及围垣等基础公共设施也都逐步发展为此后古代中国城市规划中必不可少的组成要素（图2-2）。

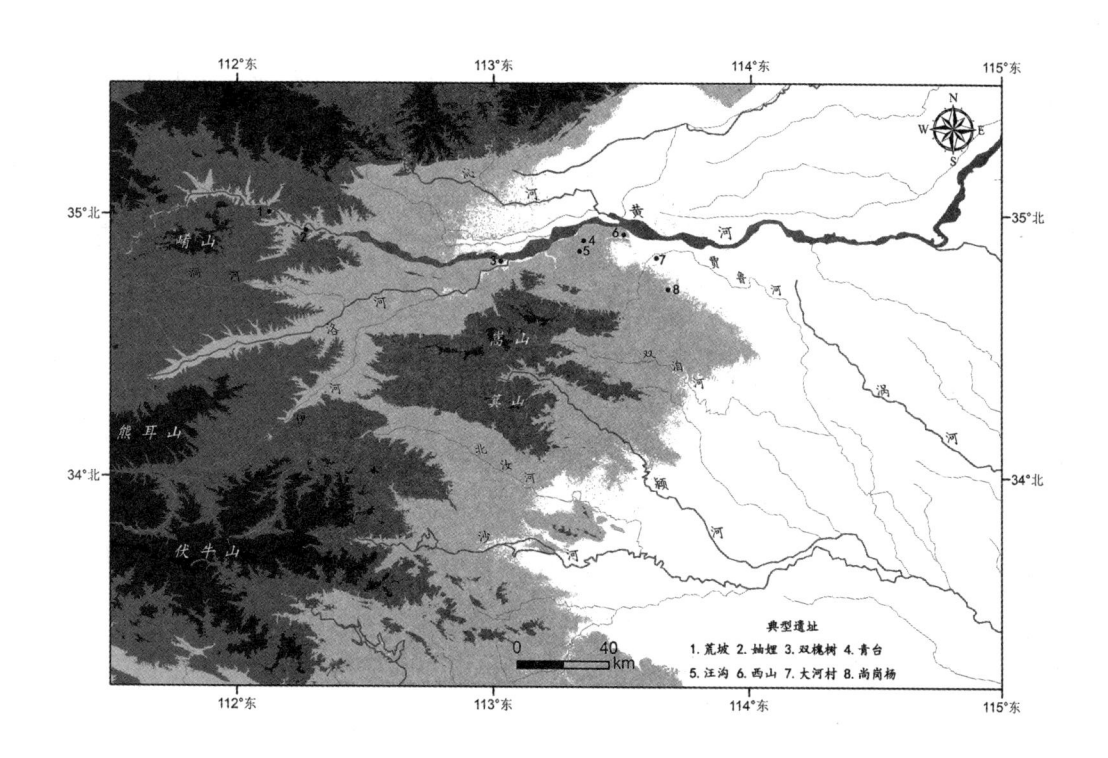

图2-2 环嵩山地区仰韶文化聚落所见水利案例分布图

一 聚落环壕与水利

从目前已有的考古发现看，环壕是仰韶文化聚落普遍配置的防卫设施，也是这一阶段聚落重要的防洪、引排水工程。环嵩山地区发现有大量仰韶时期的聚落，但经由系统发掘者并不多，涉及聚落环壕的考古材料也较为有限，目前主要集中于嵩山北麓现今郑州荥阳地区，其中，已发现的部分具有区域中心属性的大型聚落还拥有多重环壕。另外，洛阳盆地西部边缘山地的一些仰韶文化时期聚落也揭示有环壕的迹象。

新安荒坡[1]、孟津妯娌[2]、巩义双槐树[3]、荥阳青台与汪沟[4]、郑州尚岗杨[5]和大河村[6]，可作为这一时期环壕聚落的代表。这些聚落的分布大体自洛阳盆地的西北边缘，向东一直延伸至黄淮冲积平原的前端。其中，新安荒坡仰韶文化聚落的年代相对偏早，余者基本以仰韶文化偏晚阶段为主。

（一）仰韶早中期聚落

已知环嵩山地区仰韶偏早阶段的聚落数量很少。荒坡聚落可作为区域内仰韶文化早中期聚落的代表[7]。该聚落位于现今洛阳新安县境内，属于洛阳盆地西北边缘。聚落坐落于黄河西南岸的台地上，面积约3万平方米，仅是这一时期的一座中小型聚落。该遗址南北边界被两条自然冲沟划分，地势西高东低，坡度平缓。遗址西南部发现有两条呈弧形仰韶文化壕沟，应该是聚落环壕的一部分。其中发现的G1全长94.5米，上口宽1.9—3.4米，底宽0.9—2.7米，深0.35—2.5米。G2位于G1内侧，二者相互平行。G1北端距离营房沟断崖26米，东端距断崖15米，发掘者认为这两处缺口应该为整个聚落进出的通道（图2-3）。

荒坡聚落的居住区位于环壕内侧，其外部则分布有陶窑。已有的研究认为该聚落受到关中地区仰韶文化半坡类型的影响，其聚落形态应类似于大体同时的临潼姜寨和西安半坡[8]，具备"凝聚—向心式布局"[9]。聚落的环壕不仅起到了界隔聚落内部功能分区的作用，显然也为聚落手工业生产和定居生活提供了水源，且便于聚落排水。

---

[1] 河南省文物管理局、河南省文物考古研究所：《新安荒坡——黄河小浪底水库考古报告（三）》，大象出版社2008年版。

[2] 河南省文物管理局、河南省文物考古研究所：《河南小浪底水库考古报告集》，黄河水利出版社1998年版。

[3] 顾万发：《文明之光——古都郑州探索与研究》，科学出版社2016年版，第17—23页；王胜昔、王羿：《河南郑州巩义双槐树古国时代都邑遗址考古获重大发现》，《光明日报》2020年5月8日。

[4] 顾万发：《文明之光——古都郑州探索与研究》，科学出版社2016年版，第19、20页。

[5] 顾万发：《文明之光——古都郑州探索与研究》，科学出版社2016年版，第23页。

[6] 郑州市文物考古研究所：《郑州大河村》，科学出版社2001年版。

[7] 河南省文物管理局、河南省文物考古研究所：《新安荒坡——黄河小浪底水库考古报告（三）》，大象出版社2008年版，第153、154页。下文有关荒坡聚落的信息均出自该考古报告，特此说明，不再另注。

[8] 赵春青：《郑洛地区新石器时代聚落的演变》，北京大学出版社2001年版，第68页；张海：《公元前4000至前1500年中原腹地的文化演进与社会复杂化》，北京大学，博士研究生学位论文，2007年，第159页。

[9] 这种聚落布局形态主要是指聚落内具备明确的功能区划，发展稳定，主要遗迹均围绕中心分布，呈现出结构紧凑、具有明显聚落中心的特征。严文明：《仰韶文化研究》，文物出版社1989年版。

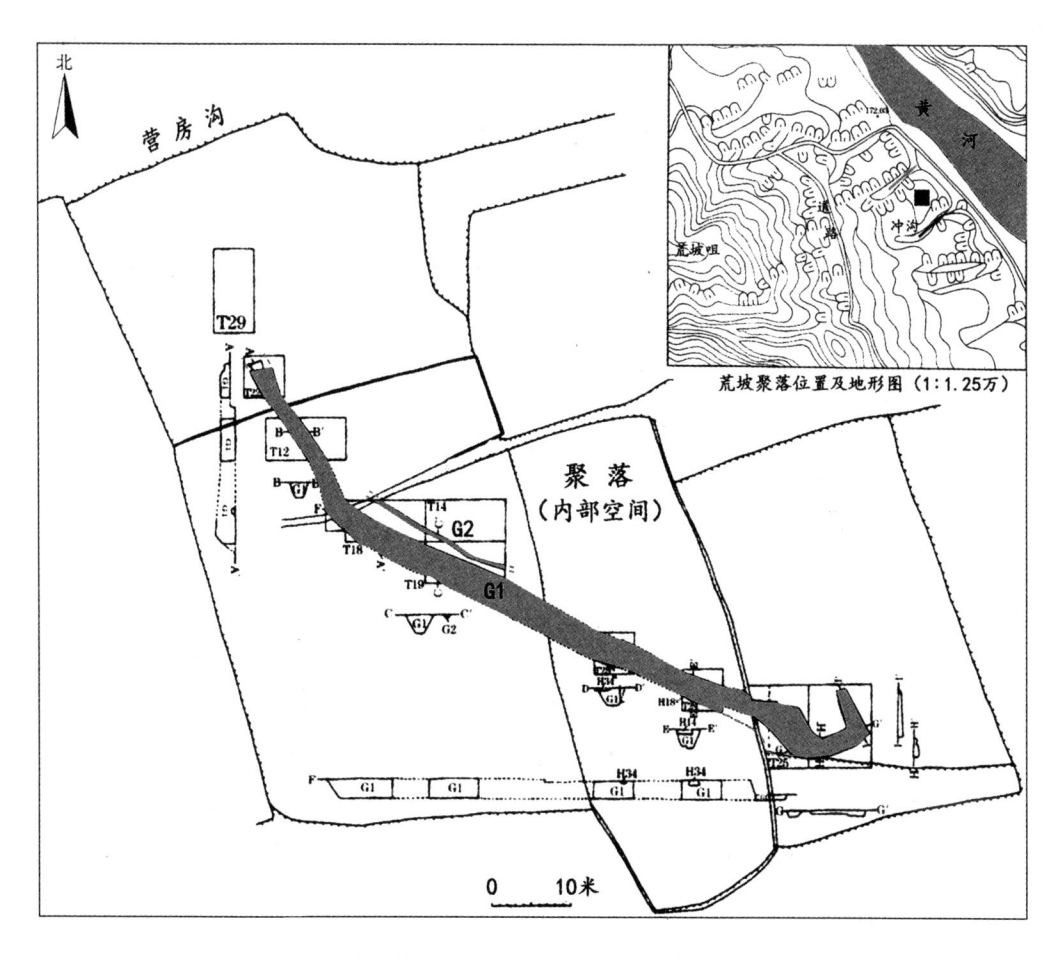

图 2-3 新安荒坡仰韶文化聚落环壕平面形态

改自河南省文物管理局等《新安荒坡——黄河小浪底水库考古报告（三）》，大象出版社 2008 年版。

（二）仰韶文化晚期聚落

在环嵩山地区仰韶文化晚期聚落中，已知布局结构较为清楚的仰韶文化晚期环壕聚落主要集中于嵩山东北麓的郑州、荥阳地区。洛阳盆地内的这一时期环壕聚落的考古材料不多，位于盆地西北边缘的孟津妯娌聚落揭示有壕沟，可作为代表。

1. 孟津妯娌

孟津妯娌聚落的地理位置与荒坡聚落大体相近，北邻黄河，三面环山。聚落所在台地为黄河河曲堆积岸的前缘，长期的自然侵蚀已经对该聚落造成了较大的破坏。就已发掘的情形看，聚落应存在相对严整的功能区划，具有包括居住、仓窖、石器作坊等不同的功能区①。居住区位于聚落北部，发现有半地穴式的房址15座，可分为不同的组群，且各有相应的窖穴，构成相对独立的生活单元②。该聚落居住区西南部发现一条深度超过4米的壕沟，呈西北—东南走向，壕沟西侧为仓窖区和墓地③，不但起到了功能分区的作用，也或许具有聚落引排水的功能。

2. 巩义双槐树

双槐树仰韶聚落位于现今巩义市河洛镇双槐树村南的高台地上，地势南高北低。该聚落北距黄河约2千米，南部紧邻一条冲积沟。经过多次系统调查和大规模勘探，目前确定双槐树遗址现存面积逾110万平方米④，是仰韶文化中晚期一处大型的聚落。最新的考古工作揭示出该聚落不但拥有相对完善的功能分区，还可能存在专门的礼仪场所，拥有夯土台基和独特的祭祀遗迹⑤。一系列考古发现表明，双槐树聚落的社会复杂化已有了进一步的发展，其应是环嵩山地区仰韶中晚期一处区域中心聚落，也被认为是具有"都邑"属性的聚落，并被赋予了"河洛古国"的定名⑥。

根据报道的信息看，该聚落拥有三重环壕（图2-4），将聚落从内到外分为了不同的空间。最内侧的环壕深约6.5米，宽度超过6米，其内为中心居住区，另外还发现了可能与仪式活动有关的建筑遗迹。中环壕和外环壕宽度均达10米以上，深约10米左右⑦。中环壕和外环壕之间还存在布局规整的墓葬区。总体上，多重环壕中，位置相对靠外的壕沟，宽度和深度都达到了一定的规模，显然具备防御功能，这些不同的壕沟不仅将整个聚落划分出了不同的空间，其作为双槐树聚落重要的引排水工程，也在一定程度上方便了不同功能区域的取水和排水。除了环壕以外，在中心居住区以北与内环壕之间的区域似乎还设置有一处储水区⑧，但有关线索仍有待进一步考古工作的确认。

---

① 河南省文物管理局、河南省文物考古研究所：《河南小浪底水库考古报告集》，黄河水利出版社1998年版，第23—25页。
② 张海：《公元前4000至前1500年中原腹地的文化演进与社会复杂化》，北京大学，博士研究生学位论文，2007年，第161页。
③ 河南省文物管理局、河南省文物考古研究所：《河南小浪底水库考古报告集》，黄河水利出版社1998年版，第23页。
④ 顾万发：《文明之光——古都郑州探索与研究》，科学出版社2016年版，第17页。
⑤ 王胜昔、王羿：《揭开五千年前"河洛古国"神秘面纱》，《光明日报》2020年5月8日01版。
⑥ 桂娟、双瑞：《河南巩义"河洛古国"重大考古成果发布》，《新华每日电讯》2020年5月8日01版。
⑦ 顾万发、汪旭、胡亚毅、信应君：《"河洛古国"双槐树：4300平方米夯土建筑群基址、大型院落布局，开古代大型宫殿式建筑形制之先河》，《文博中国》2020年12月20日（微信版）。
⑧ 桂娟、双瑞：《河南巩义"河洛古国"重大考古成果发布》，《新华每日电讯》2020年5月8日01版。

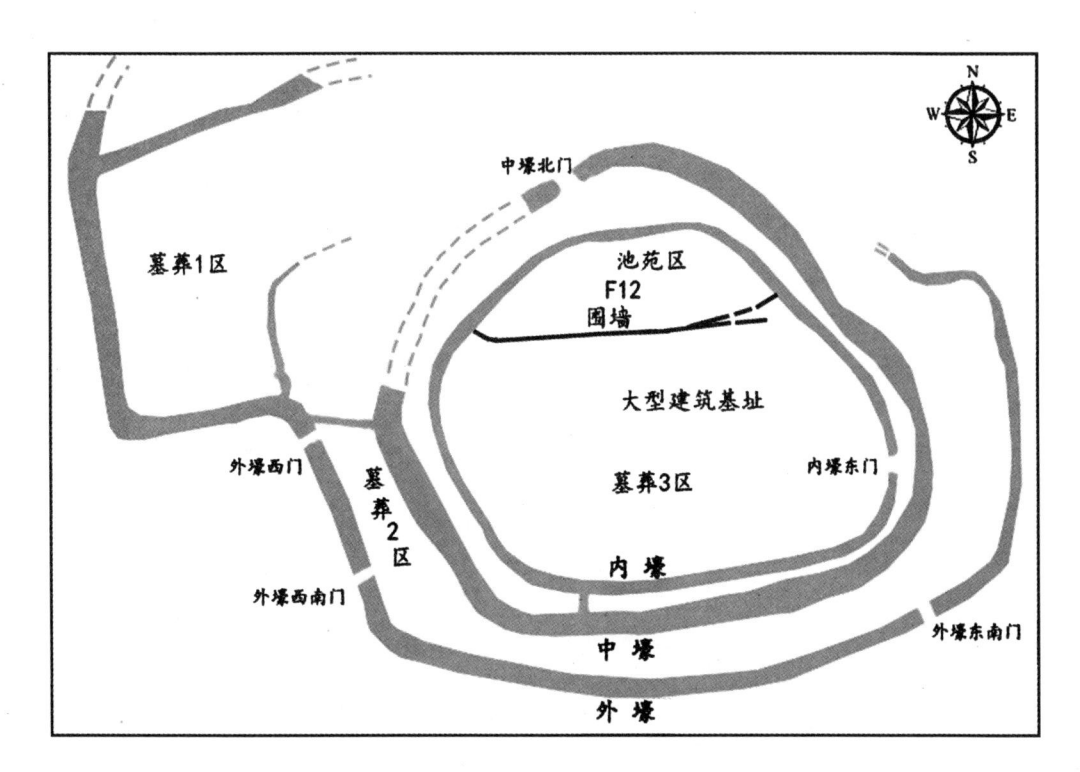

图 2-4 巩义双槐树环壕聚落布局示意图

3. 荥阳青台和汪沟

荥阳青台和汪沟两处仰韶文化聚落均位于现今荥阳一带，分别属于枯河与索河流域，聚落选址均是位于濒临河流且地形平坦开阔的黄土台地上。这一区域因存在晚更新世时期的黄河泛道，至全新世早中期阶段还存在大面积的湖沼群①，这为地区仰韶时期聚落的发展提供了充足的水源。青台和汪沟聚落均充分利用聚落所在地的水系分布条件，构成了面积至少可达 30 万平方米的大型环壕聚落。

青台聚落位于现今荥阳市广武镇青台村东，枯河北岸的一处岗地上。该聚落早在 20 世纪 30 年代就经过考古试掘工作②，随后又陆续经过多次考古发掘③。近几年的考古工作则揭示了环壕聚落的整体布局状况。该聚落与双槐树相似，也具有三重环壕结构④（图 2-5）。聚落内各类遗迹丰富，功能区布局明显。核心居住区位于内环壕和中

---

① 徐海亮：《郑州地区地貌、水系演变与人文崛起初探》，《历史地理（第 28 辑）》，上海人民出版社 2013 年版；于革等：《郑州地区湖泊水系沉积与环境演化研究》，科学出版社 2016 年版，第 82 页。
② 荥阳文物志编纂委员会：《荥阳文物志》，中州古籍出版社 2011 年版，第 14—15 页。
③ 中国科学院考古研究所：《河南成皋广武区考古纪略》，《科学通报》1951 年第 2 卷第 7 期；郑州市博物馆、郑州市文物考古研究所：《青台仰韶文化遗址 1981 年上半年发掘简报》，《中原文物》1987 年第 1 期。
④ 顾万发：《文明之光——古都郑州探索与研究》，科学出版社 2016 年版，第 19—20 页。

环壕的北部偏中地带，采用了多种建造方式和建筑结构。内环壕闭合形成的区域较小，其东部外侧也发现有与双槐树类似的特殊祭祀遗迹。中环壕与外环壕基本平行，二者南部均延伸至西北部和西南部，壕沟中还存在生土隔断，并发现有路土，应是聚落出入口。壕沟填土均为黄褐色淤积土，淤积层明显，则是经过流水沉积所致。而在环壕聚落的西北外侧还存在一道不规则弧形的自然沟壕，与枯河相连，可能与枯河河道的早晚变化有关。

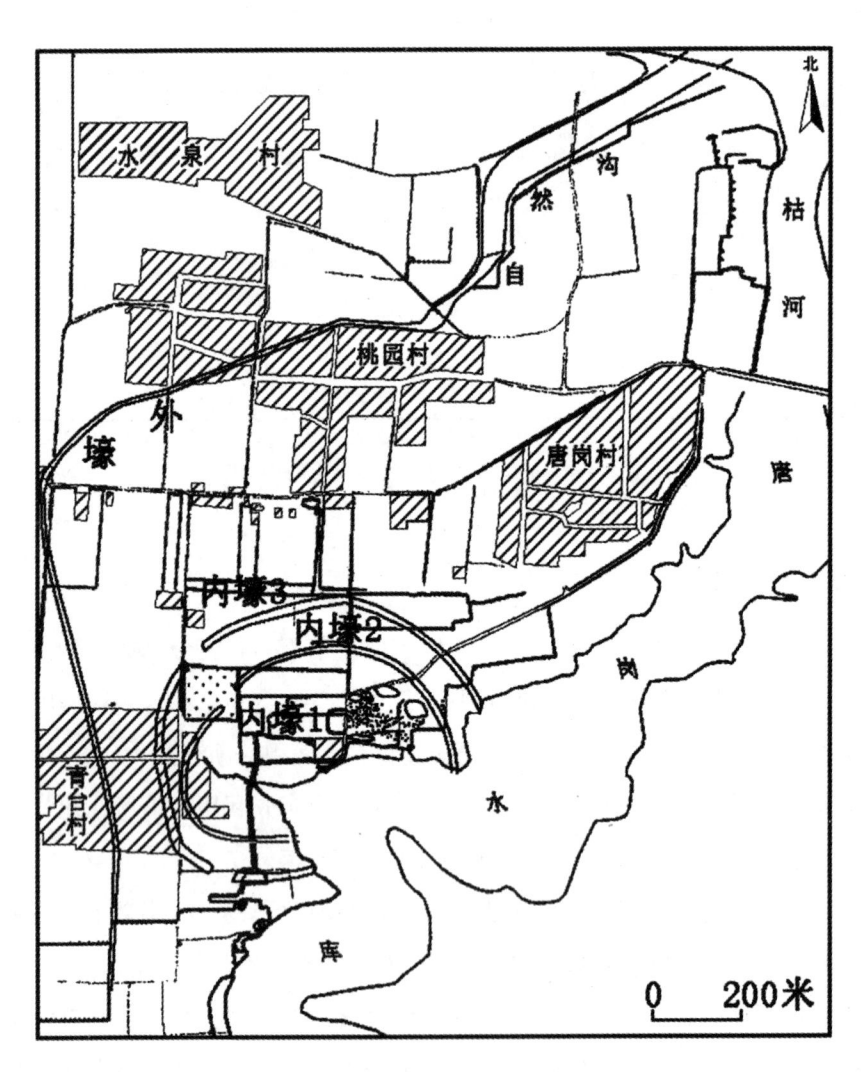

图 2-5 荥阳青台环壕聚落平面图

据许宏《先秦城邑考古》，金城出版社、西苑出版社 2017 年版。

与之相比，汪沟聚落壕沟的设置与其对自然河道的利用更为明显。该聚落位于现今索河河曲台地上。除了内环壕和中环壕以外，汪沟聚落最外侧的环壕则是充分利用了索河故道形成的（图 2-6）。人们在聚落西部外围开挖了两条壕沟，南北均与索河故

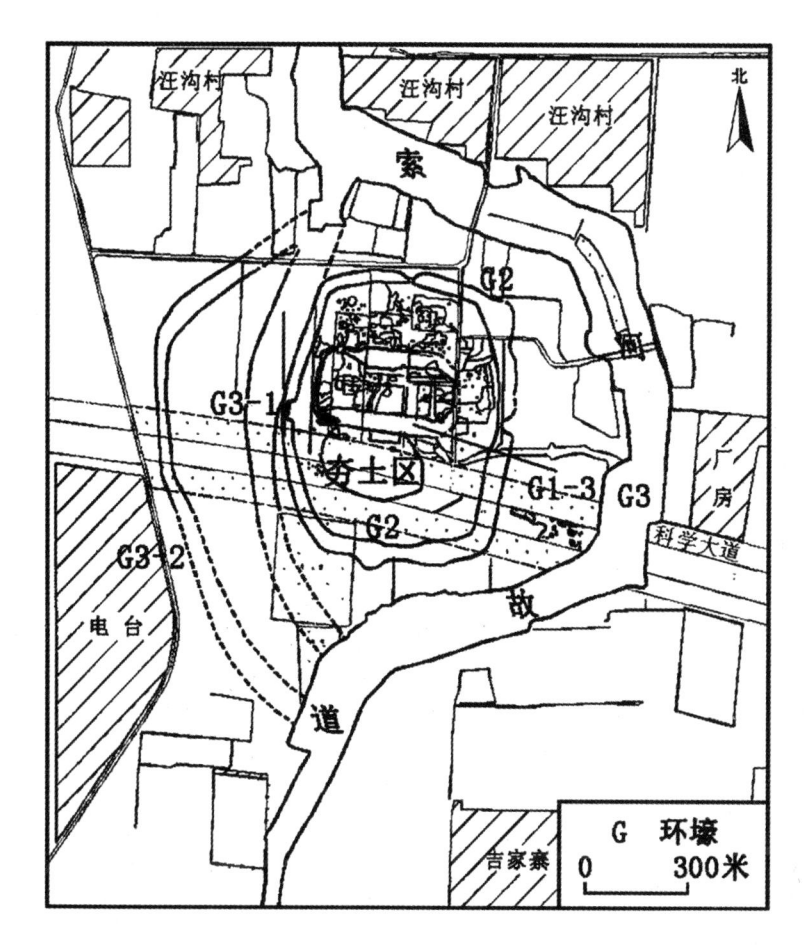

图 2-6　荥阳汪沟环壕聚落平面图

据许宏《先秦城邑考古》，金城出版社、西苑出版社 2017 年版。

道相连，凭借索河北、东、南三面围绕聚落的形势，构成了聚落外侧的保卫屏障[1]，两条壕沟或还具备一定的分流作用，用以减缓水势。汪沟聚落的三重环壕有利于聚落内外不同区域的引排水，皆有明显的流水沉积现象。

4. 郑州尚岗杨与大河村

尚岗杨和大河村均处于郑州东部地区，可看作是地处黄淮冲积平原的仰韶时期聚落代表。其中，大河村地处现今郑州市北郊贾鲁河南岸的一处漫坡岗地上，遗址面积可达 42 万平方米。因黄河河道的古今变迁，区域地貌已经发生了很大变化。在仰韶文化时期，遗址所在地水系发达，并且因为古荥泽和圃田泽的关系，还应存在较大范围的湖泊洼地。在大河村西南部发现有两段壕沟的线索，走向一致，平行排列，可能是

---

[1]　顾万发：《文明之光——古都郑州探索与研究》，科学出版社 2016 年版，第 21—22 页。

聚落外围的环壕①。

尚岗杨聚落则位于现今郑州市的东南部，尽管该聚落规模相对较小（仅约10万平方米左右），但也发现有两重环壕，并与聚落西侧现今七里河河道相通②，暗示了利用自然河道的可能性（图2-7）。

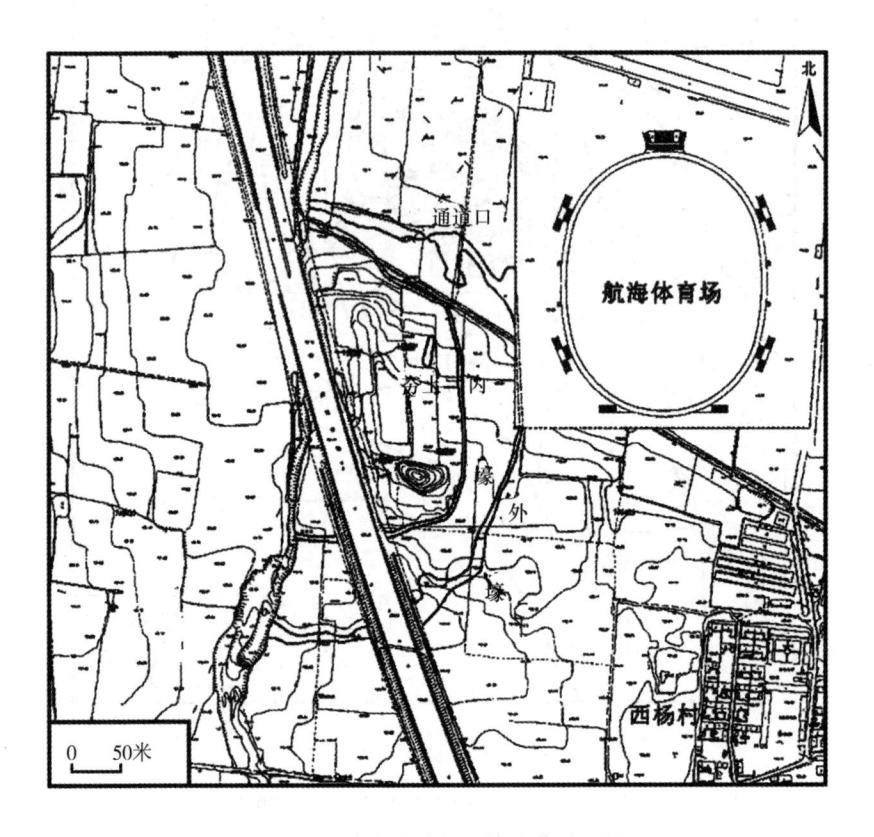

图2-7 郑州尚岗杨环壕聚落平面图

据许宏《先秦城邑考古》，金城出版社、西苑出版社2017年版。

综上所述，目前已发现的仰韶时期聚落的环壕，从早到晚大都具备复合功能。方便聚落引排水是环壕作为一项水利工程的基础功能，同时，环壕也在一定程度上起到了防卫和区隔不同功能区的作用。人们通过将人工壕沟与河流等自然水域连通在一起，极大地缩减了工程量，降低了施工难度。同时，这一设置环壕的普遍做法也在一定程度上暗示，至少从仰韶中晚期开始，人们已经有一定的意识和能力对自然河道施加控制。

---

① 郑州市文物考古研究所：《郑州大河村》，科学出版社2001年版，第264页；许宏：《先秦城邑考古》，金城出版社、西苑出版社2017年版，第58页。
② 顾万发：《文明之光——古都郑州探索与研究》，科学出版社2016年版，第23页。

二 垣壕兼备聚落的出现

除了上述环壕设施以外，仰韶中晚期以来环嵩山地区还出现了与环壕配套的围垣。其与环壕一并作为聚落外围的防御设施，同时也是聚落水利工程的重要组成部分，尤其具有防洪意义。西山是目前已知环嵩山地区乃至黄河流域最早的垣壕聚落，而环壕与围垣的结合在此以后也逐渐成了中国古代城市必备的结构要素。

（一）西山聚落概况

1. 聚落用水条件

西山聚落位于现今郑州市西北郊广武山余脉西山，枯河北岸的二级阶地上，北距黄河约4千米。整体地势由西北向东南呈缓坡。现今枯河冲刷破坏了聚落的南部，并自西向东汇入黄河。

总体上看，西山聚落背靠广武山，南邻枯河，向东则面向古荥泽，为聚落用水提供了便利。此外，从广武山上发源的季节性冲沟汇入枯河，也起到了保证聚落供水的作用，但同时，这些不稳定的水流也会增加聚落受到洪水侵袭的风险。在受全新世大暖期影响的一段时间内，夏季季风增强，由此带来了持续性的充沛降水，促使地处迎风坡的各季节性河流水量会在一定时期内明显增加，激增的水量和流水速度容易在山坡地带引发滑坡、洪水、泥石流等灾害。在环嵩山地区从仰韶向龙山时期发展的过程中，伴随全新世大暖期于公元前3000纪前后逐步退却[1]，气候条件恶化也会引发极端不稳定的天气变化，不但会加重山洪的威胁，也会导致旱灾的频发。在此背景下，与引排、抵御洪水有关的水利工程设置对于西山聚落的稳定尤为关键。

2. 聚落形态

20世纪90年代发掘西山聚落核心部分平面呈近圆形，最大径约180米，推测围垣之内原有面积约2.5万平方米。围垣外侧则是配套的围壕，同期文化堆积则延伸至围垣与环壕以外的区域[2]。2004年考古工作者在聚落核心区外围发现了外环壕，现存长

---

[1] 刘莉、陈星灿：《中国考古学：旧石器时代晚期到早期青铜时代》，生活·读书·新知三联书店2010年版，第181页。

[2] 国家文物局考古领队培训班：《郑州西山仰韶时代城址的发掘》，《文物》1999年第7期；张玉石：《西山仰韶城址及相关问题研究》，《中国考古学的跨世纪反思》，商务印书馆1999年版；杨肇清：《试论郑州西山仰韶文化晚期古城址的性质》，《华夏考古》1997年第1期。

度约550米，向南可延伸至遗址南部枯河河道，从而形成了围合面积可达35万平方米、具有双重结构的垣壕聚落[①]（图2-8）。

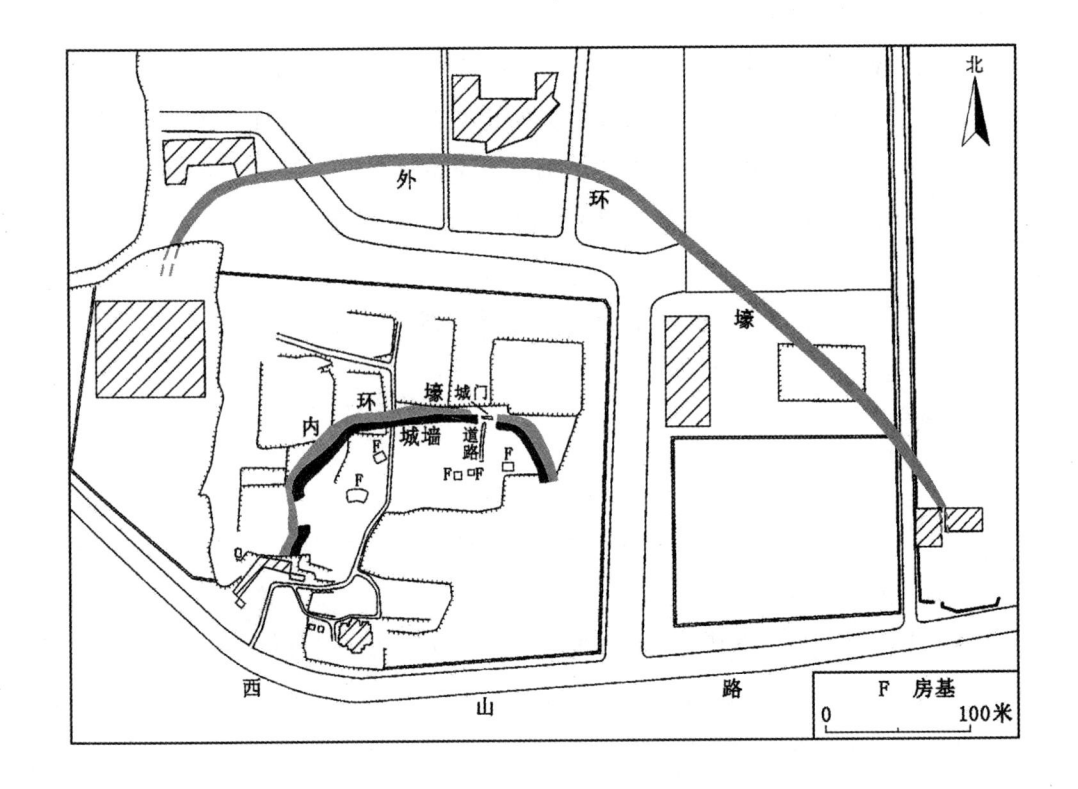

图2-8 郑州西山垣壕聚落平面图

据阎铁成《重读郑州：一座由考古发现的中国创世王都》，科学出版社2015年版。

出入西山聚落核心区域的通道主要有两处。西门设在围垣西北隅，门道宽约17.5米。北门设在东北角，现存门道宽约10米，平面形状略呈"八"字形，并且有一条道路通向聚落内东北部的房址密集区。门前及门道两侧还设置有护门墙、城台以及望楼一类的附属建筑设施。在西门外的壕沟内还发现两个直径约3米的半圆形生土台，两个土台间壕沟的宽度约2米，应该是架设壕沟之上的板桥，方便通行而设立的。已有的考古工作表明西山聚落内存在不同的功能分区，但总体上却缺乏向心式的布局结构。聚落北部为居住区，不同房屋的门道朝向并无统一的向心布局。仓窖区和居住区毗邻，且位于西北部位置较高的地区。城内东南部则发现有陶窑分布，可能存在制陶作坊区。墓葬在城内外皆有发现。

总体上，西山聚落布局与同一时期环嵩山地区其他环壕聚落基本一致——均缺乏

[①] 余西云、赵新平：《西山城的情境分析》，《考古学研究（十）》，科学出版社2012年版。

向心式布局，而西山聚落也并非同期地区规模最大、遗存最丰富的聚落，这说明西山聚落可能并不具有明显高于地区其他聚落的社会等级地位。由此可见，西山聚落修建围垣，也并非因为聚落等级高的缘故。西山的围垣不是象征聚落等级地位的标志物，而主要是出于实际防御的需要。西山聚落坐落在与周邻考古学文化接触的前沿，其或作为一处带有防御功能的军事据点[1]，在这一时期地区互动往来频繁的背景下，环壕与围垣的修建反映了聚落之间紧张的社会关系[2]。作为聚落外围的大型防御工程，垣、壕工程兼具了抵御族群冲突、防止猛兽侵袭以及防洪排涝的功能。

（二）西山垣、壕工程的构建

西山聚落的垣、壕工程主要包括了外壕与聚落核心区的围垣与壕沟两部分。其中，西山外壕与内侧的围垣和环壕大体平行，间距约150—200米不等，由西向东依地势挖建于生土之上，由于近现代地貌变化较大，几处探沟发掘所见环壕的宽度、深度并不完全一致，大体而言环壕口宽12.5米，底宽4.5米，深6.7米。就其核心区域的围垣和壕沟来说，壕沟紧贴围垣的外侧，其修筑方式是先在拟建围垣的区段挖出倒梯形基槽，在槽内对基底进行修整，然后依托基槽内壁分段、逐块、逐层夯筑建墙，或在夯层高出基槽以后，再沿内侧地面展宽筑起墙体。修筑围垣的土方就来自于开挖的基槽和壕沟。根据环壕与围垣的发掘剖面可知，其在使用过程中还经历了三次明显的修筑（图2-9）：第一阶段围垣残高约1.6米，系用规整的方块板版筑而成，此阶段围垣对应的环壕为G9⑤—⑨层；第二阶段则是在第一阶段壕沟废弃的基础上修建的，此段围垣大体对应壕沟G9③—④层；第三阶段围垣残高约0.75米，宽约4.35米，由于夯层疏松，发掘者认为是匆忙中的增筑行为，对应于壕沟G9的①—②层。

从形态和结构上看，西山聚落两重壕沟的设置与地区内同时期的其他环壕聚落并没有太大差异，但夯土围垣的发现，则是西山聚落最突出的特点。根据聚落发展阶段的划分，西山聚落的围垣与环壕修建于聚落发展的晚期阶段（即第三期）[3]。同一时期聚落内大汶口、屈家岭等外来文化因素遗存大量涌现，在一定程度上反映了不同地区互动交流的复杂社会背景。西山是目前已知环嵩山地区最早垣、壕兼备的聚落，与其他地区（尤其南方）发现的早期垣壕聚落相比，在平面形态、修筑方式和功能等方面存在一定的异同。

从平面形态上看，西山聚落及环嵩山地区同一时期的其他环壕聚落大都为圆形。

---

[1] 余西云、赵新平：《西山城的情境分析》，《考古学研究（十）》，科学出版社2012年版。
[2] 赵辉、魏峻：《中国新石器时代城址的发现与研究》，《古代文明（第1卷）》，文物出版社2002年版。
[3] 韩建业：《西山古城兴废缘由试探》，《中原文物》1996年第3期。

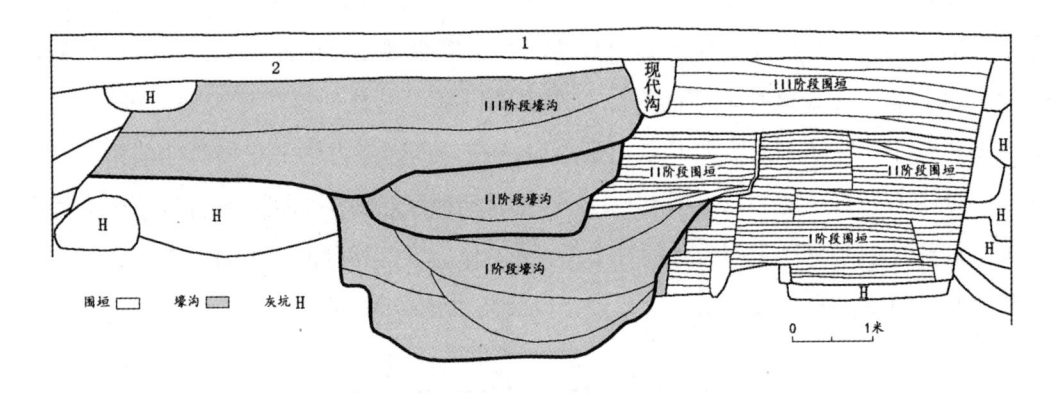

图 2-9 西山聚落围垣与壕沟剖面图

改自国家文物局考古领队培训班《郑州西山仰韶时代城址的发掘》,《文物》1999 年第 7 期。

而修建近圆形的环壕与围垣,也是新石器时代早中期以来南方地区聚落一直保持的传统,以便于聚落防洪、排水。澧县八十垱是目前已知最早兼具围垣和壕沟的聚落[①]。年代相当于仰韶文化前后的城头山也已发展成为一座典型的圆形垣壕聚落[②]。这些聚落垣、壕的设置显然都与南方地区多水且地形相对破碎的自然地理环境有关。开挖深沟不但有利于聚落排水,也有利于降低附近居住面的地下水位来改善居住环境[③]。修筑围垣在一定程度上起到了类似"护庄堤"的作用[④],是聚落外侧一项重要的防洪工程。由此可见,西山聚落围垣及壕沟的形态特征除了防御外族、猛兽的侵袭之外,也应具备预防、排泄不定期洪水的功能,属于聚落水利设施的一部分。

从堆积形成过程以及西山聚落围垣、环壕的修筑方法看,尽管西山聚落在营建围垣的过程中采用了小块版筑技术,不同于南方地区普遍采用直接堆筑的形式,但其围垣和壕沟的整体建筑理念却与南方地区大体一致,均是利用开挖的基槽(基本相当于围绕聚落的大型壕沟)内壁一侧,利用工程所出的土方营建"土垄式围垣"[⑤]。伴随不断的清淤过程,人们也可以用开挖新沟的土方对原来的围垣进行加固和修补。从上文对西山围垣及壕沟剖面的分析看,西山聚落围垣和环壕也多次经历了清淤、修筑加固

[①] 八十垱属于彭头山文化聚落。彭头山文化是长江中游地区年代较早的一支考古学文化,其在长江中游存在的时间可一直延续至中原环嵩山地区裴李岗文化的出现。湖南省文物考古研究所:《彭头山与八十垱》,科学出版社 2006 年版;中国社会科学院考古研究所:《中国考古学·新石器时代卷》,中国社会科学出版社 2010 年版;刘莉、陈星灿:《中国考古学:旧石器时代晚期到早期青铜时代》,生活·读书·新知三联书店 2010 年版,第 164 页。

[②] 湖南省文物考古研究所:《澧阳城头山——新石器时代遗址发掘报告》,文物出版社 2007 年版。

[③] 裴安平:《澧阳平原史前聚落的特点与演变》,《考古》2004 年第 11 期。

[④] 张应桥:《我国史前人类治水的考古证明》,《中原文物》2005 年第 3 期。

[⑤] 钱耀鹏:《中国史前城址与文明起源研究》,西北大学出版社 2001 年版。

的过程。

就建筑技术来说，西山聚落和南方地区聚落的围垣修筑方式有所不同。一方面，长江、淮河流域的网纹红土黏性强，围垣通常只是堆筑或仅经过简单夯打即可成型。而西山聚落位于嵩山北麓的郑州、荥阳地区，地区范围的黄土质地疏松，唯有经过逐层强力夯打才能增强其致密性，以符合大规模土木工程的建筑需求。另一方面，在修建环壕与围垣前，西山聚落范围已经分布有较大规模的文化堆积，聚落核心区环壕和围垣并非直接建于生土，在环壕内侧夯筑围垣，可以起到预防塌方的作用，从而保证修建的围垣坚固耐久，避免因遭受外力（如大水的冲刷和浸泡）而迅速损毁。

总体上，圆形的外环壕、围垣及壕沟方便多余的流水从聚落周边排开，有利于减缓水势并保证水流匀速通畅，缓和了大规模洪水对聚落的直接冲击，且不易造成塌方。外环壕与围垣保持超过百米的间距也在一定程度上成了保护聚落核心区（围垣内部区域）的缓冲区。在干旱时期，与自然河道相连的环壕内或还留有一些存水，则可以在一定程度上缓解聚落用水的困难。

综上所述，以西山聚落为代表的垣壕聚落在环嵩山地区出现，不仅反映了仰韶中晚期以来深刻的社会复杂化进程，也见证了不同地区之间频繁的交流互动。在此基础上，围垣和壕沟不但是西山聚落用以抵御外敌、预防山林野兽袭击的防御设施，同时也是聚落配套的重要水利工程。在不同地域交互作用影响日益加深的社会背景下，西山聚落也代表了环嵩山地区聚落水利工程发展的新阶段。

三　仰韶时期聚落水利的特点

环壕的普及是环嵩山地区仰韶文化聚落水利工程发展的突出代表。早晚不同规模的聚落均具备环壕设施，大型的中心聚落往往还修建有多重环壕，到了晚期阶段有的聚落还兼具有围垣。无论早期的单一环壕设置，还是偏晚阶段的多重环壕与围垣，不但与聚落引排水与防洪的需要相适应，还具备防御族群冲突、猛兽袭击，并起到边界标识的功能，同时也与聚落的功能分区有关。以环壕和围垣为代表的聚落水利设施在分布上还表现出一定的因地制宜特征。其中，地处平地的大型聚落通过开挖环壕来达到引排防水的需求。其环壕不仅常与自然河道连通，并与聚落容纳人口数量的增加和聚落功能分区相适应，由内而外分层次设置。地区范围最早的围垣工程则出现于选址在丘陵坡地的聚落中，而这应该与聚落要预防山洪或泥石流等自然灾害密切相关。

除了水利技术的进步和治水经验的积累以外，环嵩山地区仰韶文化聚落水利工程的形成也与这一时期发生的一系列社会变革大体同步。仰韶文化时期从早到晚人口逐渐集聚、社会复杂化日益凸显。区域内发现的单个聚落形态在偏早阶段呈现出凝聚—向心式的布局，这种布局到了晚期则因聚落内部的社会分化而出现瓦解。虽然聚落呈现出相对疏松的形态特征，但却具备了相对严整且更为复杂的功能区划。与之对应的区域聚落形态则在一定程度上出现了层级分化的倾向。上述这些变化反映了聚落内部乃至区域公共权力的集中，暗示了社会组织能力的提高，更有利于集中社会群体的力量，从而提高公共效率。在这一背景下，聚落环壕和围垣等大型水利设施的出现也并不是偶然。修建和维护这些大型水利设施，不但工程浩大且具有长期性，已经超出了个体甚至小规模群体的行为能力。早期社会复杂化促使权威阶层的出现，形成了强有力的社会组织力量，则成了上述大型工程实践的可靠社会保障。

第三节 新石器时代中晚期的聚落水利

新石器时代中晚期以来，农业已经成为人们主要的生计手段，定居聚落不断发展，对人们的生态适应能力提出了新要求。在选择优越的水源地基础上，大规模社群生产、生活的长期稳定越来越依赖于人工水利工程的修建，以沟渠（环壕）为代表的引排水设施也逐渐发展起来。如果说在偏早阶段，环嵩山地区聚落沟渠的设置还带有一定的局部性、偶然性特征，在进入仰韶文化时期以后，大型环壕的普及则表明沟渠工程此时已经成了聚落整体规划的一部分，并且在仰韶文化晚期阶段发展出了与之配套的围垣，从而增强了聚落抵御洪水的能力。中国古代城市最为基本的"城池"（即城垣与城壕）配置由此起源，其初始功能显然与新石器时代中晚期聚落水利工程的构建密不可分。换句话说，新石器中晚期聚落水利工程为中国古代城市及城市水利的出现奠定了基础，龙山时代以来不断发展成熟的城垣与城壕实则都可看作是在这一阶段聚落围垣与环壕基础上，历经演变或直接延续而来的[①]。

环嵩山地区新石器时代中晚期水利工程的修建通常都会借助自然水系的分布，将河道与人工壕沟结合在一起，这在仰韶文化中晚期聚落尤为明显。尽管开挖壕沟的技术在当时已不成问题，但工程的顺利实施，则需要对水流物理特性有深入的了解，并且在必要情况下还需加强对自然河道的干预，来控制流量和流向，诸如水闸等附属水利设施在这一阶段有可能也已经产生。围垣的出现与聚落环壕的不断发展直接相关。仰韶文化晚期阶段以来，人们已经能够利用营建环壕的土方修建围垣，作为聚落外围的防洪设施，而这也离不开人们对当地土质的认识以及由此发明的夯筑技术。

---

① 钱耀鹏：《中国史前城址与文明起源研究》，西北大学出版社2001年版。

值得注意的是，环嵩山地区聚落水利的发展与当地这一时期社会的变革相适应。新石器时代中晚期以来，地区聚落规模扩大，功能分区也日趋复杂，环壕或围垣等大规模工程的完工和维护需要社群相互协作才能完成。同一时期伴随人口集聚和社会分化加剧，恰好出现了超出个体—家庭之上的社会组织和领导力量，奠定了群体分工协作的社会基础。在这一背景下，水利工程的修建也进一步提高了聚落应对突发洪水等自然挑战的社会应对能力。此外，在环嵩山地区聚落水利发展的过程中，不同地域的相互交流或也发挥了重要作用。就已有的考古发现看，新石器时代以来环嵩山地区社会不断发展的前后，长江中下游的聚落已普遍采用了环壕、围垣等设施。其中，在长江下游的河姆渡聚落中还率先出现了木构水井[①]。南方地区聚落水利的发展与人们长期适应当地多水的环境有关。新石器时代中晚期不同地区互动往来频繁，不仅促进了族群融合，更是推动了包括水利工程技术在内文化、技术、观念等的相互传播和借鉴，客观上为环嵩山地区聚落水利的发展提供了良好的社会条件。

[①] 杨鸿勋：《河姆渡遗址木构水井的鉴定》，《建筑考古学论文集》，文物出版社1987年版。除此以外，在舞阳大岗曾发现的深达6米的坑状遗迹，被发掘者认为是时代最早的水井，但坑底发现有丽蚌和鳄鱼鳞板等，这很可能是利用自然地势的水塘或蓄水坑。河南省文物考古研究所：《舞阳贾湖（下卷）》，科学出版社1999年版，第965页。

第三章　城市水利系统的肇始：龙山至二里头的城市化与城市水利

《夏书》曰：禹抑洪水十三年，过家不入门。路行载车，水行载舟，泥行蹈毳，山行即桥。以别九州，随山浚川，任土作贡。通九道，陂九泽，度九山……九川既疏，九泽既洒，诸夏艾安，功施于三代。

——《史记·河渠书》

新石器时代中晚期形成了多元文化并立格局，在龙山文化晚期至二里头阶段走向终结，环嵩山地区仰韶文化晚期以来社会发展的沉寂也随之结束，以中原为中心的历史趋势最终得以确立[1]。随着嵩山南、北龙山晚期文化的整合[2]，当地考古学文化面貌统一性逐渐加强，由此形成的二里头文化也首次突破了地理单元的制约[3]。环嵩山地区逐渐形成了以二里头为单一中心的早期广域国家政体[4]。由于这一阶段的社会发展逐渐符合传统历史文献描绘的"王朝气象"，相当多的学者认为龙山文化晚期至二里头文化时期就相当于上古三代中的首个王朝——夏王朝。

这一阶段，环嵩山地区的聚落与社会发生了重大变化。社会分化日益加剧，作为政治控制工具的早期城市也由此发端[5]。仰韶文化晚期出现的围垣、壕沟此时成了不同区域中心聚落的必备设施，而聚落在布局上也越来越表现出社会权力和礼制的象征意义，聚落层级结构特征也逐渐明显，完成了初步的"城乡分野"。至二里头阶段，环嵩山地区首次出现了具有广域国家都邑属性的超大聚落——二里头，也被大多数学者认为是夏王朝晚期的中心都邑[6]。其不但拥有中国古代城市的经典形态特征，也开启了环

---

[1] 赵辉：《以中原为中心的历史发展趋势的形成》，《文物》2000年第1期；赵辉：《中国的史前基础——再论以中原为中心的历史趋势》，《文物》2006年第8期。
[2] 王立新：《从嵩山南北的文化整合看夏王朝的出现》，《二里头遗址与二里头文化研究》，科学出版社2006年版。
[3] 许宏：《何以中国——公元前2000年的中原图景》，生活·读书·新知三联书店2014年版，第131页。
[4] 刘莉、陈星灿：《中国考古学：旧石器时代晚期到早期青铜时代》，生活·读书·新知三联书店2017年版，第275页。
[5] ［美］张光直：《关于中国初期"城市"这个概念》，《文物》1985年第2期。
[6] 中国社会科学院考古研究所：《中国考古学·夏商卷》，中国社会科学出版社2003年版，第41页。

嵩山地区早期城市化的新阶段。

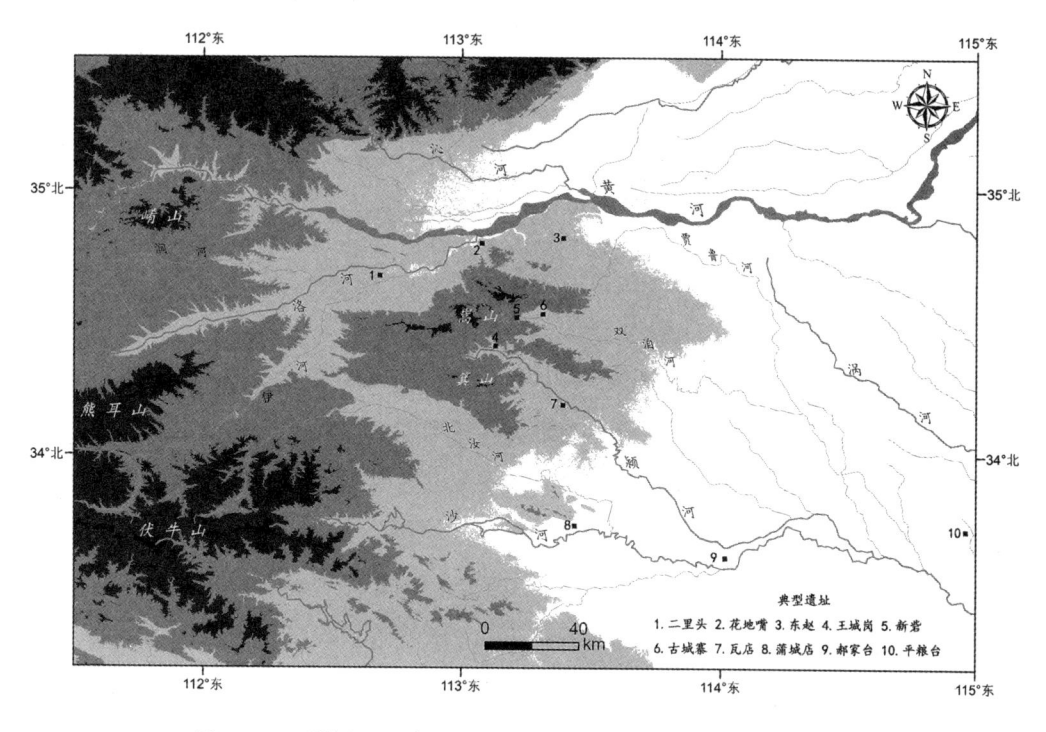

图3-1　环嵩山地区龙山至二里头文化时期城市水利案例的分布

　　龙山至二里头时期早期城市以及广域国家都城的形成，也伴随环嵩山地区城市水利事业的兴起。这恰好印证了古史传说中夏王朝立国与治水事业的紧密关系。人们不仅将治水的功绩和各项水利发明归于夏王朝的开国之君大禹及其追随者[①]，并且认为继夏之后商、周王朝的始祖契、后稷也是同一时期辅佐大禹治水的有功之人[②]。尽管传说时代虚实杂糅，各家说法不一，带有深刻的神话色彩，但从这些文献中的记载看，早期国家的确立与水利事业的兴起相辅相成，带领民众兴修水利则成了统治者树立权威的重要措施。自此以后，各项水利工程也成了牵动中国古代社会发展的重要因素之一。与之对应的是，在环嵩山地区早期国家形成与发展过程中，城乡分野的确立与不同聚落间关系的紧密与稳定，除了优越的水源条件以外，越来越多地倾向于对军事、资源、政治、贸易、交通等复合区位因素的依赖。唯有沟渠、水井等各项水利工程兴修，才能在维持长期定居生活用排水的基础上，为聚落选址提供更多可能性，从而促成稳固的社会网络形成，为实现广域政治控制奠定基础。而二里头中心都邑的出现，也开启

---

① 如《吕氏春秋·勿耕》记载"伯益作井"，而"伯益"即为跟随大禹治水之人。
② 《史记》卷三《殷本纪》："契长而佐禹治水有功"；《史记》卷二《夏本纪》："禹乃遂与益、后稷奉帝命，命诸侯百姓兴人徒以傅土，行山表木，定高山大川。"

了更为复杂的城市水利系统的具体实践。水利基础设施也成了此后城市规划营建的一项必备要素，被二里头及其后来的广域王权国家政体继承并发扬（图3-1）。

第一节 龙山时期的早期城市水利工程

环嵩山地区聚落的规模和数量在龙山文化晚期阶段有了稳步增长，反映了人口数量和土地利用的持续提高。由于这一时期社会不平等的加剧，政治控制、礼仪权力和物质财富逐渐被少数社会上层人员垄断，加之社群冲突频繁，地区聚落的发展呈现出繁荣却又动荡的态势，出现了多个区域中心。尽管这些中心聚落内部结构并不稳定，功能区变动频繁[①]，但多数已经具备了早期城市的政治、军事、经济与宗教功能。文献记载"禹会诸侯于涂山，执玉帛者万国"[②]，环嵩山地区龙山时代聚落形态代表的城市化进程，也大体呈现出与之类似的"万国林立"图景。

龙山时期环嵩山地区的区域中心聚落，已经初步具有了城市的功能属性，继承了新石器时代中晚期兴起的环壕与围垣设施，并广泛应用了版筑技术。这一时期，聚落外围的围垣和环壕已不再是前者依附于后者内侧的关系，围垣已演变出矗立于地表、高耸而宽厚的特征，且越来越符合中国传统城市的"围城"特征，因而围垣和环壕也通常被冠以"城"名，城垣（墙）与城壕的概念得以普及。二者虽然保持了防洪、引排水的基本功能，但也更显示出军事防御色彩，并在一定程度上带有礼制象征的意义。与此同时，龙山时期聚落集聚的大量人口，以及聚落间相互对立的紧张局面促使人们在聚落营建之初，要对城垣内部用排水进行事先安排。这一时期的聚落内较为普遍地设置有水井，部分还出现了明沟引排系统和暗渠管道工程，这是环嵩山地区早期城市化进程中水利事业初步发展的重要标志，上述这些水利设施均被二里头及其以后的城市（尤其是国家的中心都邑）水利系统继承。

一 城垣与城壕工程的修筑

龙山文化晚期，嵩山北麓的城市化进程显得相对低调，而嵩山东、南麓的颍河中上游一带则一直是早期城市化发展最为活跃和繁荣的典型代表。颍河流域围绕不同的中心聚落形成了不同聚落群，显示出多个政治实体并存互动的复杂社会关系。其中，

[①] 张海：《公元前4000至前1500年中原腹地的文化演进与社会复杂化》，北京大学，博士研究生学位论文，2007年，第173页。
[②] 《左传·哀公七年》。

王城岗、古城寨和瓦店三座区域中心聚落分布互为犄角，表明这些共存政治实体可能存在不同的势力范围①。紧张的社会发展态势促使早期的围垣与壕沟工程在这一时期得到了进一步普及。至二里头文化形成之际，则以新砦和花地嘴为代表的大型聚落分辖嵩山南北。总体上，这一阶段的区域中心聚落大多修建有城垣和城壕。城垣与城壕作为重要的防卫设施，并且承担了聚落外围的防洪排水功能。

（一）龙山文化晚期的城垣与壕沟

颖河上游地区，龙山文化晚期阶段的区域中心聚落可以王城岗、古城寨为代表。此外，在颖河中游形成的泛滥平原上，同一时期也存在郝家台和平粮台等具有早期城市属性的区域中心聚落。沙汝河流域则是以蒲城店为中心②。这些区域聚落中心大多为城垣和城壕设施并重，兼具军事防御和防洪、引排水功能，壕沟内基本都存在流水作用形成的堆积。下文将对其中材料较为丰富者进行说明。由于平粮台还发现有与城壕相通的暗渠管道，后文还会对平粮台进行专门论述，此处则不再进行说明。

1. 登封王城岗

登封王城岗位于颖河上游，处于颖河与五渡河交汇的台地上（图3-2）。其北靠名为"王岭尖"的低山丘陵，南邻颖河，自然地势呈西北高而东南低。20世纪70年代在台地东北边缘发现东、西并列两座龙山文化时期的围城。东城绝大部分已被五渡河冲毁，仅残存南墙和西墙局部。西城则依托东城西墙而建，局部也已被山洪冲毁。其形态大致呈正方形，城内面积近1万平方米③。21世纪初新发现了外围的壕沟（局部发现有城墙），外壕沟西北部保存较好，东、南部则被河流冲毁严重④。北壕沟残存350米，西壕沟残存130米，根据发掘复原围壕规模（即大城面积）超过了30万平方米，基本涵盖了整个遗址。

五渡河和颖河相汇的这处山前缓坡地带，自新石器时代中晚期开始就非常适合人类定居生活，遗址范围内还发现有裴李岗文化至仰韶文化时期的遗迹，龙山文化时期开始修建城垣。早年发现面积约1万平方米的小城（西城）年代早于大城。小城范围内发现大量灰坑，且多数为圆形袋状坑，还有与祭祀活动有关的奠基坑，很可能作为整个聚落的仓窖区使用。大城和城壕建成后，东西并列的两座小城已经废弃。二里头

---

① 刘莉：《中国新石器时代：迈向早期国家之路》，陈星灿等译，文物出版社2007年版，第167—170页。
② 河南省文物考古研究所、平顶山市文物局：《河南平顶山蒲城店遗址发掘简报》，《文物》2008年第5期。
③ 河南省文物考古研究所、中国历史博物馆考古部：《登封王城岗与阳城》，文物出版社1992年版。
④ 北京大学考古文博学院、河南省文物考古研究所：《登封王城岗考古发现与研究（2002—2005年）》，大象出版社2007年版。

至二里岗文化时期，当地亦发现了大量文化堆积，聚落规模仍然相当可观，城壕在这个时期经过清淤，继续使用。至春秋时期壕沟仍有清淤使用的迹象，这时地表应该仍能看到保存较好的龙山文化城墙。战国以后，五渡河东岸营建规模达130万平方米的东周阳城，西岸的聚落逐渐废弃。如此长时段的聚落利用率为古史传说中"禹都阳城"的记载提供了重要信息。

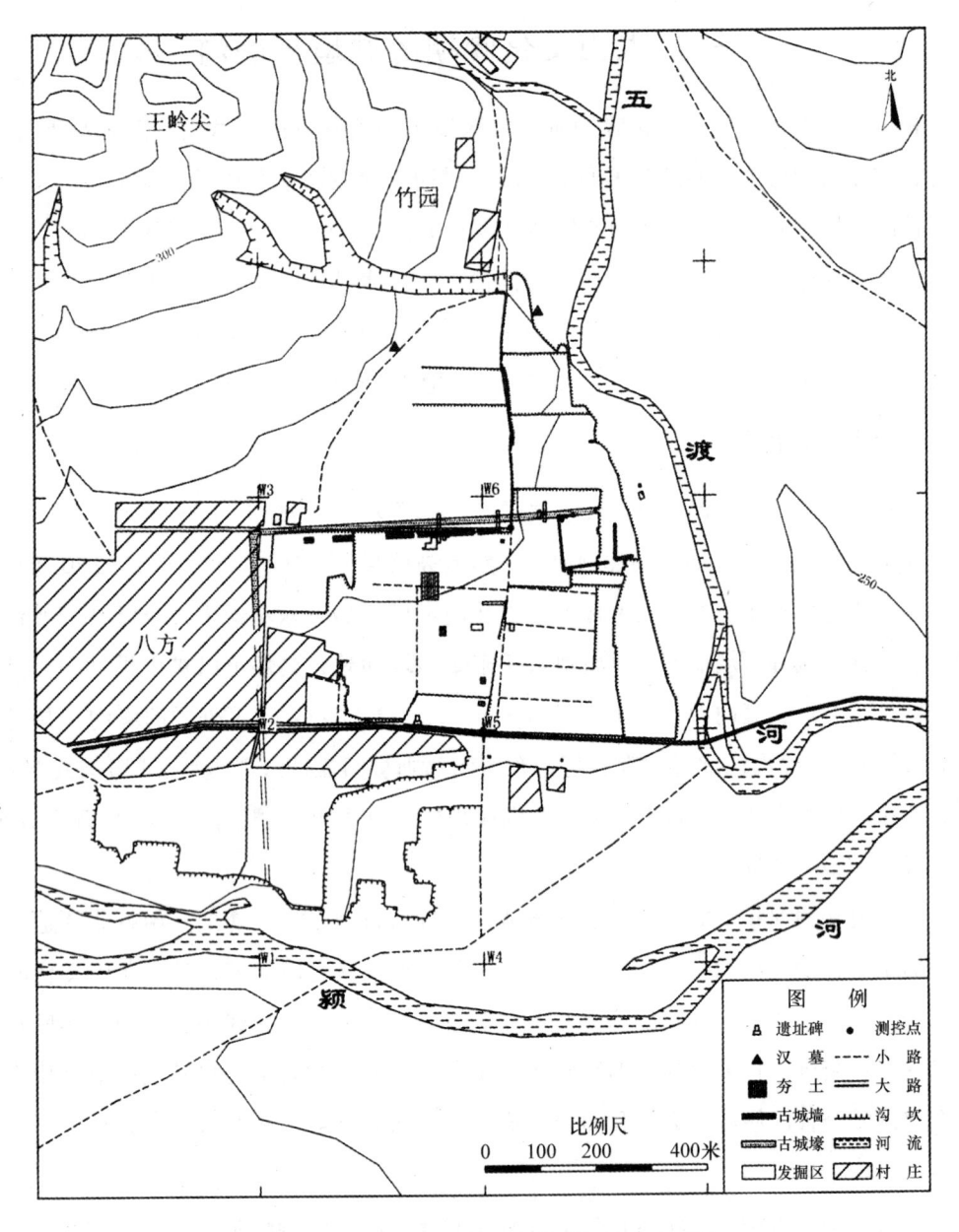

图3-2 登封王城岗龙山文化晚期城址平面图

据北京大学考古文博学院等《登封王城岗考古发现与研究（2002—2005年）》，大象出版社2007年版。

从王城岗所处区域地形看,从其北侧的低山丘陵上发源有多条季节性的冲沟,一方面这些冲沟自北而南能为聚落提供水源,另一方面,也成了雨季山洪爆发时的泄洪通道。其中,在王城岗聚落西侧的南北向冲沟就发挥了泄洪、引排水的功能。进一步控制和利用这些水量不定的水流,也成了王城岗城壕工程的修建目的之一。其北城壕现今地表东西高差约9米,通过精细测量发现,王城岗龙山文化晚期壕沟底部东西高差不足0.4米,城壕底部近平,说明壕沟设计开挖时应该经过人工有意找平。王城岗北城壕底部发现有淤积黏土和沙土,显然是流水沉积作用所致。该城壕与东侧的五渡河相通,而五渡河历史上经过了长期下切过程,目前水面较壕沟底部低约4米,龙山文化晚期河水应该和壕沟水位相差不大,还可以补充壕沟内的储水量,从而方便人们取水和排水。

2. 新密古城寨

新密古城寨聚落位于现今溱水河（属于双洎河支流）与一条无名河（应该是区域范围内的一条小型季节性河流）交汇的二级阶地上[①],河流分别从城址的东西两侧流经。其中,溱水河流经聚落西侧,不仅已经冲毁了西城墙,并且对城垣以内的部分地区造成了破坏（图3-3）。在古城寨遗址范围内还发现有仰韶时期的文化遗存,主要集中于城西南部一带。

古城寨的围城平面略呈东西长方形,东西长约460米,南北宽约370米,城墙现存高度5—15米不等。已有的考古工作表明,古城寨城墙以及城壕主体的修筑和使用年代均为龙山文化晚期。根据城墙与城壕堆积形成过程和包含物判断,古城寨的城垣和城壕在龙山文化晚期之后已废弃。在城垣范围内,曾发现有一座大型的回廊式夯土建筑基址[②]。总体上,古城寨拥有方正的城垣形态,且存在高等级建筑基址,应该是双洎河上游地区一处区域中心,也具备了早期城市的特点。

古城寨城垣的修筑采用了夯筑技术,并且充分利用了城壕工程的排出土。墙体内外皆有护坡,护坡夯筑或堆筑而成。主墙体采用版筑方法。受到聚落所在台地地势西（北）高东（南）低的影响,人们对不同区域的墙基处理方式也不尽相同[③]。城址东南部地势低洼,人们利用夯土构筑了宽阔的墙基,在墙基底层使用红色黏土掺小型卵石

---

① 现今溱水之名源自郦道元《水经注》对"溱水"的注解,但古之"溱水"与"洧水"（即今双洎河）与春秋时期郑国都城关系密切,其与现今溱水河可能并非同一条河流。笔者将在后文叙述两周时期郑韩故城的城市水利时,再对这一问题进行辨析。
② 河南省文物考古研究所、新密市炎黄历史文化研究会：《河南新密市古城寨龙山文化城址发掘简报》,《华夏考古》2002年第2期。
③ 河南省文物考古研究所、新密市炎黄历史文化研究会：《河南新密市古城寨龙山文化城址发掘简报》,《华夏考古》2002年第2期。

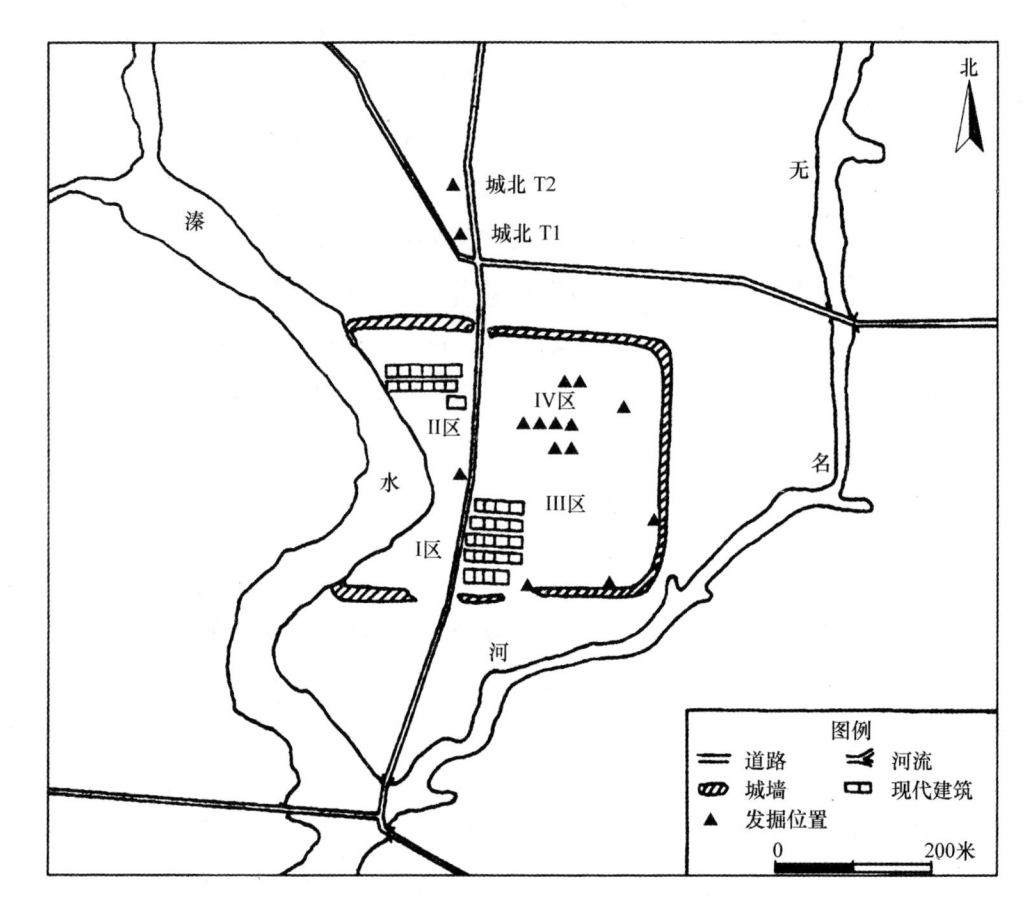

图 3-3 新密古城寨龙山文化时期城址平面图

据河南省文物考古研究所等《河南新密市古城寨龙山文化城址发掘简报》,《华夏考古》2002 年第 2 期。

和料姜石,其上则利用纯净的黑色黏土层层夯打,然后起板夯筑主墙体。由于南城墙中部下还叠压有早期窖穴和灰坑,人们对修筑城墙区域内早期遗迹进行了清理,并从坑穴底部开始就层层夯打出坑口,再进行大面积的夯筑,以黑色黏土夯打基础,然后统一起板夯筑主墙体。在地势较高的西北部则预先挖出深约 1 米的基槽,先施薄薄的基础夯,然后在槽内起板夯筑。北城墙东段则直接在平整的地基上铺垫一层夹杂陶片的黏土层,再夯打数层后起板夯筑。

总体上,为了确保城垣整体坚固,人们根据城垣所在不同区域的自然条件采用了不同的地基处理方式。其中,聚落所在地的西北部地势相对较高,也是溱水河自北而南流经城址西侧的受力顶点,在此处建筑城垣采取开挖基槽的措施,有助于增加墙体的稳固性。而聚落东部地势低洼,也容易形成积水,在城墙墙基夯土掺加石料的处理方式应该也与增强墙体的耐久性有关。

而从聚落和两侧河流的位置关系看,古城寨城壕的修建充分利用了周邻水系,其西城壕应该利用了溱水河河道,并且将水引入城壕,从而使得城址四面皆可临水。考古工作者最近在对古城寨东侧城壕进行解剖发掘后发现,其城壕直接叠压在城墙外侧的护坡之上。城壕内部分红褐色黏土的洪水沉积物堆积则暗示了城壕与溱水河相通,城壕内中部则存在灰色(或灰黑色)的自然静水沉积①(图3-4)。在壕沟底部还发现有龙山文化晚期的木板和木器,可能就与当时城址四面环水的环境有关。壕沟两边缘的流水冲刷或倾倒堆积中则富含人工遗物,主要包括兽骨、陶片和残石器等。由此可见,古城寨宽大的城壕设施不仅是与厚实城墙相配套的防卫工程,也在一定程度上利用了周邻水域,成了聚落外侧的防洪和引排水设施。

3. 郾城郝家台

郾城郝家台位于现今漯河市郾城区东北约4千米,北为颍河,南邻沙河。其地属于颍河下游的冲积平原,整体地势则由西北向东南方向倾斜,局部低洼地带则容易形成积水区。由于黄、淮水系自古以来改动频繁,地区古今地貌变化极大。城址附近广泛分布的黄沙淤土和黏黄土②,也暗示了聚落所在地经常遭受洪水泛滥。

聚落选择在当地一处地势较高的台地上建城,主要文化遗存大体自龙山时期开始一直持续至二里头时期。东周以后聚落范围仍然有古人活动的迹象。郝家台龙山文化时期的围城形态近似长方形,南北长约200米,东西宽约140米,城内面积并不大,大约3万平方米左右(图3-5)。东城垣上有一缺口,可能是聚落的出入口。城内存在多组连间式的排房建筑,这些排房基本都建于垫土台基之上,每组排房连间数目不等,房址周边还发现有埋墓现象。

就解剖城垣的状况看,郝家台的城垣基本均为平地起夯,城垣建于生土上,并未修筑基槽,城墙主体两侧也未发现明显堆筑或夯筑护坡的现象。城墙外侧的沟状堆积即为城壕(图3-6)。根据城垣夯层和城壕内的填土可知,郝家台的城垣主要也是利用开挖壕沟的工程出土,不见明显的版筑以及夯窝迹象,只是进行了简易夯打。而壕沟的堆积相对较为平缓,明显也存在流水作用的淤积土层。考虑到郝家台属于滞洪区范畴,防洪显然是其城垣和城壕修筑的主要目的。与同期的环壕工程相同,郝家台城址壕沟的修筑也在一定程度上缩短了聚落由内向外排水的距离,而城壕内的存水也能为聚落用水提供补充。

---

① 河南省文物考古研究院:《河南新密古城寨城址2016—2017年度发掘简报》,《华夏考古》2019年第4期。
② 河南省文物考古研究所:《郾城郝家台》,大象出版社2012年版,第1—2页。

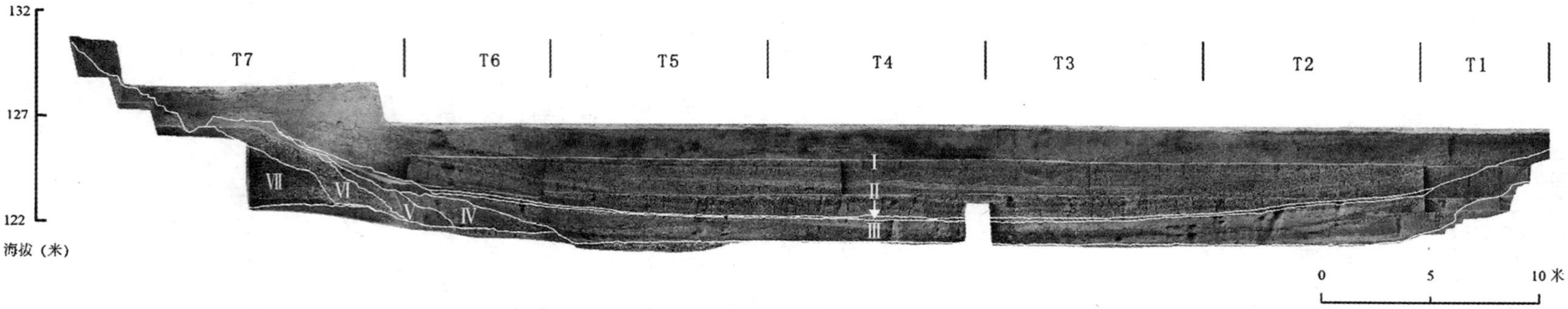

图 3-4 新密古城寨东墙护坡与城壕剖面图

Ⅰ 城壕废弃后堆积　Ⅱ 城壕废弃堆积　Ⅲ 城壕使用堆积　Ⅳ 护坡1　Ⅴ 护坡2　Ⅵ 护坡3　Ⅶ 城墙基础

据河南省文物考古研究所等《河南新密市古城寨龙山文化城址发掘简报》,《华夏考古》2019年第4期。

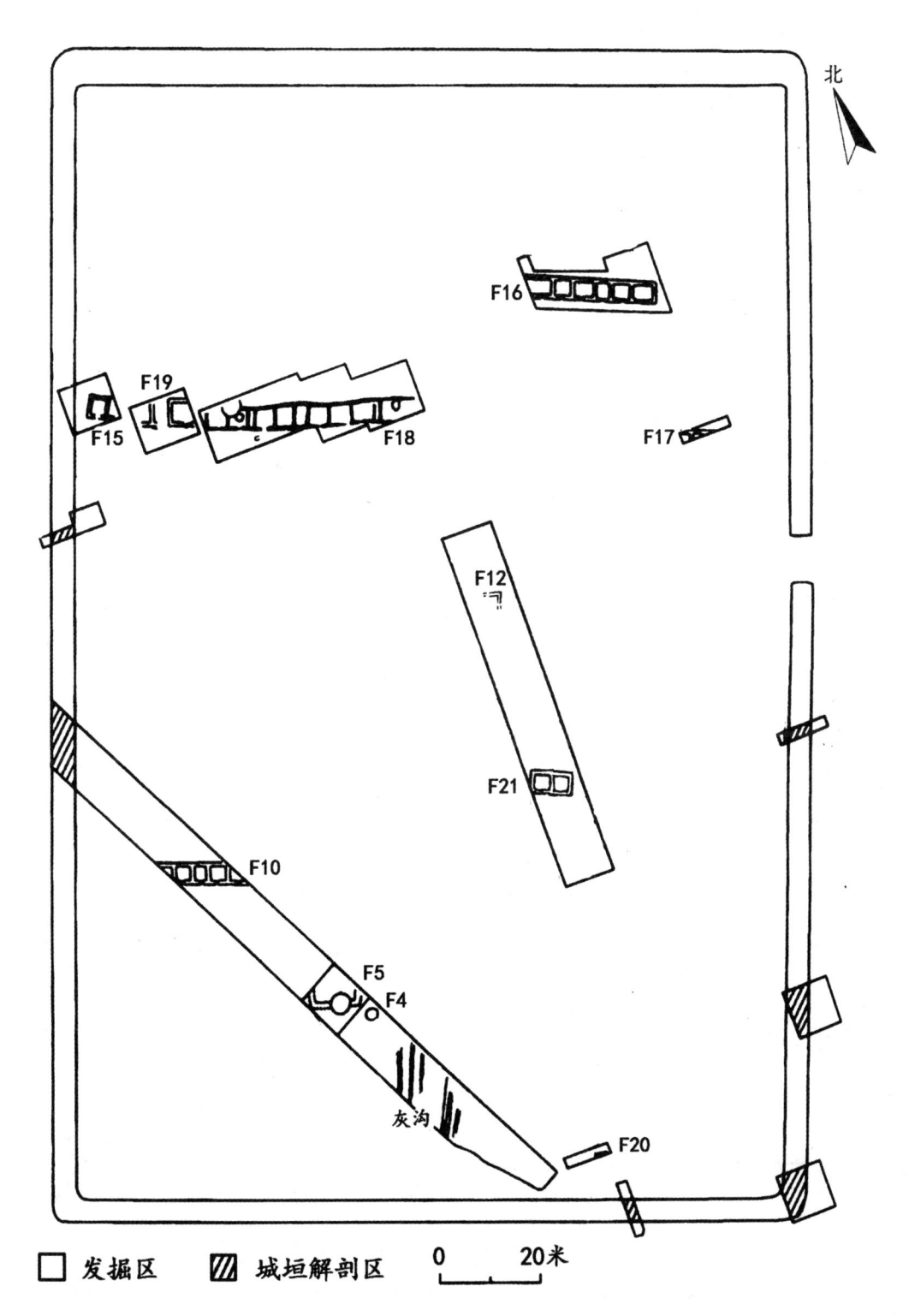

第三章 城市水利系统的肇始：龙山至二里头的城市化与城市水利

图 3-5 郾城郝家台龙山文化城址平面图

改自河南省文物考古所《郾城郝家台》，大象出版社 2012 年版。

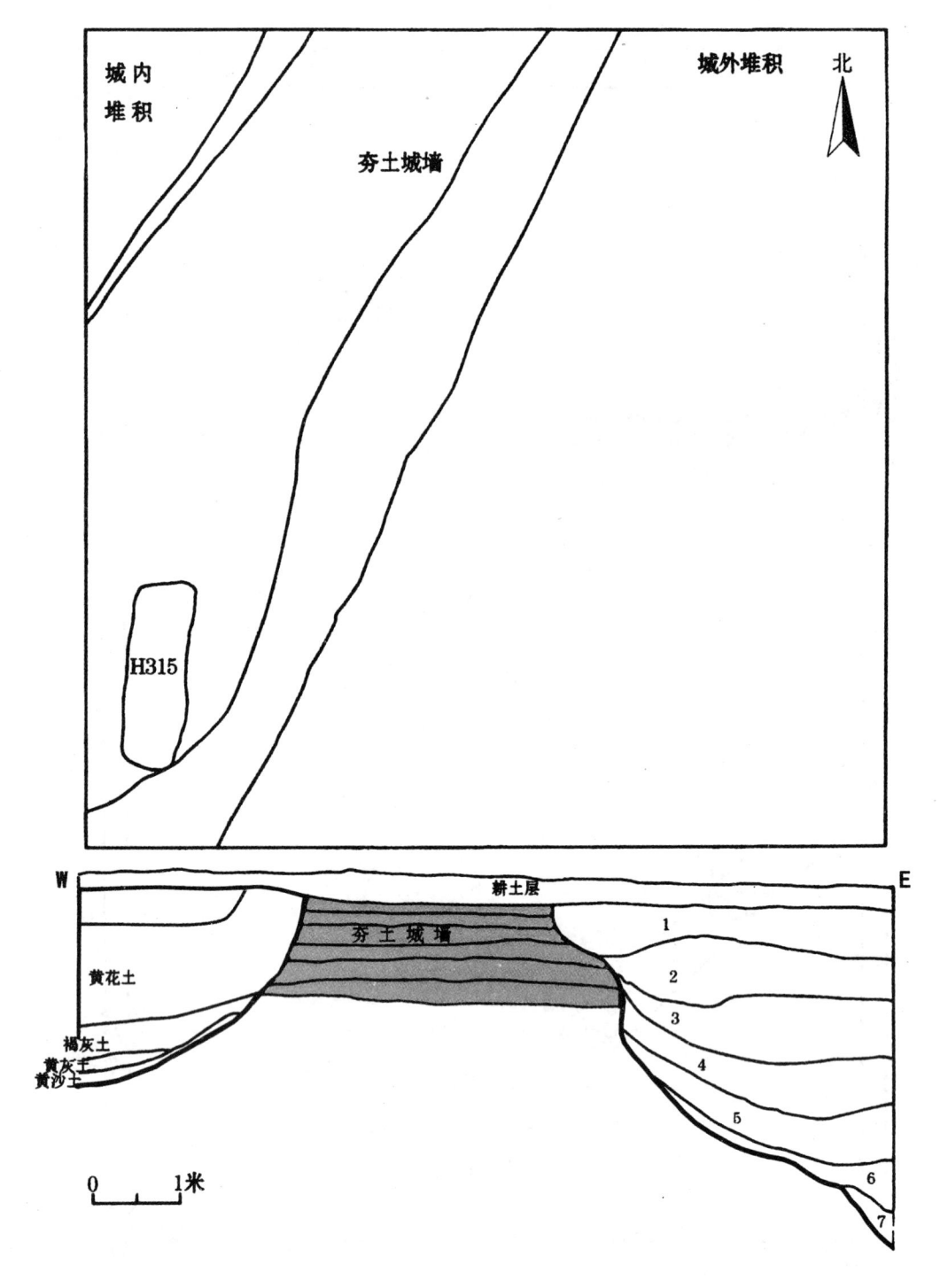

图 3-6　郾城郝家台龙山文化城墙与壕沟平剖面图

改自河南省文物考古研究所《郾城郝家台》，大象出版社 2012 年版。

龙山文化晚期共存于不同区域的中心聚落，继承并发展了新石器时代中晚期的环壕工程和围垣。在修建城壕时，人们常常会借助自然河道的分布，并且有意识地进行水平测量和因势导水，反映了人们对于自然水性的掌握程度和对聚落周边水系的干预。此时人们还会根据不同的地理条件对城垣主体地基进行预处理，从而构筑更为宽厚高大且坚固耐久的防卫设施。夯筑技术普遍被应用的同时，部分地区也会兼用堆筑的形式（如沙汝河流域的蒲城店）[①]。总体来看，在龙山文化晚期城壕与城垣工程延续了最初的军事防卫、防洪和引排水功能。在丘陵山地和洪泛区等容易受到水灾侵袭的地带，这些设施的防洪排水作用依旧占据主导地位。

值得注意的是，龙山文化晚期阶段各区域中心聚落，除了聚落内部存在社会分化的现象以外，闭合的城垣轮廓均有意无意地向方正的规划形态靠拢，这是新石器时代中晚期以来聚落形态上一个明显的变化。这种与礼制观念有关的考古现象，促使越来越多的研究者从"城乡分野"的角度，审视环嵩山地区这些中心聚落在早期城市化进程中的位置。聚落形态上的变化，实则对城垣和城壕工程的修筑也提出了更高的技术要求。城垣和城壕的平行与垂直、墙体受力与承重、壕沟内水流的匀速和畅通等问题，需要更为专业化的知识和技术经验。因此，这些大型集体工程的修建，不仅表明了龙山文化晚期存在更大规模的地缘性社会组织，也暗示了在社会分化过程中出现了一批掌握专门知识和技术的人员。

（二）"新砦期"的多重环境

龙山文化晚期的末段，环嵩山地区的一些聚落中，出现了一批从器物形态演变次序上晚于龙山文化晚期、却含有若干新因素的文化遗存，被学界称为"新砦期文化""新砦类型"或"新砦文化"等[②]。而在出现这些因素以外的其他区域却基本上仍然延续着龙山文化晚期的文化传统。作为从龙山文化向二里头时代的过渡，"新砦期"在一定程度上可看作是较大范围内的一次社会重组[③]。已知"新砦期"的聚落主要包括新砦、花地嘴以及近年来新发现的东赵，其中新砦和花地嘴聚落均与龙山晚期文化有所不同，二者在外围防卫工程上也存在一定的差异。

由于目前关于东赵的详细考古资料仍有待进一步刊布，并且东赵还发现有二里头至二里岗时期的城邑、大型宫殿建筑等，我们在后文还会涉及，因而在此不再将其单列进行说明。

[①] 河南省文物考古研究所、平顶山市文物局：《河南平顶山蒲城店遗址发掘简报》，《文物》2008年第5期。
[②] 许宏：《"新砦文化"研究历程述评》，《三代考古（二）》，科学出版社2006年版。
[③] 许宏：《何以中国——公元前2000年的中原图景》，生活·读书·新知三联书店2014年版；许宏：《大都无城——中国古都的动态解读》，生活·读书·新知三联书店2016年版。

1. 新密新砦

新密新砦位于嵩山东南麓的双洎河流域[①]，遗址所在地现今仍然存在多条冲沟，对聚落造成了一定的破坏。新砦聚落利用南部的双洎河和双洎河故道为天然屏障，构成了三重环壕。该聚落从龙山晚期一直延续至二里头时期。中心区域的内环壕围绕面积约6万平方米，内部发现有大型浅穴式建筑基址等一系列重要遗存。其外围则是由中环壕及其内侧人工夯筑的"城墙"圈围而成的区域，其面积达70万平方米。最外侧则还存在一道由人工开挖的壕沟连通河流、自然冲沟，形成闭合空间面积达100万平方米的外环壕。就目前的发现看，多重环壕将聚落由内而外区分了三个不同层次的空间。其中部核心区发现有大型浅穴式建筑基址等重要遗存[②]，可能为贵族阶层的居住治所，而位于中心区以外区域内的群体则也可能具备不同的社会身份地位，不同壕沟之间也应存在不同的功能分区（图3-7）。

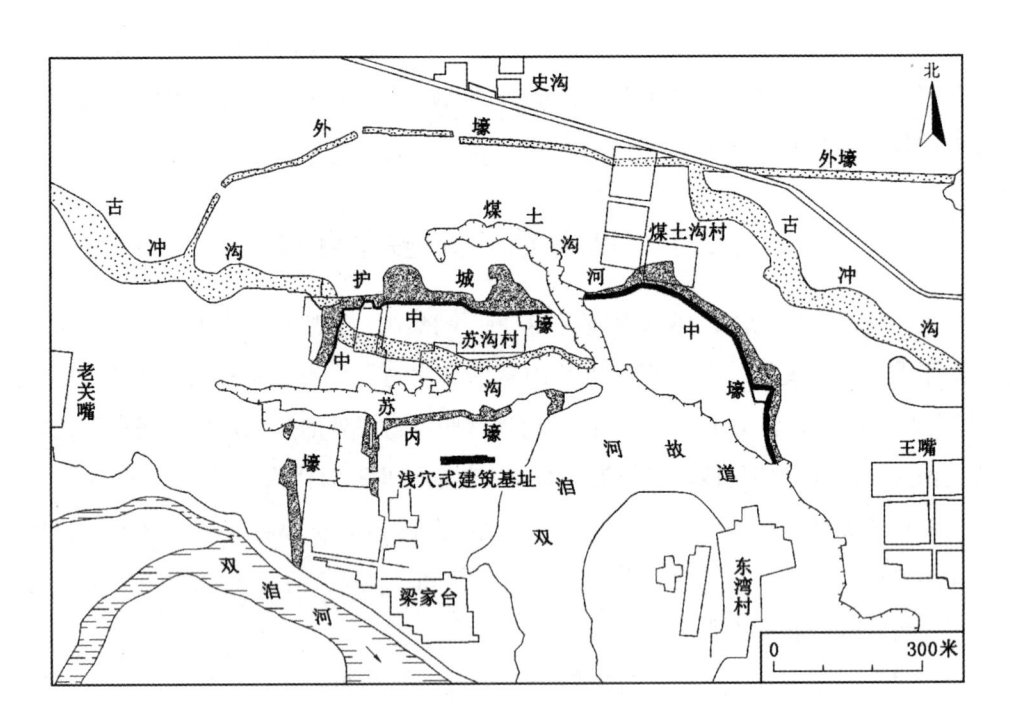

图3-7 新密新砦环壕聚落平面图

据许宏《先秦城邑考古》，金城出版社、西苑出版社2017年版。

[①] 北京大学震旦古代文明研究中心、郑州市文物考古研究院：《新密新砦——1999—2000年田野考古发掘报告》，文物出版社2008年版；赵春青、顾万发（主编）：《新砦遗址与新砦文化研究》，科学出版社2016年版。
[②] 中国社会科学院考古研究所河南新砦队、郑州市文物考古研究院：《河南新密市新砦遗址浅穴式大型建筑基址的发掘》，《考古》2009年第2期。

第三章 城市水利系统的肇始：龙山至二里头的城市化与城市水利

新砦聚落的内壕沟（G3）以及部分探方内土壤岩性特征和沉积物粒度显示出水流紊乱多变的动力特征，表明聚落曾受到异常洪水的侵袭，壕沟不规则的形态也暗示了河流决口现象的存在[①]。由此可见，其多重环壕并与双洎河河道、冲沟相连的现象与其曾遭受洪水有关，但另一方面也说明了这些设施本身也是出于聚落防洪、排水的需要。

值得注意的是，中部环壕及城垣剖沟的剖面情况表明[②]（图3-8），新砦聚落在龙山文化晚期之前就存在早期沟（GⅣ）。龙山文化晚期，人们将该沟填平后修建城墙（QⅡ），并在其外侧扩建城壕（GⅢ）。"新砦期"的早段，或许因洪水的泛滥，导致龙山晚期城垣的坍塌和壕沟被淤满。当时的人们修整了龙山文化晚期的城墙，形成QⅠC。"新砦期"晚段，则在QⅠC之上，继续向外拓展，新建夯土墙（QⅠA、B），紧邻其外侧则向外拓建新的城壕（GⅡ）。最后，"新砦期"晚段的城墙（QⅠA、B）和城壕（GⅡ）又被二里头文化时期的冲沟（GⅠ）所毁。由此可见，新砦聚落的中环壕和"城垣"除了南部利用双洎河河道以外，其北段是人们利用自然废弃的河沟修筑而成，靠内侧从沟底沿沟壁夯筑墙体，并将沟外侧拓宽形成壕沟。新砦西城垣的修筑方法与之相似，只是壕沟（即中环壕西段）是由人工开挖而成。

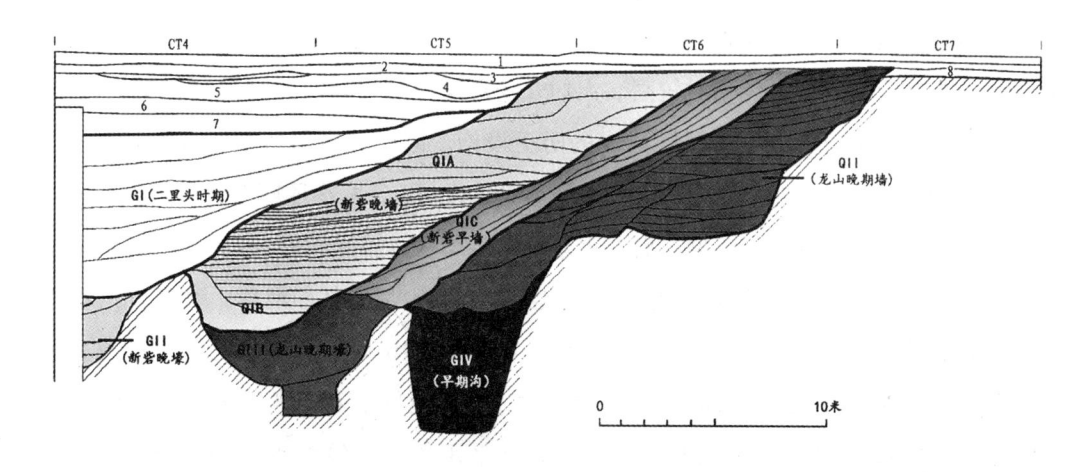

图3-8 新密新砦中环壕CT4北壁剖面图

改自中国社会科学院考古研究所河南新砦队等《河南新密市新砦遗址东城墙发掘简报》，《考古》2009年第2期。

---

① 北京大学震旦古代文明研究中心、郑州市文物考古研究院编著：《新密新砦——1999—2000年田野考古发掘报告》，文物出版社2008年版，第501—512页。
② 中国社会科学院考古研究所河南新砦队、郑州市文物考古研究院：《河南新密市新砦遗址东城墙发掘简报》，《考古》2009年第2期。

总体上，新砦聚落"城垣"的修筑方式以及壕沟沟口基本不见墙体的特征与仰韶中晚期以来的西山聚落较为相似，这一现象暗示新砦聚落的"城垣"应该也与壕沟内缘的加固处理措施有关①，一定程度上仍是环壕工程的附属，以避免壕沟沟壁因大水冲击、长期浸泡导致塌方。

2. 巩义花地嘴

花地嘴聚落位于现今巩义境内伊洛河东北的黄土台地上，聚落南望嵩山，北眺黄河②。长期的考古工作确认该聚落是嵩山北麓一处"新砦期"阶段的区域中心。尽管土地平整和河流长期侵蚀对聚落破坏较为严重，但聚落内还是出土了丰富的"新砦期"阶段的遗存。除了居住址外，还发现有祭祀遗迹，具有礼仪功能的玉器、装有谷物和动物骨骼的陶器均与祭祀仪式有关，暗示了花地嘴聚落在同一时期区域范围内的特殊性。

从聚落形态上看，花地嘴具有四条同心的环壕，围合形成了面积可达30万平方米的聚落（图3-9）。其中三条环壕位置靠近聚落中心且距离较近，平均距离仅约10米左右，应属于内环壕的范畴。而最外侧的外环壕距离较远，距内环壕约150米。内、外环壕的缺口均开在东南部，呈西北—东南方向贯通，应是聚落的出入口所在。现今花地嘴所在的黄土台地与周邻河流存在着明显的高差，但考虑到区域范围内河流的长期下切，当时河流的位置应相对较高。人们开挖环壕应与周邻的伊洛河及其支流相通，属于利用自然水系与人工壕沟共同构成的防卫设施。同时，聚落所在区域还存在一些季节性冲沟，有的也可能早在龙山文化阶段就开始发育③。聚落环壕工程的修建在一定程度上能够存储这些水流，有助于解决聚落的防洪与用、排水问题。

总的来看，上述新砦和花地嘴两例典型的"新砦期"中心聚落，其外围的防卫工程均以圆形的多重环壕为突出特点，并没有采用龙山文化晚期就已出现的方正城垣和城壕规制④。相比之下，唯有地处平地的东赵聚落一定程度上秉承了龙山文化晚期的做法，不仅体现出方正的形态特征，并且采用了先挖筑城墙基槽，夯实后再开设壕沟，并用壕沟土方夯筑城垣的方式⑤。而新砦与花地嘴修建多重圆形环壕工程，

---

① 张海：《公元前4000至前1500年中原腹地的文化演进与社会复杂化》，北京大学，博士研究生学位论文，2007年，第171页。
② 郑州市文物考古研究所、北京大学考古文博学院：《河南巩义市花地嘴遗址"新砦期"遗存》，《考古》2005年第6期；顾万发：《花地嘴遗址聚落问题的初步研究》，《中国聚落考古的理论与实践（第一辑）——纪念新砦遗址发掘30周年学术研讨会论文集》，科学出版社2010年版。
③ 张莉：《从龙山到二里头——以嵩山南北为中心》，北京大学，博士研究生学位论文，2012年，第71页。
④ 许宏：《先秦城邑考古》，金城出版社、西苑出版社2017年版，第114页。
⑤ 谢佳明：《郑州东赵遗址2014—2015年度小城南墙发掘简报》，郑州大学，专业硕士学位论文，2016年，第6页。

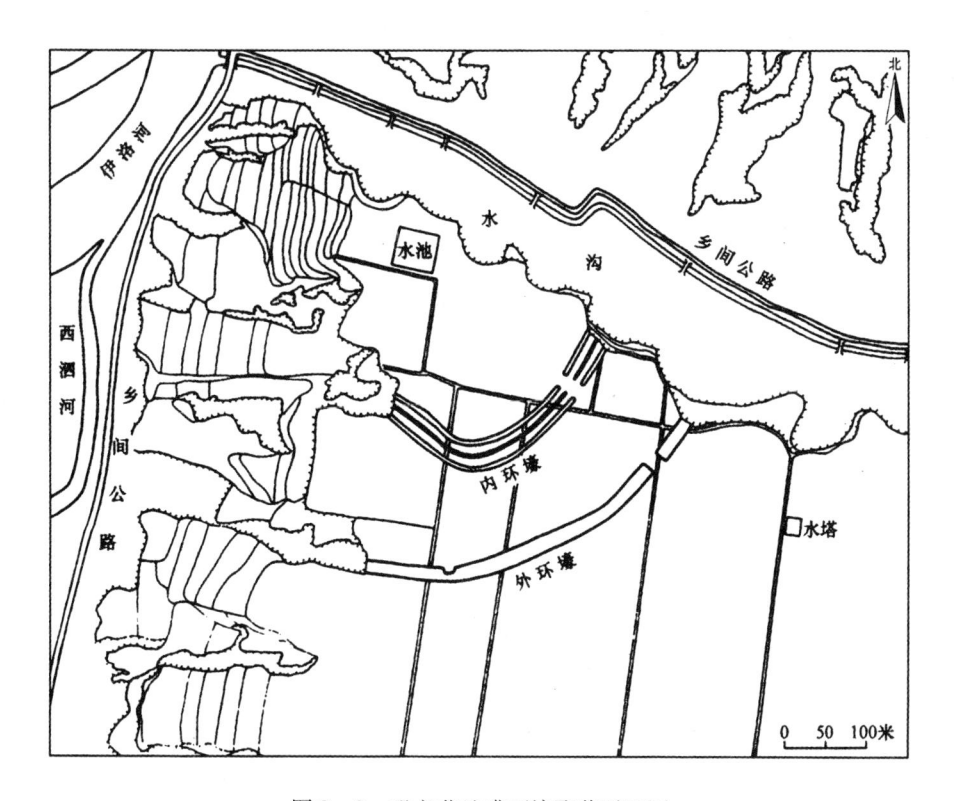

图 3-9　巩义花地嘴环壕聚落平面图

据顾万发《花地嘴遗址聚落问题的初步研究》，科学出版社 2010 年版。

并与河道相连，很大程度上是当地新石器时代晚期以来聚落水利工程营建传统的再现。这或许与聚落选址的自然地理环境有关，在方便引水的同时，预防、疏导频发的季节洪水。

二　明沟暗渠引输水工程的出现

龙山文化晚期阶段不但继承和发展了新石器时代中晚期以来环壕与围垣工程，在早期城市化和社会复杂化进程的推动下，人们也开始对聚落内部不同功能区的输水设施进行设计和修建。尽管早在裴李岗文化阶段，大型聚落内已经出现了人工沟渠设施，但这些沟渠的开设具有随机性和局部性的特点，缺乏全面、系统性。自龙山文化晚期开始，聚落内部的引输水设施开始逐渐显现出规模化的特征，沟渠管道工程的设置越来越注重与城市整体规划保持一致。考虑到居住生活环境的美观、整洁，除了暴露在地表的明沟设施以外，龙山文化晚期也出现了由陶水管道套接的暗渠工程。明沟与暗渠也正是在龙山文化晚期阶段以后，成了中国古代城市连通性最高、最具代表性的城市水利设施之一。而沟渠工程的普及也为此后城市水利系统的全面修筑奠定了基础，凡池、陂、堰、井等水利设施均能够通过沟渠管道相互连通，形成连通性更强的水网格局，有效地保证了城市内外水循环的通畅。城市水利工程的设置逐渐适应了更为复杂的城市布局结构，城市内不同社会群体的用排水问题也变得更有保障。

（一）明沟输水工程——以禹州瓦店为例

禹州瓦店是龙山时期颍河中游地区聚落群的中心。其与同一时期其他地区中心聚落有所不同，瓦店聚落已发表的考古资料均不见有封闭的城垣设施（最新的考古工作似乎发现有相关遗迹，但尚未完全确认，有待进一步的考古工作）。尽管发现有壕沟，但其也与通常的闭合环壕或城壕存在一定差别，可以作为这一时期的聚落明沟工程的代表，主要以引灌、输水功能为主，防御作用实则并不突出。

瓦店聚落位于现今颍河与滑济河交汇的二级阶地上，由西北台地和东南台地两部分组成。主要文化堆积均以龙山文化晚期为主，但也发现有龙山文化早期遗存。两处台地上均发现有壕沟遗迹，此外还存在数条路沟和冲沟。瓦店西北台地发现的壕沟主体呈西北—东南走向，其西端则折向东北，并且形成一个直角（图3-10）。而瓦店东南台地上的人工壕沟主要指的是台地西、南边缘的无名冲沟（南北向）和现今滑济河（东西向）。二者相互垂直，并被证实均系人工修筑而成，形成年代应不晚于汉代，但是否能够上溯至龙山文化阶段仍然有待考察[①]。

作为规模达到百万平方米的大型地区中心聚落，瓦店发现的这一壕沟遗存延伸长度均达数百米以上，其显然应该是与聚落配套、具有公共服务性质的基础设施。其修建是需要动员整个聚落或聚落群的劳力来共同完成。值得注意的是，与其他遗址不同，瓦店西北、东南台地发现的壕沟均非处于聚落边缘，特别是在西北台地壕沟的南侧以及东南台地壕沟的北侧，均有相当多的同期遗存分布。由此可见，尽管壕沟可能与聚落外围的防卫设施有关，但其主要功能更倾向于引灌和输水，作为防御设施的功能实则相对较弱[②]。另外，考古钻探与调查表明，地表以及地下还存在一些小型的沟渠设施，这些沟渠很有可能与已发现的主要壕沟是相互连通的，从而形成更大规模的引输水系统。河流地貌的演化、地貌景观复原以及土壤微结构特征的分析，也都支持上述从聚落形态上所得出的论断。

从地区河流地貌景观的演化研究看，颍河谷地自晚更新世以来经过了多次下切，至晚全新世阶段河流至少再度发生两次下切之后，才形成了今天所见多级阶地的河流

[①] 河南省文物考古研究院、北京大学考古文博学院：《禹州瓦店环壕聚落考古收获》，《华夏考古》2018年第1期。
[②] 河南省文物考古研究院、北京大学考古文博学院：《禹州瓦店环壕聚落考古收获》，《华夏考古》2018年第1期。

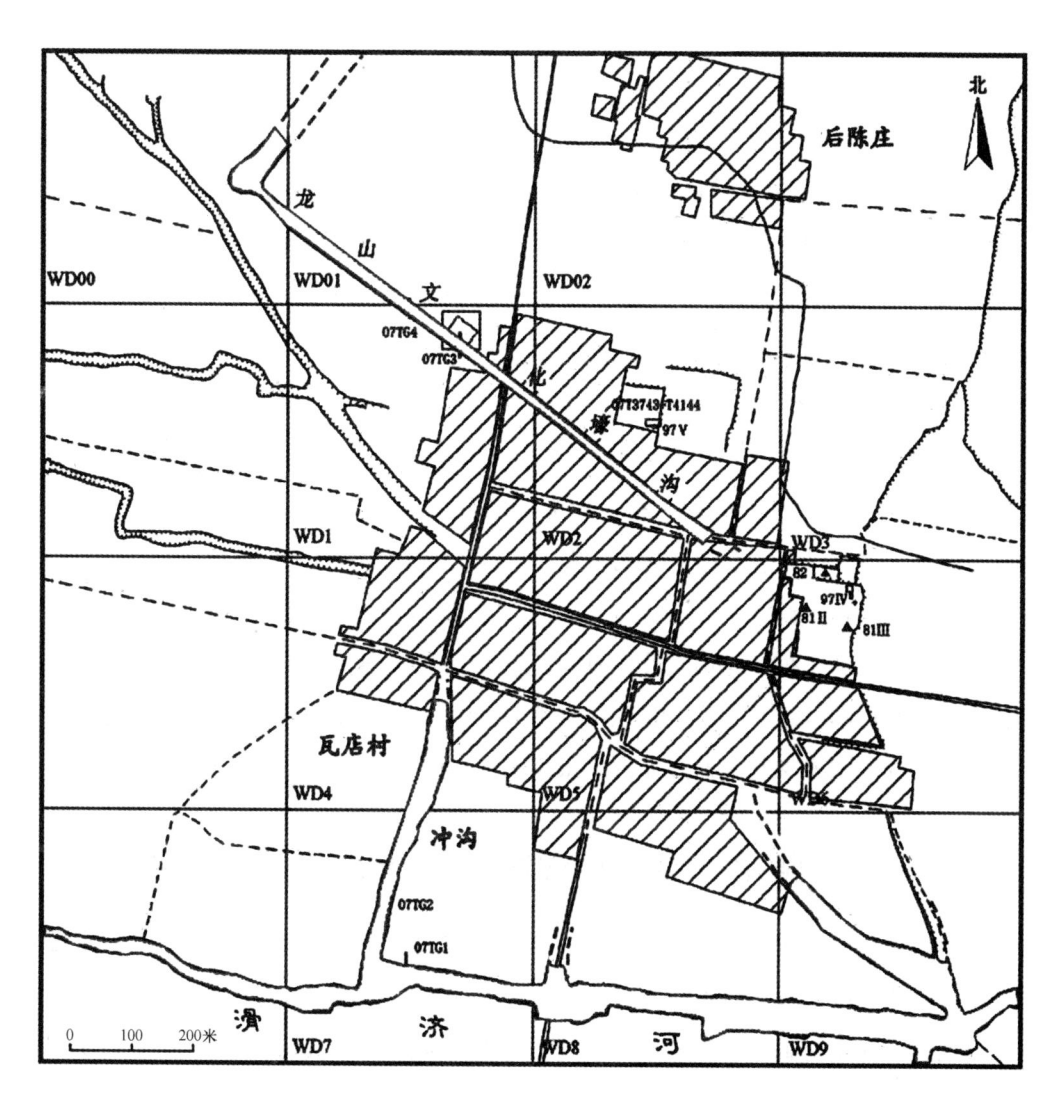

图 3-10　禹州瓦店环壕聚落平面图

据河南省文物考古研究院《禹州瓦店环壕聚落考古收获》,《华夏考古》2018 年第 1 期。

地貌景观。在晚更新世至全新世早期阶段,尽管颍河河谷已经形成,但当时仍处于长期泛滥加积状态,形成了宽阔的冲积平原。至全新世早期的一次河流下切过程造就了现今瓦店遗址所在的台地,其在龙山时期与河床的高差并不大,而已发现的瓦店壕沟底部的河流相堆积,海拔也确实明显高于现代颍河河面[1]。可见当时瓦店的河流地貌条件是非常便利于古人开挖沟渠,引水排灌。除此以外,当地普遍发现有龙山时期的水

---

[1] 王辉、张海、张家富、方燕明:《河南省禹州瓦店遗址的河流地貌演化及相关问题》,《南方文物》2015 年第 4 期。

稻遗存以及喜湿的莎草科植物遗存①，不仅反映了龙山时期河湖水乡的生态环境，也在一定程度上表明瓦店先民可以开发当地丰富的水源条件进行水稻种植。

瓦店壕沟底部堆积的土壤微形态也显示出在较高水动力条件下搬运形成的河流相沉积物，并且经过了常年流水沉积作用②。结合壕沟的延伸方向可知，瓦店壕沟应该与当时的颍河河道相通，且因为当时正值高水位时期，人们无须开掘很深即可引水入渠。由于壕沟地势低洼且与自然河道相连，使用阶段加积过程显著，河流相沉积物和沟渠周边地表的土壤侵蚀搬运物汇入沟渠中，造成沟渠在短期内不断淤塞，需要不断地对壕沟工程进行清淤和维护，而土壤微形态也反映出清淤遗留的工具痕迹（图3-11）。遗址范围内发现了比例超过70%的石铲③，很可能就是主要用来壕沟清淤的掘土工具。

综上，作为龙山文化阶段聚落的明沟水利工程，瓦店相互连接的壕沟与聚落不同功能分区的用排水乃至农业灌溉密切相关，并且已经初步具备了系统和全面化的特点。作为大型的明沟输水设施，为了保证该工程的正常运行，聚落需要更为频繁地定期组织人力进行清理和维护。龙山文化时期聚落功能分区的复杂化以及社会组织动员能力的提升，为瓦店明沟水利工程的修筑和维护奠定了基础，而这一水利工程也反映了龙山时期水利技术的发展与人们多元的用水需求相适应。

（二）暗渠管道工程的修筑——以平粮台为例

除了明沟输水工程，这一时期具有早期城市属性的区域中心聚落还出现了暗渠管道设施，这也是环嵩山地区早期城市水利工程取得进一步发展的重要标志。淮阳平粮台是目前已知龙山时期布局结构最清楚的暗渠管道案例④，是这一阶段暗渠管道工程的典型代表。

平粮台聚落地处现今颍河中游的一条支流上，因其地属于豫东黄泛区的范畴，自古以来河流改道频繁并且存在较多的积水域，长久以来河流不定期泛滥形成的大范围、厚重的淤沙，对当地地貌景观的古今变迁具有极大影响。就目前的发现看，聚落坐落

---

① 刘昶、方燕明：《河南禹州瓦店遗址出土植物遗存分析》，《南方文物》2010年第4期。
② 王辉、张海、张家富、方燕明：《河南省禹州瓦店遗址的河流地貌演化及相关问题》，《南方文物》2015年第4期。
③ 逄博、张海、方燕明：《河南禹州瓦店遗址出土石铲制品的初步研究——嵩山地区夏商时期石铲生产工业管窥》，《华夏考古》2013年第2期。
④ 曹艳朋、李胜利、朱树政：《河南淮阳平粮台城址南门龙山时期排水系统》，《2015年中国重要考古发现》，文物出版社2016年版；秦岭、曹艳朋：《中国古代城市规划建制的始源——河南淮阳平粮台城址》，《中国文物报》2020年4月25日。

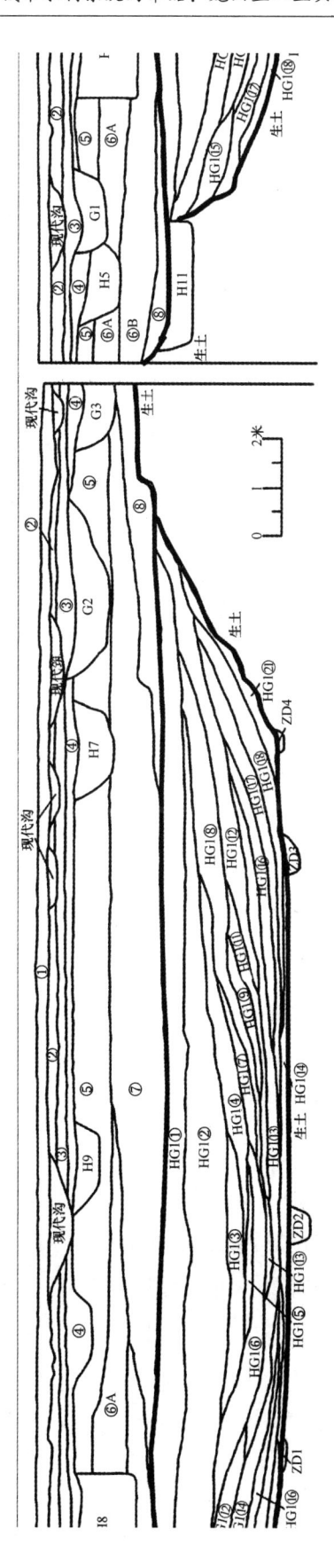

第三章 城市水利系统的肇始：龙山至二里头的城市化与城市水利 ·61·

图 3-11 禹州瓦店壕沟剖面图

据河南省文物考古研究院《禹州瓦店环壕聚落考古收获》，《华夏考古》2018 年第 1 期。

于当地一处高出地表 3—5 米的台地上①，但在龙山文化时期，其与周边地区的高差可能尚未如此显著。

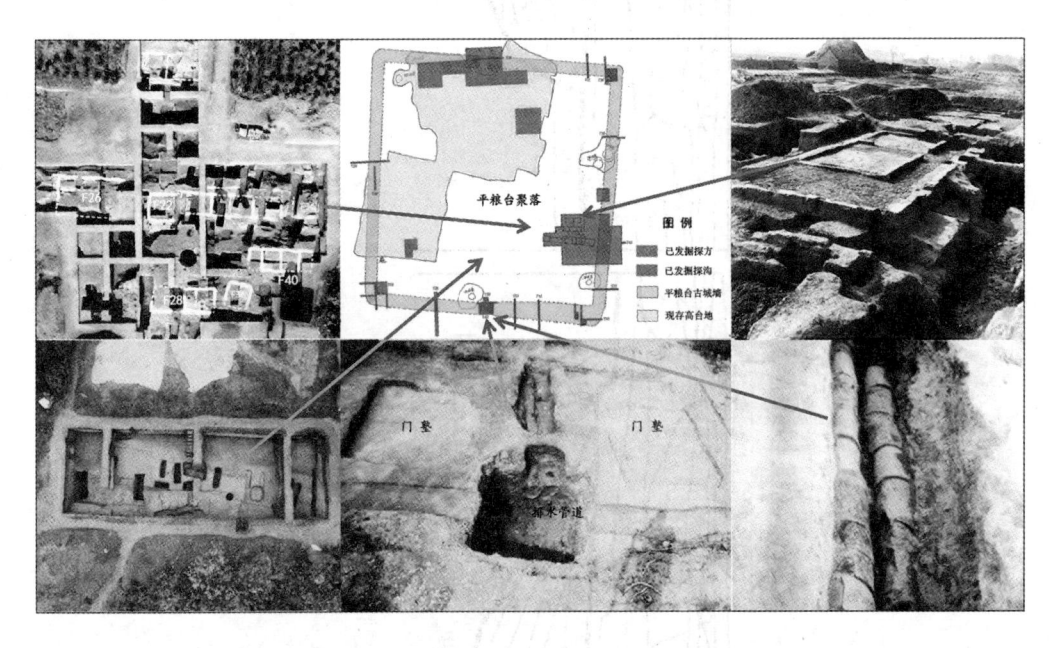

图 3-12　淮阳平粮台龙山文化城址内相关遗迹形态图

　　城垣内的暗渠管道设置，主要分布在南门门道和排房建筑区范围内（图 3-12）。其中南城门门道下发现的管道暗渠埋藏在事先开挖的一条北高南低的沟渠内。在沟底共铺设三条陶水管道，管道断面呈倒"品"字形，管道每节长 0.35—0.45 米，呈直筒状，两端粗细不等，细口向南，节节相套。管道整体北端高于南端，表明其主要功能是向城外排水。近年来的考古工作则在建筑居住区范围内又发现四组龙山时期的暗渠管道工程设施。其中两组位于南城门附近，应该与南城门门道下的管道相接。在城内高台式排房的室外垫土之下也发现两组东西向铺设的陶排水管道。这些陶水管或纵穿城墙基础，或沿排房建筑的外缘平行分布，两端均设有进、出水口，与城内的东西或南北向的排水沟相连通。尽管平粮台的考古工作目前仍在进行中，但已发现陶水管道的分布状况表明，每排排房建筑均配套设置有相应的暗渠管道，这些水道相互通连，在聚落内形成纵横连通的暗渠管道系统，并最终经城墙和门道与城外的壕沟相通，将居住区产生的废水或城内多余的积水排出城垣之外（图 3-13）。

　　总体而言，平粮台的暗渠管道已经具备了统一的规划特征，并且形成了相互连通的管道系统，城内定居产生的废水或其他积水均可通过地下暗渠管道直接排入城外的

---

① 曹桂岑：《淮阳平粮台龙山文化城址出土的陶甗和陶水管》，《华夏考古》1991 年第 2 期。

图 3-13 淮阳平粮台南门排水管道

环壕之中。这是目前已知年代最早、保存最为完整的暗渠水利工程设施。在龙山文化晚期社会复杂化进程产生的"城乡分野"态势中,平粮台暗渠管道的发现反映了人们对城垣内部居住环境要求的提高,体现了人们对城垣内外不同空间的认知。平粮台先民对城内不同功能区用排水的事先规划,实则代表了这一时期人们已经认识到城内生活区别于普通村落,具有"城乡分化"的意义。而作为古代城市水利工程的重要组成部分之一,暗渠水利工程的修建离不开陶水管道的发明。在此之后,伴随城市规模的扩大和功能分区的多样化,形态与功能更为多样的陶水管道逐渐出现,成了二里头以后更为复杂的城市输排水系统得以修建的基本建筑构件。

三 水井的普及

不同于对地表水系的管理,水井是一项开发地下水资源的水利工程。水井的出现和普及体现了社会生产力水平的提高,也与人们不断积累的治水经验和水利知识、技术的提升密不可分。通过在聚落内开凿水井,人们可以利用各类材质器皿在距离河流较远的地方获得比河流更为稳定、洁净的水源,保障了定居生活的稳定性。

在新石器时代中晚期阶段,长江下游以及黄河中下游的部分定居聚落内已经出现了水井[①]，尤其长江流域，还发现有设置木框构架的水井。从目前已知的考古发现状况看，直到龙山文化阶段，水井作为一项重要的聚落水利设施才得到更为广泛的应用，环嵩山地区这一时期的聚落中普遍发现有设置水井的现象。这与《吕氏春秋·勿躬》记载"伯益作井"大体相对应[②]。作为古史传说中夏王朝创始者大禹的追随者之一，"伯益"发明凿井技术并进行推广的文化记忆，无论时间还是空间分布上，都与考古发现龙山文化晚期阶段水井在聚落中的普及有着一定的内在契合。

从宏观层面的分布趋势上讲，在龙山文化晚期环嵩山地区的早期城市化进程中，水井的设置往往与聚落居住区和手工业生产的功能分区相联系。例如，在临汝煤山聚落，就曾发现在相距陶窑集中区域不足1米处存在一座水井（J2），并通过黄色路土相连，说明该水井的设置显然与制陶手工业用水密切相关[③]。

从形制上看，这一时期已发现的环嵩山地区聚落的水井，基本均为土坑竖穴，开口形态通常以圆形或椭圆形为主，开口的长宽、直径尺寸大都不超过2米，尚未发现带有防护或加固性能的附属设施，井内壁也少见方便开凿时人们上下的脚窝设施。这在一定程度上或许暗示了，龙山时期先民在凿井时，可能并不需要挖掘过深就可获取水位相对较高的地下水源。在水源相对充足且挖掘技术水平相对有限等因素的影响下，多数情况下人们大可不必开挖深井来获取深层地下水。如果凿井超过一定的安全深度，为了防止井内塌方，人们也会先挖大坑并进行加固处理，至接近水位时再缩小井口规模。洛阳锉李聚落就发现一座采用这种方式开凿的水井。该水井平面呈圆形，开口直径1.6米，井口向下深至6米左右才见水。井径呈现上粗下细的形态特征，至4.75米深处才内收至0.80米，避免了因深井直上直下造成坍塌。井内填土距口部深约2.75米处还发现有一层红烧土面，也可能是起到了加固作用[④]。

四 龙山时期城市水利工程的出现与发展

城市水利工程的设置必然离不开城市的起源和城市规划的产生。在早期城市化进程中，城市水利工程的出现与发展体现了古人治水的智慧，反映了水利技术的提高。更为重要的是，在"城乡分野"观念逐渐清晰的前提下，城市作为不同于普通村落的复杂高级聚落，对水资源的利用提出了更高的要求。除了组织大规模劳力进行修筑和

---

① 崔英杰：《中国史前水井的发现与研究》，《农业考古》2011年第4期。
② （秦）吕不韦（编），许维遹（集释）：《吕氏春秋集释》，中华书局2009年版，第450页。
③ 中国社会科学院考古研究所河南二队：《河南临汝煤山遗址发掘》，《考古学报》1982年第4期。
④ 洛阳博物馆：《洛阳锉李遗址发掘简报》，《考古》1978年第1期。

日常维护之外，城市水利工程并不同于一般聚落的公共水利设施，其需要与城市形态和不同的功能区划相适应，逐步出现了规划性和系统化的特征，且在结构上表现出复杂化的趋势。

环嵩山地区龙山时期的区域中心聚落已经显示出了早期城市的基本特征，在形态布局上开始有意识地凸显权威，功能分区注重对社会分化的体现，这些特点在此之后伴随二里头都邑的确立均得以强化，成了中国古代典型城市形态的基本表征。在这一阶段城市萌芽的基础上，早期城市水利工程继承了新石器时代中晚期聚落水利修建的经验技术，出现了符合城市社会发展需要的新特点，为城市水利系统工程设施的确立奠定了基础。

新石器中晚期以来邻近河流和在两河交汇的阶地上定居，仍然是龙山文化晚期阶段区域中心聚落建城选址的首选。伴随先民长期治水防洪经验技术的不断积累以及城市规划建设的不断发展，上述聚落选址的实践经验也成了后期城市选址的一项重要原则，直至战国时期才由《管子》一书对此进行相对系统的总结，即"凡立国都，非于大山之下，必于广川之上"①，"而择地形之肥饶者，乡山左右，经水若泽"②。与此同时，龙山时期的区域中心聚落继承了仰韶中晚期以来在聚落中心区外侧设置环壕和围垣的工程结构，并发展为宽阔的城壕与高厚的城垣，其军事防卫和防洪排水的两大功能得到了进一步强化。城壕内侧的夯土城垣不仅增强了迎水面的应力强度，而且城墙与壕沟对比形成的高差也增强了城（壕）的防御功能。由于聚落选址在河流阶地大都呈现一定的地势倾斜，这一时期的城壕工程采用在高地上开挖人工壕沟与低处自然河流相结合的结构较为普遍，这也增加了城壕作为水利设施的排水效率。

社会复杂化进程推动了聚落内部以及聚落之间的社会分化，城乡分野的观念以及居住人群社会身份的差异，促使龙山文化阶段城市化发展过程中重视功能分区的规划，并且需要营造特定的居住环境。在用排水方面，开挖沟渠（主要是明沟）并设置暗渠管道，符合早期城市规划的一般需要且有效地保障了城居环境。龙山文化晚期阶段，环嵩山地区的部分区域中心出现了大规模、统一规划营建的明沟引排水和暗渠管道设施，这些相互连通的明、暗沟渠逐渐网络化，成为城市水利系统最具代表性的工程结构。水井得以大量普及，在一定程度上改变了新石器中晚期阶段依靠河流取用水的形势。在早期城市化进程中，对地下水资源的开发和城市不同功能分区较为特殊的用水需要相结合，在手工业生产和社会分层等方面皆有一定体现。

在城乡分化和早期国家发展进程中，城壕与围垣、各类明暗沟渠和水井构成了龙山文

---

① 《管子·乘马》。参见黎翔凤（撰）《管子校注》，中华书局点校本2004年版，第83页。
② 《管子·度地》。参见黎翔凤（撰）《管子校注》，中华书局点校本2004年版，第1051页。

化晚期阶段环嵩山地区最初的城市水利工程。这些水利设施的相互组合、连通是此后城市水利系统得以确立的基础。作为公共服务性质的基础设施，城市水利工程的修建不仅需要较为专业的水利技术支持，也需要组织大量劳动力确保工程完工，而在日常使用过程中也需要人员进行维护，例如城壕的清淤和拓展、城垣的修补、沟渠的疏通，等等。这些社会群体劳动反映了当时社会组织和管理已经具备相对复杂的形式，出现了以地缘关系为基础的社会整合，与龙山文化晚期以来环嵩山地区社会复杂化脉络相适应。

第二节 城市水利系统的确立
——二里头都邑的城市水利

二里头作为同时期洛阳盆地的区域中心城市，也是二里头国家的中心都邑。其最早是在20世纪50年代末豫西调查"夏墟"的田野工作中发现的[1]。持续不断的考古工作不仅揭示了丰富的物质文化遗存，也展现了比龙山晚期更为复杂和严谨的城市形态。已知二里头现存面积约3平方千米左右[2]，范围基本介于现今洛河南岸的二里头、北许、四角楼与圪垱头四个自然村之间。二里头的城市结构由宫城和郭区两部分构成[3]，宫城是二里头城市的核心，大体位于城市中部偏东的位置上。其在城市发展的繁荣时期（二里头二、三期阶段）修建有围垣设施，整体形态呈规整的纵长方形，内部分布有大型夯土宫殿建筑群。宫城以外均属于郭区的范畴，分布有祭祀区、各类手工业作坊、贵族与平民居住生活区和不同等级的墓葬，目前尚未发现二里头郭区拥有规整且封闭的围垣设施，其边缘地带分布的沟状遗迹或起到了界隔作用[4]。郭区内各类功能区大体按照与宫城联系的紧密程度及社会等级的高低，由近及远围绕在宫城外侧。值得注意的是，由宫城四边向外延伸出笔直的道路和墙垣，具有划分功能区的作用，并形成了"井"字形的布局结构[5]。

相比于龙山文化晚期阶段的区域中心聚落，我们不难发现二里头都邑形态进一步明确了城、郭的功能差异，城市营建的过程中始终遵循城区（即宫殿区，或宫城）与郭区

---

[1] 徐旭生：《1959年夏豫西调查"夏墟"的初步报告》，《考古》1959年第11期；中国社会科学院考古研究所洛阳发掘队：《河南偃师二里头遗址发掘简报》，《考古》1965年第5期。

[2] 中国社会科学院考古研究所：《二里头考古六十年》，中国社会科学出版社2019年版，第52页。

[3] 许宏：《大都无城——中国古都的动态解读》，生活·读书·新知三联书店2015年版。

[4] 许宏、陈国梁、赵海涛：《二里头遗址聚落形态的初步考察》，《考古》2004年第11期；许宏：《先秦城邑考古》，金城出版社、西苑出版社2017年版，第142页。

[5] 中国社会科学院考古研究所：《二里头（1999—2006）》，文物出版社2014年版，第332—337页；中国社会科学院考古研究所二里头工作队：《河南偃师市二里头遗址墙垣与道路2012—2013年发掘简报》，《考古》2015年第1期；赵海涛：《二里头都邑聚落形态新识》，《考古》2020年第8期。

的界隔。宫城作为统治阶层独占的空间，具有强烈的排他性，并通过营建封闭的围垣，来凸显统治者崇高的社会权力地位。这种在布局规划上的礼制象征意义自此之后成了中国古代城市的一项显著特征。与之对应，解决城市核心功能区（宫城）的用排水问题成了城市水利建设的重点。龙山文化晚期阶段已经出现的各项早期城市水利设施在二里头都邑均得到了充分的利用，并且相互组合产生了更为多样化的先进工程结构。二里头都邑的城市水利也朝着系统化的方向发展，开启了城市水利系统的建设。

一 城市用水条件

二里头所在的洛阳盆地，属于伊洛河流域的下游。洛河、涧河、瀍河和伊河在盆地中先后汇流，最终在现今偃师境内形成伊洛河，随后继续东流，在盆地最东端的今巩义附近注入黄河，这些河流自古以来就是洛阳地区居民生产生活的重要水源。结合盆地范围内汉代以前聚落地理空间分析的结论，洛阳盆地南、北两侧的邙山及万安山发源的水流积水域并不均衡，尤其北部邙山的各水域范围皆小，对于大型城市用水略显不足[1]，因而地区内早晚不同阶段的聚落大都贴近上述伊河、洛河及其支流，这在新石器时代至二里头时期表现尤为明显。

由于洛阳盆地内部为构造沉降区，地势低平，全新世以来以淤积为主，河流改道频繁，遥感影像和田野考古工作在洛阳盆地内还发现有不同时期的多条属于伊、洛河的古河道[2]。河流不定期改道造成的洪水极大地影响了古代居民的定居生活。而洛阳盆地内不同阶段（尤其在历史时期）大规模的城市营建活动，逐渐加强了地区大小水流的人为干预，对区域水系影响深远。

具体到二里头来说，其位于现今伊、洛河之间一个东西延伸的狭长台地的东端，属于区域范围内的二级阶地，本就邻近河流，便于取水。而其地形海拔高度大体从二里头都邑所在地向周边的北、东、南三个方向降低[3]（图3-14）。已有的环境考古研究表明，在距今4000年前后以及汉魏时期，伊、洛河都曾发生过大规模、高水位的异常洪水[4]，但并未对二里头城市所在地造成毁灭性的影响，可见二里头都邑拥

---

[1] 中国社会科学院考古研究所：《二里头（1999—2006）》，文物出版社2014年版，第1268页。
[2] 许天申：《洛阳盆地古河道变迁初步研究》，《河南博物院落成暨河南省博物馆建馆70周年纪念论文集》，中州古籍出版社1998年版；杨瑞霞等：《遥感技术在河南省考古中的应用》，《国土资源遥感》2001年第2期；刘建国：《GIS支持的聚落考古研究》，中国地质大学，博士学位论文，2007年。
[3] 中国社会科学院考古研究所：《二里头考古六十年》，中国社会科学出版社2019年版，第26页。
[4] 夏正楷等：《伊洛河水系变迁和二里头都邑的出现》，《夏商都邑与文化（二）》，中国社会科学出版社2014年版；中国社会科学院考古研究所：《二里头（1999—2006）》，文物出版社2014年版，第1262页。

有天然的地形条件，较高的地势规避了大规模洪涝灾害的侵袭。除此以外，二里头兴起之前区域内产生的洪水为二里头都邑创造了更为优越的区位条件及水源。这次洪水造成洛河改从二里头南侧流过，而伊河河床在此时处于不稳定的阶段，河流多次摆动，区域内为湖沼与漫滩沉积交替发育[1]。二里头所在地貌改变了河流相夹的封闭状况，与邙山南麓连为一体[2]（图3-15）。地区内因洪水形成广阔平坦的泛滥平原存在较多积水洼地，不仅为农业的发展提供了良好的水土，也进一步丰富了城市用水的来源。

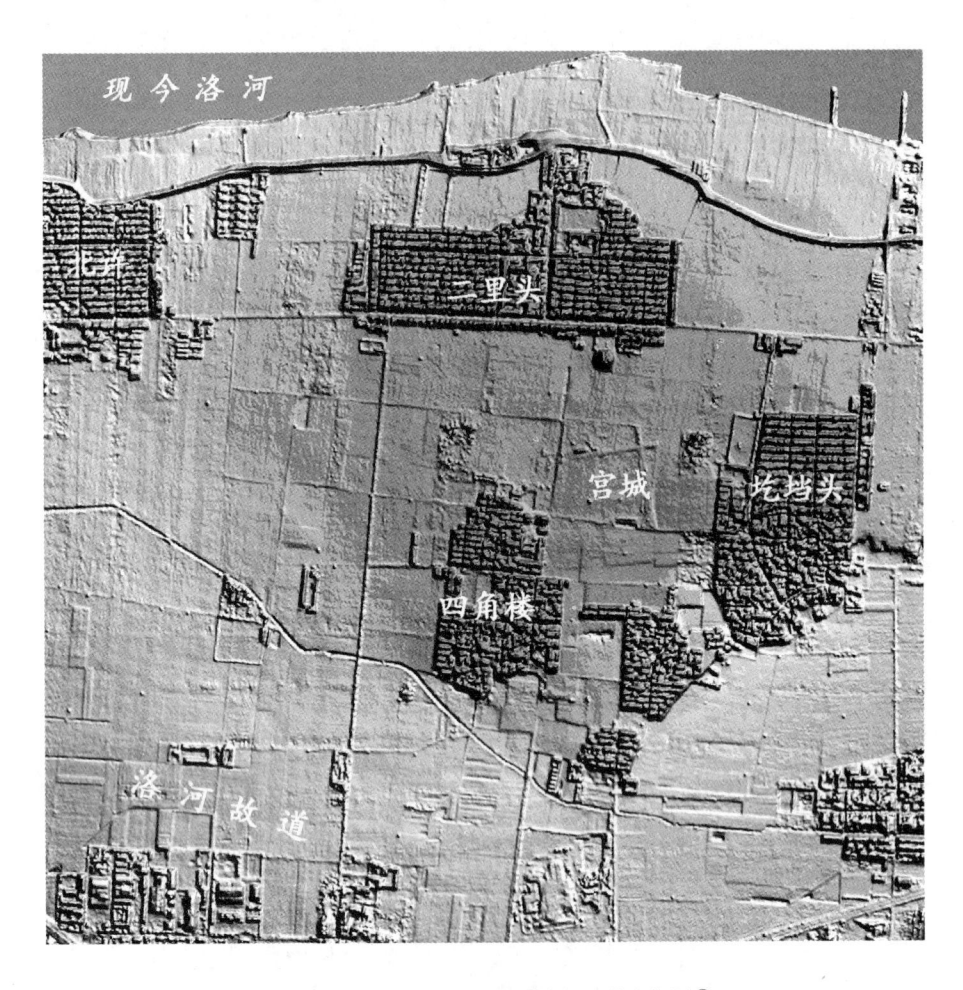

图3-14 偃师二里头遗址周边地形渲染图[3]

---

[1] 张小虎：《中全新世黄河流域不同区域环境考古研究》，北京大学，博士研究生学位论文，2010年。
[2] 夏正楷等：《伊洛河水系变迁和二里头都邑的出现》，《夏商都邑与文化（二）》，中国社会科学出版社2014年版；中国社会科学院考古研究所：《二里头（1999—2006）》，文物出版社2014年版，第1262页。
[3] 该图由中国社会科学院考古研究所刘建国研究员提供。

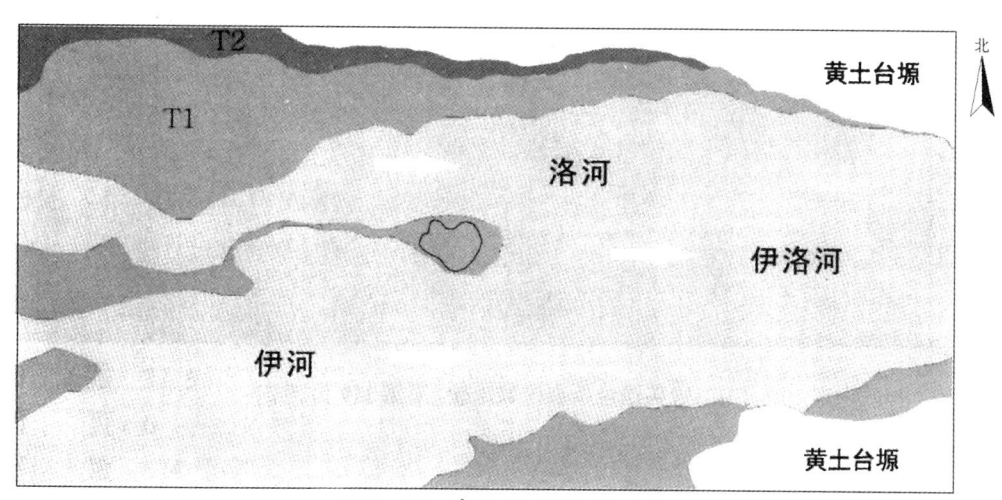

4000aBP.前后洪水泛滥时期

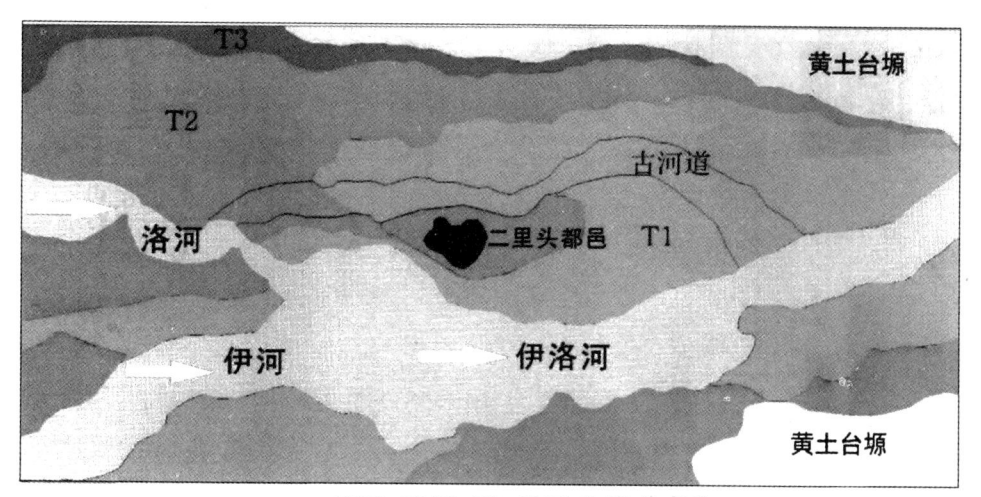

4000-2000aBP.泛滥平原发育期

图3-15 二里头遗址与伊洛河水系变迁示意图

据夏正楷等《伊洛河水系变迁和二里头都邑的出现》,中国社会科学出版社2014年版。

二 城市水利的设置

结合上文的分析,我们不难看出,二里头都邑拥有良好的地形与水源基础,大体满足了城市防洪和用水的需求。人们借助优越的自然条件基本就能实现对周边水系的管控和利用。目前为止尚无证据表明二里头都邑修建有将水流引入城内的相关设施。考古工作者在二里头城市的东部边缘发现有多个大型灰坑,形成连绵延伸、南北大致呈一直线的沟状灰土带①，其东、西两侧二里头遗存的分布表明其应该具有标识二里头城市郭区边界的功能，这些遗迹均为城市建设取土所致②，或也与水利有所关联。

具体到二里头城市内部来说，受制于历年发掘范围有限以及文化堆积的复杂性，二里头都邑目前尚未揭示出系统的大型城市水利工程全貌，但已有的考古工作证明城市内存在给排水设施，相关遗迹主要包括沟渠、坑池以及水井。其中，水井在宫城和郭区内皆有发现，而沟渠和大型坑池均集中在宫城，并且随着宫城内宫殿建筑的不断毁弃重修而有所变化。由此可见，二里头都邑至少对宫城给排水进行了有意的规划和营建，并且具备相对完善的水利系统。

（一）沟渠与池状遗迹

二里头城市内已发现较为明确的沟渠与坑池状遗迹均属于宫城范畴。宫城围墙修建之前开挖有围沟，在一定程度上也方便了功能区界隔与排水。宫城内发现的沟渠和坑池等遗迹不但与夯土宫殿建筑的引给输排水有关，也体现了宫城内部功能布局的变迁。

1. 宫城外侧

在二里头宫城墙所在位置或墙垣外侧，均发现有与墙体平行的小型沟状遗迹。从层位关系和出土陶片的形制看，这些沟状遗迹大都属于二里头二期阶段，除宫城西墙一带发掘的 VG18 被墙垣叠压之外，其余皆位于墙体外侧近旁。其中，东、西两侧的灰沟深度大都超过 1 米（西：VG18，东：VG13），南、北城垣外侧的灰沟则相对较浅，约在 0.3—0.76 米之间不等（北：VG17，南：VG21③）。总的来看，这些灰沟应该是修建宫城墙而形成的取土沟，从而形成四面可以闭合的围沟。而结合目前已知二里头宫城内的大型宫殿建筑均紧邻东、西宫城墙分布的特征，这些灰沟在一定程度上也与宫城水利有关，以便于宫城向外排水。

2. 宫城内部

二里头宫城内已知大型夯土宫殿建筑可分为东、西两大宫殿建筑群。在以 1 号宫殿建筑为核心的西侧宫殿建筑群，除了发现有几座水井以外，至今尚未发现明确的沟

---

① 中国社会科学院考古研究所：《二里头（1999—2006）》，文物出版社 2014 年版，第 212 页。
② 中国社会科学院考古研究所：《二里头考古六十年》，中国社会科学出版社 2019 年版，第 115—116 页。
③ 《二里头》考古报告附表中记录 VG21 位于"2004T61"内，但查对报告内容与探方分布图可知，"2004T61"实则为"2003T61"之误，VG21 实为宫城南墙外侧的一条灰沟。中国社会科学院考古研究所：《二里头（1999—2006）》，文物出版社 2014 年版，第 9、582 页。

渠与坑池遗迹，这或许与该建筑群具有特殊的功能有关，其可能并非日常居住场所。而已发现的沟渠和大型坑池状遗迹均集中于东侧建筑群，显示出浓厚的生活气息。

从东侧建筑群的遗迹分布状况看，其最北端（即宫城东北角）分布有 1 号巨型坑，平面形状近似圆角长方形。根据层位关系和出土陶器形制判断，该坑开挖形成的时间不晚于二里头二期，直至二里头文化四期最终被填满①。坑壁生土和宫城内宫殿基址的夯土质地和颜色近似，表明其最初应是修建大型宫殿建筑而形成的取土坑。结合该坑内堆积状况以及出土有粪化石一类的遗物，该坑在形成后进行过一系列的人类活动（主要以集中处理各类垃圾为主），逐渐淤积和填充，此外，该巨型灰坑的部分区域存在水浸现象，可能具备一定的排水功能。

在巨型坑南侧集中分布了 2—6 号、11 号等数座夯土建筑基址。其中，3 号与 5 号建筑基址东西并列，时代最早，大体属于二里头二期。2 号、4 号宫殿建筑基本叠压在 3 号基址上，三者南北一线，且时代上均属二里头三期至四期。6 号、11 号宫殿建筑基本位于上述这些建筑基址的最北端，东西并列布置，年代最晚，属于二里头四期晚段。已发现的沟渠和坑池遗迹皆分布于 2 号至 5 号建筑基址范围内。但大体自二里头三期开始，伴随 3 号及 5 号建筑基址的废弃和 2 号、4 号宫殿建筑的重建，上述水利设施也发生了巨大的变化。

已发现的沟渠和坑池，基本都和二里头二期阶段的 3 号建筑基址有关。根据考古发掘的情况看，3 号建筑基址自北而南由三座庭院构成，主殿坐落于中部庭院北侧。已发现几处最为重要的水利遗迹，主要有位于北部庭院的大型坑池（VD2HC），位于中部庭院内的石砌水渠以及石砌"渗水井"（VH34）②，另外还有建筑西廊外侧的木构水渠（VG1）等（图 3-16）。

坑池遗迹（VD2HC）完全占据了 3 号基址的北部庭院。其平面大体呈圆角长方形，斜壁，底部相对较平。南北跨度大约 48 米，东西残宽 34.6 米，深至 2.7 米左右。结合出土遗物和层位关系判断，该坑池原来应该是 3 号基址使用时期的池状遗迹（或为水池），坑内最底部填土含有细沙淤积层，显然经过流水作用。因其在三期阶段被全部改为 2 号建筑的基础坑，原始面貌已无法知晓。

---

① 中国社会科学院考古研究所二里头工作队：《河南偃师市二里头遗址宫殿区 1 号巨型坑的勘探与试掘》，《考古》2015 年第 12 期。

② 早年发掘 2 号宫殿建筑时，在其庭院东南部曾发现一段石砌水渠。由于当时没有明确划分庭院路土堆积，且未曾对 2 号宫殿叠压的 3 号基址进行大规模发掘，因而当时的发掘者认为该石砌水渠是 2 号宫殿建筑的"排水渠"。但随着 3 号建筑基址和石砌"渗水井"的发掘，可知早年发现的石砌水渠应和渗水井相通，年代也应相同。中国社会科学院考古研究所：《偃师二里头——1959 年—1978 年考古发掘报告》，中国大百科全书出版社 1999 年版，第 156 页；中国社会科学院考古研究所：《二里头（1999—2006）》，文物出版社 2014 年版，第 782 页。

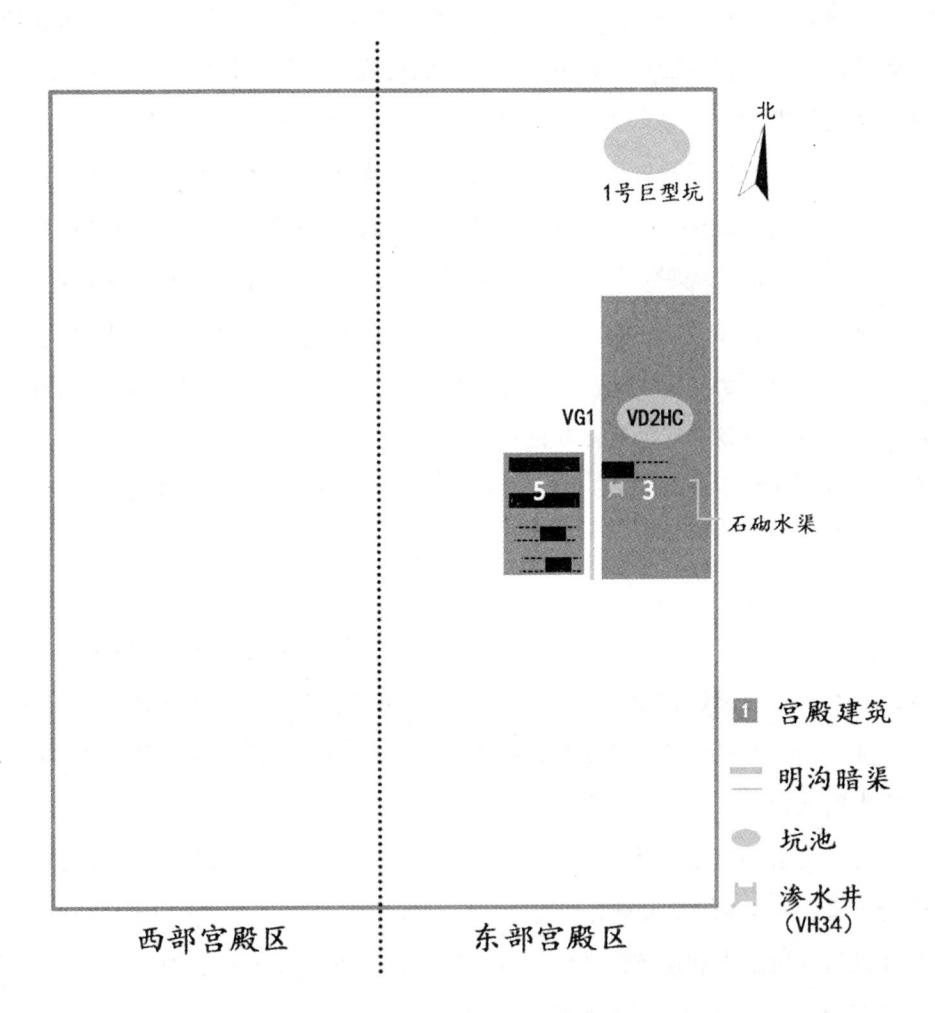

图 3 – 16　二里头遗址二期宫殿区水利设施示意图

除此之外，早年发掘 2 号宫殿建筑时曾在属于 3 号基址中部庭院的东南部发现有一条平面呈"之"字形的石砌水渠。其两壁和底面皆用石铺砌构成石槽，底部坡度表明其内水流应自西向东，转而南流后向东，直至流出东庑及宫城以外。该渠石槽所用石板随水流方向而愈加厚重，石槽规模也逐渐扩大①。结合在其中院西部发现的带有出入水口的石砌"渗水井"遗迹（VH34），二者应该是能够连通的给排水设施。"渗水井"通过西侧的水口收集水流，在水满溢出时，多余的水则通过其东侧的水口流入石砌水渠并最终排出宫城之外。

与"渗水井"西侧水口连通的进水渠也有一定线索。3 号宫殿基址的西侧存在一

---

① 中国社会科学院考古研究所：《偃师二里头——1959 年—1978 年考古发掘报告》，中国大百科全书出版社 1999 年版，第 156 页。

条自北而南的水渠（VG1）。根据渠槽内发现的板灰痕迹可知，该水渠底部和两壁铺设有木板，顶部也可能有木盖板，个别地段发现在沟壁与立板之间还设置有立柱。渠顶部保留有护沟用的或作为木盖板垫石的石块。渠内堆积显示出水渠前后经过三次清淤。3号基址西庑一带发现有几道东西向的沟渠朝向3号基址的几座庭院，位置靠近中院的沟渠（VG2），底部明显呈西高东低，而靠南的沟渠（VG9）顶部还发现有石块遗迹，这些沟渠很可能就是与VG1相通的引水渠。这些水渠很可能均自3号基址西侧的木构水渠引水，或与坑池（VD2HC）和"渗水井"（VH34）相通。

总体上，在二里头二期阶段，围绕3号建筑基址大体形成了一套或可连通的水利设施，其通过西廊庑外侧的木构水渠引水，北侧建有水池，水池南部则设置各种引排水渠和渗水井。上述这些水利设施分布集中，可能与建筑基址的功能有关。类似的水利设施在东周王城瞿家屯战国夯土建筑基址群有发现，被认为是与池苑有关的引排水设施[1]。同时，这些水利设施的布局与汉代南越国宫署园林遗迹也有类似之处。后者主要由"蓄池"（即水池）、不同类别和材质的水渠、渠陂等复杂水道组成[2]，并且也呈现出水池在北、沟渠等各类设施在南的整体布局特征。上述不同时期、地域水利设施的比较，表明二里头3号基址的相关水利设施在功能上也或许与池苑有关。另外，在3号建筑基址北院坑池和中院主殿之间存在一条有意铺设的彩色条带状路土，主殿南侧还存在一段有意铺设的鹅卵石遗存（建筑散水或道路），部分还可看出用鹅卵石摆成鱼鳞状的图案。这些精心铺设且强调装饰作用的遗迹显然也符合苑囿的特征。由此可见，上述二里头3号建筑基址的坑池与沟渠等引排水设施也很可能暗示了都邑宫城内池苑的存在。

二里头三期以后，人们在原先3号基址所在地先后营建了2号、4号宫殿建筑，并修建了新的沟渠，原有的坑池与沟渠则均遭到废弃或改作他用（图3-17）。原先3号建筑北院内的坑池（VD2HC）在修建2号宫殿时遭到了彻底的毁弃和改建，而和3号建筑基址配套的其他沟渠此时也多被废弃。3号建筑中院内的石砌"渗水井"（VH34）已经淤平，并在2号宫殿建筑营建之前的间隔阶段被二里头三期的灰坑（H40）打破，与之连通的石砌水渠或也已经弃置不用。2号宫殿的西庑不再与3号基址西侧的木板引水渠平行修筑，而是直接压在了大部分的水渠之上，这表明该水渠此时应该也被废弃。

人们此时开始利用陶水管道来输水，改变了原有的水利设施组合及分布格局。2号宫殿的主殿东北部发现有东西向的陶水管道，将水流自西向东引向宫城以外。而在紧

---

[1] 徐昭峰：《东周王城研究》，科学出版社2019年版，第83页。
[2] 南越王宫博物馆筹建处、广州市文物考古研究所：《南越宫苑遗址——1995—1997年考古发掘报告》，文物出版社2008年版。

邻 2 号、6 号宫殿的灰坑以及宫城附近均还采集有个别二里头三、四期的陶水管，这说明自二里头三期以后，宫城内至少东部宫殿建筑群已经改用挖沟埋设陶水管道的方式来满足引排水需要①。相比于二里头二期阶段的 3 号基址建筑，二里头三期 2 号、4 号宫殿已经不再设置坑池，沟渠设置也相对单调，以方便引排水的暗渠管道为主，与同一时期宫殿建筑形态的变迁相适应。2 号、4 号宫殿建筑的主殿基本在同一南北中轴线上，体现出方正和对称的形态特征，完全打破了早期同一地点上的 3 号基址格局。由此可见，二里头宫殿区（宫城）布局的变迁也牵动了区域内水利设施的改变。

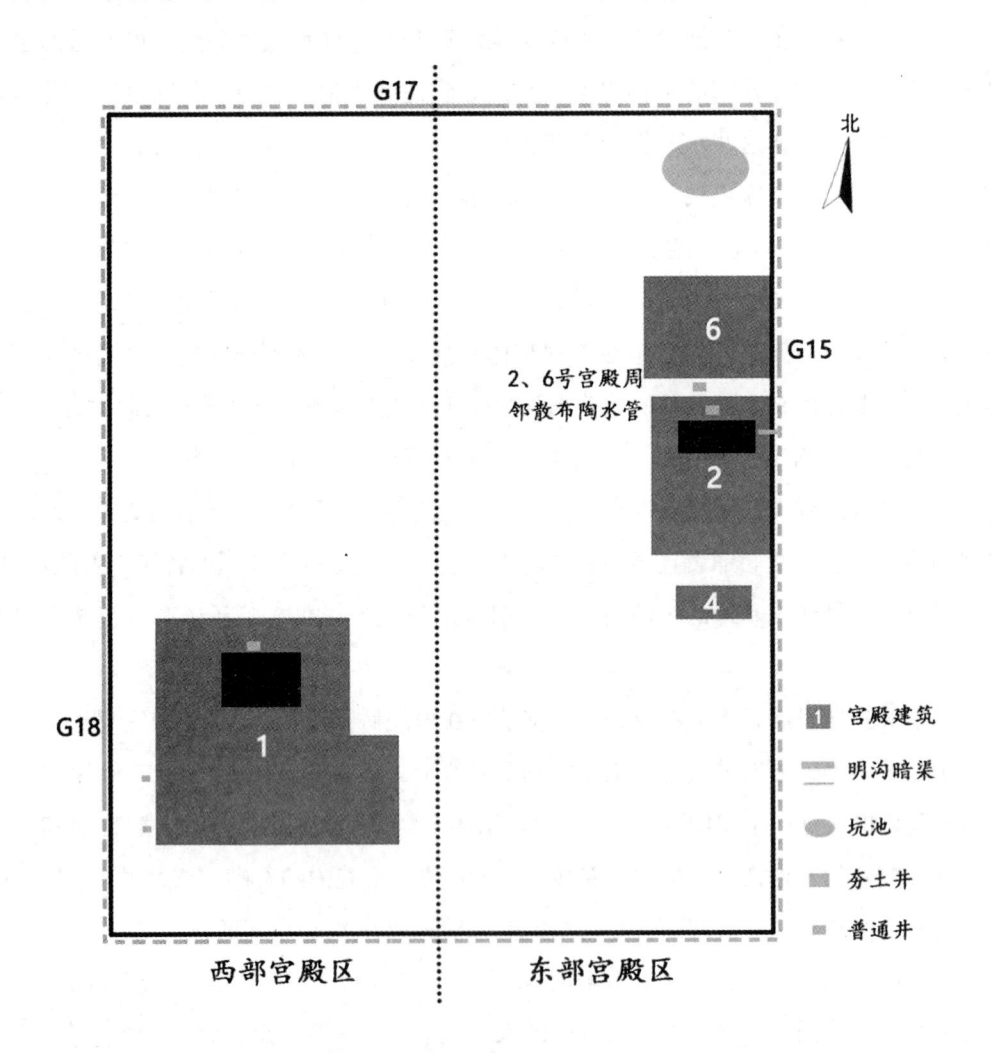

图 3-17　二里头遗址三期以后水利工程设施示意图

---

① 中国社会科学院考古研究所：《偃师二里头——1959 年—1978 年考古发掘报告》，中国大百科全书出版社 1999 年版，第 156、232、328 页；中国社会科学院考古研究所：《二里头（1999—2006）》，文物出版社 2014 年版，第 513 页。

综合上述分析，在东部宫殿区内，人们修建有沟渠以及坑池等设施来满足该区域用排水的需要，水利设施伴随区域建筑格局的转变也存在明显的改替现象。二里头二期阶段区域内以3号基址为中心，设置富有生活情趣的坑池与各种沟渠，暗示了区域或还具备池苑的功能属性。但二里头三期以后，这一功能并未得到延续，人们在坑池之上重建了布局严谨的宫殿建筑，原有的各类沟渠也被废弃，并新设置了渠道以便于宫殿日常排水，而沟渠的建筑方式和用材也发生了较大变化。值得注意的是，二里头都邑宫城水利的设置不仅与宫城内宫殿建筑基址的早晚变化同步，也与二里头都邑形态的变化（例如宫城墙的修建、城墙内不再埋葬高等级贵族墓等）相一致。这似乎暗示了二里头都邑在二、三期之间可能发生了深刻的社会变革，并导致了统治者居住区功能布局的变迁。

（二）水井设施（含渗水井）

凿井取水自新石器时代晚期以来就已经出现，是人们利用地下水资源的一项重要水利工程技术。伴随凿井经验的积累和技术水平的提高，水井逐渐成为不同层级聚落中最为常见的取用水设施。二里头都邑人们的日常生产生活也离不开对于地下水的开采和利用。已有的考古发现表明，二里头都邑开凿的水井在形制和功能上均较之前阶段有所增益，显示出凿井技术和工艺的进步，并为随后二里岗阶段的主流水井类型奠定了基础。就已发表的考古材料看，二里头都邑目前已发现的水井设施集中在宫城（以第V发掘区为主）、宫城外东侧的贵族生活居住区（主要是第III发掘区），另外在作坊区内也有一定发现。这些水井从形态上可分为以下两类。

第一类水井是较为简单的土坑竖穴井（图3-18），从早到晚形制基本没什么变化。其平面形态为圆角长方形或近方形，井内壁一般都成排设置有一定数量的马蹄形脚窝，或对称或单有一排，以供人上下所用。这类井在二里头都邑使用最为普遍，宫城内外皆有发现。在宫城内者则以东部宫殿建筑群最为集中，且在建筑基址内外均有发现。而在宫城西部宫殿建筑群中，已发现的这类水井均在1号宫殿建筑外围，也凸显了其与东部宫殿建筑群不同的功能属性。

第二类水井为外围带有井坑的夯土深井（图3-18）。这类井开凿技术相对复杂，规模较大，发现数量有限。以VH111—VH112为例，水井的开凿一般都先开挖一座较大、较深的方形或圆形土坑作为基础坑（VH112），然后再在坑中部掏挖竖井（VH111），并将坑内其他区域填土夯实。这种经过夯实的夯土井不仅能够防止井壁坍塌，也能保证开凿深度以便采集埋藏更深的地下水。这类水井曾分别在1号和2号宫殿建筑基址的主殿北侧发现过，或是与宫殿基址的配套设施。这两座井在最初发掘时，还被认作是墓葬①，但随着二里岗阶段同类型水井的发现和进一步考古工作的开展，证实二者原是两座夯土井。其中，位于1号宫殿建筑主体殿堂和北围墙之间的夯土井（VH1，即1972年发掘的VH80）还有一定的特殊之处，或具有其他功能。其开口处有三座单人葬坑环绕，可能为该建筑基址使用时期的祭祀坑。除此之外，该井深度是目前为止二里头时期发现的遗迹中最深的，并且填土纯净、井底还有施夯以及铺设红烧土用以防潮的现象，可能是单独用于藏冰或保温储藏的"凌阴"②，其他的夯土深井也不排除有类似的功能。

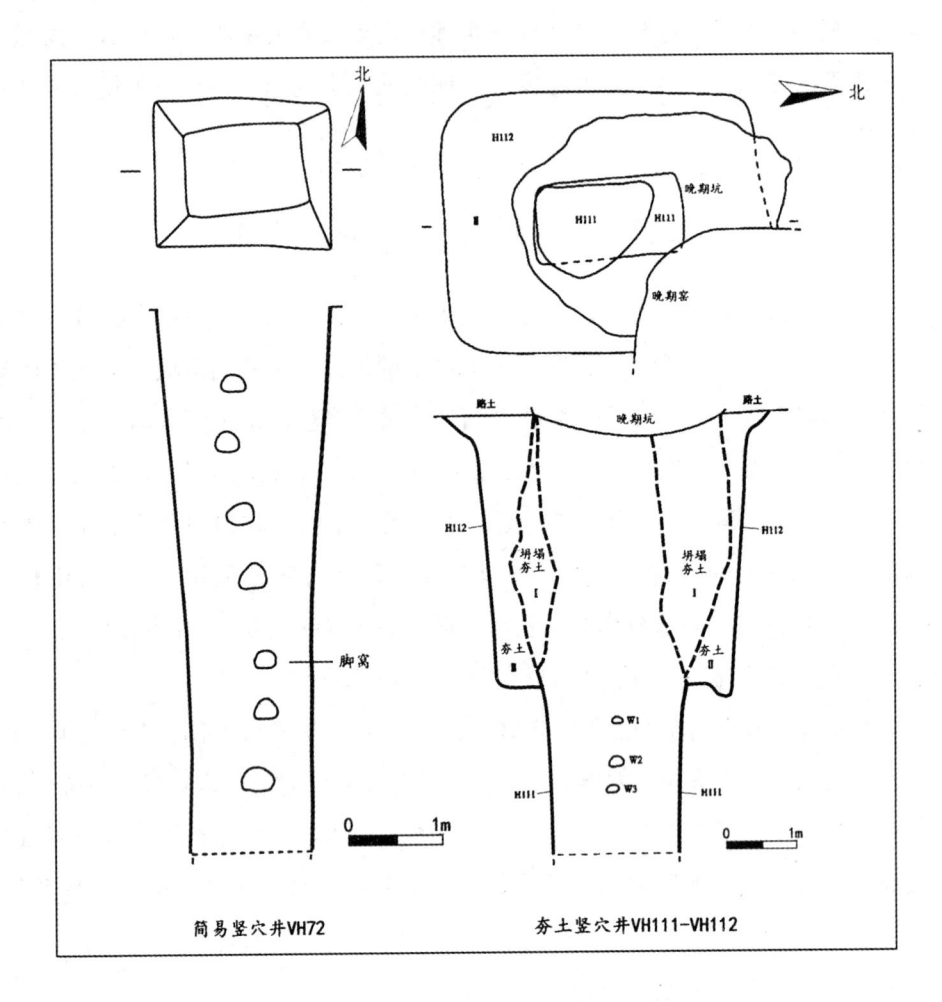

图3-18 二里头都邑水井类型平剖面图

改自中国社会科学院考古研究所《二里头（1999—2006）》，文物出版社2014年版。

---

① 杜金鹏：《二里头宫殿建筑基址初步研究》，《夏商周考古学研究》，科学出版社2007年版；许宏：《二里头遗址"1号大墓"学案综理》，《中原文物》2017年第5期。
② 中国社会科学院考古研究所：《二里头（1999—2006）》，文物出版社2014年版，第831页。

除了上述两类水井之外，在二里头还发现有四壁带有出入水口的"渗水井"（图3-19），目前仅在宫城内的3号建筑基址庭院内发现一座（VH34），是与其他引输水沟渠相连通的配套水利设施。已发现的这座"渗水井"的平面形状与第一类水井基本相同，也基本呈圆角长方形，其开口四周铺设有石板，范围南北宽2米，东西长2.4米，四壁用石板垒砌，四角则设置有石砌的出入水口。其东北角水口截面形状较为明确，是一方形空腔，宽约0.12米，高约0.16米，应与3号基址院内发现的石砌水渠相连，形成复杂的水利组合，在一定程度上与3号基址的功能密切相关。

图3-19 二里头都邑宫殿区发现的"渗水井"

据中国社会科学院考古研究所《二里头（1999—2006）》，文物出版社2014年版。

综上，二里头都邑已经出现了不同形制的水井。宫城内除了日常取用水的各种水井以外，还设置有与引输水渠相通的"渗水井"，其分布与宫城的功能区划息息相关，这说明二里头都邑是在宫城规划的基础上设置水井等有关水利设施的，并且赋予其不同的功能属性。而在宫城范围之外，服务于日常生产生活的水井基本上仅有一种，规模较大、形制复杂且用途多样的水井（以夯土井为代表）较为少见。这一现象表明，二里头都邑水井的设置也是以宫城为核心，凸显了宫城在城市范围内举足轻重的权力地位。

第三节　龙山到二里头时期的城市水利系统

环嵩山地区城市水利系统的确立，不仅与古人生产力水平的提高、长期以来治水经验和水利技术的进步有关，同时也伴随着龙山到二里头阶段复杂社会的发展和以中原为中心早期国家的形成。

龙山时期社会进一步分化，特别是龙山文化晚期阶段围城的大量出现，环嵩山地区聚落的发展逐渐表现出"城乡分化""国野之别"的态势。在此基础上，在继承新石器时代中晚期聚落水利修建传统基础上，区域中心聚落的水利设施更加适合城市社会生活的需求。城壕与城垣提供了城市防洪和引排水的基础条件，同时，壕沟还便于将聚落外围的自然水系与聚落水利有机结合在一起，明暗沟渠管道工程的实践最终促使城市内外水循环的形成，水井的普及不仅保障了定居生活的长期稳定，也进一步加强了不同功能区获取水源的保障。上述城市水利的初步发展是在龙山文化晚期不同的小区域范围内产生，地缘性社会组织的发展确保了大型公共水利工程的修建和维护，但这一时期社会关系重组与不同社群间冲突，新的社会秩序尚未完全形成和稳定，城市与城市水利工程的建设仍然处于初步发展的阶段。

上述状况至二里头阶段发生了巨变。以洛阳盆地为中心的早期广域国家形成，二里头大型都邑具备城市规划的复杂性，与龙山晚期阶段具有早期城市属性的各区域中心聚落相比，显然不可同日而语。二里头都邑不仅明确了象征社会权力中心的宫城，也形成了由城市道路网络连通和区隔的功能分区。不同身份等级的社群按照与统治权力中心的关系被安排在由宫城到郭区的城市空间内。在此基础上，城市水利工程的营建朝着系统化的方向发展，不仅要满足都邑聚集大量人口的生活基本需求，也要迎合各功能区不同的用排水需求。其中，作为城市权力中心，宫城内大型庭院式宫殿建筑群的用排水需要是整个城市水利系统的重点，很大程度上反映了统治者的意志，并随着宫城内建筑格局的变动而变迁。更为重要的是，二里头之后，城市水利系统以统治者所在区域（宫城或宫殿衙署区）为中心也成了城市水利建设的传统。

特别需要指出的是，环嵩山地区从龙山阶段早期城市水利的出现，到最终二里头都邑城市水利系统的确立，其间的发展过程似乎存在飞跃，而非渐进式的。结合以中原为中心历史发展趋势的形成过程，环嵩山地区作为中原腹地，二里头城市水利系统的最终形成，从宏观层面上看，在很大程度上也受到了这一历史进程中不同地区间交互作用的影响。在进入龙山文化阶段以后，环嵩山地区的史前社会虽然并未持续新石器中晚期阶段繁荣兴盛的局面，但中原外围周边地区却都得到迅速发展，并且开始朝着早期区域性政体的方向迈进。至龙山文化晚期末段,以"新砦期"为标志的社会整合,环嵩山地区的优势地位才得以稳固。其中,稍早一些以良渚为代表的长江下游史前社会,已经拥有了具有地区都邑属性的良渚古城,并且已经营建了以大型水坝、各类沟壕等水利工程为代表的高度发达的城市水利系统[①]。在良渚社会突遭崩溃之后,无论长江流域还是北方地区,在龙山时期也都发展出不同的地域文明,并且存在针对不同的自然条件而专门设置的城市水利工程。石家河聚落群延续了新石器时代中晚期以来长江中游地区治水的经验,城垣与城壕均是重要的城市防洪工程[②]。陶寺作为晋南地区的统治中心,不但确立了城郭兼备的城市形态,出现了明确的功能分区,更是在此基础上修建了以宫城为中心的引输水系统和城市外围的防洪设施[③]。总的来看,龙山文化阶段,在环嵩山周邻地区的早期城市及相应水利工程也都已经处于较高的发展水平。地区社会发展不平衡,族群间冲突与碰撞,环嵩山地区作为地域社会交互作用的中心,不断吸收多元文化的同时,自然也会包含相关水利技术和经验,这些为二里头都邑及其城市水利系统的确立奠定了基础。"新砦期"聚落以及二里头都邑均包含有来自周邻地区的文化因素,也在很大程度上暗示了这一点。

[①] 刘斌、王宁远:《杭州余杭良渚古城遗址》,《新世纪中国考古新发现(2001—2010)》,中国社会科学出版社2013年版;刘斌、王宁远:《2006—2013年良渚古城考古的主要收获》,《东南文化》2014年第2期;浙江省文物考古研究所:《杭州市良渚外围水利系统的考古调查》,《考古》2015年第1期。
[②] 刘建国:《江汉平原及其周边地区史前聚落调查》,《江汉考古》2019年第5期。
[③] 何驽:《陶寺遗址的水资源利用和水控制》,《故宫博物院院刊》2019年第11期。

第四章　城市水利系统的演进：
商王朝时期的城市水利系统

> 昔有成汤，自彼氐羌，莫敢不来享，莫敢不来王。曰商是常……设都于禹之绩……天命降监，下民有严。不僭不滥，不敢怠遑。命于下国，封建厥福。商邑翼翼，四方之极。赫赫厥声，濯濯厥灵……
>
> ——《诗经·商颂》

　　商王朝是上古三代中的第二个朝代，也是最早经由考古证实且目前已得到国内外学界普遍认可的中国古代早期国家政体。甲骨文的发现，使得商王朝不再像夏王朝一样存在诸多的争议。而根据考古发现勾勒的商王朝历史发展脉络，二里岗时期作为商代早期阶段，在继承二里头的文化传统基础上，以环嵩山地区为中心，在北至冀南、南抵江淮、西达关中、东到海滨的广大范围形成了具有极强共性的二里岗文化圈[1]，体现了对外扩张的强劲势头。一些学者甚至认为以二里岗为代表的早商国家具备了"帝国"的基本特质[2]。相较于二里头，二里岗早商国家更为明确地将城市作为实现地域管理的重要工具，在二里头初步建立的城邑网络基础上，又有进一步的发展，从而极大地扩展地域控制范围，并强化了控制力量。这些具有地域控制意义的地方城邑（城市），在宫室建筑、城垣方向及形态等方面也都表现出较强的规范性[3]，这种城市形态上的规范性也暗示了城市规划制度的存在。环嵩山一带的郑州地区、洛阳盆地是二里岗商代国家统治的王畿核心区，也是早商国家城市化程度最高的区域，与此时强大的社会组织能力和控制力息息相关。

　　二里岗早商时期广域范围内城市群的兴起与稳定，同样离不开对区域水资源的深入开发和利用。二里头时期形成的城市水利系统在这一阶段得到了充分的发展。更为

---

[1] 王立新：《早商文化研究》，高等教育出版社1998年版。

[2] Wang Haicheng, "China's First Empire? Interpreting the Material Record of the Erligang Expansion", in Kyle Steinke with Dora C. Y. Ching. P. Y. and Kinmay W. Tang Center for East Asian Art Department of Art and Archaeology (ed.), *Art and Archaeology of the Eriligang Civilization*, Princeton University in association with Princeton University Press. 2014.

[3] 孙华：《商代前期的国家政体——从二里岗文化城址和宫室建筑基址的角度》，《多维视域——商王朝与中国早期文明研究》，科学出版社2008年版。

重要的是，城市水利工程作为公共基础设施也伴随城市的地域扩展而得以普及。目前公认的早商都城（即郑州商城、偃师商城）均设置有完善的城市水利系统。在王畿区，都城下属的城邑也均体现出对城市用排水的有意规划，水利工程成了城市形态规划的必备要素之一。二里头时期确立了以城市权力中心区（宫城或衙署、宫殿区）为核心的城市水利系统，在这一时期也得以延续，并且成为城市水利建设的一项基本原则，自上而下得以实施。

对于上述二里头到二里岗城市水利的延续性，古史传说从夏、商王朝祖先紧密的关系给予了解释——商王朝始祖曾是协助大禹治水的能臣。尽管文献的真实性有待考证，但这显然也反映了另一个深刻的史实，兴修水利是二里头与二里岗所代表的早期国家的统治者加强权威、巩固统治的必要手段，治水是其树立统治合法性的必备举措。伴随商王朝权力中心北移安阳，二里岗阶段确立的城市网络瓦解，环嵩山地区的中心地位也就此丧失，地区城市水利建设趋于停滞，小双桥见证了当地商代国家城市水利发展的最后阶段，而商代国家新都安阳的水利建设也因为这一重大社会变革而发生了明显的变化（图4-1）。

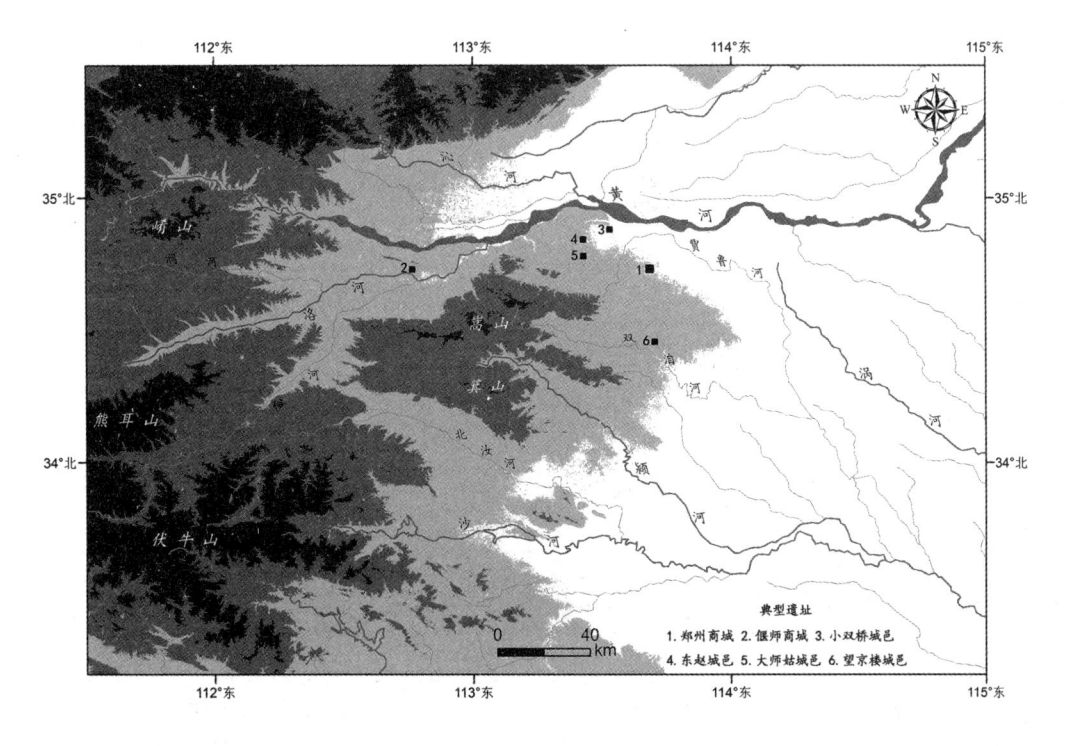

图4-1 环嵩山地区商代早期城市水利案例分布图

第一节 郑州商城的水利系统[①]

郑州商城被普遍认为是二里岗商代国家的中心都邑,也被学界认为是商王汤所居之亳都[②],或是商王仲丁的隞都[③]。与二里头都邑相比,郑州商城的城市规模明显扩大,总面积超过10平方千米[④],城市容纳的人口也随之增多。在此基础上,保证城市各部分功能区用水成为都城选址首需解决的问题,城市水利也由此成为都城总体规划的必备要素之一。根据城市所在地的地形、水源条件,人们在郑州商城构建了多层次的城市水利系统,包括城市外围的防洪导水设施,以及内外相互通连的城市引(给)输(排)水系统、服务于不同功能区用水需要的各类水井等。

一 城市用水条件

郑州商城所在区域地势西、南高而东、北低,区域内的河流大都自西南而流向东北。其中,金水河和熊耳河是郑州商城乃至此后历代城市用水最直接相关的河流。这两条河流自早商开始就经历了漫长的渠化过程[⑤]。其中,金水河作为流经城市西侧的常流河,自早商以来就是城市最为重要且稳定的供水来源,不同阶段人们都对其进行过治理。熊耳河作为季节性河流,也是自早商时期开始在不断的人工干预下形成了现今的面貌。

除此之外,郑州商城所在地属于古黄河冲积扇顶部的第一湖沼带[⑥],存在较多积水区。根据《水经注》等文献记载,先秦以来在城市的西北、东部一带存在"荥泽""圃田泽"等规模较大的湖泊(图4-2),不同学者对这些湖泽的具体位置、范围及盈缩变化等都进行了考证[⑦]。最近几年的地质及考古钻探成果可以证实,不仅郑州以西、

[①] 本节内容是在刘亦方博士论文的相关研究基础上加以改动而成。参见刘亦方《从中心都城到地方城市——郑州古代城市的考古学研究》,北京大学,博士研究生学位论文,2019年。另见刘亦方、宋国定《试论郑州古代城市水利系统的变迁》,待刊。
[②] 邹衡:《郑州商城即汤都亳说(摘要)》,《文物》1978年第2期。
[③] 安金槐:《再论郑州商代城址——隞都》,《中原文物》1993年第3期。
[④] 河南省文物考古研究所:《郑州商城——1953—1985年考古发掘报告》,文物出版社2001年版,第1、2页。
[⑤] 刘亦方:《试论郑州城垣形态及相关河道的变迁》,《古代文明(第13卷)》,上海古籍出版社2019年版。
[⑥] 邹逸麟:《历史时期华北大平原湖沼变迁述略》,《历史地理(第5辑)》,上海人民出版社1987年版;邹逸麟主编:《黄淮海平原历史地理》第五章《黄淮海平原湖沼的演变》,安徽教育出版社1993年版,第161—186页。
[⑦] 侯卫东:《"荥泽"的范围形成与消失》,《历史地理(第26辑)》,上海人民出版社2012年版;陈隆文:《郑州历史地理研究》第四章《郑州古代水系与湖泊》,中国社会科学出版社2011年版,第111、116页;黄富成:《先秦到秦汉"圃田泽"环境变迁与文化地理关系考略》,《农业考古》2014年第1期。

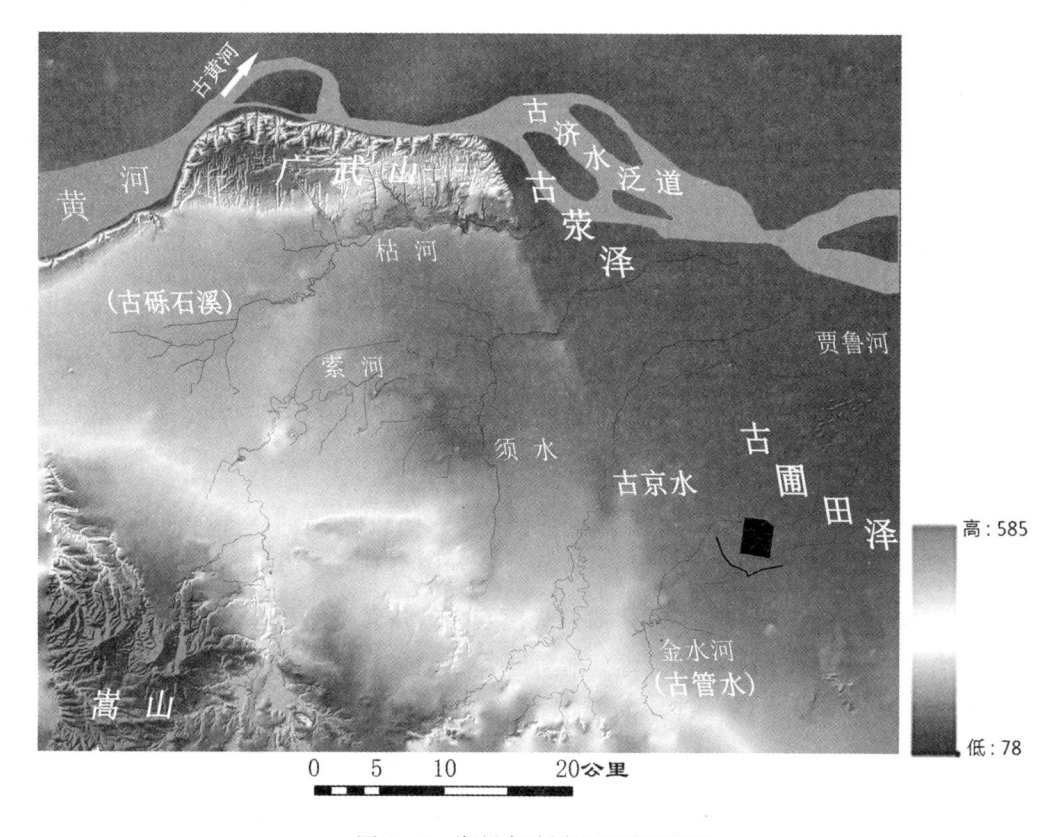

第四章　城市水利系统的演进：商王朝时期的城市水利系统　　·83·

图 4-2　郑州商城周边地形渲染图

据刘亦方《从中心都城到地方城市——郑州古代城市的考古学研究》，北京大学，博士研究生学位论文，2019 年。

今上街—荥阳一带存在全新世以来较大范围的湖泽相堆积[1]，今京广铁路以东、陇海铁路以北地区也普遍存在晚更新世至全新世中晚期的河湖相沉积[2]，后者即为郑州商城选址所在。郑州商城东城墙以外存在大面积湖沼淤积层[3]，很可能就属于极盛时期古圃田泽的范畴[4]。在郑州商城东北、今花园路以东地区，考古钻探发现地下水位显著上升，且地势也有明显下降[5]，显然也应是积水域。这些发现都反映出郑州商城以东、以北存在较多的积水区或湖沼，构成了城市外围的天然边界，并迫使郑州商城东北城垣形成

---

[1] 于革等：《郑州地区湖泊水系沉积与环境演化研究》，科学出版社 2016 年版，第 81—82 页。
[2] 王荣彦：《郑州东区灰色地层的工程性状及其对策措施》，《岩土工程界》2006 年第 11 期；徐海亮：《郑州地区地貌、水系演变与人文崛起初探》，《历史地理（第 28 辑）》，2013 年；徐海亮：《郑州市境水系变化的三个宏大问题》，《郑州古代地理环境与文化探析》，科学出版社 2015 年版。
[3] 河南省文物考古研究所：《郑州商城外郭城的调查与发掘》，《考古》2004 年第 3 期。
[4] 杨育彬：《郑州商城的考古发现和研究》，《中原文物》1993 年第 3 期；袁广阔、曾晓敏：《论郑州商城内城和外郭城的关系》，《考古》2004 年第 3 期；郑杰祥：《郑州商城的定名及其存在的年代》，《考古学研究（六）》，科学出版社 2006 年版。
[5] 河南省文物考古研究所：《郑州商城外郭城的调查与发掘》，《考古》2004 年第 3 期。

抹角。此外，在大体属于郑州商城西外郭城垣与金水河之间（今"老坟岗"一带），也还存在一处积水区域[①]。

综上所述，郑州商城所在地区有明显的地势起伏，河流和湖泽分布较为密集。发达的水系极大地满足了庞大都城用水的需求，但在降雨量集中的时间，也会增加洪涝灾害爆发的概率，对城市造成潜在的威胁。这些因素促使人们选择郑州为都时，规划并修建了大型系统的水利工程，用以加强对城市所在地水系的治理。

二　城市防洪导水工程

自西南向东北倾斜的地势决定了郑州商城区域河流的流向。在此基础上，人们对来自城市西、南部的水流加以管控，一方面可达到因势利导、方便引水的目的，二来可规避洪涝对都城安全的影响。郑州商城规模宏大的外郭城垣和城壕即发挥了防洪导水的功能，属于城市水利系统的外围设施。

（一）外郭城垣（壕）的基本特征

已知郑州商城外郭城垣均为地下遗迹，并且普遍被汉、唐以来文化层和遗迹叠压、打破，并不见有任何后期对城垣修补的迹象[②]。不同发掘地点文化堆积的状况表明，郑州商城的外郭城垣和城壕在城市衰落废弃之后长期处于废弛的状态，到战国及两汉阶段，可能就已经湮没于地表之下。从已揭示的外郭城垣墙体结构看，其修筑方法为先挖基槽，随后从基槽底部开始分层夯筑墙体，夯土大多为红褐色黏土夹有料姜石粉末，或经过人为的拣选。由于保存下来的外郭城垣仅剩基础部分，上部墙体保留较少，残损严重，目前尚难判断墙体宽度，已知城垣基槽开口宽度最宽可达 25 米[③]，可见郑州商城外郭城垣的墙体规模应相当可观。

考古揭示出的郑州商城外郭城垣基本上与现今京广铁路和陇海铁路平行。其大体自今解放路、铭功路一带，沿现在的一马路呈西北—东南走向，跨过陇海路后则向东延伸，穿过二里岗，直到现今东明路、未来路的凤凰台附近，其间存在多处拐折[④]。总

[①] 袁广阔：《略论郑州商城外郭城墙的走向与年代》，《中原文物》2018 年第 3 期。
[②] 河南省文物研究所：《郑州三德里、花园新村考古发掘简报》，《郑州商城考古新发现与研究 1985—1992》，中州古籍出版社 1993 年版；河南省文物考古研究所：《郑州商城外郭城的调查与发掘》，《考古》2004 年第 3 期。
[③] 河南省文物考古研究所：《郑州商城——1953—1985 年考古发掘报告》，文物出版社 2001 年版，第 302 页。
[④] 河南省文物考古研究所：《郑州商城外夯土墙基的调查与试掘》，《中原文物》1991 年第 1 期；河南省文物考古研究所：《郑州商城外郭城的调查与发掘》，《考古》2004 年第 3 期；刘彦锋等：《郑州商城布局及外廓城墙走向新探》，《郑州大学学报（哲学社会科学版）》2010 年第 3 期。

体来看,外郭城垣和城壕大体呈不规则的半弧形,分布于内城外侧西南部,对内城形成半包的态势。根据历年的考古发掘和研究成果可知,郑州商城外郭城垣及城壕始建年代属于二里岗下层偏早阶段[1],与内城修筑时间相去不远,表明郑州商城"内城外郭"的布局应是在城市营建之初就已经具备的规划。联系前文所述郑州商城所处地区的水系分布状况,可知郑州商城的外郭城垣和城壕应与郑州商城的北部及东部水域相连,除了军事防御功能以外,应该与城市水利密切相关。(图4-3)

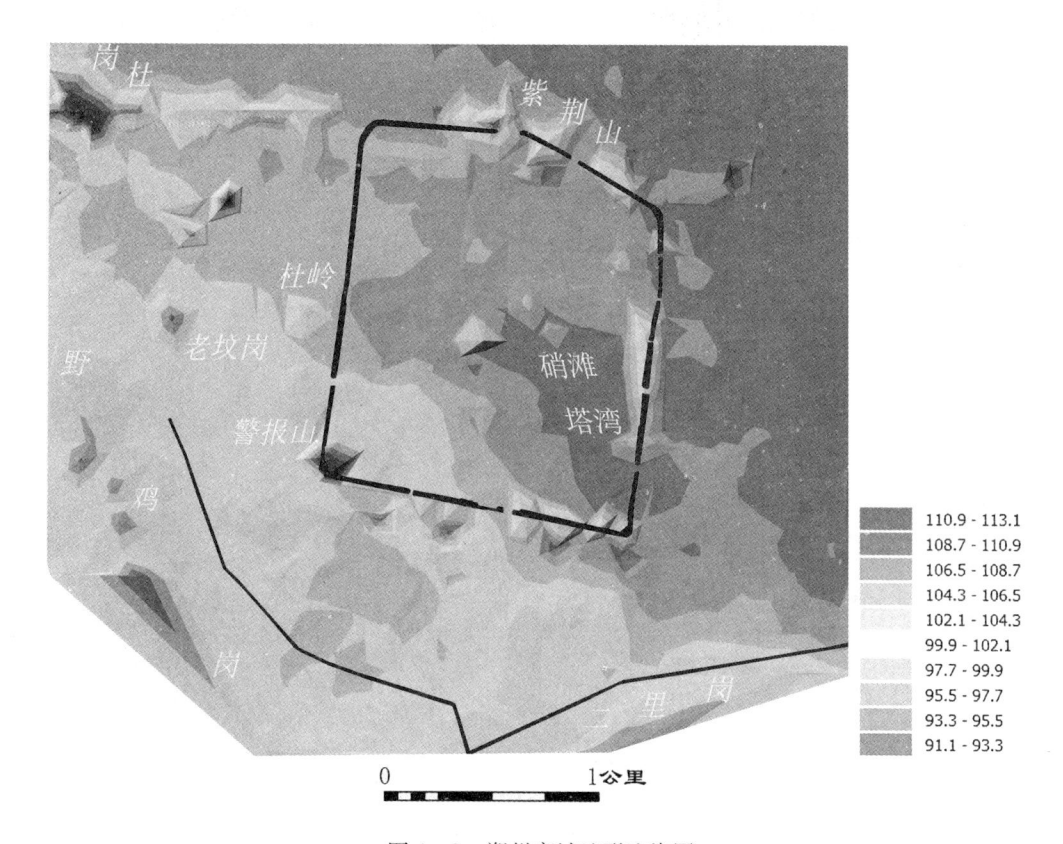

图4-3 郑州商城地形渲染图

据刘亦方《从中心都城到地方城市——郑州古代城市的考古学研究》,北京大学,博士研究生学位论文,2019年。

(二) 外郭城垣(壕) 的防洪功能

郑州商城地势起伏明显,外郭城垣(壕)所在地存在一系列的丘陵岗阜,西北有岗杜,向南则有杜岭、老坟岗,东南部为二里岗、凤凰台等,但其并没有建在城外这些岗地地势最高处,而是营建于高岗内侧,与军事防御的关联度相对较低。我们以20

---

[1] 袁广阔、曾晓敏:《论郑州商城内城和外郭城的关系》,《考古》2004年第3期;袁广阔:《略论郑州商城外郭城墙的走向与年代》,《中原文物》2018年第3期。

世纪60年代郑州地区1∶5万地形图为底图形成DEM，并利用ArcGIS提取水网，与现今地区水系进行比较可知，大体以京广铁路所在的地貌陡坎为界，其东部水道混乱，吻合度低，暗示了古今河道的频繁改动，而西部水系则显示出相对稳定的特征。郑州商城处于二者之间，且位置偏西。因此，我们将古今稳定的西部地区作为考察对象，再利用ArcGIS进行水文分析。结果表明，流经郑州商城的金水河和熊耳河属于同一个积水域，其水流方向来自城市的西南部，而郑州商城的地理位置恰处于区域内水流汇集的顶点上，其外郭城墙和壕沟则正对水流来向，凸显了防洪导水的功能（图4-4）。

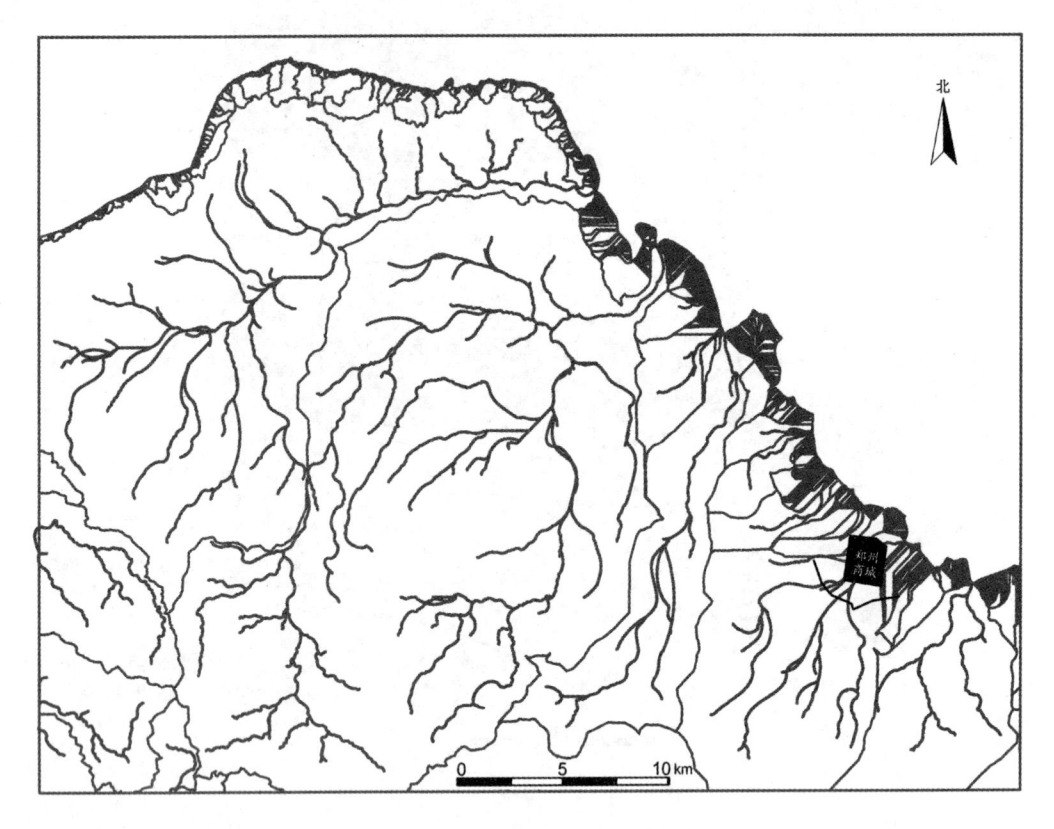

图4-4 郑州商城周边水文分析图

据刘亦方《从中心都城到地方城市——郑州古代城市的考古学研究》，北京大学，博士研究生学位论文，2019年。

与此同时，圆弧形的城垣与城壕在环嵩山地区自龙山晚期以后已少再见，但其却显示出仰韶以来环嵩山地区聚落水利（围垣与环壕）的营建传统。而圆形的城垣与壕沟从早到晚在南方多水的地域更为普遍①。这一方面是受制于南方相对破碎的地形条

---

① 例如澧县城头山、蒙城尉迟寺、良渚古城等都是南方新石器时代的圆形或椭圆形聚落的代表。进入历史时期以来也存在不少圆形城址的例子。如东吴时期镇江的铁瓮城、宋代以来的宁波城以及近代的上海城等都具备弧形或近似圆形的城垣。

件，另一方面则是抵御区域频发水患的防洪需求——弧形城垣及环壕设施有助于水流从聚落两侧绕开，有利于减缓水势，与方形直角城垣相比，更能够抵抗洪水的冲击，不易造成垮塌。由此可见，郑州商城外郭城垣与城壕的特殊形态显然与防洪导水的目的有关。在郑州商城外郭城垣外侧不见有同时期的居住遗存，很大程度上也是由于墙体外侧为泄洪区的缘故。根据明、清《郑州志》记载，熊耳河上的桥梁曾被洪水冲塌[1]，可见明清时期熊耳河泛滥，水势依旧凶猛，由此推知早商时期水患对于都城内人们的居住生活危害更大，用于防洪和排水的城垣与壕沟必不可少。已发现的郑州商城的外郭城正对着现今的熊耳河，显然符合城市防洪排水的客观需要。另外，考古工作者在发现早商时期外郭南垣及城壕的同时，也发现有战国时期开挖的壕沟打破夯土墙垣及垫土[2]（图4-5）。这在一定程度上也说明了，后期在郑州同一地点生活的人们依然需要开挖沟渠等措施以便于排洪。

由此可见，郑州商城的外郭城垣及城壕承担了城市外围防洪导水的功能，有效阻挡并疏导了来自城市西、南部高地的洪水及相应河流对城市区域的潜在威胁和破坏。

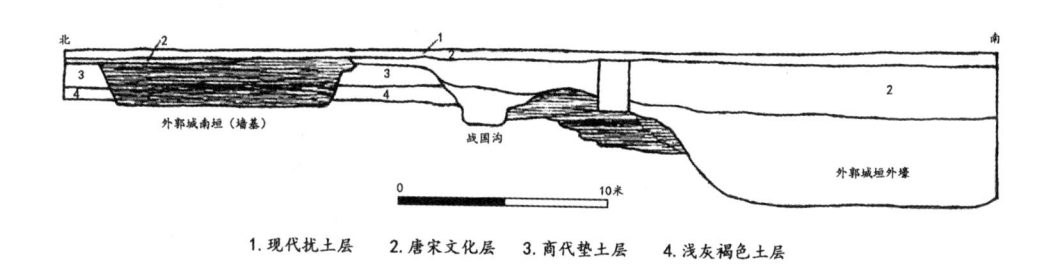

图4-5　郑州商城外郭南垣（壕沟）剖面图
改自河南省文物考古研究所《郑州商城外郭城的调查与发掘》，《考古》2004年第3期。

三　以沟渠为中心的引输水系统

除了防洪以外，人们设法通过修建沟渠（明渠或暗渠管道）将河流引进城郭内。郑州商城西、南部的丘陵岗阜之间存在地势相对较低的区域，为城市引（给）输（排）水提供了相对便利的条件。人们在郑州商城外郭城垣上，选择合适的位置开设引

---

[1] 乾隆《郑州志》中记有城南门外有"熊耳桥"，为乾隆三年张钺重修，又称"四年，水涨冲塌"。（清）张钺（修），毛如诜（纂）：《郑州志》，乾隆十三年（1748）刻本。
[2] 河南省文物考古研究所：《郑州商城外郭城的调查与发掘》，《考古》2004年第3期。

水入城的入口，经由郭区和内城相互通连的输水设施将水流引向不同区域，并最终汇入位于城市东部湖沼区，从而构成一个较为完善的城市引输水系统。

（一）郭区的引输水设施

郑州商城郭区范围内的引水设施大体可分为南、北两大支系。

1. 郭区南部

在郑州早商城市外郭南城垣段落上有一段并没有发现夯土城墙，即为现今熊耳河流经的地段[1]。这一现象表明此处在二里岗早商时期可能存在一支引水入城的渠道。我们从数据高程模型上可以清楚地观察到，在现今熊耳河穿过外郭城垣进入郭区后存在一片地势相对低洼的区域，二者之间显然存在内在联系。已知这段外郭城垣豁口的宽度可达500米，远远大于正常情况下水渠的宽度，但这必须结合遗存保留至今经历的漫长历史过程来分析。由前文对郑州商城外郭城垣及城壕的叙述可知，在郑州商城衰落之后，外郭城垣和壕沟长期缺乏维护和整修，加上熊耳河作为季节性河流，水量并不稳定且时常泛滥，早商时期引水设施以及两侧墙体受到流水长年累月的任意侵蚀，损毁加剧，相关设施早已不见踪迹。此处的城垣豁口其实应该是商城南部郭区引水渠道的"遗痕"。

考古工作者早年在南关外铸铜作坊遗址发现有东西向延伸的壕沟[2]，并在其东侧的二里岗附近也发现有一段壕沟，并有方形水池类遗迹及纵横交错的小壕沟与之相连[3]。两处壕沟皆位于现今陇海路以南且基本处于同一东西延长线上，很可能属于同一引水沟渠的不同段落。这一沟渠向西延伸至外郭城的位置应该就是引水入城的通道所在，且基本就位于上文所提到的外郭城垣豁口区间内。而后者发现的水池以及小型壕沟，则很可能属于城内输排水系统的一部分，起到分流的作用。

这条输水渠道应该是当时郑州商城南部的输水主干道，其位置显然要比现今的熊耳河流经城垣外侧的位置更加偏南。就二里岗时期而言，现今熊耳河流经城垣南部的河道可能只是从上述干道分出的一支，可作为商城内城的南护城河，显然已经与现今的状况相去甚远。在今郑州老城南关一带的熊耳河曾发现有二里岗时期的青铜器[4]，结

---

[1] 河南省文物研究所：《郑州三德里、花园新村考古发掘简报》，《郑州商城考古新发现与研究1985—1992》，中州古籍出版社1993年版。
[2] 河南省文物考古研究所：《郑州商城——1953—1985年考古发掘报告》，文物出版社2001年版，第317—318页。
[3] 河南省博物馆：《郑州南关外商代遗址的发掘》，《考古学报》1973年第1期。
[4] 20世纪五六十年代熊耳河就有铜器出土，已发表有1件铜爵及1件铜盉。见《河南出土商周青铜器》编辑组编《河南出土商周青铜器（一）》，文物出版社1981年版。

合郑州商城青铜器埋藏地点的特征可知，发现铜器的地方应该至少存在一座二里岗时期的墓葬，熊耳河冲毁了这座墓葬，才会致使其中埋入的铜器发现于河道。这一现象显然是河流长期变迁导致的，其形成过程大体应该是在郑州商城衰落之后，后代人们主要利用的是作为南护城河的熊耳河，二里岗时期的供水干渠逐渐废弃，原来作为支流的熊耳河则汇集了更多的水量变为主干并一直延续至今，其河道逐渐加宽并不断侵蚀两岸，最终破坏了二里岗时期埋在附近的墓葬。

2. 西部及北部郭区

历年考古发现和研究表明，郑州商城外郭城垣延伸至西北部区域时存在一定的拐折，而变化的位置基本就在城西部的"老坟岗"[①]。值得注意的是，"老坟岗"是晚期金水河改道的关键地标[②]，而现今金水河也是在其附近发生拐折。由此可见，外郭城墙在此处发生方向上的变化，与人们在此对流经商城西侧河流（即现今金水河）的利用有关。

根据考古发掘者提供的线索，在"老坟岗"附近的人民公园南侧（即铭功路东）[③]、二七路东侧、太康路一带的大上海城步行街等地，发现有大体处于同一西北—东南向直线上的早期沟状遗迹。根据人民公园南侧发掘沟渠的层位关系、土质土色及出土遗物判断，此沟渠的形成不早于二里岗下层偏晚，最终的废弃时间应在二里岗上层最晚阶段，或还经过改造。在沟渠的底部存在成一线排开的数个长方形小坑（图4-6），联系偃师商城输水渠中发现有立柱[④]，其可能是水渠配套设施遗留下的柱痕。尽管因遗迹破坏严重，已知信息较少，已难以准确复原这两处发掘地点所见商代灰沟的具体结构及堆积过程，但二者很可能是同一条引水渠道的不同段落。二者与已发现的"老坟岗"早商外郭城墙段落大体垂直，表明这条沟渠对应城垣的位置上应开设有从城外向城内引水的入口。最近的研究指出，"老坟岗"西侧存在一处以淤沙为主的古湖沼[⑤]，处于金水河与外郭城垣、引水沟渠的中间地带，应该是金水河在流经商城西北岗地时，汇集在地势相对较低的区域形成的，很可能发挥了蓄水调控的功能，早商时期人们在此设置沟渠，将经过泥沙沉淀后的河水引入城内以供城市居民生活所需。

总体上，"老坟岗"一带发现的外郭城墙与沟渠，应该属于城市西北部引水设施的一部分，是二里岗时期人们利用此处岗地起伏的地形和水源条件而有意修建的。值得注意的是，早晚不同时期在郑州当地定居生活的古人几乎都认识到并利用了"老坟岗"地区

[①] 郑州市文物考古研究院：《郑州市老坟岗商代遗址发掘简报》，《中原文物》2009年第4期。
[②] 刘亦方：《试论郑州城垣形态及相关河道的变迁》，《古代文明（第13卷）》，上海古籍出版社2019年版。
[③] 郑州市文物考古研究所：《郑州市铭功路东商代遗址》，《考古》2002年第9期。
[④] 中国社会科学院考古研究所河南第二工作队：《河南偃师商城宫城池苑遗址》，《考古》2006年第6期。
[⑤] 袁广阔：《略论郑州商城外郭城墙的走向与年代》，《中原文物》2018年第3期。

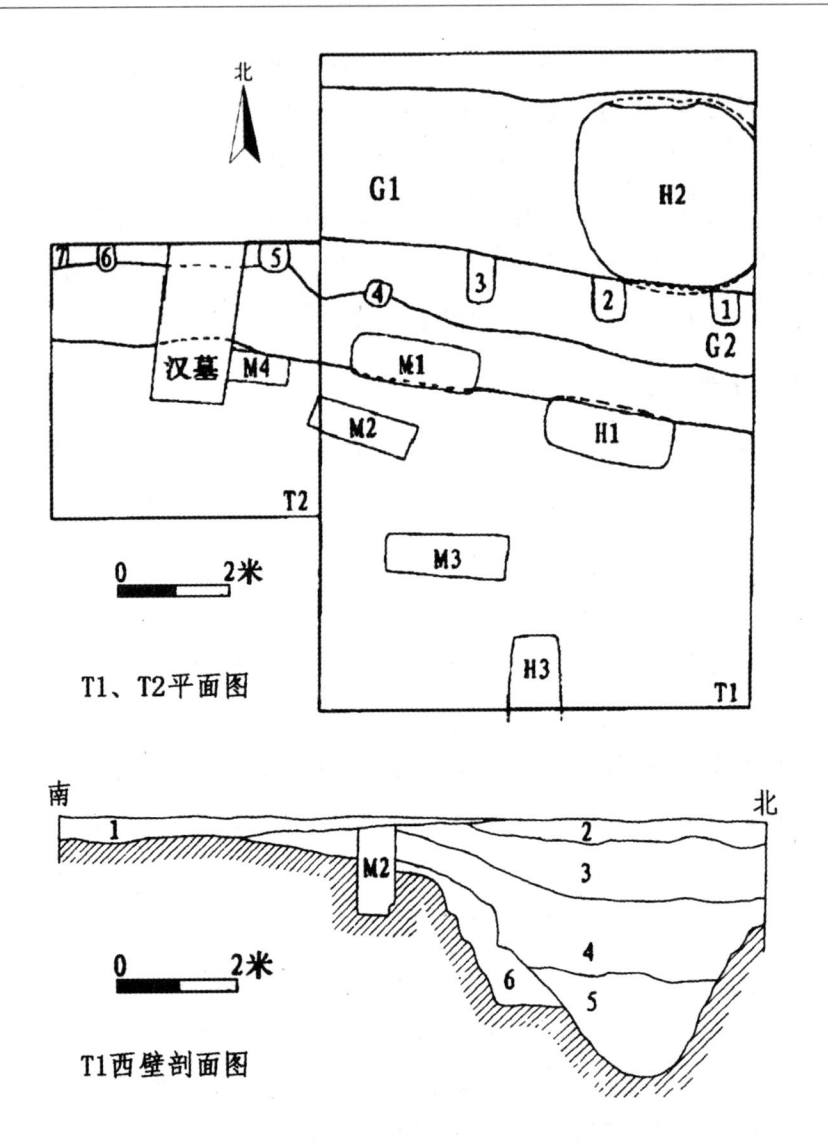

图 4-6　郑州商城老坟岗附近二里岗文化时期水沟平剖面图

据郑州市文物考古研究所《郑州市铭功路东商代遗址》,《考古》2002 年第 9 期。

这一优越的自然条件。"老坟岗"一带存在仰韶时期的聚落，到了二里岗时期，除将水源引向城区的各类水利设施以外，在其北侧不远设有大规模的陶器生产作坊也是充分考虑到用水的便利。在郑州商城衰落之后，邻近区域又存在目前已知郑州商城范围规模最大的晚商聚落（即人民公园聚落），唐宋以后的人们也都是在此处向城区引水[①]。由此可见，在金水河流经"老坟岗"的区域，不同时期的人们除了就近选址在此定居以外，伴随郑州作为中心都邑以及唐宋以后拥有稳定行政建制，当地还具有相应的社会组织能力因势导水，通过修建各类输水设施向城市引导水流，加强对此处水流的调控。

---

① 刘亦方：《试论郑州城垣形态及相关河道的变迁》，《古代文明（第 13 卷）》，上海古籍出版社 2019 年版。

综上所述，人们通过在外郭城垣上设置入水口将水流引进城郭之内，构筑了城市郭区的沟渠系统，这些水流一方面或作为内城南垣外的护城河，一方面则作为城南部尤其郭区的主要供水干渠，这些沟渠系统虽然在二里岗城市衰落之后废弃，但也在一定程度上影响了现今郑州城市相关河道的形成。在郑州商城的西部郭区，现今"老坟岗"一带是当时人们利用城市西部河流的关键地点。此处附近发现有二里岗时期较大规模的引水渠道，并且还存在相应的湖沼，或发挥了蓄水调节的功能。引入郭区的水流一方面可能作为内城外侧的护城河，一方面则为郭城区及内城区提供水源，加上城市内城区内还发现有相应供水渠道。周邻的河流、湖泊以及外郭城垣和相应沟渠设施，共同形成了郑州商城的城市水利系统[①]（图4-7）。

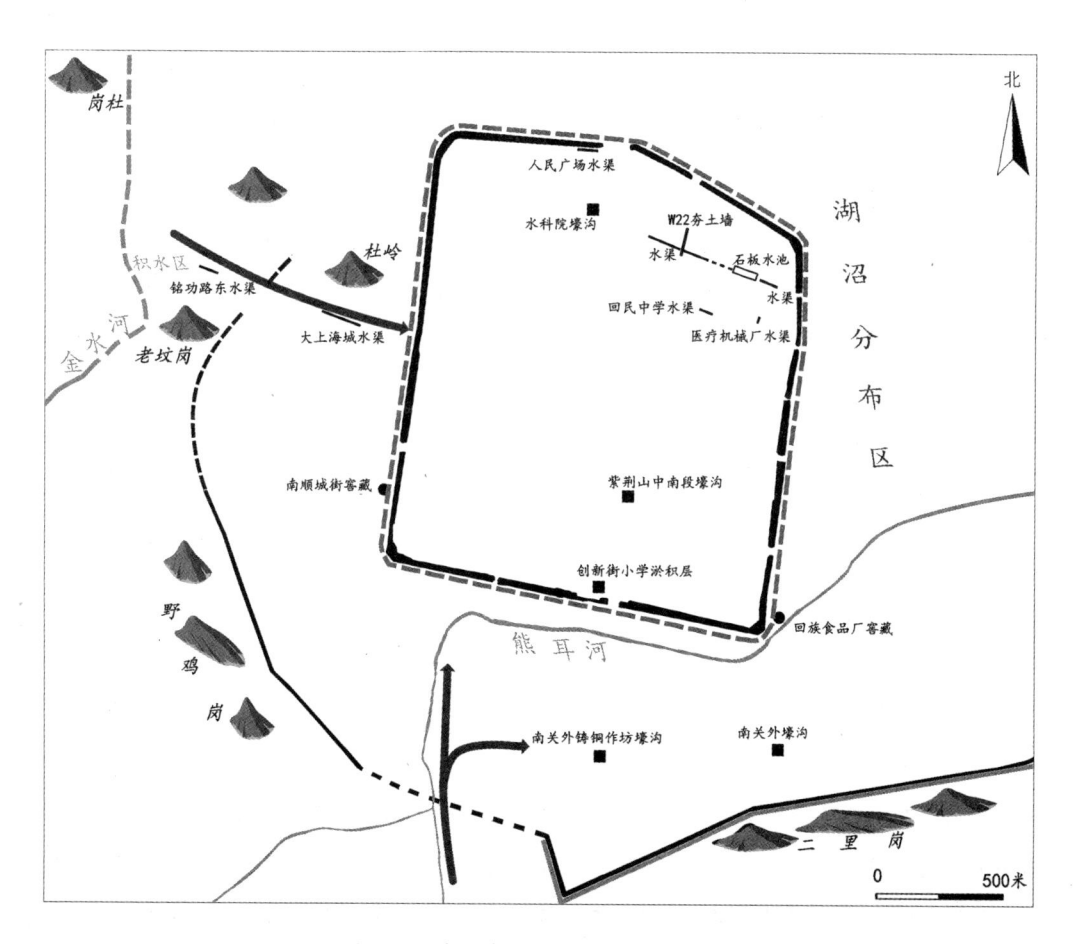

图4-7 郑州商城城市水利系统示意图

据刘亦方《从中心都城到地方城市——郑州古代城市的考古学研究》，北京大学，博士研究生研究生学位论文，2019年。

[①] 刘亦方：《从中心都城到地方城市——郑州古代城市的考古学研究》，北京大学，博士研究生研究生学位论文，2019年，第50页。

（二）内城引输水系统

郑州商城内城是这一时期城市的核心区域。已发现的大型宫殿建筑基址基本都分布于这一区域，也发现有与之相配套的引输水系统。其中，内城区开展考古工作最多的东北部一带，即为学界通常认为的郑州商城"宫殿区"（主要涵盖了现今紫荆山路东西两侧、郑州旧城北墙以北的大片区域），发现有著名的石板水池、石筑输水管道等相互连通的水利设施，有力地证明了内城引输水系统的存在。但是需要说明的是，由于郑州商城废弃之后，其内城仍然是晚期郑州城市的营建区域，加之所有遗迹又被现代郑州市区叠压，郑州商城内城引输水系统的全貌仍有待进一步的考古工作。下文仅就已发现的相关线索进行分析。

1. 内城东北部的引输水设施

由于该区域恰好位于晚期郑州城市的郊区，唐宋以来古人活动对区域内早期遗存的影响相对较小，加之晚期金水河屡次改道和泛滥，区域内早期文化堆积上部往往覆盖有较厚的晚期淤沙层，对早期遗迹也起到了保护作用，因而该区域内二里岗时期的各类遗存得以较好保存，已发现较明确的引（给）输（排）水设施大都位于这一区域。

（1）黄委会水科院的输水渠

黄委会水科院位于现今紫荆山路西、顺河路北侧，北部现今金水河河道。20世纪70年代以及2000年以后均发现有"壕沟"遗迹。根据遗迹组合关系看，这些遗迹应与郑州商城内城的输水设施有关。

其中，20世纪70年代发现的"壕沟"大体呈东西向延伸，长度超过80米，主要使用时期是在二里岗下层二期至二里岗上层一期[1]。2000年揭示的"壕沟"则与之大体垂直相交，二者功能应是相同的。早年的考古工作者曾推测其与军事防御有关，或为内城东北部夯土基址区外侧的防御设施[2]。然而，这两处"壕沟"遗迹周邻也都分布有二里岗时期的夯土宫殿建筑基址，且2000年发掘的"壕沟"向南正对宫殿建筑基址C8G15[3]。若将这两处"壕沟"解释为防御围壕，则较难说明其与上述建筑基址的关系。因此，两者很有可能是内城区输水系统的一部分。由于遗迹残损较为严重，我们

---

[1] 河南省文物考古研究所：《郑州商城——1953—1985年考古发掘报告》，文物出版社2001年版，第238—239页。

[2] 河南省文物考古研究所：《郑州商城——1953—1985年考古发掘报告》，文物出版社2001年版，第239页。

[3] 根据已知的层位关系判断，该建筑大体始建于二里岗下层一期，并至少可从二里岗下层二期延续至二里岗上层一期。河南省文物研究所：《郑州商城内宫殿遗址区第一次发掘报告》，《文物》1983年第4期；侯卫东：《郑州商城都邑地位的形成与发展》，北京大学，博士研究生学位论文，2014年，第74—78页。

目前并不排除其曾作为暗渠存在的可能。

（2）石板水池及连通渠道

石板水池和相应的输排水渠道是目前郑州商城内城区中保存最为完好的一段引输水设施。

其中，石板水池及石筑水渠道的位置在今黄河医院南侧，以及相邻的北大街农业队住宅楼一带。已知石板水池平面呈长方形，略作东南—西北方向，东西长约100米，南北宽约20米。水池挖在生土上，底部用掺有料姜的白土分层铺垫夯实之后，再用方形或长方形青灰色石板平铺。池壁同样附有掺有料姜的白土，并且使用略呈圆形的砾石进行垒砌[1]。用石料垒砌水池，一方面起到了加固的作用，也具有防止渗漏的功能。同一时期发现的石筑水渠道位于水池的东南侧，已发现的部分长约30米，其水道沟槽断面为梯形，底部和两壁分别用青石板材铺垫垒砌，顶部则用大石板覆盖。除此之外，输水管道上间隔一定的距离还设置有竖井与渠道相通[2]。总的来看，水池和石筑水道不仅处于同一条西北—东南向的直线上，且出土遗物年代特征相同，大都呈现出典型的二里岗文化风格[3]。尽管已有的材料无法提供更多细节，但基本上可以断定两者是同一输排水设施的组成部分（图4-8）。

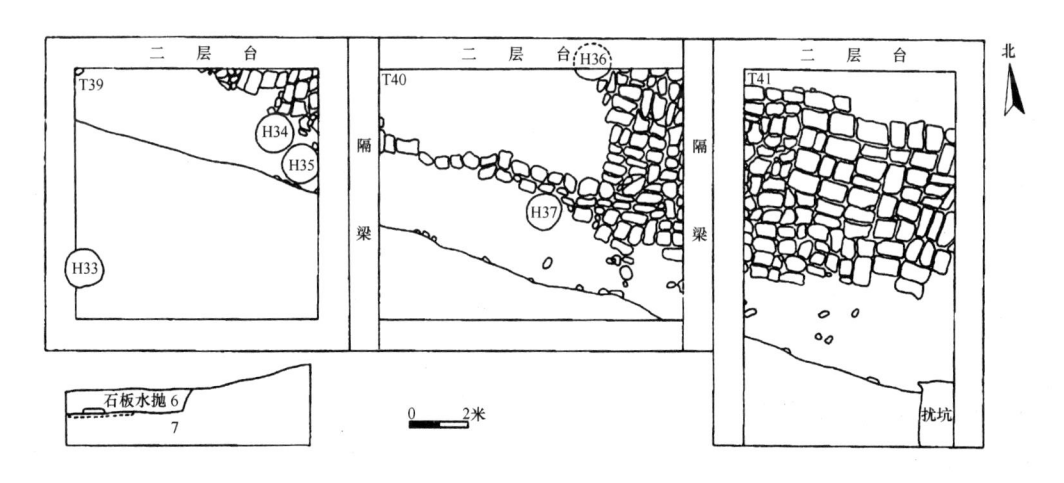

图4-8 郑州商城内城石板水池平剖面图

据河南省文物考古研究所《1992年度郑州商城宫殿区发掘收获》，中州古籍出版社1993年版。

---

[1] 曾晓敏：《郑州商代石板蓄水池及相关问题》，《郑州商城考古新发现与研究1985—1992》，中州古籍出版社1993年版。

[2] 河南省文物考古研究所：《郑州商城——1953—1985年考古发掘报告》，文物出版社2001年版，第234页。

[3] 曾晓敏：《郑州商代石板蓄水池及相关问题》，《郑州商城考古新发现与研究1985—1992》，中州古籍出版社1993年版；河南省文物考古研究所：《1992年度郑州商城宫殿区发掘收获》，《郑州商城考古新发现与研究1985—1992》，中州古籍出版社1993年版；《郑州商城——1953—1985年考古发掘报告》，文物出版社2001年版，第233—235页。

20世纪90年代末，在今黄委会48号院、黄委会高层住宅楼、河务局家属院发掘点则发现有与石板水池及石筑输水管道年代相近、且处于同一西北—东南直线上的水渠，据此可以判断其与已发现的石板水池、石筑输水管道连为一体。其中，黄委会高层住宅楼发掘点发现的水渠筑造结构相对清楚，已知这段水渠经过改建，改建后的水渠位于原水渠的中部，从发现的石板、横木及草拌泥的痕迹看，其渠道为石砌，两侧设有立柱并填充草拌泥加固①。总体上，这段水渠的形制规模、结构特征和改建方式与偃师商城发现的输水渠较为相似②。沟渠外侧填土中曾出有典型二里岗时期的十字镂空豆等遗存，而且河务局发掘点发现的水渠还叠压C8IIT166M6，是目前所知郑州商城时代最早的铜器墓，年代应不晚于二里岗下层一期③。结合上文所述石板水池和石筑渠道的年代特征，我们认为该引输水设施的整体建造和使用年代应集中于二里岗下层二期至二里岗上层一期阶段（图4-9）。

综上所述，石板水池以及与之相连的石砌水渠应为内城东北部输排水系统的主干，是与区域内夯土宫殿建筑相配套的输排水设施，主要的使用年代范围应在二里岗下层二期至二里岗上层一期。其中，发现的石板水池或为露天修筑，与之相连的水渠则为地下暗渠。有学者认为这套输排水设施或还作为内城中的王宫池苑④。从空间分布上看，这一石砌输排水设施向西应和上文提到的黄委会水科院发现的输水渠相连，并自西而东穿过内城东城墙。其水源来自城市西部的金水河，最终排入城市东部的湖沼区。

（3）其他分散的沟渠设施

除了上述相互连通的引输水设施之外，在今回民中学、省中医学院家属院、医疗机械厂发掘点也见有零散的沟渠遗迹。受到发掘面积以及所能掌握材料信息的限制，其相互之间的联系尚难以确定，这些地点所见的沟渠遗迹有以下几点需要说明：

A. 今回民中学发掘点1991年发掘区内，在夯土下叠压有河相淤积层，并发现一道东南—西北向的石头堆积带，可能起到了加固作用。省中医学院家属院也发现有类似的河相堆积，两者基本处于同一东西线上⑤。发掘者认为，回民中学遗迹被二里岗下层时期的夯土建筑基址叠压，并出有二里头晚期的陶片遗存，故而判断该遗迹现象的年代属于二里头晚期到二里岗下层偏早阶段。这两处发掘点所在的位置确实存在一片二里头晚期的

---

① 刘亦方：《从中心都城到地方城市——郑州古代城市的考古学研究》，北京大学，博士研究生学位论文，2019年，第54页。
② 中国社会科学院考古研究所河南第二工作队：《河南偃师商城宫城池苑遗址》，《考古》2006年第6期。
③ 河南省文物考古研究所：《郑州商城新发现的几座商墓》，《文物》2003年第4期。
④ 杜金鹏：《试论商代早期王宫池苑考古发现》，《考古》2006年第1期。
⑤ 河南省文物研究所：《1992年度郑州商城宫殿区发掘收获》，《郑州商城考古新发现与研究1985—1992》，中州古籍出版社1993年版。

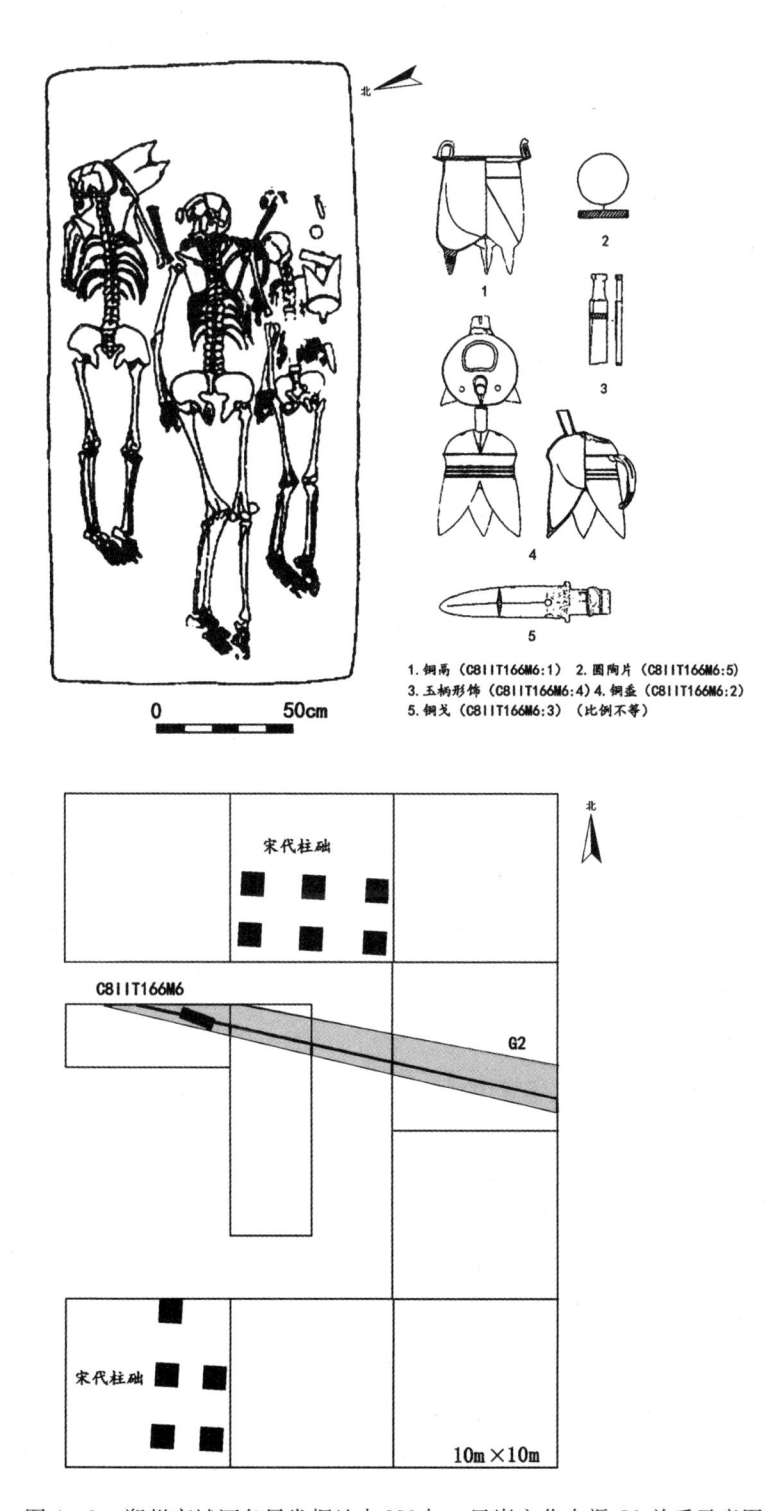

1. 铜鬲（C8ⅠT166M6:1） 2. 圆陶片（C8ⅠT166M6:5）
3. 玉柄形饰（C8ⅠT166M6:4） 4. 铜盉（C8ⅠT166M6:2）
5. 铜戈（C8ⅠT166M6:3）（比例不等）

图 4-9　郑州商城河务局发掘地点 M6 与二里岗文化水渠 G2 关系示意图

改自河南省文物考古研究院内部资料及河南省文物考古研究所《郑州商城新发现的几座商墓》，《文物》2003 年第 4 期。

居址,二里岗时期人们在此处重建各类设施,定会对二里头时期的遗存造成干扰。所谓"河相淤积层"和"石头堆积带"有可能属于和夯土建筑同时的城市引输水设施。

B. 在今医疗机械厂发掘点内,20 世纪 80 年代末曾发现有一条二里岗下层时期的灰沟,发现沟壁上贴有陶管残片[①],或许也与输水设施有关。90 年代还发现有南北向的石砌水渠一段,可能与上文所述的石砌输排水设施有关联,但其与 80 年代同一发掘地点所见陶管等遗迹的关系尚难以说明。

综上,郑州商城内城区东北部发现的引输水系统的遗迹相对明确,但这些输水设施并未得到全面的揭露,目前也并未明确沟渠相互连通的节点及出入口。但结合当地水系分布、地势起伏情况以及晚期郑州城市引水措施,我们基本可以确定的是,上述这些输水渠道的水源都应来自当时的金水河,内城北城墙上的缺口有可能与内城区引水的通道有关,而排水的终点则应该就是城东侧的湖沼区。

2. 内城中南部水利工程"遗痕"

郑州商城内城的中、南部地区,除了战国、汉代人们在此定居以外,唐宋以来则一直作为城区,古今人们活动皆十分频繁,区域内的早期城市遗存受到晚期人们活动的强烈影响,损毁情况更为严重。历年的考古工作也已表明,位于这部分区域内的二里岗文化遗迹保存状况很不理想。虽然区域内也发现有夯土建筑基址,但绝大多数仅残留底部基槽,具体形制和功能较难判断。加之受到发掘面积等客观因素的限制,相较于内城东北部地区而言,位于这一区域的二里岗文化遗迹难以复原其原貌,城市水利设施也仅保存有一些"遗痕"线索。

郑州商城的城市引输水设施应该经过相对系统的规划。作为向内城引水的必经之地,郭区发现的引水渠道并非孤立存在,其对内城的引输水系统具有一定的指示意义。根据前文对郑州商城外郭城墙及郭区内沟渠的分析,自"老坟岗"附近引入郭区的一条主要沟渠大体呈西北—东南向。虽然目前已知这一渠道所在延长线及邻近区域的考古信息相对缺乏,渠道延伸的状况也并不清楚,但已发现的沟渠基本正对着郑州商城内城西垣的中段位置,这暗示了内城区引水的方向。如果上述推断无误,在郑州商城内城的中部地区很可能存在相关的沟渠设施。

值得注意的是,唐宋以后郑州城市的引水工程也均是从"老坟岗"附近,自西向东从当时城市的北城墙(即郑州老城北城墙)一带经过[②],其位置就相当于郑州商城内城中

---

① 河南省文物研究所:《郑州医疗机械厂考古发掘报告》,《郑州商城考古新发现与研究 1985—1992》,中州古籍出版社 1993 年版。

② 刘亦方:《试论郑州城垣形态及相关河道的变迁》,《古代文明(第 13 卷)》,上海古籍出版社 2019 年版。

部一带。同时，唐宋以后郑州城市官署北部的园林以及北城壕均位于这一城市引水的关键区域，不仅早晚得以延续使用，且至20世纪60年代还有孑遗[1]。这一现象说明，唐宋以来郑州北城墙沿线及邻近区域是城市引水设施分布的重要地点之一，结合已发现郑州商城郭区渠道的走向趋势，同一地点存在二里岗时期引水渠道的可能性较大。另一方面，晚期人们在这一区域范围内持续开设引水设施，也很可能是在二里岗时期水利设施的基础上形成的，而对早期输排水工程的改造很大程度上破坏了其原始面貌。

总体上，在郑州商城内城中南部地区，二里岗时期引输水设施较为少见，这与该区域是唐宋以后城区有关。晚期郑州城市的输排水系统应该对早商时期引水工程加以改造和利用。根据已发现早商城市郭区引水渠道的走向、唐宋以后城市输排水系统的设置，除东北部地区之外，郑州商城内城区中南部引水的关键区域应该位于唐宋以来郑州城市北城墙附近一带。

四 水井设施

郑州商城作为二里岗时期的中心都邑，为了满足城市不同阶层人群用水的需求，除了设置输排水系统将地表水引入城市各个功能区以外，还应设置有数量可观的水井以供日常取用水所需。因此，水井也是郑州商城城市水利的重要组成部分。需要说明的是，由于包括水井、窖穴等具有一定深度的地穴设施在废弃之后，受到各种复杂堆积过程的影响形成各种灰坑，在实际的田野考古发掘中很难判断，并且受发掘范围等因素的影响，这类遗存空间分布的规律短期内并不容易把握。就郑州商城已发掘出各类水井的形制来看，二里岗阶段显然继承了二里头时期的凿井技术和工艺。已知二里头都邑较为常见的水井类型在郑州商城内均有发现。此外，郑州商城这些水井的分布状况也与二里头都邑有一定的共性。

按照具体形制和开凿方式的不同，郑州商城发现的可以确定与水井有关的遗存可分为两类。第一类是外侧未发现有井坑的水井，以开口平面为圆角长方形或近方形者最为常见，内壁常对称设置有脚窝[2]，有的水井或因后来改造或坍塌等原因导致变形，平面形状或还呈椭圆形或不规则形（图4-10）。郑州商城的这类水井数量最多，内城以及郭区范围内皆有发现，分布较为普遍。这类水井与二里头最常见的竖穴井形制基本相同，但形制和开凿方式更显得规整和统一。郑州商城目前考古发掘出的这类水井

---

[1] 刘亦方：《从中心都城到地方城市——郑州古代城市的考古学研究》，北京大学，博士研究生学位论文，2019年，第132页。

[2] 宋国定：《试论郑州商代水井的类型》，《郑州商城考古新发现与研究1985—1992》，中州古籍出版社1993年版。

尚未发现有支护框架、井盘等其他构件。

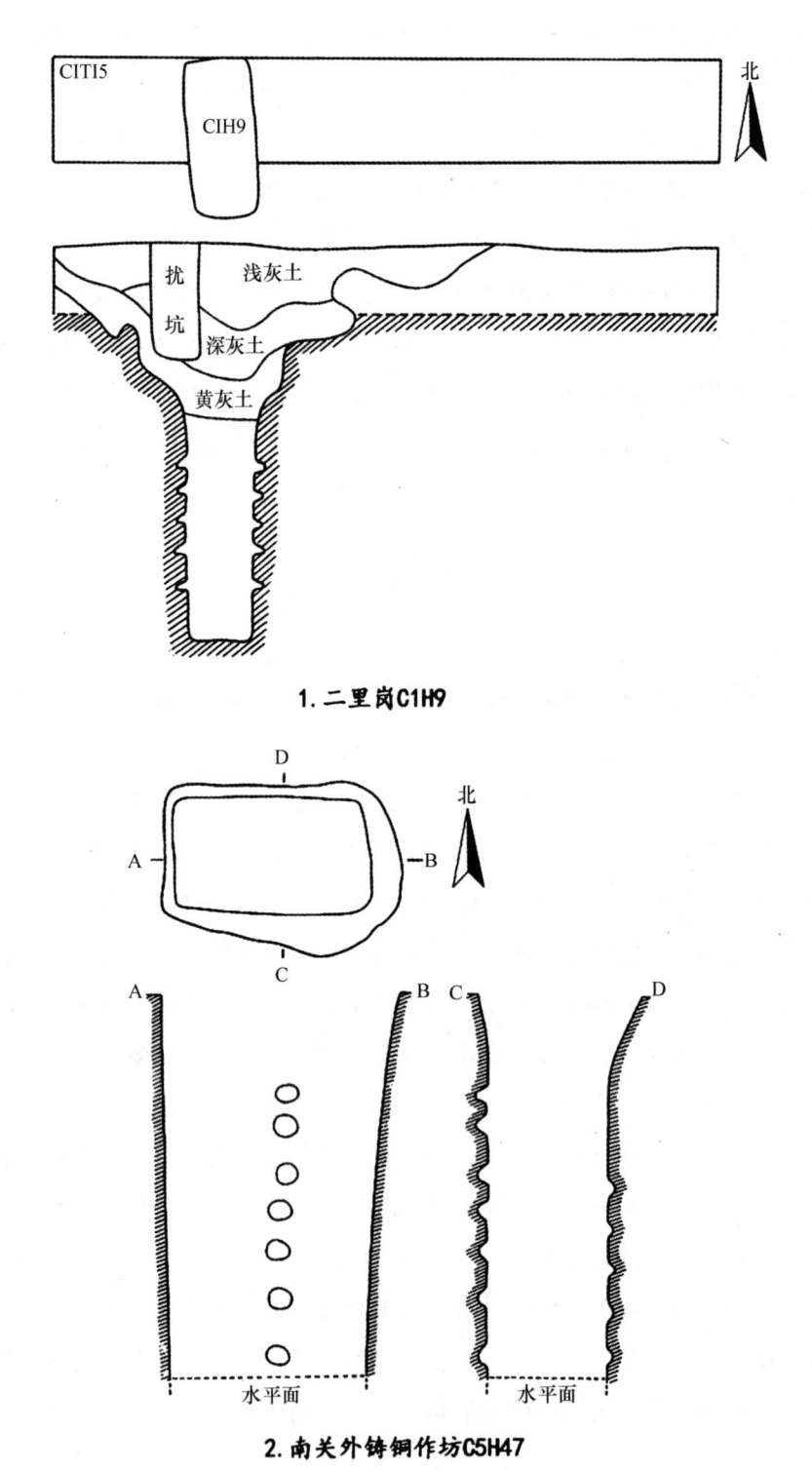

1. 二里岗C1H9

2. 南关外铸铜作坊C5H47

图4-10 郑州商城第一类水井形态示意图

改自河南省文物考古研究所《郑州商城——1959—1985年考古发掘报告》，文物出版社2001年版。

第二类则为外侧带有井坑的夯土深井,这类水井数量较少,与二里头都邑的夯土深井相同(图4-11)。开凿这类水井需耗费更大的工程量,需要首先开挖大规模的圆形或方形井坑,然后在井坑基础上开凿水井。井坑内的填土经过夯打,起到加固作用。部分夯土井在环绕井坑的四周还发现有立柱痕迹①,说明水井上部可能设置有辘轳、井棚或井亭之类的建筑设施。由于事先开挖的井坑通常规模较大且具有一定深度,因而这类水井较上述第一类水井能够开凿更深。目前发现这类水井保存较好且结构相对清楚的,可以商城路南侧郑州电力学校J3(H10为井坑)、中医学院家属院92ZSC8II区H104(H105为井坑)为代表。

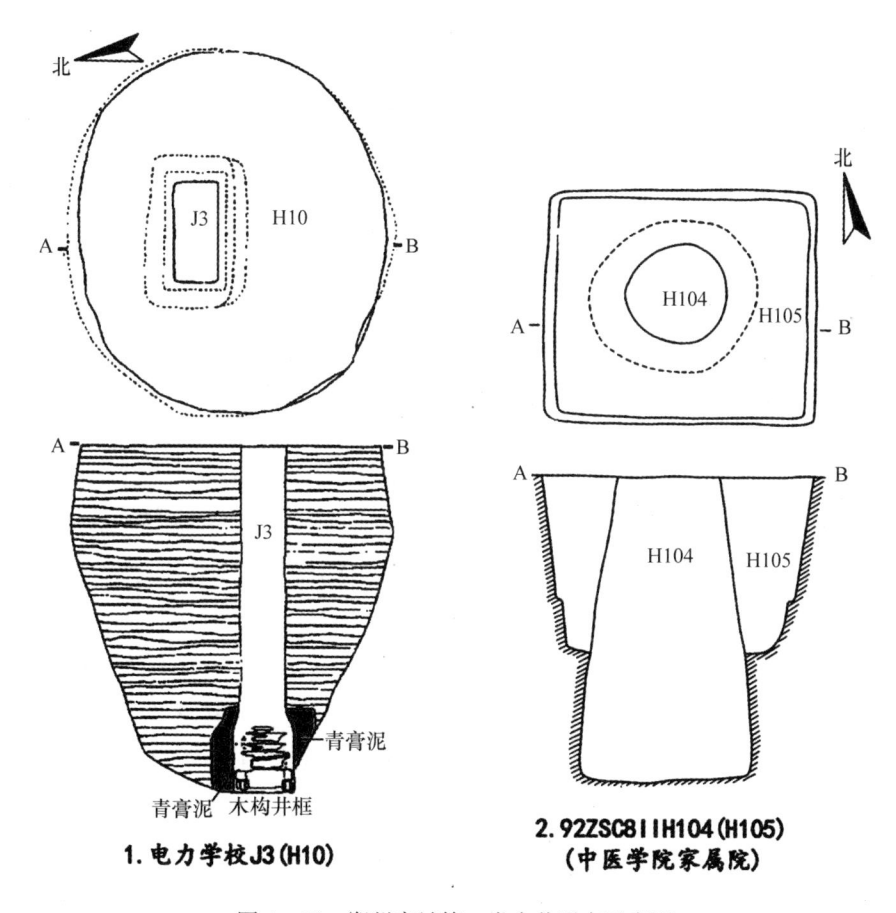

图4-11 郑州商城第二类水井形态示意图
改自河南省文物研究所《郑州商城考古新发现与研究1985-1992》,中州古籍出版社1993年版。

其中,电力学校发现二里岗时期水井的开凿方式是预先开挖大型的圆形深坑(H10),并从底部层层夯筑至地表,在大坑中部形成圆角长方形竖井(J3),竖井深度

---

① 如东里路北大街农业队发掘区的夯土 XVI、VIII。参见河南省文物考古研究所《郑州商城北大街商代宫殿遗址的发掘与研究》,《文物》2002年第3期。

与深坑几乎相同。由于圆角长方形竖井的开口较小且为直壁,不仅施工不便,且向下开凿一定深度就容易造成垮塌,先挖井坑的建造方式不仅可以降低打井的难度,也能够通过夯筑井坑来加固四周井壁,不易造成塌方。在该水井的底部还发现有"井"字形的木结构支护框架和结构复杂的井盘,其井框由经过加工的圆木纵横套叠,通过榫卯结构拼接而成。井框底部的井盘则是由四块大方木拼成(图4-12)。在井盘、井框的四周围护一周高度和厚度都不太均匀的青膏泥,井底则还铺垫一层0.2—0.25米厚的破碎陶片,似乎具有过滤作用①。相比之下,中医学院家属院发现的水井,则只是将井坑开挖至近水位的位置后,从坑底中部向下打井,再把井坑四周夯平并留出井口②。

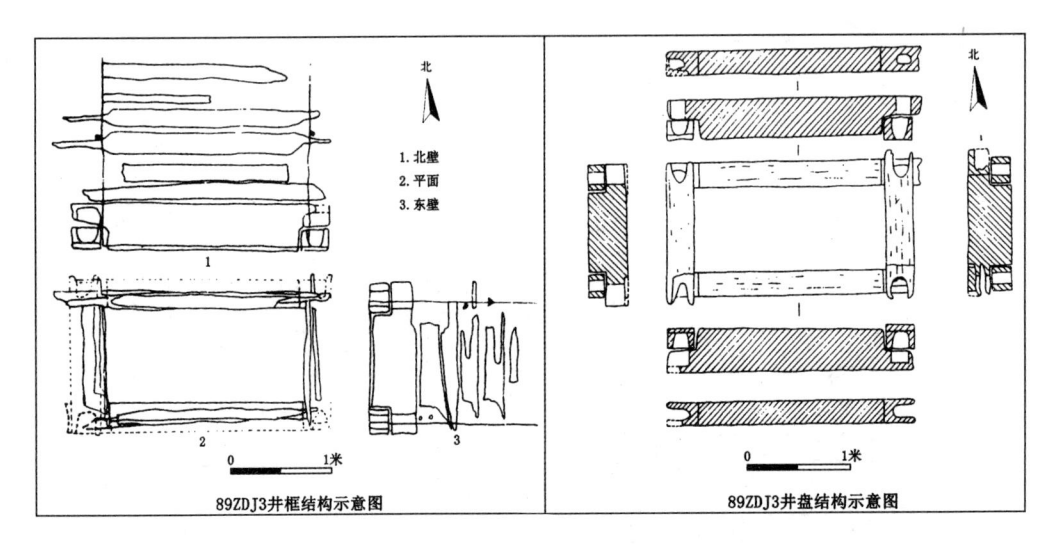

图4-12 郑州商城电力学校木构水井J3结构示意图

改自河南省文物研究所《郑州电力学校考古发掘报告》,1993年。

就目前考古发现的状况看,郑州商城发现的上述两类水井设施无论形态还是修建方式基本与二里头都邑相同。从空间分布上看,相比于城市防洪、输排水等主要对地表水进行管控的水利系统,这些水井和城市结构特征的相互关系较为隐晦和复杂。总体上,郑州商城内城、郭区不同的社会群体均普遍使用圆角长方形的竖穴水井。而目前已发现的夯土井均见于内城。一般认为这类水井应该与内城的高等级夯土建筑基址配套,专为王室成员及其他高等级贵族享用③。这与二里头都邑同类型的

---

① 河南省文物研究所:《郑州电力学校考古发掘报告》,《郑州商城考古新发现与研究1985—1992》,中州古籍出版社1993年版。
② 河南省文物研究所:《1992年度郑州商城宫殿区考古发掘收获》,《郑州商城考古新发现与研究1985—1992》,中州古籍出版社1993年版。
③ 宋国定:《试论郑州商代水井的类型》,《郑州商城考古新发现与研究1985—1992》,中州古籍出版社1993年版;张兴照:《商代水利研究》,中国社会科学出版社2015年版,第218页。

水井分布状况类似。同时，目前已知夯土井大都位于郑州商城内城偏东的区域，属于城市输排水系统靠近排水端的位置，邻近东城墙外侧的湖泊。这些区域地势低洼，易积水，开凿夯土井能够降低井壁垮塌的风险，并有利于获取清洁地下水。由此可见，这类水井的空间分布状况既反映了内城宫殿区贵族成员用水设施的考究，也在一定程度上反映了二里岗时期打井技术的成熟。需要说明的是，二里头都邑中部分带有井坑的深井应是"凌阴"设施，具有藏冰功能[①]，郑州商城内的同类夯土井也应具有这项功能。

第二节　偃师商城的水利系统

偃师商城位于洛阳盆地的东部，不仅是继二里头之后区域内兴起的地区中心城市，也是与郑州商城大体同时营建的大型都邑。虽然学界对偃师商城与文献记载商代王都的对应关系看法不一，但总体上已取得基本共识，认为偃师商城与郑州商城同为二里岗早商国家的都城[②]，二者在城市规模、高等级器用等方面还存在明显的等级差异，偃师商城的城市等级低于郑州商城，应是二里岗早商国家的次级中心，具备辅都属性[③]。与郑州商城相同，偃师商城也具备完善的城市水利设施，结合最新的考古发现来看，偃师商城的城市水利系统已发展成熟，兼顾了城市用排水以及消防等城市水利的各个方面[④]。其中，各类沟渠和水井等水利设施形制结构以及修筑方式均与郑州商城保持一致。总体上，受地形、水源条件以及城市功能区设置的影响，偃师商城规划和营建的城市水利系统也体现出自身的特点。

一　城市用水条件

偃师商城地处洛阳盆地的一级阶地上，北依邙山，南邻洛河，地势大体自西北向东南倾斜。尽管洛河能为城市提供稳定且充足的水源，但其河道在二里岗时期位置更

[①] 中国社会科学院考古研究所：《二里头（1999—2006）》，文物出版社2014年版，第831页；何驽：《陶寺遗址的水资源利用和水控制》，《故宫博物院院刊》2019年第11期。

[②] 张文军等：《关于偃师尸乡沟商城的考古学年代及相关问题》，《青果集》，知识出版社1993年版；张国硕：《郑州商城与偃师商城并为亳都说》，《考古与文物》1996年第1期；许顺湛：《中国最早的"两京制"——郑亳与西亳》，《中原文物》1996年第2期。

[③] 张国硕：《夏商时代都城制度研究》，河南人民出版社2001年版，第76—78页；刘莉、陈星灿：《中国考古学：旧石器时代晚期到早期青铜时代》，生活·读书·新知三联书店2017年版，第291页。

[④] 刘鑫：《偃师商城遗址城门与水道发掘现场研讨会纪要》，考古网，2021年5月26日，http://kaogu.cssn.cn/zwb/xsdt/xsdt_3348/202105/t20210526_5336216.shtml。

为偏南，接近现今伊河的位置①，城市用水并不十分便利。洛河可能并不是偃师商城的主要水源，其日常用水应该来源自附近发源于邙山的水流。偃师商城附近考古发现的相关古河道可为这一看法提供佐证。

在偃师商城东北部城壕的北岸，存在一条大体呈西北—东南走向、宽约 20 多米的古河道，或与城壕相连。而在西一城门外的城壕西岸还发现有一段与已知城内石砌水渠形制相同的石砌水道，其自西城壕又向外延伸了 150 米，这一发现对偃师商城的引水来源具有重要的指示意义②，近来在偃师商城西侧发现有一条自北而南二里岗时期的古河道，应该就是城市西城壕外侧石砌引水渠道的终点，也就是偃师商城城市用水的直接来源。根据洛阳盆地的航空影像及 GIS 水文分析的结果，洛河北岸地区存在多条邙山冲沟，自北向南汇入洛河③，而偃师商城西侧的水流可与上述考古发现相印证（图 4 - 13）。由此可见，偃师商城用水主要来自城市西侧、发源于邙山的季节性河流。为保证城市供水的稳定，二里岗阶段人们应该对其进行了整治，或还在其上游进行蓄水来调控水量。目前有关偃师商城西、北部水源状况的资料仍然有限，深入研究尚需要进一步考古工作成果的刊布。

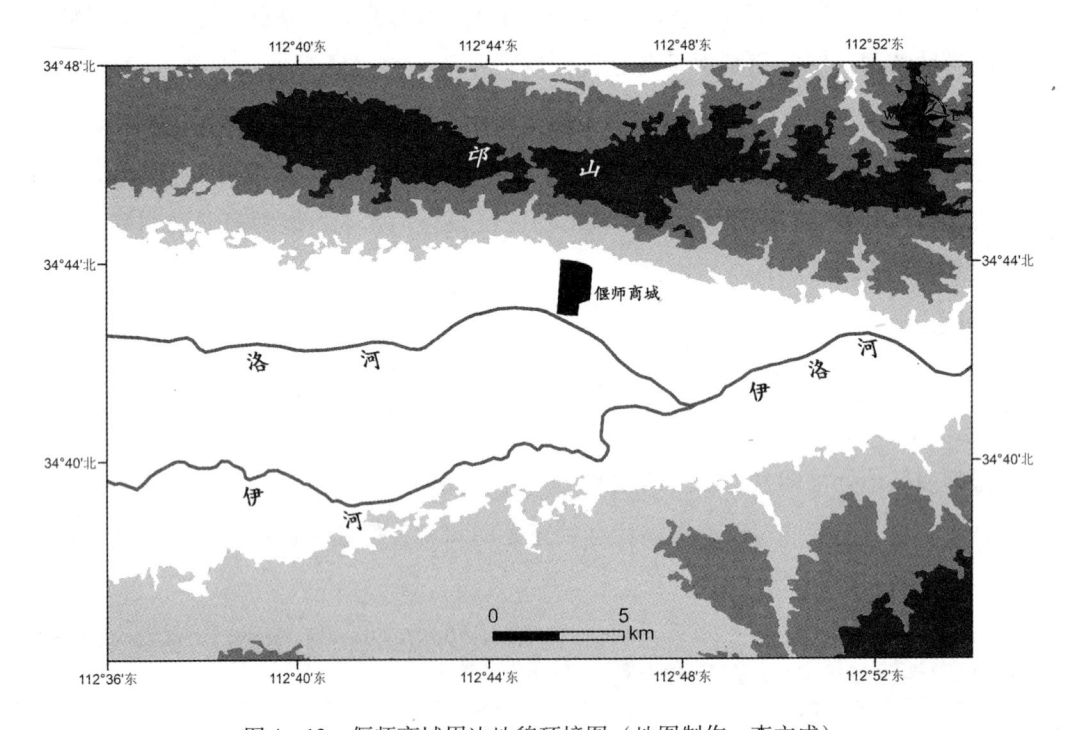

图 4 - 13　偃师商城周边地貌环境图（地图制作：李文成）

---

① 中国社会科学院考古研究所：《偃师商城（第一卷）》，科学出版社 2013 年版，第 208 页。
② 中国社会科学院考古研究所：《偃师商城（第一卷）》，科学出版社 2013 年版，第 208 页。
③ 中国社会科学院考古研究所：《二里头 1999—2006（三）》，文物出版社 2014 年版，第 1264、1266 页。

除了上述河道的发现以外,在偃师商城东南部、濒临大城东墙还存在一处大型湖沼,并且至汉魏时期仍未干涸[1]。目前的考古发现可以证明偃师商城外围的城壕以及城内主要的输排水渠道均通向该湖泊。根据环境考古的相关研究,该湖沼的形成具有特定的地质成因,伊、洛河作为洛阳盆地内的主要河流,自全新世以来时常发生迁徙和改道,伊河不断向东延伸,河床不断南北摆动。洛河故道虽然较现今河道位置更靠南,但却存在不断向北移动的趋势[2]。这促使偃师商城所在的一级阶地上往往覆盖有不同时期洪水泛滥的堆积,形成了很多河曲和牛轭湖,湖泊数量多,面积不等,从而具备湖泊沼地的景观特征[3]。

上述偃师商城的水源条件为城市水利系统的构建奠定了基础。与郑州商城相类似的是,偃师商城的城市供水来自发源于邙山流经城市西、北部的水流,人们通过对其进行治理,将水引入城壕和城市功能区,并将城壕、输水干渠与城市外围的湖泽相连以方便排水。在水量充沛的时期,多余的水可通过城壕与水渠汇入湖泊以减免洪涝。在较为缺水的时期,湖泊还能为城市提供供水补给。但与郑州商城不同的是,在偃师商城外侧,至今尚未发现有单独修筑的、专门用以阻挡洪水侵袭的防洪工程。这可能与偃师商城所在地的地形、地势相较于郑州商城更加平坦有关。偃师商城已修建的城墙、城壕及各种沟渠满足城市防洪、排水的需求,可能不需要单独再建防洪设施。而具体情况和成因仍然需要进一步的考古工作予以阐释。

二 以沟渠为中心的引输水系统

相比于郑州商城,偃师商城的城市结构与布局形态更为明晰(图4-14),在此基础上,考古揭示出的以沟渠为中心形成的城市引(给)输(排)水系统也更为完整。

已知偃师商城拥有宫城、小城及大城构成三重城垣。其中,大城是在小城基础上扩建形成的[4],二者均属于宫城外围的郭城范畴[5]。宫城作为整座城市的核心区,位于小城的中部,在大城扩建以后则处于城市内偏南的位置上。另外,在小城西南隅和大

---

[1] 段鹏琦等:《偃师商城的初步勘探和发掘》,《考古》1984年第6期。
[2] 段鹏琦:《汉魏洛阳与自然河流的开发和利用》,《庆祝苏秉琦考古五十五年论文集》,文物出版社1989年版;许天申:《洛阳盆地古河道变迁初步研究》,《河南省博物院落成暨河南省博物馆建馆70周年纪念论文集》,中州古籍出版社1998年版。
[3] 夏正楷等:《伊洛河水系变迁和二里头都邑的出现》,《夏商都邑与文化(二)》,中国社会科学出版社2014年版。
[4] 中国社会科学院考古研究所河南第二工作队:《河南偃师商城小城发掘简报》,《考古》1999年第2期。
[5] 孙卓:《郑州商城与偃师商城城市发展进程的比较》,《考古》2018年第6期。

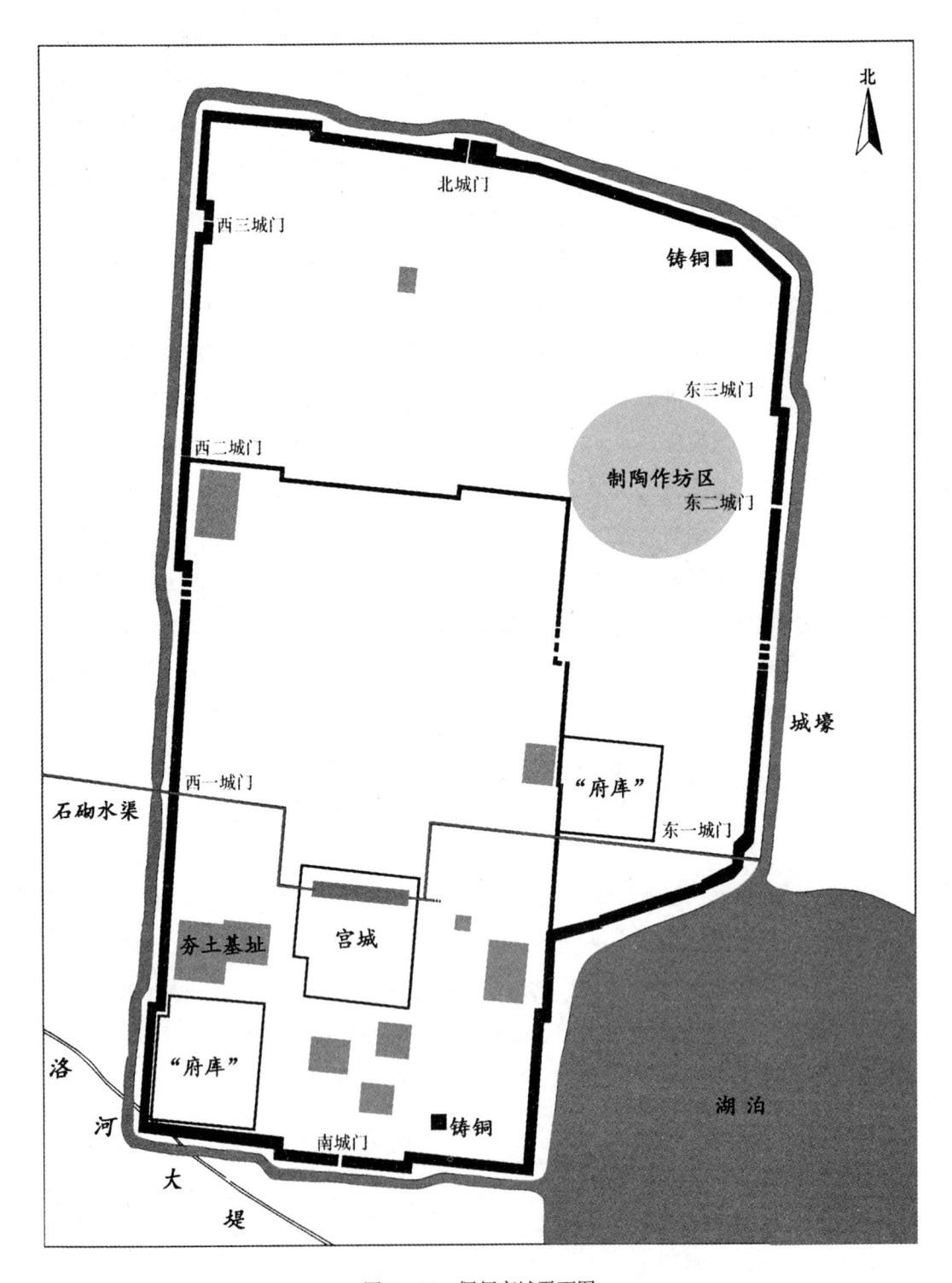

图 4-14 偃师商城平面图

改自中国社会科学院考古研究所《偃师商城（第一卷）》，科学出版社 2013 年版。

城东部紧贴小城东城垣两处地点还各设置一方形围垣建筑基址（Ⅱ及Ⅲ号建筑基址）。上述不同的功能区均拥有各自相对独立的水利设施，其间或通过沟渠串联，共同构成了城市的引输水系统。

（一）宫城引输水系统

为了解决偃师商城宫城的用、排水问题，人们修建了大规模的引（给）输（排）水干渠，其自西城墙外的古河道开始设置渠道引水，与西城区外城壕相通，经过西一城门（自南向北起）后，依次通过郭区和宫城，注入宫城北部的大型水池，再由水渠引导出宫城，向东通过东一城门（自南向北起），排入东城墙外侧的城壕和湖泊，贯穿了整座城市的中南部地区。除此之外，宫城内不同夯土宫殿建筑也配有排水通道，也应属于宫城引输水系统的一部分。

1. 引输水干渠与水池

偃师商城宫城的主引输水设施主要是由东、西两侧的引输水渠、水池几部分构成，平面形状大体近似倒置的"几"字形，以水池为中心，东、西两侧的水渠基本上左右对称[①]，水流自西而东，经西侧水渠注入水池后，再从东侧水渠流出宫城。

（1）引输水干渠

连通宫城内水池东、西两端的水渠均为地下暗渠，表面既不影响城市交通和日常生产生活，又可免遭破坏。其中，西侧水渠通过西一门外护城壕，穿过城门门道和宫城西墙，最终延伸至宫城大水池西端，总长约464米，加上已探明城壕以西延伸的引水渠道，已发现的进水渠超过500米，其在进入宫城之前存在一段拐折。连通水池东侧的水渠总长约800多米，从宫城水池东段延伸至东一城门外的护城壕，其间也存在拐折。

水池东西两侧的引输水渠道均由石块铺砌而成，水道内存在淤土。西侧水渠的水道宽2.2—2.4米，而东侧水渠与宫城水池相连的部分水道最宽可达3米，接近城门的水道宽度则缩至1.8—2米。从水道底部距地表的深度看，引输水渠道自西向东还保持有微小的高差，显然是确保水体流动性而有意设置的结果，二者进出东、西城门以及连通宫城水池的水道还存在宽窄差异，应该也与保持渠道中的水流畅通有关。

就考古发掘情况看，偃师商城东西两侧水渠的修筑方式基本相同。人们在事先开挖的沟槽底部中间铺设一层石块，形成水道腔体的底部，以防止水流通过水道造成下渗。然后在两侧开始堆砌石块，并在外侧填土加固，在石砌水道腔体形成后继续在两

[①] 中国社会科学院考古研究所：《偃师商城（第一卷）》，科学出版社2013年版，第215—223页。

侧放置石块并加土夯打，最后用石板盖封水道顶部填土施夯加固，直至将沟槽整体夯实填平，使其成为地下暗渠。此外，在连通城壕、穿过城门等关键部位，人们还对水渠进行了不同的特殊处理。

其中，为了方便引水，保持水道内流水的畅通，西引输水渠延伸至城壕内的段落并不加设盖板。除此之外的其他水渠段落顶部皆有封盖。位于东一、西一城门门道下的水渠两侧均设置有木骨墙，以减少水流对城墙本体的冲刷。根据功能以及进出水量的不同，不同城门门道内的水渠以及木骨墙在建筑结构上也存在一定的差别[①]。西城门下的进水渠使用大小不等的石块垒砌而成，层层交错，错缝平铺，外侧则填充大小石块，以起到加固作用，底部和顶部皆铺设石板，两侧的木骨墙仅为木骨夯土结构。

与之相比，东一城门门道下的水渠不仅增加了宽度，底部铺石似乎也更为讲究，位于门道的水道底部铺石用料较大且厚，并呈西高东低，层层叠压的鱼鳞状。顶部铺设的是方形木盖板，两侧的木骨墙为木骨石壁，加土填实而成，比进水渠端的木骨墙更为坚固（图4-15）。由此可见，东一城门下的水渠的设计更加注重减缓水流对城门的冲刷和侵蚀。而其顶部采用了更加便于开启的木质盖板而非厚重的石板，也应该与日常清淤和疏通渠道更为频繁有关。总体上，针对不同功能的需要，不同区域引输水渠在设计和建造上也相应存在细节上的差异，显示出较高的科技含量。

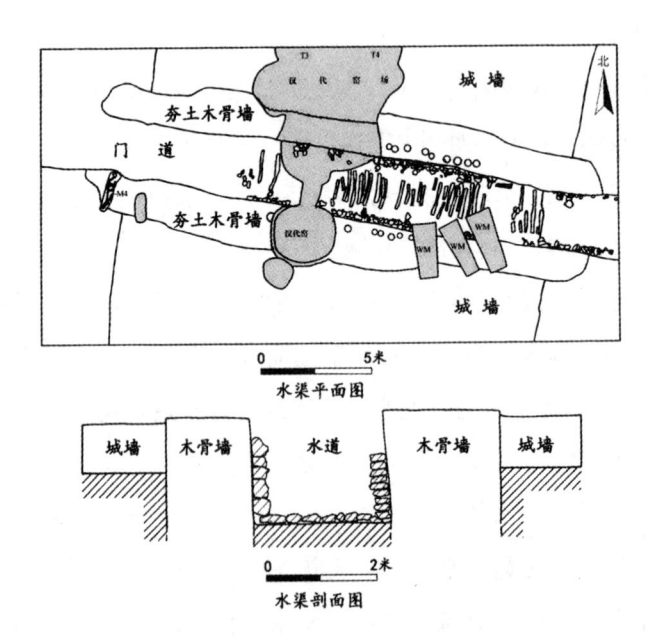

图4-15 偃师商城东一城门水渠平剖面图

改自中国社会科学院考古研究所《偃师商城（第一卷）》，科学出版社2013年版。

---

① 中国社会科学院考古研究所：《偃师商城（第一卷）》，科学出版社2013年版，第198、200页。

(2) 宫城水池

偃师商城宫城内的大型水池，位于宫城以及整座城市引输水系统的中心位置上。该水池坐落于宫城北部居中，水池基本呈长方形斗状，东西两侧皆与水渠相通。根据考古资料，水池口部西北部略接近原始位置，余者均不同程度地遭到破坏，形成缓坡状，残存水池开口和原始池口位置高差最多约1米。现存水池开口东西长约130米，南北宽近20米，水池中部深可达1.4米，复原深度最深可至2米（图4-16）。水池四壁为石块垒砌而成，较为规整，发掘时已有部分坍塌。除四角接近直角，水池四壁坡度一般大于90°[①]。

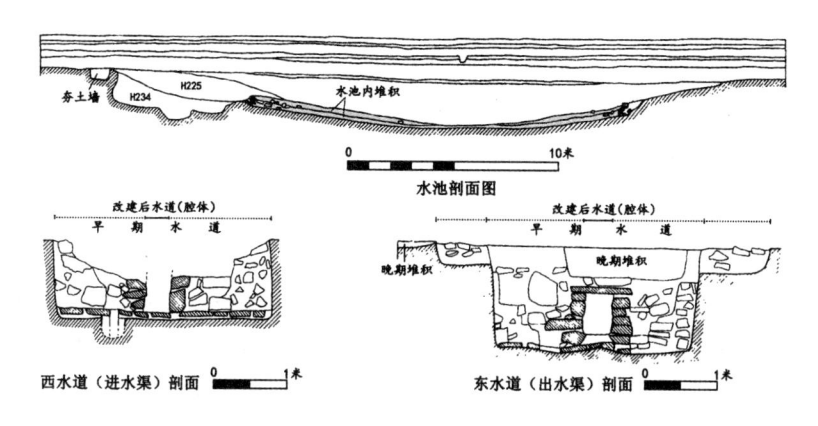

图4-16 偃师商城宫城水池及水渠剖面图
改自中国社会科学院考古研究所河南第二工作队《河南偃师商城宫城池苑遗址》，《考古》2006年第6期。

与水池两侧相通的水渠修筑方法与宫城以外的水渠基本相同，主体用石块垒砌而成，顶部则铺盖石板。有的段落则在垒砌石壁的同时，用草拌泥填充加固。在进水渠两侧的石壁内和水道中部还发现有立柱，除加固作用以外，还可能与水道分段设置水闸等设施有关，但这类立柱现象在东侧的排水渠内并未发现。伴随宫城墙的扩建[②]，人们对水池两侧的水渠也进行了改建，西侧水渠在穿越宫城墙的部分设置了双层水道。进入宫城后，水渠顶部不再盖石板，改为明渠，部分段落还发现有用石条搭成的小桥，东侧水渠则为暗渠[③]。改建后的水渠均是在紧贴早期水道的石壁内侧垒砌新的石壁，部分早期石壁还有残余，其余大部分则被拆除，而对早期水道内的淤泥基本未做清理。水渠经改建之后，两侧石壁得以加厚而更加坚固，但同时也缩减了水道的宽度，进水量随之减少。

根据遗迹相互之间的叠压打破关系，结合水池叠压的灰坑中出土包括尖圆唇下奁

[①] 中国社会科学院考古研究所河南第二工作队：《河南偃师商城宫城池苑遗址》，《考古》2006年第6期。
[②] 偃师商城宫城墙经过两次扩建，其第一次扩建的年代与水渠改建的年代基本一致，属于偃师商城第二期，大体相当于二里岗下层偏晚。王学荣、谷飞：《偃师商城宫城布局与变迁研究》，《中国历史文物》2006年第6期。
[③] 中国社会科学院考古研究所河南第二工作队：《河南偃师商城宫城池苑遗址》，《考古》2006年第6期；杜金鹏：《试论商代早期王宫池苑考古发现》，《考古》2006年第11期。

的陶鬲、口径大于肩颈的大口尊残片等遗物，表明偃师商城宫城引输水渠和大型水池修建并投入使用的时期应不早于二里岗下层阶段。水池内淤积层里的遗物也大都具有典型二里岗时期的风格，其使用时间主要集中于二里岗下层偏晚至二里岗上层一期（即偃师商城二期至三期阶段）。至二里岗上层偏晚阶段（即偃师商城第三期偏晚），引输水渠和水池被废弃，这与偃师商城整体遭到废弃相吻合。

总体上，偃师商城宫城的水池、水渠与郑州商城内城中的引输水设施在建筑方式上较为类似，但在具体构造上还存在些许差别，尤其在水池的修建上表现尤为突出，或体现了二者的功能差异。偃师商城的水池并没有采取石板铺底的防渗措施，而仅仅垒砌了四壁，池内淤土出土的陶质或大理石网坠，说明池中还存在鱼类等水生动物。加上与之相连的进水渠改做明渠，采用架桥的形式，整体上更贴近自然且富有生活气息①，初步具备了园林的某些功能属性。相比之下，郑州商城的石板水池则明显更加强调蓄水、储水的功能②。

2. 宫殿水渠

目前已知宫城内不同时期修建的大型夯土宫殿建筑基本都拥有配套的水渠，不同宫殿的水渠应该可以相互连通③。由于目前尚未发现这些水渠与宫城北部的大型水池和引输水干渠有连通的迹象，发掘者认为宫城北部的水池和引输水渠独立于宫殿配套的水渠设施，目的是确保大型水池内水质的清洁，而宫殿用水主要还是依靠水井，宫殿配套的水渠或主要以排泄雨水为目的④。但由于目前已发表材料的材料较少，相关水渠的相互关系还有待进一步的揭示（图4-17）。

目前揭示出的这些宫殿水渠多为石砌（图4-18），但也发现有的水渠为木结构，两侧有密集立柱撑护，顶部则用木棍棚盖⑤。根据配套的宫殿建筑修筑和使用的时间不同，两种水渠或许体现了早晚建筑技术的差别。每座宫殿都单独设置有水渠，通常在宫殿的庑殿基址下部，从宫殿的庭院延伸至宫殿以外。在不同宫殿之间的空隙地带可能还存在与宫殿整体走向平行的公共水渠与之相通，这两种水渠在发表材料较为全面的三、五号宫殿建筑基址都有发现⑥。

---

① 杜金鹏：《试论商代早期王宫池苑考古发现》，《考古》2006年第11期。
② 曾晓敏：《郑州商代石板蓄水池及相关问题》，《郑州商城考古新发现与研究1985—1992》，中州古籍出版社1993年版。
③ 谷飞、曹慧奇：《2011—2014年偃师商城宫城遗址复查工作的主要收获》，《三代考古（六）》，科学出版社2016年版。
④ 中国社会科学院考古研究所河南第二工作队：《河南偃师商城宫城池苑遗址》，《考古》2006年第6期。
⑤ 谷飞、曹慧奇：《2011—2014年偃师商城宫城遗址复查工作的主要收获》，《三代考古（六）》，科学出版社2016年版。
⑥ 中国社会科学院考古研究所河南第二工作队：《河南偃师商城宫城第三号宫殿建筑基址发掘简报》，《考古》2015年第12期；《河南偃师商城宫城第五号宫殿建筑基址》，《考古》2017年第10期。

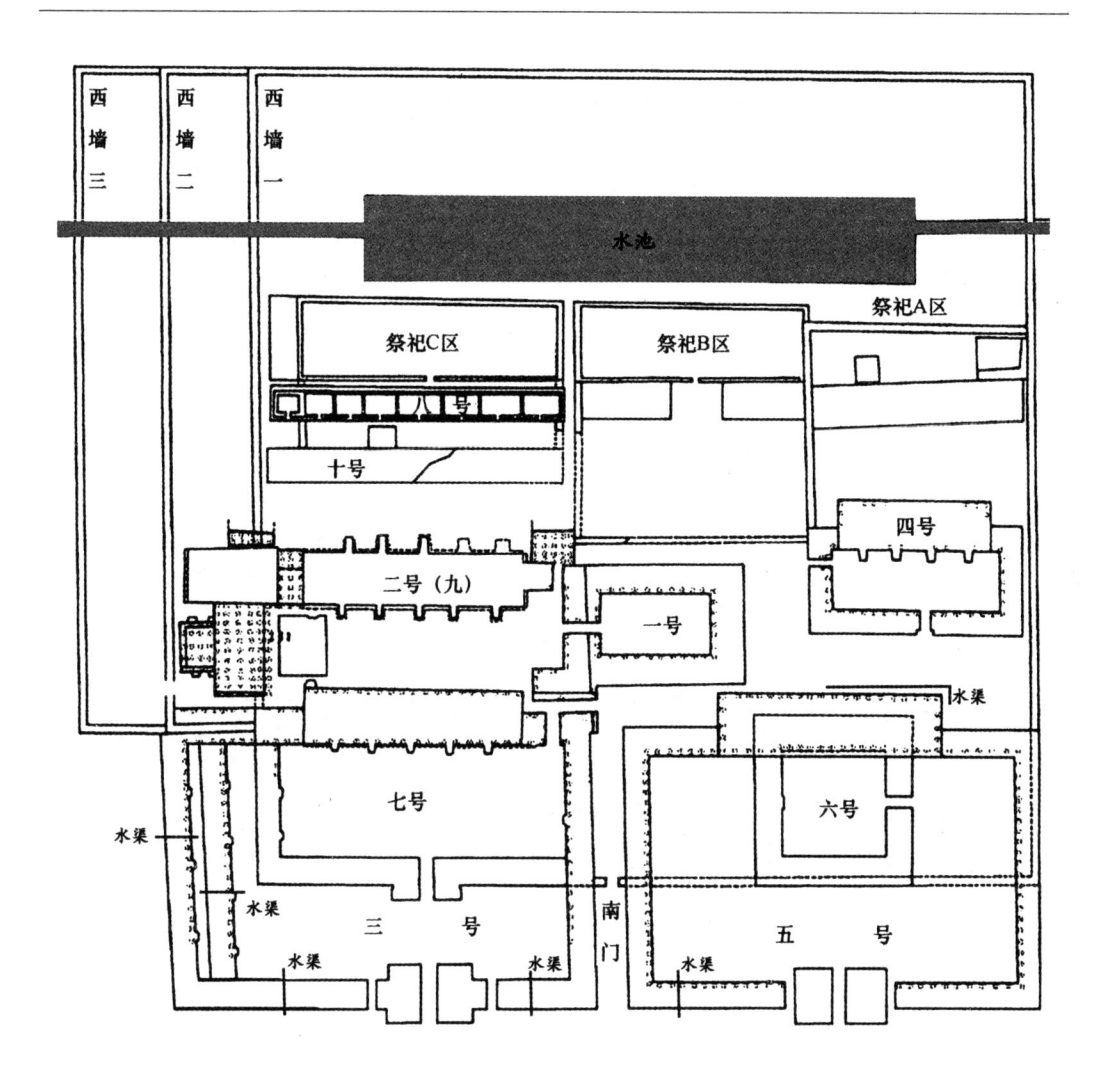

图 4-17　偃师商城宫城内发现的池渠示意图

改自谷飞《偃师商城宫城建筑过程解析》,《三代考古（七）》,科学出版社 2017 年版。

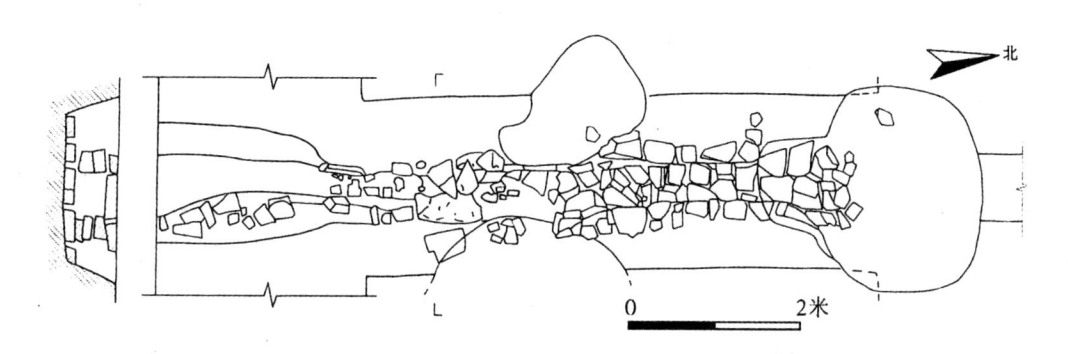

图 4-18　偃师商城五号宫殿基址石砌水渠平剖面图

据中国社会科学院考古研究所河南第二工作队《河南偃师商城宫城第五号宫殿建筑基址》,《考古》2017 年第 10 期。

(二) 围垣仓储的引输水设施

偃师商城Ⅱ号、Ⅲ号围垣建筑，被发掘者认为是城市内设置的"府库"[1]，也有学者指出这两座围垣建筑应为粮仓[2]。虽然存在争议，但二者应该是偃师商城内的仓储设施。既有的考古工作表明，这两处围垣仓储的规模、内部建筑结构特征基本相同。就Ⅱ号仓储的发掘状况来看，其内部包括多座纵横排列整齐、结构紧凑、形制结构几乎相同的长方形夯土建筑基址，相应的水利设施则主要由坐落于夯土建筑基址群中的水池和围绕在每座夯土建筑外侧、纵横交织的沟渠网络组成[3]（图 4-19）。

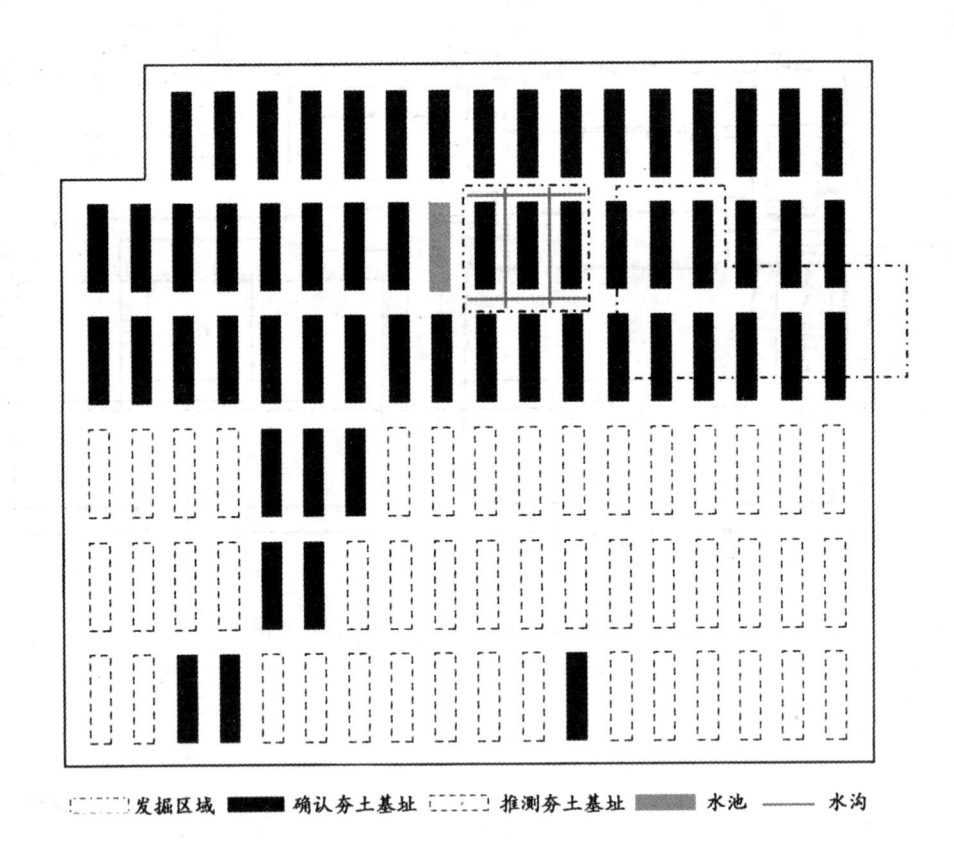

图 4-19 偃师商城围垣仓储区的水利设施示意图
改自中国社会科学院考古研究所《偃师商城（第一卷）》，科学出版社 2013 年版。

---

[1] 王学荣：《河南偃师商城第Ⅱ号建筑群遗址研究》，《三代考古（一）》，科学出版社 2004 年版。
[2] 时西奇、井中伟：《商周时期大型仓储建筑遗存刍议》，《中国国家博物馆馆刊》2018 年第 7 期；曹大志：《论商代的粮储设施——㐭、亶、京》，《古代文明（第 13 卷）》，上海古籍出版社 2019 年版。
[3] 赵芝荃：《偃师商城建筑概论——1983 年—1999 年建筑遗迹考古》，《华夏考古》2001 年第 2 期；中国社会科学院考古研究所：《偃师商城（第一卷）》，科学出版社 2013 年版，第 223、244 页。

Ⅱ号仓储内发现的水池位于自北向南第二横排长方形夯土建筑群的中间,恰好占据一个同等规模长方形基址的位置。根据围垣内基址的排列规律,在其南部区域成排的基址群中应该还存在同样的水池。水池四壁呈缓坡状,并未用石块垒砌。除了水池以外,每座夯土建筑基址之间相互连通的渠网均为明道浅沟。伴随围垣内夯土建筑全部在原址基础上进行统一翻建和沿用,渠网也是在原址上重新开凿而成。

防火、防潮是保证仓储完好的两个必要举措,围垣内均匀分布的水池应该与收纳雨水、蓄水防火有关。沟渠网络则主要是为了排水防潮的需要,至于水渠内汇集的水如何排泄,是否与仓储外部的输排水设施相连等问题仍然需要进一步的考古工作。

(三) 郭区沟渠设施

由大、小城垣圈定的郭区是城市一般居民生活居住区和各类手工业作坊分布的区域。在靠近城墙内侧、制陶作坊以及各种房屋建筑等地均发现有小型沟渠,有的还用石块砌成,应与不同区域的引输水有关。这些沟渠与宫城引输水系统在形制上体现的悬殊差异,实则反映出使用者不同的身份等级。关于这些沟渠相互之间的关联仍然需要进一步考古工作,而在已发表的材料中有以下几处值得注意。

A. 在邻近小城东墙内侧与Ⅲ号仓储相对的区域,也存在一片规模较大的夯土基址(Ⅺ号建筑基址),是由多座夯土房屋基址组成。根据建筑基址形制和层位关系,目前可判断F2、F3、F4的使用时期基本一致,三者或为同一院落,其中在F2与F4的东南侧残存一段东西向的小型石砌沟渠。由于石块倒塌散乱,根据沟渠宽度和深度,推测石砌水道的宽度不足半米,应是房屋的引排水设施[1]。

B. 在东二城门内侧的制陶作坊区内,考古工作者曾发掘出一小段东西向的石砌水渠,除底部未用石料铺设以外,两壁均用石块竖立砌成,顶部加盖石板,水渠基槽宽仅半米,石砌的水道仅宽约 0.2 米,规模较小[2]。这一段渠道与Ⅺ号建筑基址发现的水渠基本相似,与之配套的房屋建筑应该也有一定的规模。

C. 在叠压大城城垣内侧的路土之下,有多个发掘点都发现有和城垣平行的灰沟遗存,其或许与大城修建时取土有关,但也应该与城垣内侧排水有关系[3]。

---

[1] 中国社会科学院考古研究所:《偃师商城(第一卷)》,科学出版社 2013 年版,第 333 页。
[2] 中国社会科学院考古研究所:《偃师商城(第一卷)》,科学出版社 2013 年版,第 139、230 页。
[3] 王震中:《商代都邑》,中国社会科学出版社 2010 年版。

三 水井设施

偃师商城的水井与郑州商城发现的水井形制大体相同,以圆角长方形的竖井最为常见。偃师商城发现的这类水井绝大多数也见于一般居住区和手工业作坊区,已发掘出的水井自井口开始随深度增加而面积缩小,底部形态呈圆形、方形或椭圆形,一般在上半部的井壁上留有对称的半圆形脚窝,部分水井还存在井壁下部向外弧凸的现象,或与打井深度有关。

目前有关宫城内水井的考古材料并不多,根据已有的研究,偃师商城宫城内发现的多数水井,除了部分发现木质井框以外,基本形制似乎与上述普通的长方形竖井并无太大差别[1]。此外,发掘者提到在宫城内邻近北部水池一带存在或圆或方的大型坑状遗迹,有的还带有柱洞,或为"凌阴"[2]。从其描述的情形看,很可能就是带井坑的夯土井,与郑州商城发现的同类水井设施应该相同。

第三节 地方城邑的水利设施

二里岗早商国家的地域控制是通过确立自中心向周边辐射的层级城市网络实现的。其中,环嵩山地区作为这一时期的王畿腹地,区域内除郑州商城、偃师商城都邑以外,还分布有其他规模相对较小的城邑。它们是早商国家城市层级网络中的重要环节,通常占据了中心都邑对外联络的交通节点,这在以郑州商城为中心的郑州、荥阳地区,表现尤为明显[3]。这些地方城邑作为维系区域社会稳定的关键据点,在二里头时期就已初步形成,二里岗阶段更是受到中心都邑的强烈控制。从城市水利工程的营建上看,这些地方城邑虽然也具备相应的水利设施,但在整体规划、工程规模、建筑工艺等方面明显不及都城。人们或继续沿用二里头时期修建的水利设施,或在二里岗时期进行了重新整治。

---

[1] 曹慧奇:《偃师商城宫城水井初探》,《夏商都邑与文化(一)》,中国社会科学出版社2014年版。
[2] 杜金鹏:《试论商代早期王宫池苑考古发现》,《考古》2006年第11期。
[3] 刘亦方:《从中心都城到地方城市——郑州古代城市的考古学研究》,北京大学,博士研究生学位论文,2019年,第83页。

一 望京楼城邑

望京楼城邑大体属于现今新郑市新村镇孟家沟、杜村、马垌、小冯庄等四个自然村之间。在二里头至二里岗时期，望京楼早晚皆位于嵩山东麓南北交通要道上，通过黄河津渡与黄河以北太行山东麓的南北向大道相连，其自始至终都是国家统治腹地内重要的地方城市。考古遗存的文化内涵表明，其始建于二里头偏晚阶段，直至二里岗上层偏晚阶段伴随郑州商城的衰落才最终被废弃。二里头时期，望京楼是二里头都邑面向东南方向上的重要门户。结合有关夏商之际历史的文献记载，有学者认为其即为"昆吾之居"[1]，也有学者指出其或与"葛国"有关[2]。到了二里岗时期，当郑州商城作为国家政治中心之后，郑州、荥阳地区的地方城市区位条件较二里头时期更为优化。地处郑州商城以南约35千米的望京楼商城作为拱卫王都的畿内城邑，战略地位尤为重要。

望京楼的城市形态具备内外两重结构，其内部核心是由城垣和城壕围合形成方正且规整的城区，城区外围则是由流经城市东西两侧的河流与壕沟组成的封闭空间。发掘者认为望京楼在二里头三期之时就形成了规整的城垣和城壕[3]。也有学者在分析了堆积形成过程后指出，望京楼城邑在二里头末期至二里岗下层阶段开始修筑核心区的壕沟和城墙，至二里岗阶段四周闭合的城圈形态才最终确立，并稳定使用至二里岗上层二期[4]。由此可见，望京楼在二里头晚期应初步具备了一定的城市规划，内、外重城的结构布局一直延续至二里岗时期。二里岗时期不但重新对城垣和城壕进行了整修，城内各类设施也得以丰富和完备，体现出更为稳定的城市形态特征，不仅确立了方正且规整的闭合城圈，城内还进一步形成了通向四边城门的"井"字形路网。城内中部偏南营建了大型夯土宫殿基址，作为整座城市的核心礼制建筑，而城内西南隅二里头偏晚的夯土台基至二里岗阶段仍然沿用（图4-20）。普通居住址和墓葬则分布在城内高等级建筑的外围以及核心城区的外部空间。城市整体方向略呈北偏东10°，与此时都邑的方向保持一致。

---

[1] 张国硕：《望京楼夏代城址与昆吾之居》，《苏州大学学报》2012年第1期。
[2] 秦文生：《新郑望京楼遗址城址形制初探》，《华夏考古》2012年第4期；李德方、吴倩：《夏末商汤居亳与韦地同域说——议新郑望京楼二里头文化城址性质》，《中国国家博物馆馆刊》2010年第10期。
[3] 郑州市文物考古研究院：《新郑望京楼2010—2012年田野考古发掘报告》，科学出版社2016年版，第717、719页。
[4] 毛智周：《新郑望京楼遗址夏商城址研究》，武汉大学，硕士研究生学位论文，2018年，第80页。

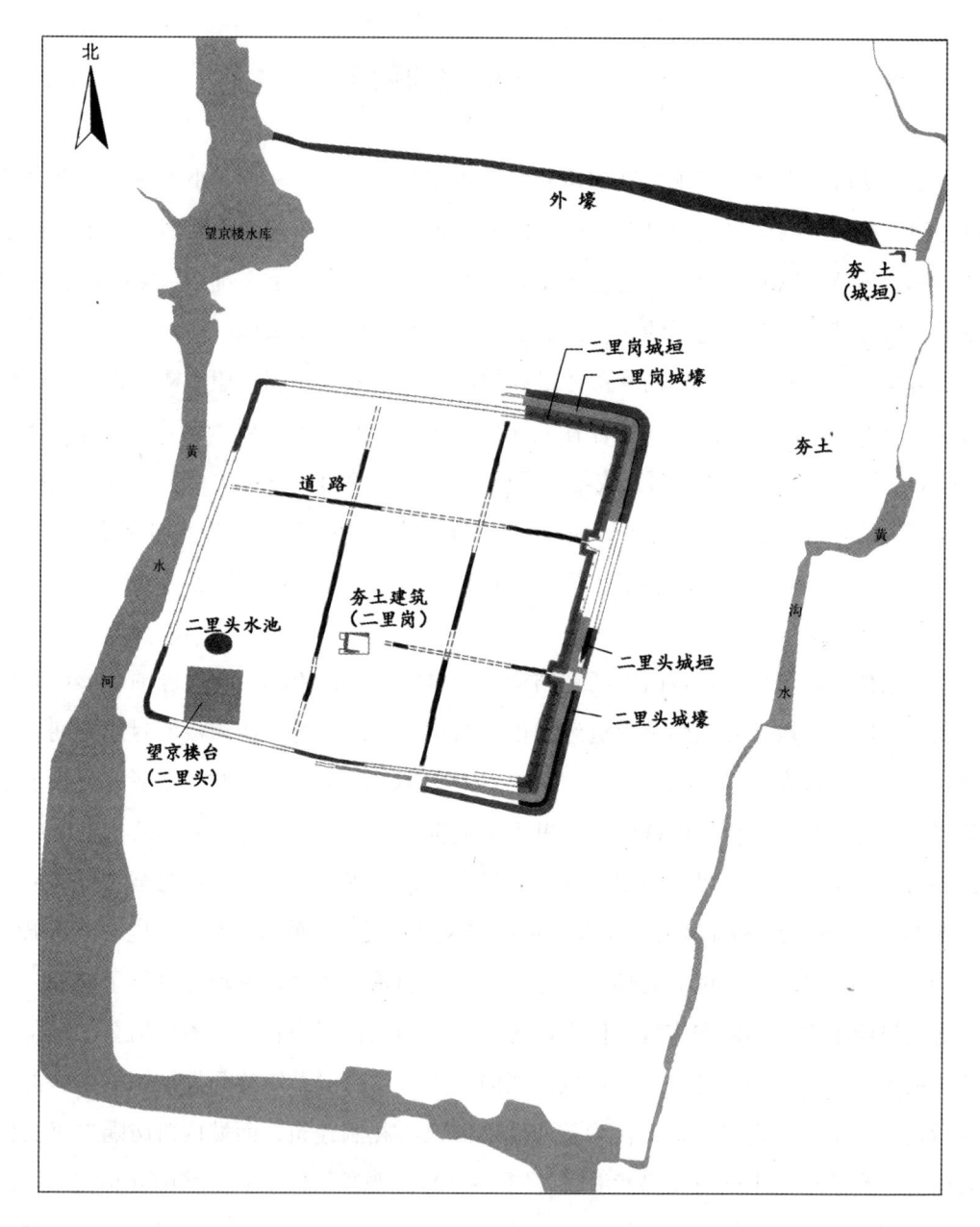

图 4-20　望京楼城邑平面图

据郑州市文物考古研究院《新郑望京楼 2010—2012 年田野考古发掘报告》，科学出版社 2016 年版。

（一）城市用水条件

望京楼城邑地处嵩山山脉向豫东平原的过渡地带，总体地势大体自西、北向东、南倾斜。所在区域除北部还存在包嶂山（即《水经注》中"抱犭章山"）、小岗等小型岗丘以外，基本均为平地。流经此地的河流大都自西、北流向东、南。城邑西部紧邻黄水河，东侧则有黄沟水流经。黄沟水即为现今黄水河的一条支流，两者汇流之后，南流注入双洎河。其中,黄水河至今仍是新郑地区仅次于双洎河的第二大河流,拥有充沛的水量。这些河流均是望京楼城邑的重要水源。

(二) 城市外围导水工程

黄水河、黄沟水自发源地流经望京楼城邑时已进入平地,其河道因四周缺乏山地丘陵的束缚并不稳定,容易引发洪水,尤其水量较大的黄水河。早年的航空影像显示望京楼城邑所在区域存在大量的冲沟(图4-21),即为河流改道、泛滥所致。而望京

图4-21 望京楼城邑影像图[1]

---

[1] 该航空照片由中国社会科学院考古研究所刘建国研究员提供。

楼城邑除了城内西南部的夯土台基以外，由北向南高差可达20米左右，如遇洪水，对城市的危害可想而知。二里头至二里岗阶段在此营建城市就需要对河流加以整治，减少洪灾的同时保证城市用水。相关措施不仅包括对河道进行截弯取直，也包括开渠引水以调节河道水量。

　　望京楼城邑北侧的外壕作为城郭北部边界，沟通了东西两侧的黄水河和黄沟水。根据相关遗迹的层位关系和出土遗物，该壕沟的形成不早于二里头偏晚并沿用至二里岗时期。除了作为城市外部空间的防御、界隔设施以外，可能也具有输水和调节河流水量的功能。而黄水河在向南经过望京楼核心城区之后，向东发生拐折，与黄沟水交汇在城东南部，这段近乎直角的河道也应是人为改造的结果，其与城北部的壕沟共同构成了城市外围的南、北界隔设施，而人们对上述河道的治理应该也考虑到调剂河流水量，方便人们在不同区域取水的功能。

　　总体上，望京楼城邑在二里头晚期阶段就开始在核心城区外围开挖壕沟工程，并对有关河道进行治理。至二里岗阶段，为了进一步加强对城市外围北部河流的管控，人们在继续利用二里头壕沟的基础上，或还在壕沟南侧夯筑了防护墙垣①。由此，望京楼城邑的北部形成了阻、导水流相配合的水利工程，不但增强了城市的抗洪能力，也进一步加强了城市外部的军事防御。此外，人们还应继续对城南部的河道进行治理和维护，以保持水流的通畅。

（三）城区水利工程的修筑

　　二里岗阶段的望京楼城邑明确了方正的城垣和围壕，并且沿用了城内西南部二里头晚期的夯土基址。除此之外，二里岗时期，人们还在城内中部偏南的位置修建了院落式的大型夯土宫殿建筑，城市功能布局也因此发生了一定的变化。在此基础上，望京楼城市水利工程则主要包括由城垣和城壕构成的防洪引排水工程，以及围绕城内夯土宫殿建筑形成的输排水设施。由于二里岗时期望京楼城邑的形态相比于二里头时期有所改变，人们在完善城内原有水利设施的基础上或还进行了调整。

1. 城垣与壕沟

　　望京楼城区内大量冲沟应代表了洪水灾害的发生，考古发掘出东城门的毁弃即与水患有关②。水患的发生或是在望京楼城邑废弃之后，而望京楼城邑的营建也显然考虑了城市的防洪与输排水问题，这在望京楼城垣及相关设施的营建上均有一定体现。

---

① 郑州市文物考古研究院：《新郑望京楼2010—2012年田野考古发掘报告》，科学出版社2016年版，第385页。
② 郑州市文物考古研究院：《新郑望京楼2010—2012年田野考古发掘报告》，科学出版社2016年版，416页。

望京楼城邑在二里头晚期修建了城壕和城垣,而到了二里岗时期,城垣的建筑技术有了大幅度提高,墙体也更为坚固。人们不仅开挖基槽夯筑城垣的主体并设置有等距的护城墩,还在护城墩之间夯筑有护坡[1]。从目前揭示的城垣保存状况看,城垣下部外护坡明显较内护坡更宽。结合城壕内堆积多为水流冲刷沉积而成,望京楼城邑的城壕和城垣,应该在一定程度上针对挡、排水的需要进行过规划。除此以外,在北城垣以及东城门内侧均发现有和城垣平行的二里岗时期灰沟打破城垣护坡[2],或为城垣修建和使用时期形成的。其内部存在淤沙土堆积,应为水流作用形成的,其或为修建城垣的取土沟,但也发挥了城垣内侧排水的功能,而这也与同期中心都邑城垣内侧有水沟的情况是相同的。

2. 核心建筑的水利工程的变化

二里头晚期至二里岗时期,望京楼城邑先后在城内西南、中部营建了夯土台基和大型院落式的宫殿建筑基址。二者应该都属于城区内重要的公共建筑,尤其城内中部二里岗时期修建的院落式夯土宫殿建筑,应该就是城市权力中心衙署。这些早晚城内公共核心建筑均设置有相应的水利设施。

(1) 二里头夯土台基和相关水利设施

二里头时期,望京楼城市核心区的水利工程似乎是以城内西南部夯土台基为中心进行规划布置的。而这座夯土台基是城内的制高点,至今仍然暴露于地表之上。该台基前后总共历经二里头、二里岗及战国三个夯筑阶段。其中,二里岗时期的夯层与二里头夯层之间还夹有一层较为纯净的黄沙土,表明两次夯筑行为之间存在一定的时间间隔。目前已探明二里头晚期的台基南北长达95米,东西宽约87米,残存厚度1.7米,或为当时城内一处重要的建筑设施[3]。

在此夯土台基北侧约50米处就发现有水池和沟渠等水利设施。目前已知水池(H291)的平面大体呈斜壁平底的方形覆斗状,开口长度约13.5米,宽度约11米,底部平面长宽约10米,从开口至底部深度可达3.65米。淤土自上而下可分为六层,上部淤土呈灰褐色,黏性较大,下部则以黄沙淤土为主,这说明该水池应有活水注入,在蓄水的过程中形成泥沙沉积。在水池北部确实有一条大体自西而东的水沟(G20)与之连通。水沟与水池出土遗物的风格特征均属于二里头二、三期阶段,且均被不早于二

---

[1] 陈筱:《早商时期地方城市的规划与营建:从河南新郑望京楼商城遗址谈起》,《城市规划历史与理论(1)》,东南大学出版社2014年版。
[2] 郑州市文物考古研究院:《新郑望京楼2010—2012年田野考古发掘报告》,科学出版社2016年版,第16、387、830页。
[3] 郑州市文物考古研究院:《新郑望京楼2010—2012年田野考古发掘报告》,科学出版社2016年版,第88页。

里岗时期的夯土基址打破，二者应该是同时使用的配套设施，发现的水沟即是为水池输水的。目前仅揭示出的这段水渠开口东西长度约6.5米，宽约2米左右，水沟两壁凹凸不平，有一层青黄色较硬的钙化层，沟内填土以黄沙淤土为主。底部则由西北向东南逐渐加深，说明水流应是自西北而东南注入该水池的，而与其距离最近的水源地即为城西侧的黄水河。

根据考古揭示的情况，二里头晚期人们并没有对水池和水渠的壁面和底部进行加固或防渗处理，也没有发现用石块进行垒砌的现象。从望京楼城市核心区发现二里头晚期水池、水渠以及夯土基址的分布上看，水池和水渠的修建预先经过一定规划，通过水渠将黄水河水引入水池，二者应该是大型夯土基址相配套的供水设施。或还具备蓄水防火、收纳雨水的功能。由此可见，这一时期望京楼城市核心区的水利设施主要是服务于该夯土基址，并可能从城外引入活水来确保水质的清洁。

到了二里岗阶段，人们对城内西南部的二里头夯土基址进行了夯筑，并在其北侧营建了新的夯土基址（F13），二者或形成一组建筑群。然而，新建的夯土基址恰好叠压在二里头时期的沟渠以及水池的北部区域之上。从已发表的材料看，新建的夯土基址中包含的陶片大都属于二里岗下层时期，而输水渠和水池中出土的遗物除了二里头时期的陶片以外，罕见二里岗时期的遗存，由此可见，在新的夯土基址修建时，输水渠和水池此时应该已经废弃。二里岗时期，望京楼商城内二里头时期修建的夯土基址仍然沿用，但与其配套的供水设施的废弃表明，该夯土基址应该已不再是城市内最为核心的建筑。

（2）二里岗宫殿基址及水利设施推测

二里岗时期，人们在核心城区中部偏南的位置上，修建了一座大型夯土宫殿建筑基址（F10）。该宫殿基址北部被战国时期的冲沟完全破坏，残存宫殿建筑平面大体呈"匚"形，东西残存约32.5米，南北残宽29米，面积约为942.5平方米（图4-22-1）。由于二里头时期与城内西南部夯土基址配套的水渠和水池均已废弃，针对城内新建的中心建筑，城市的输排水设施也应发生变化。结合目前已知二里岗时期其他地方城邑的考古发现看，这些城邑内的中心建筑大都为平面呈"日"或"目"结构的多重院落[1]，并且在紧邻中心建筑的外侧还发现有环绕建筑的沟渠设施[2]（图4-22-2、3）。由此可见，望京楼城邑这座宫殿建筑的整体面貌很可能与上述同期地方城邑的中

---

[1] 目前已发现的焦作府城、垣曲商城，乃至盘龙城核心宫殿建筑的结构均呈现出这一特征。参见袁广阔、秦小丽《焦作府城遗址发掘报告》，《考古学报》2000年第4期；中国历史博物馆考古部等《垣曲商城（二）：1988—2003年度考古发掘报告》，科学出版社2014年版；湖北省文物考古研究所《盘龙城——1963—1994年考古发掘报告》，文物出版社2001年版。

[2] 中国历史博物馆考古部等：《垣曲商城（二）：1988—2003年度考古发掘报告》，科学出版社2014年版。

心建筑相仿,其输排水设施或也应具备类似的规划。望京楼夯土基址西侧存在一条不早于二里头晚期阶段的灰沟(G18),可能就与引输水设施有关。而结合城市地势起伏和水源分布,人们或更加注意处理从宫殿西北方向的来水,有关这一问题的探讨还需进一步的考古工作。

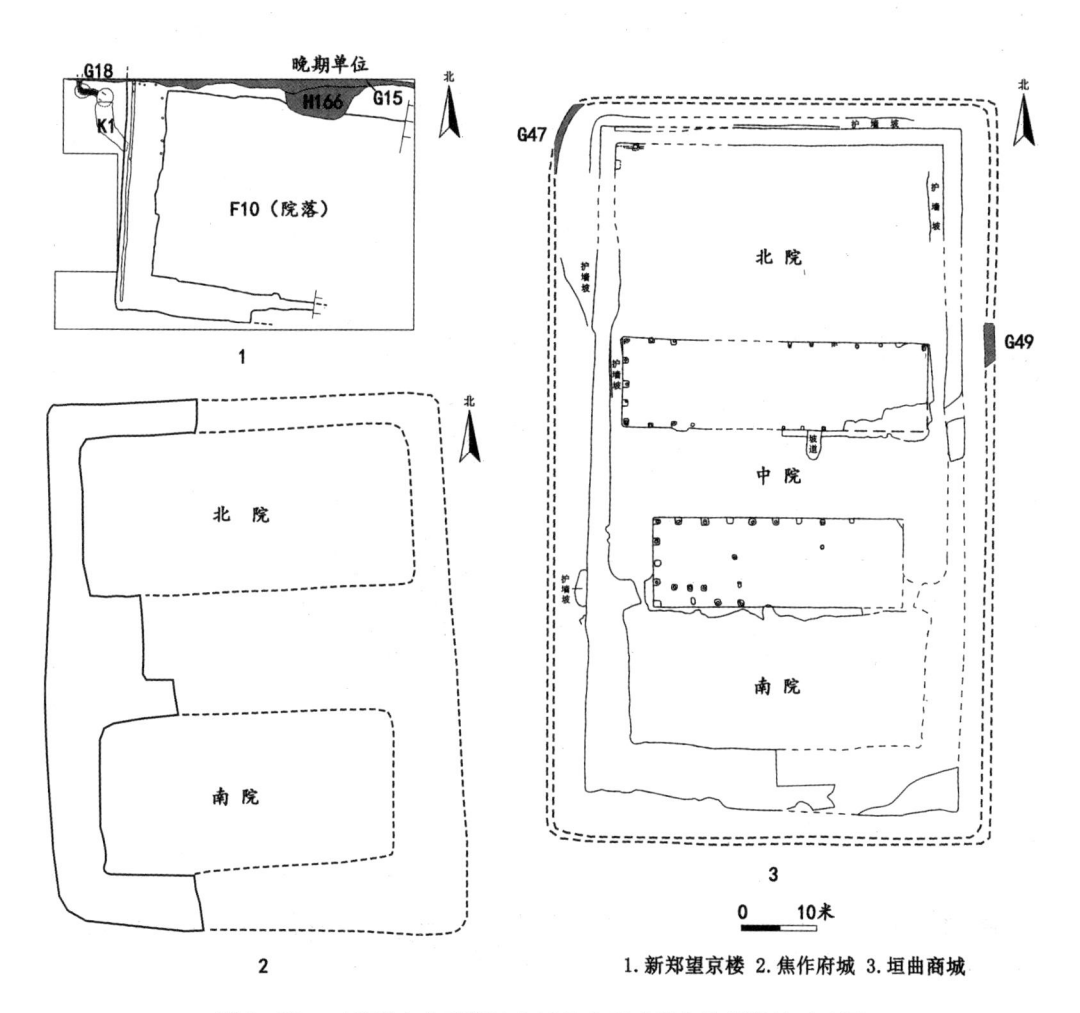

1. 新郑望京楼 2. 焦作府城 3. 垣曲商城

图4-22 二里岗文化时期地方城邑大型建筑与沟渠设施对比图

二 大师姑城邑

大师姑城邑位于现今郑州市西北郊荥阳市广武镇大师姑村和杨寨村一带。其西距偃师商城以及二里头都邑约70千米,东南距郑州商城约20千米。二里头时期就在此修建了大规模的城垣和围壕,二里岗时期继续沿用。目前学者多依据历史文献推测其为夏王朝的方国①，认为其是夏王朝抵御商人西进而设置的前沿重镇②。大师姑城邑应该和上述望京楼城邑一样，在王都统治的核心区域扮演着东西交通节点的角色，但伴随二里头至二里岗的转变，其相对于不同阶段不同中心都邑的重要性也有一定的变化。

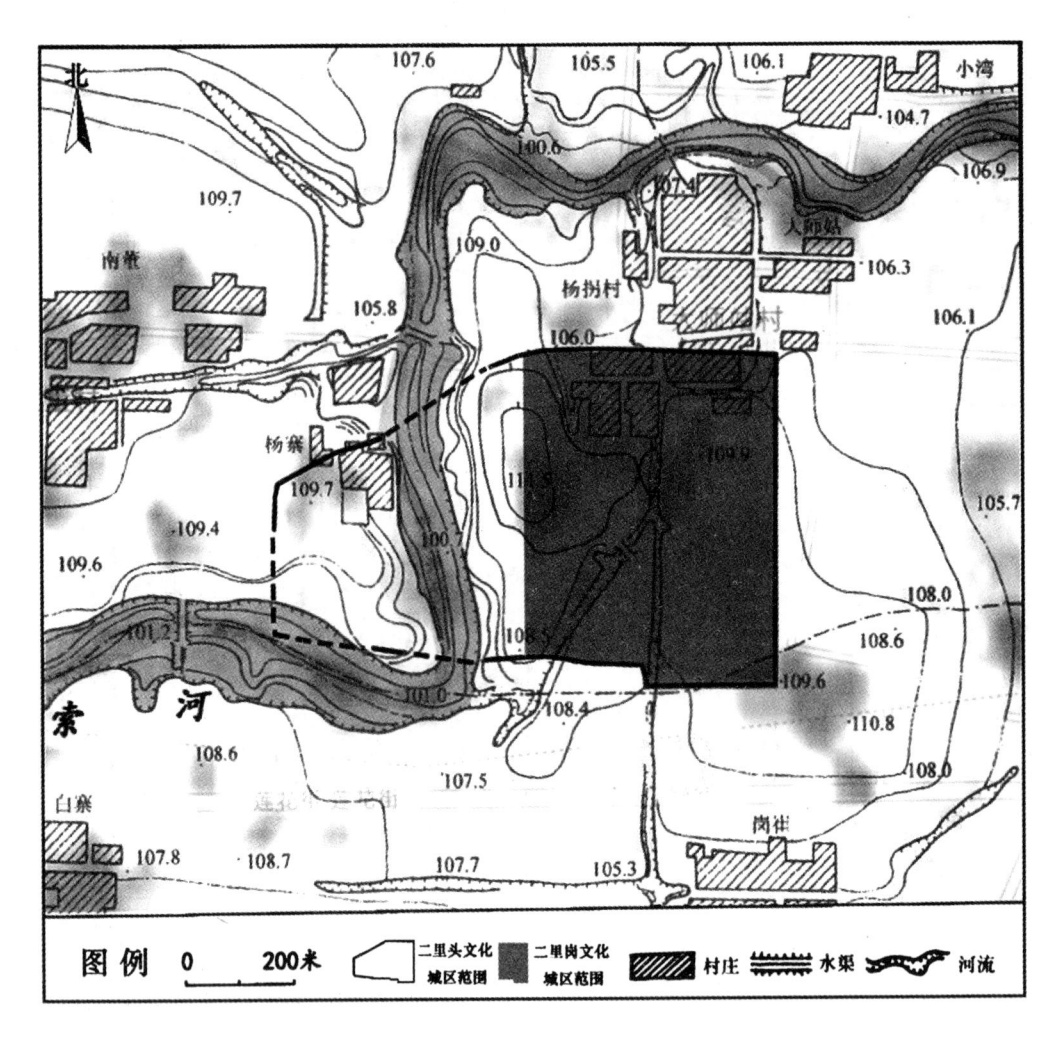

图 4-23　荥阳大师姑城邑与地貌环境图

改自郑州市文物考古研究所《郑州大师姑 2002—2003》，科学出版社 2004 年版。

大师姑城邑已有的考古发掘工作多围绕城垣结构展开，城内发掘探方较为分散且发掘面积有限，关于城市形态布局的信息较少。已有考古材料表明二里头时期大师姑城垣（壕）地跨索河东、西两岸，呈不规则横长方形，城圈闭合的区域面积可达 51 万

---

① 郑州市文物考古研究所：《郑州大师姑 2002—2003》，科学出版社 2004 年版，第 338—339 页；马世之：《郑州大师姑城址性质试探》，《中原文物》2007 年第 3 期；李锋：《郑州大师姑商汤韦之我见》，《考古与文物》2007 年第 1 期。

② 袁广阔：《郑州大师姑二里头城址发现的意义》，《中国文物报》2005 年 3 月 25 日第 7 版。

平方米①。其中，索河东岸的城垣及围壕形态更为规整，呈南北纵向长方形，而索河西岸的部分大多残损严重，可观察到北城垣在此呈东北—西南倾斜状，形态不甚规则（图4-23）。二里岗时期人们大体沿用了二里头时期的城垣，并在原有城壕的基础上重新进行疏浚和改造。从考古发掘的情况看，大师姑城邑早晚不同阶段皆以索河东岸为核心，二里岗时期城邑或全部缩减至索河东岸部分②，该区域内堆积状况也较为复杂。目前已知索河东岸城区东北部一带发现有生活居住址，而城区中部偏西的发掘区内还出土有陶水管遗存，或为探寻城市的高等级宫殿建筑提供了线索。

（一）城市用水条件

大师姑城邑地处广武山南麓的黄土台塬之上。地区内或存在自西北而东南延伸的晚更新世古黄河汊道，这为区域内全新世以来存在的古湖泊奠定了基础③。除此以外，区域内的枯河、索河及须水河等河流也为人类在此定居提供了较为充足的水源。其中，发源于嵩山北麓的索河与大师姑城邑关系最为密切，现今索河自南而北从大师姑城邑西部穿流而过，显然是城市最为重要的水源。

（二）城市水利设施

有关大师姑城邑水利设施的材料不多，罕见有反映城市布局规划的水利系统。除了城内居住址发现有这一阶段常见的长方形竖穴水井之外，有以下两点值得注意，或与大师姑的城市水利工程有关。

1. 城市围壕设施

现有的考古资料表明，二里岗时期人们继续在二里头时期营建的大师姑城邑定居，且主要利用了索河东岸的城区。二里头时期，人们在城垣修建之后还经过了多次续建和修补，到了二里岗阶段则更加注重对城壕的整治。根据考古发掘报告描述的内容看，大师姑城邑不同阶段的城壕内均是流水冲刷形成的堆积。二里岗城壕分布于二里头时期的城壕与城垣之间，其外侧或打破二里头时期城壕或利用其壕壁，内侧为新挖，打

---

① 郑州市文物考古研究所：《郑州大师姑2002—2003》，科学出版社2004年版，第27页。
② 侯卫东：《郑州商城都邑地位的形成与发展》，北京大学，博士研究生学位论文，2014年；侯卫东：《郑州商城肇始阶段王畿区域聚落变迁与社会重组》，《江汉考古》2018年第2期。
③ 徐海亮：《郑州地区地貌、水系演变与人文崛起初探》，《历史地理》第28辑，上海人民出版社2013年版；于革等：《郑州地区湖泊水系沉积与环境演化研究》，科学出版社2016年版，第85页。

破了叠压在城墙外侧的二里头文化堆积，新开挖的城壕中下部内收后变得陡直[①]（图4-24）。由此可见，二里岗时期人们不仅对二里头时期的城壕进行了疏浚，并对靠近城墙壕沟部分进行了加深处理，具有一定保护墙体的功能，也有利于排水通畅。

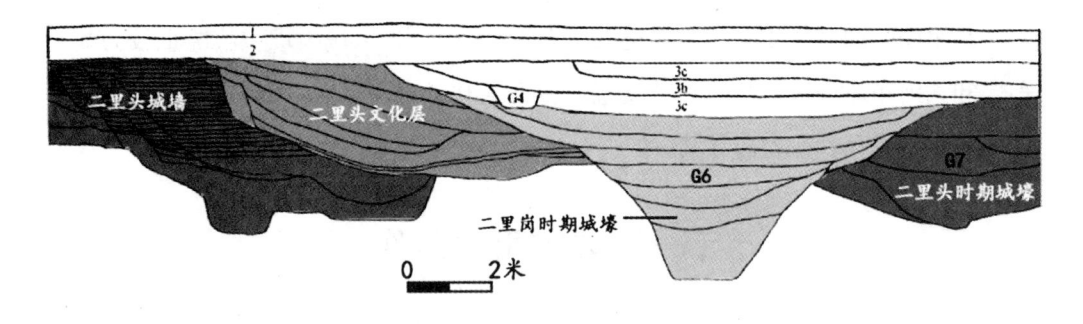

图4-24 大师姑城邑城壕剖面图
改自郑州市文物考古研究所等《河南荥阳大师姑遗址2002年度发掘简报》，《文物》2004年第11期。

另外，现今索河在流经大师姑城邑时由南向北拐折成一直角（图4-23），河道保持与东城垣平行，流出城区之后，才折向东流。有学者指出在大师姑西城墙外有较深的河相堆积，或为索河故道[②]。结合大师姑城邑索河东岸的城垣与城壕形态，现今索河拐折的河道应该与二里岗时期对原有城垣进行改造有关，可能是这一时期城西侧的壕沟所在[③]，人们利用索河的水流作为城市防御设施，也为城市居民用水提供了便利。

2. 中心建筑的引输水设施

大师姑城邑内目前并未发现有中心礼制建筑，但在索河东岸城区的中西部地区，发现在灰沟与灰坑中出土有夯土墙体残块以及陶水管道残片，并伴出有二里头偏晚阶段的陶器遗存，这表明附近应该存在高等级建筑。根据灰沟堆积的倾斜方向判断，这条灰沟北侧不远处很可能就是大师姑城邑中心建筑，而索河东岸城区中北部一带地势较高，不仅与遗迹的指向大体相合，也符合择高建宫的一般特征。出土的陶水管道即是与大型建筑配套的引输水设施（图4-25）。二里岗阶段有可能沿用了原有的建筑。总体来看，二里头至二里岗阶段，围绕大师姑的城市中心建筑，应设置有独立的引输水设施，并且配备由陶水管道相互套接构成的暗渠。

---

① 郑州市文物考古研究所：《郑州大师姑2002—2003》，科学出版社2004年版，第275页。
② 侯卫东：《郑州商城都邑地位的形成与发展》，北京大学，博士研究生学位论文，2014年，第153页。
③ 侯卫东：《郑州商城肇始阶段王畿区域聚落变迁与社会重组》，《江汉考古》2018年第2期。

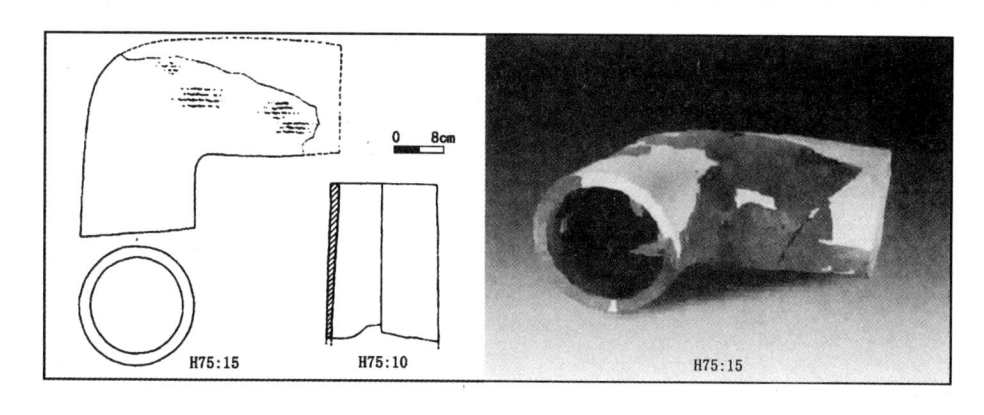

图 4-25　大师姑城邑出土陶水管道

改自郑州市文物考古研究所等《河南荥阳大师姑遗址 2002 年度发掘简报》,《文物》2004 年第 11 期。

三　东赵城邑

东赵城邑位于现今郑州市中原区沟赵乡东赵村南侧,其东距郑州商城约 16 千米,并与大师姑城邑南北对望。作为中心都邑控制的腹心地带,东赵与大师姑一同构成了郑州王畿区域内东西交通线路上的重要枢纽,显示出二里头至二里岗阶段郑州、荥阳地区与洛阳盆地之间的密切联系[1]。二者兴起的时间略有先后,也暗示了二里头到郑州商城中心都邑转移过程中存在一系列的社会变革。

目前考古发现在东赵城邑范围内存在包括二里头、战国等多个时期的围垣聚落,其中二里头时期的城垣被二里岗时期夯土宫殿建筑打破[2],说明二里岗时期对聚落布局应该进行了重新的规划和建设,但其是否重建了城垣和围壕尚有待新的考古发现。值得注意的是,这座二里岗时期的大型夯土宫殿基址大体位于整个遗址范围的核心区域,同期的文化遗存分布在该建筑周边,在其西北部和南部均有发现,这座夯土宫殿基址应该就是东赵城邑的核心衙署建筑。目前关于东赵城邑的考古材料十分有限,也很难对东赵城邑的城市水利进行深入探讨,但有关区域地形地貌以及环境考古的相关研究却为城市用水、治水提供了些许线索。

东赵城邑地处现今郑州西北郊的荥阳黄土台塬上,其所在地区西南部为檀山岗丘,地势略呈西南向东北倾斜,须水河主河道自南向北流经东赵城邑东侧,二者相距约 2

---

[1] 刘亦方:《从中心都城到地方城市——郑州古代城市的考古学研究》,北京大学,博士研究生学位论文,2019年,第 83 页。

[2] 顾万发等:《东赵遗址:夏商周考古的又一重大收获》,《中国文物报》2015 年 2 月 27 日第 5 版;张家强:《河南郑州东赵遗址》,《2014 年中国重要考古发现》,文物出版社 2015 年版,第 41—45 页。

千米，而在城址北侧也有一条南北向的自然冲沟向东北曲折汇入须水河。这些河流在早期应该都和东赵城邑对水的治理有密切关系。其次，区域内以现今须水镇为中心存在一片因古黄河汊道而形成的古湖沼区，其范围可至张五寨、蒋寨一线[1]，东赵城邑位于该古湖沼区西南侧[2]（图4-26），其城市输排水可能也利用了这片古湖泊。此外，东赵城邑所在地自新砦以来直至东周皆形成较大规模的聚落，也应与地区内存在较为丰富的水资源不无关联。

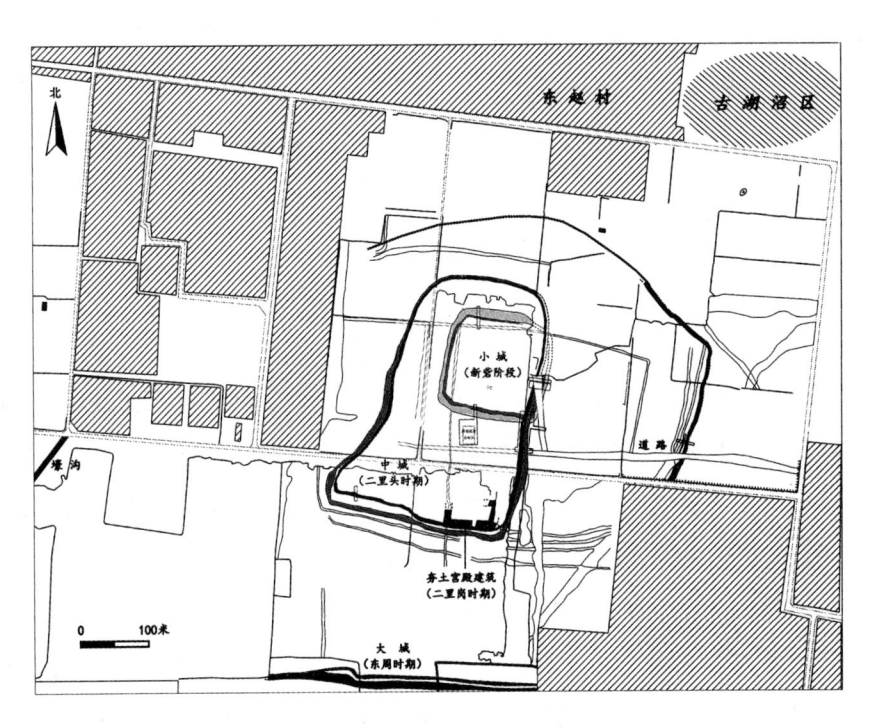

图4-26 东赵城邑形态及周边水域

改自顾万发《文明之光——古都郑州探索与研究》，科学出版社2016年版。

第四节 商代中晚期城市水利系统的演变

二里岗早商国家的社会发展进程在相当于约公元前1300年前后出现了巨大的变动。偃师商城和郑州商城相继衰落并废弃，二里岗文化也终止了对外强势扩张的劲头，并逐渐融合于各地区既有的文化传统之中。历史文献将这一变化阐释为商王朝在商王仲丁前后，陷入了长久的政治内乱和族群冲突。经历了"九世之乱"，并且爆发了"仲

---

[1] 于革等：《郑州地区湖泊水系沉积与环境演化研究》，科学出版社2016年版，第81页。
[2] 谢佳明：《郑州东赵遗址2014—2015年度小城南墙发掘简报》，郑州大学，专业硕士学位论文，2016年，第2页。

丁伐夷"事件①，商王朝的统治中心也因此转移，"盘庚迁殷"才终结了商王朝的动乱。而考古发现前后相接的洹北商城和洹南殷墟都邑，恰恰印证了文献中商王朝后期定都安阳的历史记忆②，经历重新整合之后的商代国家社会又再次得以稳定。

商王朝从郑州—洛阳地区到安阳统治中心的转移，对环嵩山地区的商代城市的发展和城市水利系统影响深远。尽管在郑州商城衰落前后，地区内还短暂出现了小双桥大型聚落，见证了商王朝权力中心向安阳转移的复杂历史进程。但国家统治中心的转移不可避免地造成了地区城市化进程的衰退和瓦解，城市水利工程的建设活动在此之后也陷入长期停滞，直至三代之中周王朝的确立。小双桥的城市水利设施可看作是环嵩山地区二里岗商代城市水利建设的终结。而对于最终在安阳定都的商王朝而言，洹北商城到殷墟都邑的发展，在城市形态和城市水利系统上也都发生了极大的转变。特别是以洹河南岸为中心的殷墟都邑，尽管其城市水利系统工程仍然由引输水设施（沟渠管道）、蓄水设施（池、湖等）、水井等基础部分组合形成，但从整体形态上却伴随城市形态的转变而与二里岗阶段存在明显差异。

一 小双桥水利工程的设置

小双桥位于现今郑州市西北郊石佛镇小双桥村西南。其西北隔索须河与汉荥阳故城相望，东南距郑州商城直线距离约 12 千米。自 20 世纪 80 年代发现以来，小双桥陆续经过数次考古调查与发掘，出土丰富的二里岗上层偏晚阶段文化遗物，揭示有高等级的夯土宫殿建筑基址，并以大规模的祭祀遗存显示出浓厚的宗教礼仪色彩，暗示了其或是一处具有独特功能属性的居邑。作为郑州商城偏晚阶段郑州王畿内兴起的高等级聚落，学界对其与文献记载商王居所的对应关系莫衷一是，或认为其是商王仲丁所迁的"隞都"③，出土遗物包含明显的东方因素则与"仲丁伐夷"的古史

---

① 《史记》卷三《殷本纪》："自仲丁以来，废嫡而更立诸弟子，弟子或争相代立，比九世乱，于是诸侯莫朝"，《后汉书》卷八十五《东夷列传》注引《竹书纪年》曰："仲丁即位，征于蓝夷。"
② 一般认为的殷墟都邑主要指的是以洹河南岸小屯为中心的商代晚期大型都邑，其发现和命名要远早于洹河北岸的洹北商城。从文化序列的演变和聚落分布上，洹北商城兴建之时，洹河南岸也已经开始发展。有学者认为，二者前后的转移属于都邑内部活动重心的变化而非迁都，并将二者统称为殷墟遗址群（大型聚落），即洹北商城和洹南都邑都是殷墟大遗址（大型聚落）的一部分，而"殷墟都邑"自建都时就是地跨洹河南北两岸的。考虑到行文方便和便于理解，本书依然采用习惯性的聚落称谓和概念，将以洹南小屯为中心的都邑称为殷墟（都邑）。洹北商城和洹南殷墟都属于安阳地区，是商代安阳都邑的早晚两个阶段。许宏：《都邑变迁与商代考古学的阶段划分》，《二十一世纪的中国考古学》，文物出版社 2006 年版；许宏：《先秦城邑考古》，金城出版社、西苑出版社 2017 年版，第 190—191 页。
③ 陈旭：《商代隞都探寻》，《郑州大学学报（哲学社会科学版）》1991 年第 5 期；邹衡：《郑州小双桥商代遗址隞（器）都说辑补》，《夏商周考古学论文集（续集）》，科学出版社 1998 年版。

叙事相合[1],或认为其是商王的离宫别馆或祭祀场所[2],也有学者提出其属于早商王陵区的可能[3]。无论其功能属性如何,在商王朝国家中心转移过程中,小双桥作为环嵩山地区目前已知最后的中心聚落,也是当地二里岗城市水利工程建设的尾声。

(一) 用水条件与聚落布局

小双桥聚落地处广武山平缓的南坡上,坐落于地区黄土台塬与冲积平原过渡地带的边缘。其东部紧邻一道沿广武山自西北向东南延伸的地貌陡坎,陡坎东侧地势明显下降,属于古荥泽的范畴[4]。索河与须水河汇流形成的索须河在流经小双桥聚落后即注入荥泽(图4-27)。河流和湖泊均为小双桥提供了较为充足的水源,也是小双桥水利设施的营建基础。

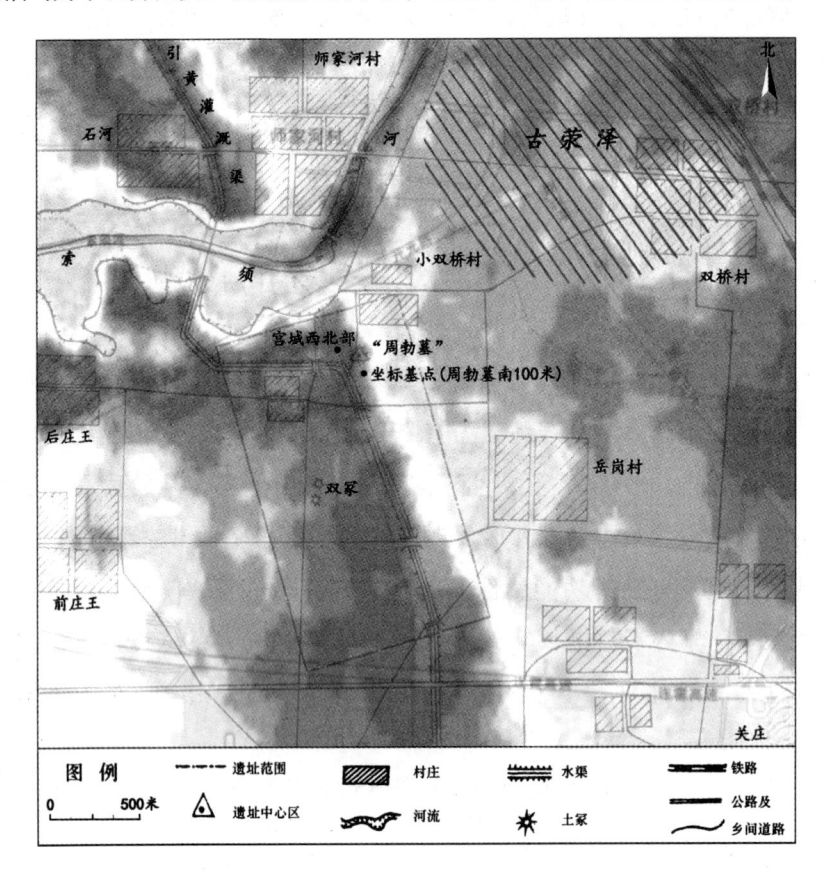

图4-27 郑州小双桥城邑与地貌环境图
改自河南省文物考古研究所《郑州小双桥——1990—2000年考古发掘报告》,科学出版社2012年版。

---

[1] 任相宏:《郑州小双桥出土的岳石文化石器与仲丁征蓝夷》,《中原文物》1997年第3期。
[2] 张国硕:《小双桥遗址的性质》,《殷都学刊》1992年第4期;杨育彬:《郑州商城的考古新发现与研究》,《中原文物》1993年第3期。
[3] 许俊平、李锋:《小双桥商代遗址性质探索》,《中原文物》1997年第4期。
[4] 侯卫东:《"荥泽"的范围、形成与消失》,《历史地理》第26辑,上海人民出版社2012年版。

（二）城市水利系统的线索

目前小双桥的考古工作仍在持续进行中，聚落整体形态布局并未完全揭示。已发表的考古材料出自于小双桥核心区西北部的IV、V和VIII、IX等四个发掘区[①]。这几个发掘区虽然都存在一定的祭祀坑遗存，但各区遗迹现象的总体特征却不相同，具有城市功能区划的特点。位于北部的IX发掘区发现多条灰沟，中部的V、VIII发掘区以发现带有庭院的夯土宫殿建筑最为突出，最南端的IV发掘区虽然也发现有夯土建筑，但以广泛分布的祭祀遗存特征更为明显。由此可见，这四个发掘区由北向南或依次代表了三种不同的功能属性，有学者提出其或组成了不同的"宫城单元"[②]。在此基础上，已有的考古工作也揭示出了部分可能与城市水利系统有关的沟渠设施，为探索其城市水利的构建提供了一定线索。

在中部夯土宫殿建筑相隔一道夯土墙基（即发掘者认为的"宫城墙"）的IX发掘区紧邻索须河南岸。区域内揭示有纵横排列较为有序的灰沟遗迹（IXG2、G10等），尽管这些灰沟大都仅剩底部，但沟内堆积均显示与流水作用有关[③]（图4-28）。其中，位于发掘区最北端的沟渠接近索须河，这些沟渠有可能和聚落引输水系统存在密切关系。

其次，小双桥V、VIII区的夯土宫殿建筑与IV区的建筑、祭祀遗存之间不仅分布有一座大型带有井坑的夯土井（IVJ1），也存在一条大体呈东北—西南向的灰沟（VG1）（图4-28）。其中，小双桥发现的夯土井与郑州商城内同类型水井形制基本相同，但开凿规模更大，且坑壁还留有通向井口的坡道。同区域发现灰沟VG1位于夯土井的北侧，其延长线大体可与小双桥"周勃墓"西侧发现的"奠基石壕沟"相连，其内为流水沉积作用形成的黄沙淤土[④]。值得注意的是，早年调查包括"奠基石壕沟"在内的这一区域时，曾采集有数十块人为加工过的石块，已发现的这些石块虽然形状不一，但基本都作扁平石板状。这与郑州商城石板水池与石筑水渠、偃师商城石砌水渠的石料形态特征基本一致[⑤]。上述现象表明小双桥的这一灰沟原应是城内的一条石砌输水渠道，其修筑工艺与已知二里岗商代都邑内主要的引输水渠一脉相承。

[①] 河南省文物考古研究所：《郑州小双桥——1990—2000年考古发掘报告》，科学出版社2012年版，第50页。
[②] 侯卫东：《郑州小双桥商代都邑布局探索》，《中国国家博物馆馆刊》2016年第9期。
[③] 河南省文物考古研究所：《郑州小双桥——1990—2000年考古发掘报告》，科学出版社2012年版，第60页。
[④] 河南省文物考古研究所：《郑州小双桥——1990—2000年考古发掘报告》，科学出版社2012年版，第148页。
[⑤] 河南省文物研究所：《1992年度郑州商城宫殿区发掘收获》，《郑州商城考古新发现与研究1985—1992》，中州古籍出版社1993年版；中国社会科学院考古研究所河南第二工作队：《河南偃师商城宫城池苑遗址》，《考古》2006年第6期。

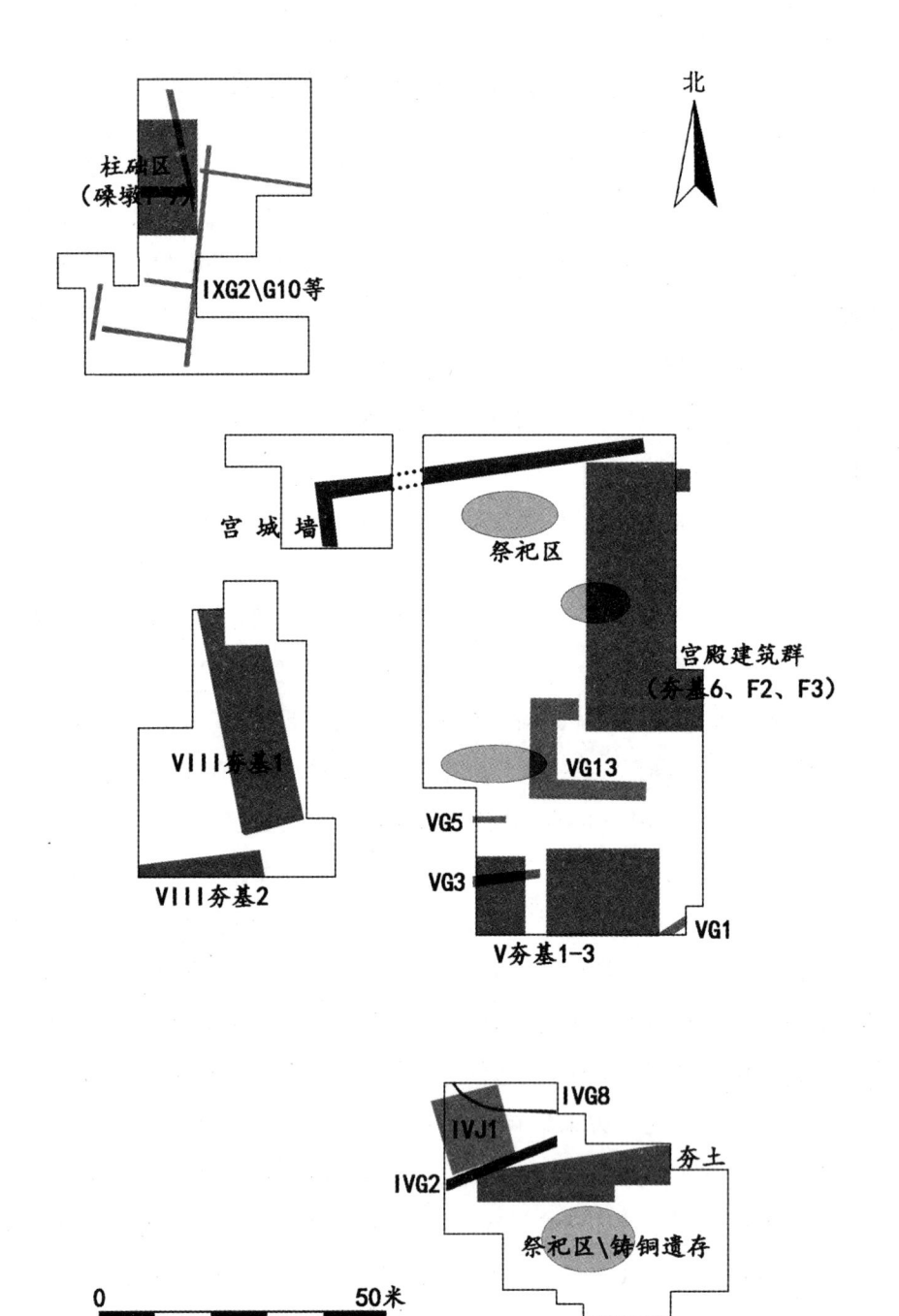

图4-28　小双桥城邑核心区主要建筑和水利设施遗存分布图

改自河南省文物考古研究所《郑州小双桥——1990—2000年考古发掘报告》，科学出版社2012年版。

综上所述，尽管小双桥已揭示沟渠之间的联系尚不清楚，但发现的这些沟渠大都位于聚落的核心区一带，应该是与夯土宫殿建筑相配套的水利设施，而夯土宫殿建筑四周也开凿有相应的引输水沟渠设施。这表明小双桥的城市水利设施也主要是围绕大型宫殿建筑为核心来进行规划和营建的，符合二里岗商代城市水利营建的一般特征。从建筑工艺上看，小双桥发现的大型壕沟与夯土井继承了郑州商城、偃师商城水利的建筑技术，并且还发展出相对复杂的形式。小双桥水利设施的营建，表明在商王朝权力中心向安阳转移过程中，郑州王畿内社会上层统治者在一定时段内仍然拥有较强的社会组织力进行大规模的土木工程建设。而小双桥城市水利设施的营建，代表了二里岗时期郑州王畿城市水利发展的最后阶段，也是环嵩山地区在商代国家统治阶段最后一次大规模地组织建城和兴修水利。

二　安阳都邑城市水利的变迁

在商王朝统治中心由郑州到安阳的转移过程中，除了郑州地区的小双桥以外，安阳地区也出现了一座具有中心都邑属性的洹北商城，二者分别在商王朝早、晚王畿内平地兴建的大型中心聚落，反映了这一过渡阶段中剧烈的社会变革。而洹北商城的兴盛并未持续太长时间，其地位就被地处洹河南岸的殷墟都邑取代。洹北商城以及洹南殷墟的相继兴起，安阳地区作为商王朝中心都邑，开展了大规模的城市营建活动，也必然涉及对水的管控。洹北及殷墟都邑水利的营建是商代国家都城水利的最终实践。尽管商代国家经过二里岗时期的发展，已经积累了丰富的治水经验与较高水平的工程技术，但在此时都城水利的修筑上却也体现出了明显的变化。

（一）都邑选址与水源条件

洹北商城和殷墟都邑地处山前冲积平原地带，地势平坦且自西而东倾斜，洹河自西向东蜿蜒曲折，将时代较早的洹北商城和偏晚的殷墟都邑分隔两岸。由于地处平地，河道并不稳定，人们将洹河作为城市用水稳定来源的同时，也要对其河道施加控制。洹河流经两座都邑形成近乎直角拐弯的河道，也不排除受到人为干预的结果（图 4-29）。

其中，时代较早的洹北商城与现今洹河河道还存在一定的距离，城市用水或曾单独规划有引输水渠道。而伴随商王朝都邑重心移至洹河南岸，小屯成为新的权力核心区，集中了目前所见殷墟阶段最高等级的夯土建筑基址，与现今洹河河道关系更加密切。其地处洹河南向转弯地势较高的台地上且濒临洹水，兼顾了取水与防洪的需要。

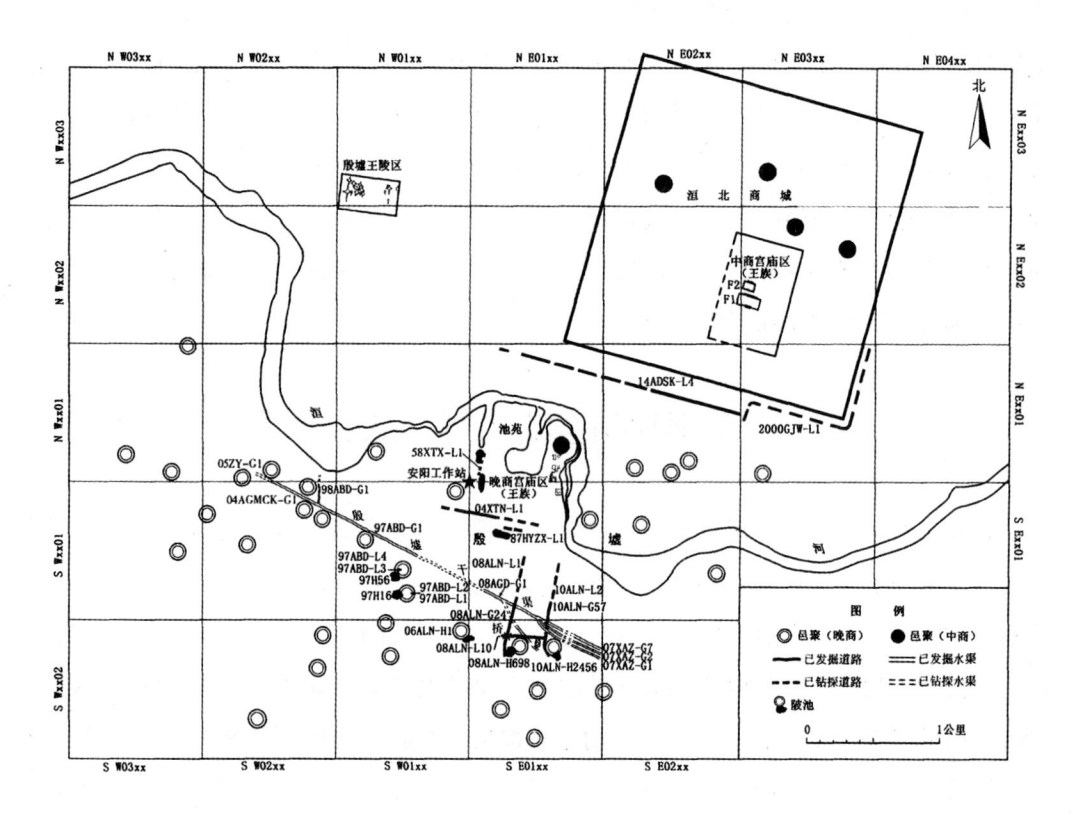

图 4-29　洹北商城与殷墟路网水网分布图

据唐际根、岳洪彬等《洹北商城与殷墟的路网水网》,《考古学报》2016 年第 3 期。

(二) 殷墟城市水利系统的构建

由于洹北商城并未完全建成即被火焚毁①,迫使商人最终放弃了在洹河北岸建都,改在洹河南岸,形成了以小屯为核心的殷墟王都。后者完全改变了商王朝都城修筑城垣并对功能区进行统一规划的建城传统,呈现出围绕小屯宫庙祭祀区,周边有密集居民点分布的分散布局形态,也被认为是由众多族邑或商邑组成的"大邑商"②,其布局也与其注重防火密切相关③。殷墟王都构建了大规模的水利系统和道路网络,将小屯宫

---

① 中国社会科学院考古研究所安阳工作队:《河南安阳市洹北商城宫殿区 1 号基址发掘简报》,《考古》2003 年第 5 期。
② 郑若葵:《殷墟"大邑商"族邑布局初探》,《中原文物》1995 年第 3 期;唐际根、荆志淳:《安阳的"商邑"与"大邑商"》,《考古》2009 年第 9 期。
③ 张国硕:《盘庚迁都来龙去脉之推断》,《郑州大学学报(哲学社会科学版)》2004 年第 6 期;何毓灵、岳洪彬:《洹北商城十年之回顾》,《中国国家博物馆馆刊》2011 年第 12 期。

殿区及其外围各个居民点有机联系起来①。

1. 核心宫殿区的水利工程

从洹北商城至殷墟阶段，小屯宫庙区从洹北商城宫城外围一处或具有特殊功能的重要居邑变为商代王都的核心②，区域内水利设施的修建必不可少。现今洹河两侧保留的若干沟壑应该就是殷墟阶段输水设施的孑遗。小屯宫殿区西侧存在一片洼地正是通过其中一条沟壑与洹河相连，该沟也被证实是向洼地引水的入水口③，而洼地本来应为一处规模较大的水池。二者从早到晚皆是区域水利的重要组成部分，并且构成了小屯宫殿区内池苑的主体。

殷墟阶段小屯宫殿区由北向南形成甲、乙、丙、丁四组大型夯土建筑群④，而除此之外，区域内还存在规模较大且相互贯通的水沟群（图4-30）。这些水沟群绝大部分被乙组建筑基址群所叠压，因而一些学者认为其属于乙组建筑基址的地下排水渠道系统⑤，也有学者认为这些水沟是乙组建筑修建时进行水准测平所开设的工程沟⑥。从建筑次序和层位关系及空间分布状况看，这些水沟与乙组建筑的内在关联似乎并不十分明显，其很可能是乙组建筑修建之前就已经存在的重要设施，属于小屯成为都邑核心区之前（即洹北商城阶段）的遗存⑦。结合上述四组夯土建筑群中，似乎只有甲组基址所在地区较为明确地出土有洹北商城阶段的遗存⑧，其始建年代似乎较其他基址要早，因而，乙组基址叠压的这片水沟有可能是与甲组建筑群大体同时的水利设施。

在小屯宫殿区发现的这些水沟深度不一或与水流方向有关。其宽度大多在1米左右，两壁发现有对称的立柱痕迹，结合二里头及二里岗都邑水渠的形制，这些水沟两壁原来可能还夹有木板。此外，个别水沟底部铺有石子（如沟十四），部分段落则还设置有水闸一类的设施，并与方形坑连通，后者应该具有调节水量的作用。

---

① 唐际根、岳洪彬等：《洹北商城与殷墟的路网水网》，《考古学报》2016年第3期。
② 唐际根：《安阳殷墟宫庙区简论》，《三代考古（一）》，科学出版社2004年版。
③ 岳洪彬、岳占伟等：《小屯宫殿宗庙区布局初探》，《三代考古（二）》，科学出版社2006年版；岳洪彬、何毓灵等：《殷墟都邑布局研究中的几个问题》，《三代考古（四）》，科学出版社2011年版。
④ 石璋如：《小屯·第一本·遗址的发现与发掘·乙编·殷墟建筑遗存》，"中央研究院"历史语言研究所，1959年版；中国社会科学院考古研究所：《安阳殷墟小屯建筑遗存》，文物出版社2010年版。
⑤ 岳洪彬、岳占伟等：《小屯宫殿宗庙区布局初探》，《三代考古（二）》，科学出版社2006年版。
⑥ 周魁一：《中国科学技术史·水利卷》，科学出版社2002年版，第90页。
⑦ 石璋如：《小屯·第一本·遗址的发现与发掘·乙编·殷墟建筑遗存》，"中央研究院"历史语言研究所，1959年版，第268页；[美]张光直：《商文明》，张良仁等译，陈星灿校，生活·读书·新知三联书店2013年版，第77页。
⑧ 唐际根：《安阳殷墟宫庙区简论》，《三代考古（一）》，科学出版社2004年版。

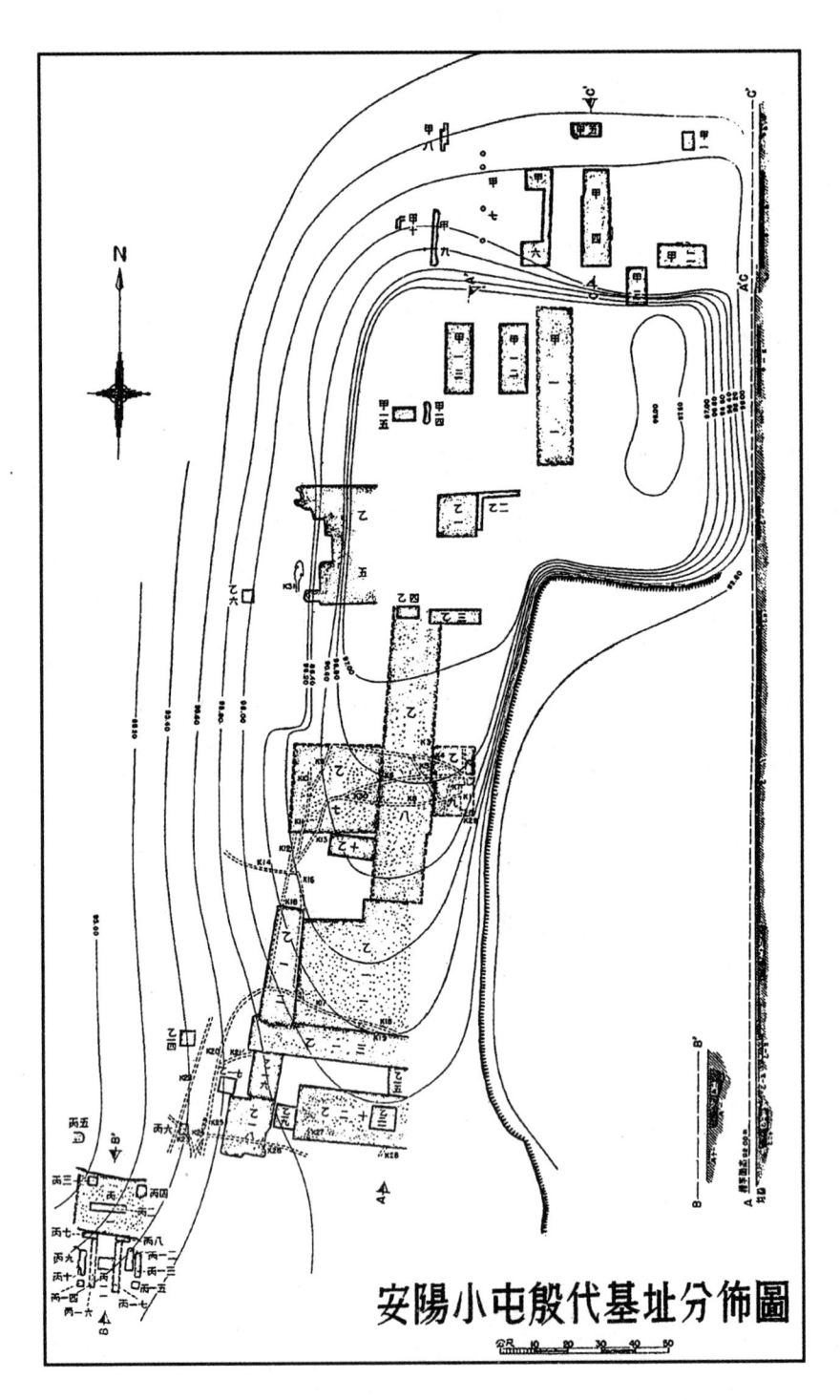

图 4-30　安阳小屯宫庙区晚商夯土基址与沟渠分布图

据石璋如《小屯·第一本·遗址的发现与发掘·乙编·殷墟建筑遗存》，1959 年。

总体上，这些水沟形制复杂，其功能显然并非单纯用于建筑排水，而宫殿建筑的排水设施或已采用了陶水管道①。值得注意的是，乙组基址下的这些水沟与小屯西侧的大型水池或还能够相互连通。随着小屯作为都邑核心区，人们对区域重新进行了功能区划，水沟群被小屯宫殿区内规模最大的乙组建筑群所覆盖，包括甲组在内的其他建筑基址的功能也发生了转变，或形成了"前朝后寝"的布局结构②，在此背景下，小屯地区原本的水利系统也因此发生了变化，小屯地区唯有西侧的大型水池此时依旧发挥着宫殿池苑的功能属性。

2. 郭区水利设施

在小屯宫殿区以外属于殷墟都邑的郭区，有一条与洹河相连、自西北而东南贯穿郭区的引水干渠，从干渠上分出的支渠将水流引向居住点和各类手工业作坊。各居住点除了设置有水井之外，还开挖有集中蓄水的池陂，有的或还兼具观赏功能③。与此同时，在苗圃北地铸铜作坊区和白家坟居住点发现有相互连通的陶水管道④，其中白家坟居住点的陶水管道还存在三通的形式⑤（图4-31）。这表明殷墟阶段，郭区内不同功能区的地面式建筑均已采用相对复杂的陶水管道作为主要的引输水设施。

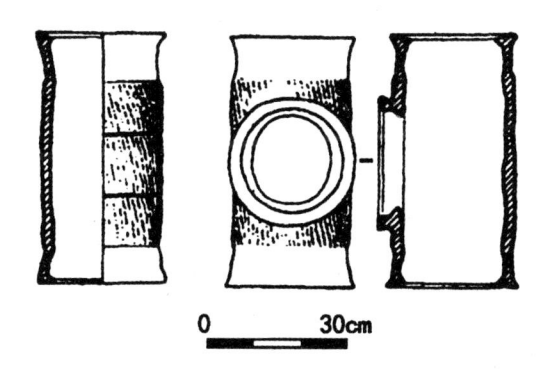

图4-31 殷墟白家坟出土的陶水管道
据中国社会科学院考古研究所安阳发掘队《殷墟出土的陶水管和石磬》，《考古》1976年第1期。

综上所述，在商王朝权力中心转移至安阳之后，人们主要利用洹河来满足都邑用水的需要，并且设置相应的水利设施。洹北商城阶段已经在宫城以外、洹河南岸的小

---

① 石璋如：《小屯殷代建筑遗迹》，《历史语言研究所集刊》第二十六本，1955年，第137页。
② 杜金鹏：《殷墟宫殿区建筑基址研究》，科学出版社2010年版，第94、424页。
③ 唐际根、岳洪彬等：《洹北商城与殷墟的路网水网》，《考古学报》2016年第3期。
④ 中国社会科学院考古研究所：《殷墟发掘报告（1958—1961）》，文物出版社1987年版，第23—24页；中国社会科学院考古研究所：《殷墟的发现与研究》，科学出版社1994年版，第241—242页；中国社会科学院考古研究所安阳发掘队：《殷墟出土的陶水管和石磬》，《考古》1976年第1期。
⑤ 中国社会科学院考古研究所安阳发掘队：《殷墟出土的陶水管和石磬》，《考古》1976年第1期。

屯兴修水利工程，但洹北商城的毁弃迫使人们将王都的核心区移至小屯，从此开启了殷墟都邑阶段，而这也与小屯地区已经具备完善的引排水设施不无关系，后者进一步发展成为宫殿区的池苑。小屯外围的郭区则也修建有惠及各居民点的水利系统。相比之下，小屯宫殿区与外围的水利虽然都利用了洹河，但二者相对独立，这与二里岗早商都邑的城市水利设置原则相同。然而，相比于二里岗阶段的中心都邑，在安阳都邑水利中，目前除小屯宫庙区、白家坟等少数地点发现有石砌的水利设施以外[1]，均少见有大规模使用石料的现象。联系殷墟不同于先前商代都邑营建城垣的形态特征，上述现象或许与洹北商城突遭废弃，商王朝都邑重心转移较为仓促有关。以小屯为中心的殷墟都邑尚来不及进行城市功能分区和对大型基础设施细致规划和营建。但即便如此，以小屯为中心的殷墟都邑仍然修建了宫殿区和郭区的水利设施，来确保城市居民用水和各类手工业作坊的正常运转。

值得注意的是，殷墟都邑形态及其城市水利系统的建设在很大程度上打破了二里岗时期确立的城市与水利营建传统。其城市形态和城市水利的构建与郑州商城、偃师商城甚至洹北商城均不相同，却与接下来西周王朝都邑形态和城市水利一脉相承，或开启了西周国家城市水利系统的重构。尽管从考古学文化遗存面貌以及丧葬习俗等表现形式上，商王朝和地处西土的周人群体似乎存在比较明显的区别，但这不能排除商、周之间存在密切的互动交流。城市与水利工程的修建作为技术系统和规划理念，也存在相互学习借鉴的可能。

第五节　商代城市水利的发展

环嵩山地区作为二里岗商代早期国家统治的中心地区，伴随以郑州商城为中心、区域城市网络的形成，城市水利系统的建设也自上而下在中心都邑至地方城邑之中得以普及，并且根据不同层级城邑的城市形态而有所差别，显示出较为严格的等级差异，也体现出这一时期城市营建的制度性规划，与不同城邑所具备的权力地位高低息息相关。

从上文的梳理来看，二里岗时期不同等级城邑均很大程度沿用自二里头时期，二里头时期"宫城+郭区"的城市形态在这一阶段得以继承并有所发展，以郑州商城、偃师商城为代表的都邑，还进一步明确了"宫城+郭城"的多重城垣结构。在此基础上，伴随城市规模的扩大、人口的聚集，二里岗在城市水利系统的建设上也更为成熟，

---

[1]　石璋如：《小屯·第一本·遗址的发现与发掘·乙编·殷墟建筑遗存》，"中央研究院"历史语言研究所，1959年版；中国社会科学院考古研究所：《殷墟发掘报告（1958—1961）》，文物出版社1987年版，第114页。

出现了较为复杂的形式,并加强了对周邻水系的改造和利用。无论郑州商城、偃师商城,还是王畿范围内的其他地方城邑,在城市选址上均体现出一定的共性特征:不仅选择邻河建城,并且城邑周边往往分布有较大规模的湖泽。其城市水利系统的建设特别重视对城市选址区内水系的引导,或将其改入城壕,或将其引入城内,为各部分功能区提供水源。除此以外,二里岗城邑的水利系统充分发挥了城外围湖泊沼地的调蓄功能,促成了城市内外的水循环。

在城市内部(尤其都邑),多重城垣不仅区隔了城市不同的功能区,也强化了不同阶层在城市空间的分布格局。这对城市内部不同区域的水利设施建设产生了深远影响。统治阶层所在的城市权力核心区(以宫城或衙署为代表的宫殿区)是城市水利建设的核心,往往拥有更为复杂和完善的水利设施。在中心都邑,宫殿区不仅拥有相对独立的引输水渠道,还专门设有发挥"池苑"功能的大型蓄水池等。大型的夯土井,或发挥"凌阴"功能,往往也只见于这一区域。这些现象体现了统治者对水资源的优先分配权力以及特殊的用水需求。相比之下,居住在郭城内的普通平民日常使用的水利设施显得更为简易。而出于手工业生产用水的需要,郭城内手工业作坊的分布一般靠近引输水渠道,或者直接邻近水源地。对于地方城邑来说,其城市形态和城市水利系统的建设均相对简单,在延续或改建二里头时期城市格局的基础上,城市水利的设置也随之变化,并体现了对城内权力核心区的重视。

由于商代中期持续的社会动荡,商王朝政治权力中心逐渐由郑州向安阳地区转移。郑州商城、偃师商城相继衰落,作为早商王畿腹地的环嵩山地区聚落数量和等级皆明显下降,城市化进程放缓,也严重影响了地区城市水利系统的建设。在商王朝统治中心稳定在安阳之后,整个环嵩山地区城市水利的发展长期趋向停滞。这一局面直到西周王朝重新选择在洛阳盆地营建成周才逐渐改善。与此同时,随着商代中晚期的社会重组,安阳都邑的重心也由洹北商城向洹河南岸的小屯转移。在此期间,都邑城市形态(尤其城郭结构)的变化促使城市水利系统的建设也与之前有所差异。总的来说,政治权力中心的位移是影响环嵩山地区城市化及城市水利事业发展的关键因素。而区域内稳定政治权力中心的存在,才能在很大程度上促进地区人口的汇聚以及城市化的发展,进一步为城市水利系统的修建和运营提供各种人力、物力等基础保障,是社会上层统治者自上而下进行水资源配置的体现。

值得注意的是,有学者指出晚商甲骨文中已经出现了很多从"舟"的字,以及与船渡、涉水有关的内容[①],传世文献中商王朝统治中心屡迁涉及多次渡河的情况,表明

---

① 张兴照:《商代水利研究》,社会科学出版社2015年版,第106—124页。

商人在一定程度上已经掌握了航运的技术，或积累并具备了港口、渡口等基础水运设施选址、修建、维护的经验和能力。结合二里岗时期形成了以郑州商城为中心辐射广大区域的城市网络，表明城际水利在商代可能已经有了初步发展的迹象，虽然这一时期应该主要是依赖于自然水系，但这为接下来两周时期大规模人工运河（漕运）水利工程的出现和兴盛奠定了基础。

第五章　城市水利系统的兴盛：
周王朝时期的城市水利系统

自是之后，荥阳下引河东南为鸿沟，以通宋、郑、陈、蔡、曹、卫，与济、汝、淮、泗会。于楚，西方则通渠汉水、云梦之野，东方则通（鸿）沟江淮之间。于吴，则通渠三江、五湖。于齐，则通菑济之间。于蜀，蜀守冰凿离碓，辟沫水之害，穿二江成都之中。此渠皆可行舟，有余则用溉浸，百姓享其利……

——《史记·河渠书》

周代由西周和东周早晚两部分组成，是上古三代文明的集大成者，也无疑是对中国后世政治制度、文化观念等各个方面影响最为深远的朝代，这其中也包括了完备城市及配套水利工程规划、营建思想的确立。对于环嵩山地区而言，周王朝结束了区域城市水利建设自商代后期以来长期停滞的状态，并伴随西周、东周时期城市化的兴起又走向了复兴。

根据历史文献记载，周人族群兴起于"戎狄之间"，后迁至关中，并最终取代了商王朝，确立了西周国家的统治地位，也将自身的统治向东扩展至了环嵩山地区代表的中原腹地。为了有效管理广大疆土和殷遗民，周王室不但在洛阳盆地营建成周洛邑，还通过封建亲戚以藩屏周。关中地区周原与丰、镐都邑的考古发现，印证了文献中周人先后营建的"岐周（邑）"与"宗周"，这里自商王朝阶段就是周人的核心聚居区，也是西周国家统治的中心。而今洛阳瀍河两岸超大规模的西周聚落，也证实了周初营建的成周洛邑事实。西周国家由此形成了以关中与洛阳盆地为中心，联系各封国与采邑的行政管理网络和城市群。成周洛邑作为西周国家权力中心向东的延伸，也是环嵩山地区这一时期的权力中心所在，而环嵩山地区也在继二里岗商代国家阶段之后再次被纳入王畿腹地的范畴。西周后期的社会动荡，致使周王室被迫放弃关中，东迁入洛，史称东周，包含了春秋和战国两大阶段。期间诸侯相互兼并，大规模的筑城活动也随之展开，尤其战国阶段掀起了继二里岗早商阶段以来又一轮城郭营建的高潮[1]，以列国

---

[1] 许宏：《大都无城——论中国古代都城的早期形态》，《文物》2013年第10期；许宏：《先秦城邑考古》，金城出版社、西苑出版社2017年版，第32页。

都邑为中心，在原西周国家统治的广域范围形成了列国城市群。结合已有的考古发现可知，这一阶段的环嵩山地区因郑、韩两国相继在新郑建都，形成了以郑韩故城为中心，大体环绕嵩山北、东及南部地区的新兴城市群。而在嵩山西北部的洛阳盆地，此时在东都洛邑的基础上，则形成了以东周王城和东周成周（汉魏故城下的周城）双城东西并列的格局①。

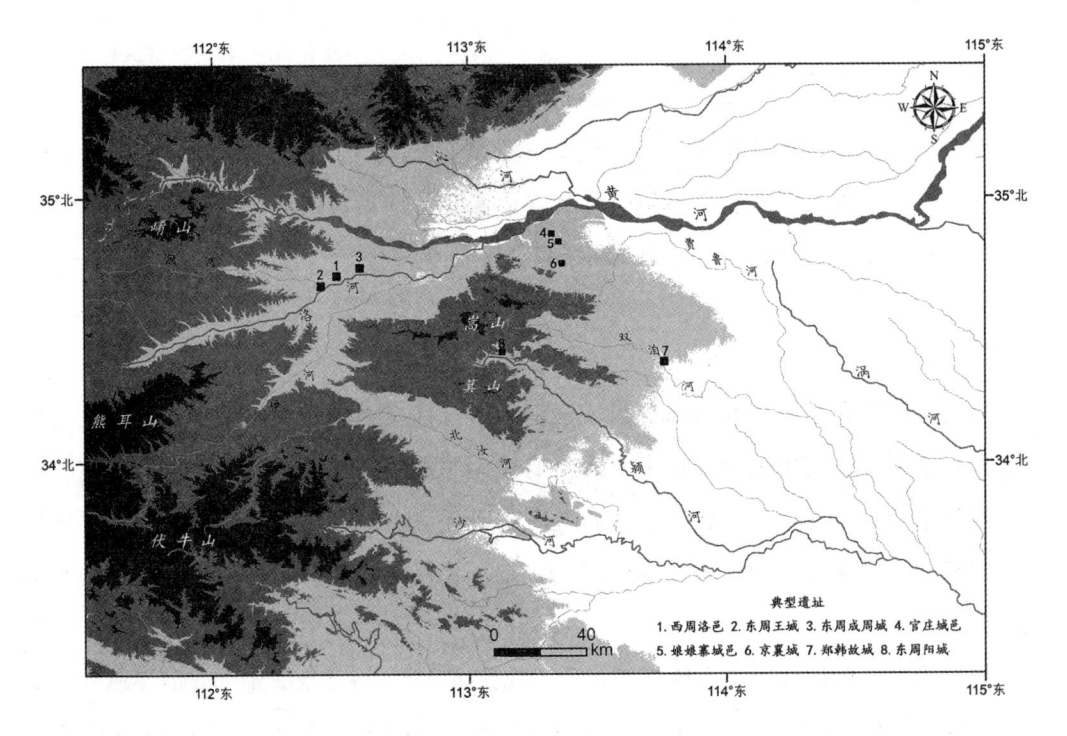

图 5-1 环嵩山地区两周时期城市水利案例分布图

从西周王室都邑的营建到东周一系列城市群的出现，环嵩山地区的城市水利也逐渐恢复重建，特别是进入东周时期以后，在由列国向秦汉大一统帝国的发展过程中，地缘性的社会组织和管理机构趋于完善，逐渐成熟的"编户齐民"以及官僚制度使得国家拥有足够的实力，调动并组织大规模的人力、物力和财力来保证大型水利工程的建设和维护。东周时期是中国古代三代以来水利事业首个空前大发展阶段，列国境内普遍兴修水利，为其经济发展和国力的强盛奠定了坚实的基础。西门豹渠、芍陂、都江堰、郑国渠等都是这一阶段涌现的著名水利工程，其分布涵盖了中国黄河、长江流域的广大地区。与此同时，以环嵩山地区为渠首"鸿沟"的形成也标志着地跨南北、连接不同水系的广域性运河水利工程的出现。除此之外，文献中也不乏列国兴兵征伐

---

① 中国社会科学院考古研究所洛阳汉魏城队：《汉魏洛阳故城城垣试掘》，《考古学报》1998年第3期。

采取引水攻城的记载。上述种种现象均表明,这一时期不仅水利技术已较之前大幅度提高,人们对自然水系的干预和管控也空前强化。更为重要的是,《周礼·考工记》《管子》等经典的出现,标志着相对完善的城市理论和规划理念在历经三代发展之后得以确立,而有关城市水利工程的营建也被吸纳进了城市规划指导思想之中。环嵩山地区此时城市水利工程的兴旺发达,显然也与上述社会历史背景息息相关(图5-1)。

第一节 周王室都邑的城市水利[①]

洛阳地区自二里头之后,长期作为王朝国家都城选址所在,区域内的多条河流很早就得到了开发和利用。该地区在两周时期始终为周王室所居,地区内水系也因此再次历经了大规模的治理,相关城市水利的兴修主要围绕两周都邑展开。有关洛阳地区两周时期的都邑,除洛邑以外,还有"成周"与"王城"的称谓。结合考古发现与文献的对照,大部分学者都认为西周时期洛邑即为周初所建成周,是为一城,东周以后才另建有东周王城[②]。西周的成周洛邑主要集中于今洛阳老城瀍河两岸,而现今涧河之滨的东周城址即为东周王城[③]。成周早、晚却并非一体,汉魏故城下的周代城址是为东周时期的成周城[④],与西周时期成周洛邑的概念不同。

一 周王室都邑的用水条件

西周洛邑以及东周时期的王城与成周城,在洛阳盆地内占据了西靠周山、北依邙山、南邻洛河的广大地域,不仅大体和现今洛河以北的洛阳市区重叠,也与汉魏以后洛阳历代都城相合。其地因西、北部丘陵山地所限,呈现出向东愈加开阔平坦之势,而这在一定程度上影响了地区内河流的流向和流速,并进而影响不同时期古人选址建城。相比于二里头都邑和偃师商城位于洛阳盆地地势相对平缓的东部,对区域水系的

[①] 本章节有关两周时期"穀水"及西周洛邑城市水利系统的论述,参见刘亦方、宋国定《关于西周洛邑城市形态的反思》,待刊。

[②] 李民:《说洛邑、成周与王城》,《郑州大学学报(哲学社会科学版)》1982年第1期;梁云:《成周与王城考辨》,《考古与文物》2002年第5期;徐昭峰:《成周与王城考略》,《考古》2007年第11期。

[③] 中国社会科学院考古研究所洛阳发掘队:《洛阳涧滨东周城址发掘报告》,《考古学报》1959年第2期;中国社会科学院考古研究所:《洛阳发掘报告——1955—1960年洛阳涧滨考古发掘资料》,北京燕山出版社1989年版。

[④] 有学者根据发掘地点命名的原则,将该城址称为韩旗周城,也有学者根据文献中有周敬王居狄泉(即翟泉)成周的记载,直接将其称为狄泉成周城。侯卫东:《论西周晚期成周的位置及营建背景》,《考古》2016年第6期;徐昭峰:《东周王城研究》,科学出版社2019年版,第20页。

开发较为有限，三座周代都邑的位置相对偏西，对区域河流的利用和管控更为充分。至此，洛阳盆地历代城市用水所依的洛、伊、瀍、涧（榖）等四大主干河流皆得以开发①。除此以外，发源于邙山的多条季节性冲沟也能为城市用水作为补充。

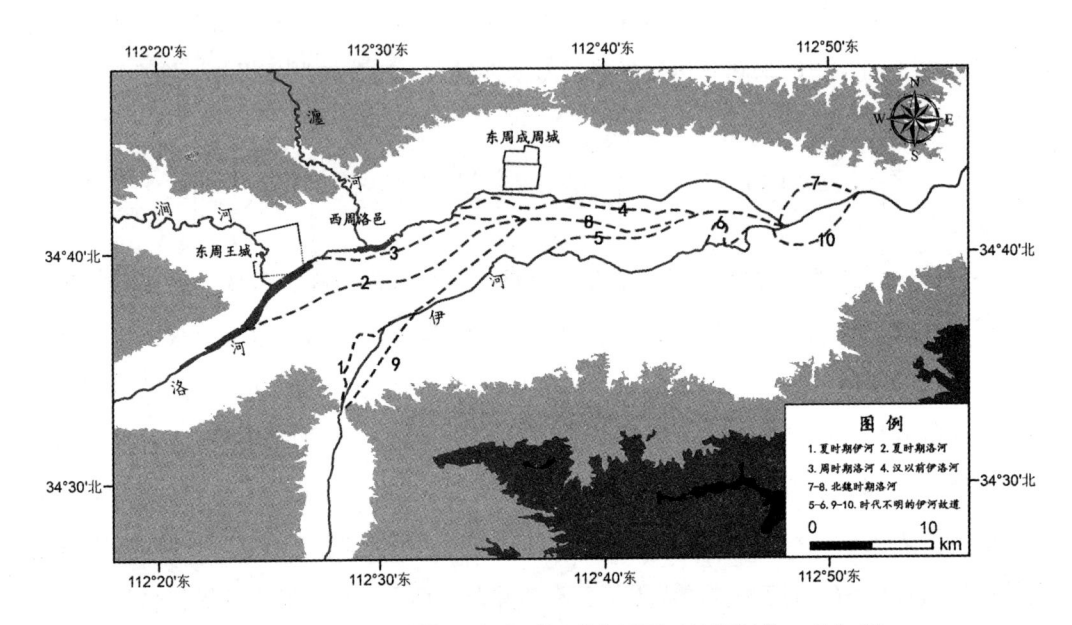

图 5-2　洛阳盆地两周都邑与主要河道变迁图（地图制作：李文成）

改自张本昀、吴国玺《全新世洛阳盆地的水系变迁研究》，《信阳师范大学学报（自然科学版）》2006 年第 4 期。

邙山往南至洛河之间地势平坦。由于洛阳历代水利兴修，早期的自然河流在不同时期已经被一些人工水渠所替代，现在均较难确定其位置，地区水系古今变化较大。两周王都所在地虽然拥有充足的水源，但因河道摆动以及气候因素导致的洪涝或干旱，仍会对地区城市安全造成威胁，两周时期人们显然应该依据水系分布和地形条件建有堰堤、沟渠、陂塘等水利设施。这为洛阳地区汉魏、隋唐历朝大规模的都城引水工程奠定了基础，也推动了地区水系的变迁。汉魏时期大规模引水东流形成的"榖水"以及"阳渠"诸人工水系，隋唐之时营建东都园囿②、疏通漕运等措施，不仅改变了区域内原有水系状况，而且均在一定程度上沿用和改造了两周时期的水利设施。既有的研

---

① 榖水自西而东，与涧水汇流，二者实则为同一条河流。古人将引二水东流的渠道也称作榖水，但该水实则已与自然形成的榖水不同。下文将东引而成的人工榖水水道用引号标明，或直接注明榖水渠道，以示与自然河道的区别。

② 隋之西苑即唐之神都苑，位于隋唐洛阳城西，占地面积广大。其内营建有各类湖泊、水渠等水利设施，并将洛水、榖水涵盖其内。参见（清）徐松（撰），李健超（增订）《增订〈唐两京城坊考〉（修订版）》，三秦出版社 2006 年版，第 280—283 页。

究表明，洛阳盆地诸水之中，洛河、涧河早晚变化最为显著，与周代以及后世历代洛阳城市营建存在密切的互动关系。洛河自全新世以来就有不断北移的趋势，而涧（榖）水自东周以后在人为干预之下也几经变化，自南流入洛改为东流与瀍水合，又再复归南流[1]，与汉魏以后的"榖水"渠道息息相关[2]。

总的来看，两周王都所在洛阳地区拥有发达的水系，这为城市用水提供了十分便利的条件。区域内两周时期水利兴建，使得现今洛阳盆地内的主干河网皆得以开发，这对后世影响深远。洛阳地区历代都城营建皆离不开水利事业的兴盛，致使区域水系早晚变化错综复杂（图5-2）。

二 西周洛邑的城市用水

有关西周洛邑的考古工作虽然历经数十年，但因各种主客观条件的限制，相关考古材料十分零散。下文将结合目前已知其他西周都邑的情况，对洛邑的城市形态及用水情况进行论述。

（一）地理位置与城市形态

现存历史文献中保存了不少周人营建西周洛邑的确切记载。成周洛邑的初立可追溯至武王克商之后"营周居于洛邑而后去"[3]。随后周公、召公辅佐成王继位并重建洛邑，以之为"天下之中，四方入贡道里均"[4]，这在一定程度上表明了成周洛邑的重要性或超越了以丰、镐二京为中心的宗周[5]。关于成周洛邑的位置，《尚书·洛诰》云："周公……予惟乙卯朝至于洛师……我乃卜涧水东、瀍水西，惟洛食。我又卜瀍水东，亦为洛食"[6]。可见西周前期营建的成周洛邑应位于瀍河、涧（榖）水之间以及瀍河两岸，这也与已知洛阳地区西周考古发现大体相合。现今洛阳老城以东、洛河以北的瀍河两岸是西周遗存最为集中和丰富的区域，因而也被普遍认为是西周成周洛邑所在[7]。唯有少数学者指出西周洛邑的范围还应延伸至现今涧河东岸，涵盖了东周王城、汉河南

---

[1] 张本昀、吴国玺：《全新世洛阳盆地的水系变迁研究》，《信阳师范大学学报（自然科学版）》2006年第4期。
[2] 王炬：《榖水与洛阳诸城址的关系初探》，《考古》2011年第10期。
[3] （西汉）司马迁（撰）：《史记》卷四《周本纪》，中华书局点校本1982年版，第129页。
[4] （西汉）司马迁（撰）：《史记》卷四《周本纪》，中华书局点校本1982年版，第133页。
[5] 杨宽：《中国古代都城制度史》，上海人民出版社2006年版，第44页。
[6] （西汉）孔安国（传），（唐）孔颖达（正义），黄怀信（整理）：《尚书正义》，上海古籍出版社2007年版，第591—617页。
[7] 叶万松、张剑、李德方：《西周洛邑城址考》，《华夏考古》1991年第2期。

县城及隋唐宋洛阳城宫城所在的广大地域[①]。需要说明的是，目前发现于瀍河两岸的西周遗存普遍时代早且规格高，涧（榖）河附近的西周遗存则大多属于西周后期[②]，因而我们暂以洛阳老城瀍河两岸为西周初期营建洛邑的核心区应无太大问题。

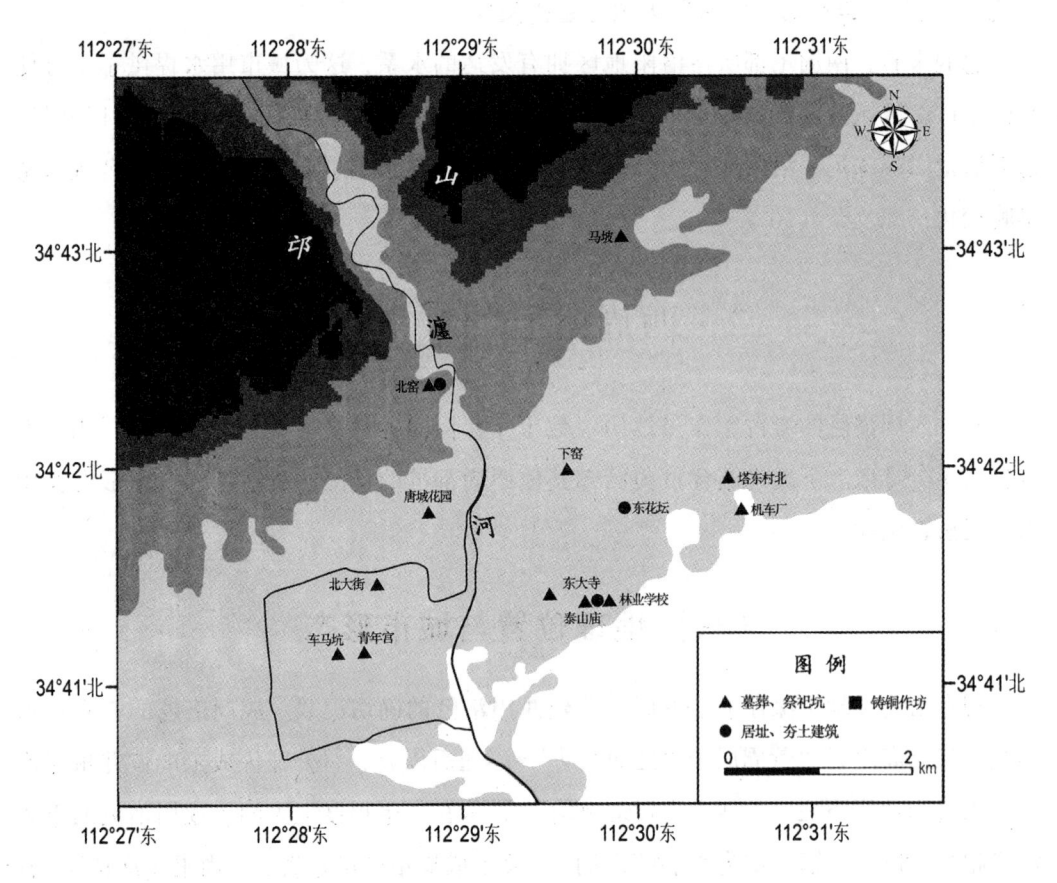

图 5-3　洛阳瀍河两岸发现西周前期遗存分布图（地图制作：李文成）

多年的考古工作表明，瀍河两岸西周时期不同等级的周人、殷遗民墓地与居住区、各类手工业作坊、祭祀遗址、大型道路等充斥其间（图 5-3），且并未发现西周洛邑有修建城垣的迹象。《逸周书·作雒解》所谓"立城方千七百二丈，郛方七十（二）里，南系于洛水，北因于郏山，以为天下之大凑"[③]，或应指的是西周洛邑将洛阳盆地内周邻的自然山川作为城郭边界[④]。有学者推测西周洛邑应具备西部宫城连接东部郭城的布

[①] 杨宽：《中国古代都城制度史》，上海人民出版社 2003 年版，第 49 页；[日] 饭岛武次：《洛阳西周时代的遗址与成周、王城》，《考古学研究（五）》，科学出版社 2003 年版。
[②] 刘富良：《洛阳西周陶器墓研究》，《考古与文物》1998 年第 3 期；宋江宁：《文献、金文和考古资料在西周史研究中关系的讨论》，《三代考古（五）》，科学出版社 2013 年版。
[③] 黄怀信（撰著）：《逸周书校补注释》，西北大学出版社 1996 年版，第 255 页。
[④] 杨宽：《中国古代都城制度史》，上海人民出版社 2003 年版，第 45 页。

局，并具备秩序井然的功能区划①。虽然其有关西周洛邑建有专门王室居住区即宫城的观点应该引起重视，但这一看法仍有待进一步考古工作的证实。总体上，瀍河两岸已发现的各类西周遗存较为混杂，以瀍河两岸为代表的西周洛邑核心区中，不同族群很可能是共处的，且并不能看出对功能区进行统一规划的迹象②。这一特征不但与关中地区周人故地的周原、丰镐相仿③，也似乎继承了晚商时期殷墟都邑"大邑商"的布局模式④，呈现出以周王室成员活动空间（王室宫殿、宗庙等）为中心，不同居邑松散布局的城市形态⑤。

（二）城市水利系统的构建

西周洛邑的城市形态体现出与关中地区西周都邑类似的特征。其地处两河之间并以其中一条河流为核心区，这一布局形式也与关中地区的周原都邑基本相同⑥。有鉴于此，西周洛邑的城市水利也应与关中地区有着内在一致性。尽管有关西周洛邑水利设施的考古发现甚少，但关中周原及丰镐的相关发现与研究为分析洛邑城市用水提供了可靠的参照。既有的研究表明，关中地区的周原与丰镐都邑均是利用自然河沟与湖泊设置引、蓄、供水设施⑦，并由水池、各主次渠道、居邑界壕及邑内沟渠等构成复杂的水利系统。这些水利工程不仅属于都邑公共基础设施，同时也将都邑内不同的居邑有机联系在一起⑧。结合《水经注》等文献记载和既有考古线索，成周洛邑的城市水利工程也与之相仿，由引输水主渠和分支沟渠（居邑水系）两部分构成。

---

① 不同学者对西周洛邑宫城位置的认识存在差异。童书业、杨宽指出文献中的"王城"实则就是周王居住的宫城，西周洛邑的宫城应当在涧滨东周王城一带寻求。蔡运章等则认为西周成周洛邑宫城应在现今洛阳老城地区。参见童书业（著），童教英（整理）《童书业历史地理论集》，中华书局2004年版，第178—199页；杨宽：《中国古代都城制度史》，上海人民出版社2003年版，第50页；蔡运章、俞凉亘：《西周成周城的结构布局及其相关问题》，《中原文物》2016年第1期。
② 宋江宁：《文献、金文和考古资料在西周史研究中关系的讨论》，《三代考古（五）》，科学出版社2013年版。
③ 雷兴山、种建荣：《周原遗址商周时期聚落新识》，《大宗维翰：周原青铜器特展》，文物出版社2014年版，第18—26页；付仲杨：《丰京遗址水系与聚落布局》，《江汉考古》2019年第5期。
④ 唐际根、荆志淳：《安阳的"商邑"与"大邑商"》，《考古》2009年第9期。
⑤ 王鹏：《从西周金文材料看一座西周都邑的基本空间构成》，《建筑史（第43辑）》2019年第1期。
⑥ 刘建国：《GIS支持的聚落考古研究》，中国地质大学，博士学位论文，2007年，第69页。
⑦ 张煜珧：《周原西周水资源利用的初步认识》，《中国国家博物馆馆刊》2019年第1期；王迪、魏泽华：《再议丰京遗址新发现的水系遗存》，《中原文物》2019年第3期。
⑧ 陕西省考古研究院、北京大学考古文博学院、宝鸡市周原博物馆：《周原遗址东部边缘——2012年度田野考古报告·序言》，上海古籍出版社2018年版，第3—4页；《周原遗址东部边缘——2012年度田野考古报告·结语》，第494—495页；雷兴山、种建荣：《周原遗址商周时期聚落新识》，《大宗维翰：周原青铜器特展》，文物出版社2014年版。

1. 引（给）输（排）水主渠——"穀水"的形成

结合西周洛邑的地理位置可知，瀍河与涧（穀）水与城市引蓄水关联最为密切。其中，涧（穀）河流程长，容纳众多大小支流，水量大，流速快，进入平地后若缺乏有效管理则易发生水灾，东周之时就曾毁坏王城①。相比之下，瀍河支流少且规模小，容易受控，自西周以降，除东汉以来引其水东流至汉魏故城之外②，河道稳定并无大规模改道的历史。由此可见，西周前期营建成周洛邑首选瀍河两岸，显然与上述各河流的水文特征有关。然而瀍河缺乏大型支流汇入，其水量有限。尽管发源自邙山的季节性河沟也能为西周洛邑提供水源，但其水量不定且存在冲蚀城市功能设施的隐患，这其中也包括被一些学者认为是"古涧水"的"史家沟"③，因此，引（给）输（排）水渠道的修建对于西周时期的成周洛邑至关重要。

引涧（穀）水东流并收集发源于邙山的南北向水流，是有文献记载以来，特别是东汉以降洛阳历代都城兴修水利的一贯做法，由此形成了自西向东横贯历代洛阳城的"穀水"水系。该水利事业与西周时期的引（给）输（排）水工程密切相关。一般认为，东汉时期修建"阳渠"，引穀、洛水环绕并贯穿汉魏洛阳城，明确形成了连通涧（穀）、瀍、洛水三大水系的"穀水"渠道（即"阳渠"）④。隋唐洛阳城则又在汉魏"穀水"的基础上，兴建西苑、上阳宫及宫城池苑、漕渠等水利设施⑤。由此可见，作为洛阳地区一条东西向的人工水系，"穀水"不但为汉魏以来洛阳都城用水提供了水源，也成为城市的一道防御屏障，起到了保护城市免受季节性山洪冲蚀的功能。值得注意的是，传世文献中自周公卜宅洛邑之后，"涧水"之名渐隐，"穀水"之名自东周时期开始逐渐盛行。结合洛阳历代都城水利的设置，我们认为"穀水"作为一项城市水利工程，其时代应不晚于东周，并且能够上溯至西周时期。

《国语》卷三《周语》下："灵王二十二年，穀、洛斗，将毁王宫……王卒壅之"⑥，《水经注》卷十六《穀水》引《左传》襄公二十四年（公元前549年）韦昭注

---

① 《国语》卷三《周语》下："灵王二十二年，穀、洛斗，将毁王宫……"参见（春秋）左丘明（撰），徐元诰（集解），王树民、沈长云（点校）《国语集解》，中华书局2002年版，第92页。
② 《水经注疏》卷十五《瀍水》："瀍水又东南流，注于穀。穀水自千金堨东注，为之千金渠也。会贞按：……自堨以下至入洛，瀍水与穀水同流……"（北魏）郦道元（著）（清）杨守敬（纂疏）熊会贞（参疏）：《水经注疏》，湖北人民出版社、湖北教育出版社1997年版，第997页。
③ 叶万松、李德方：《三代都洛水系考辨》，《河南文物考古论集》，河南人民出版社1996年版；叶万松、张剑、李德方：《西周洛邑城址考》，《华夏考古》1991年第2期。
④ 周勋：《曹魏至北魏时期洛阳用水研究》，陕西师范大学，硕士研究生学位论文，2016年，第16—17页。
⑤ 王炬：《谷水与洛阳诸城址的关系初探》，《考古》2011年第10期。
⑥ 徐元诰（撰），王树民、沈长云（点校）：《国语集解》，中华书局2002年版，第92页。

曰：" 洛水在王城南，穀水在王城北，东入于瀍。至灵王时，穀水盛，出于王城西，而南流合于洛，两水相格，有似于斗，而毁王城西南也"①。结合《水经注》记载涧水"旧与穀水乱流，南入于洛"②，可知涧（穀）水出山后，在不受人工干预的情况下，南入洛水应是其自然故道。"穀水"东流应是在相应引水工程建成后确立的新水道，其在不晚于周灵王之时就已经形成。除了东流的渠道以外，"穀水"水利工程还应包括湖泽一类调蓄水量的水利工程。而"毁王城"事件的发生，则是由于缺乏对引水工程的整体性维护和管理，仅修筑堰坝并不能阻止水流在水量过大时复归南下的故道。

《水经注》卷十六《穀水》提到东周王城西北"有石碛……北出为'湖沟'"，这些湖泽在雨季时会连成大面积水域，北魏太和四年就曾在此"造沟以通水，东西十里，决湖以注瀍水"③。这说明"石碛湖""湖沟"即为早期引蓄水设施的孑遗，并保留有石砌遗迹，属于"穀水"水利工程的重要组成部分，在北魏时期仍然能够发挥功效。其位置在东周王城西北角不远处（图5-4）。现今东周王城西北部东干沟、西干沟一带拐曲的河道，应该就与早期的城市水利工程有关。

总的来说，"穀水"水利工程主体应由蓄水调控的湖泊、引输水渠道等部分构成。在主蓄水湖沼与主引水渠道之间还应存在多道附属的拦蓄及引输水设施，形成《水经注》中的"湖沟"。"穀水"水利的主蓄水湖还设置有石块垒砌的堤堰，形成所谓的"石碛湖"和构成大型水库。从形制结构上看，这项水利工程与周原云塘西周前期大型蓄水池塘和连通沟渠几近相同。周原云塘蓄水池也是采用石板、石块叠砌，构成堤堰④。类似的湖沼、沟渠或古河道在周原其他发掘点以及丰镐都邑亦有发现⑤，这表明这类水利工程的修筑具有相同的时代特征，洛阳"穀水"工程的年代也很可能与关中地区的西周都邑相同，是与成周洛邑同时营建的城市水利设施。在"穀水"水利工程建成后，成周洛邑还设专人对其进行管理。

今涧滨五女冢一带发现有西周前期的墓葬⑥，其基本就位于上述"穀水"水利工程

---

① （北魏）郦道元（著），陈桥驿（校证）：《水经注校证》，中华书局2007年版，第391页。
② 《水经注》卷十五《涧水》，参见（北魏）郦道元（著），陈桥驿（校证）《水经注校证》，中华书局2007年版，第380页。
③ （北魏）郦道元（著），陈桥驿（校证）：《水经注校证》，中华书局2007年版，第391页。
④ 宝鸡市周原博物馆、宝鸡市考古研究所：《周原遗址池渠遗存的钻探与发掘》，《周原（第1辑）》，三秦出版社2013年版。
⑤ 中国社会科学院考古研究所丰镐队：《西安市长安区丰京遗址水系遗存勘探与发掘》，《考古》2018年第2期；周原考古队：《陕西宝鸡市周原遗址2014—2015年的勘探与发掘》，《考古》2016年第7期；陕西省考古研究院等：《周原遗址东部边缘——2012年度田野考古报告》，上海古籍出版社2018年版。
⑥ 洛阳市第二文物工作队：《洛阳五女冢西周墓发掘简报》，《文物》1997年第9期；洛阳市第二文物工作队：《洛阳五女冢西周早期墓葬发掘简报》，《文物》2000年第10期。

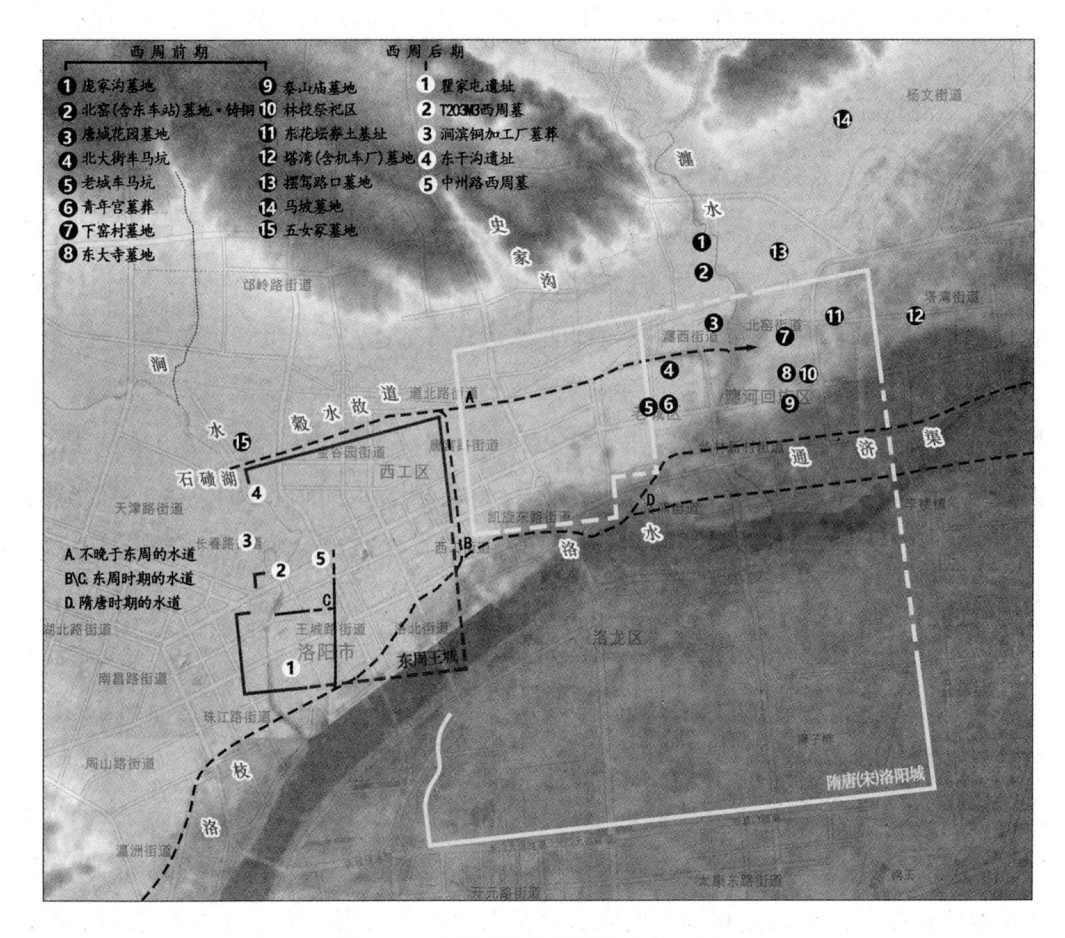

图 5-4 洛阳瀍涧流域两周遗存分布图

的关键区域。值得注意的是，五女冢与西周前期遗存集中分布的瀍河两岸相隔约 10 千米，二者之间的区域罕有同期遗存的发现，显得较为突兀。五女冢发现的几座墓葬不但出土铜礼器，还采用腰坑葬俗。上述种种不同寻常的考古现象虽然与考古发现的偶然性以及现代市区开展考古工作的局限性等因素有关，但也在一定程度上暗示墓主生前的身份地位十分特别。与墓葬毗邻的"榖水"水利工程最有可能与之存在内在关联。五女冢西周墓很可能就是西周前期监管水利的专职人员，且为"殷遗"。成周洛邑居住有大批殷遗民，其中掌握专业技术的人员仍然得到周王室的任用，五女冢西周初期墓葬或为其中擅长水利的"水工"。现今涧（榖）河两岸发现的其他西周后期遗存也不排除与该项水利工程的监管有关。此外，西周金文中已经出现有水利设施的记载，并且这些水利设施均是委派给专人负责管理的[①]。从西周金文中有关城市水利设置与管理的内容看，上述推论不无可能：

---

① 王鹏：《从西周金文材料看一座西周都邑的基本空间构成》，《建筑史（第 43 辑）》2019 年第 1 期。

《羖簋盖（集释4243）》：唯二月初吉，王在师司马宫大室，即位。井伯入佑羖，立中廷，北向。内史尹册赐羖，玄衣、黹纯、旂四日，用大备，于五邑守堰。拜稽首，敢对扬天子休。用作宝簋，其万年子子孙孙永宝用。

《微䜌鼎（集释2790）》：唯王廿又三年九月，王在宗周，令微䜌讯司九陂。䜌作朕皇考鼒彝尊鼎。䜌用享孝于朕皇考，用赐康册鲁休，纯佑眉寿永命灵终。其万年无疆，䜌子子孙永宝永享。

上述两例铭文中提到的"堰"和"陂"均是拦蓄、汇集水流的水利工程设施，并分属于"五邑"和"宗周"。从数量看，西周城市内水利工程的营建已经十分普遍，在丰镐都邑内还存在更为复杂的水利设施。"守堰"和"司九陂"则是指对这些水利设施进行管理或还担任具体职官。西周洛邑的"穀水"工程和五女冢西周墓的空间分布关系，与上述这些金文材料相呼应。

综上所述，"穀水"水利工程在西周时期应已初具规模，并有专人负责日常看管和维护。其作为西周洛邑水利工程的主干，起到了调蓄、供给城市用水以及排洪的多重功能。东周以后历代洛阳都城修建的"穀水"渠道则均是在西周水利工程的基础上，经过不断改造、扩建形成的。

2. 居邑分支沟渠的线索

除了上述城市引输水干渠工程以外，成周洛邑还存在其他分支沟渠，不仅解决了居邑内部供排水，也将不同居邑的用排水与引输水主干联系起来。尽管成周洛邑内的分支沟渠并没有得到系统的揭示，但对此仍然有一些考古线索。

已有考古发现表明，瀍河两岸的西周居邑设置有不同的沟渠设施，具有一定规模的地面式房屋建筑则建有配套的陶水管道。例如，在洛阳北窑西周铸铜作坊范围内，曾在房屋建筑所在区域揭示出一段东西走向的地下陶水管道[1]，根据发现的柱础分布看，其应是大型建筑排水所需。另有学者指出，在铸铜作坊与北窑西周贵族墓地之间还分布有一条东西向的壕沟[2]。该壕沟应属于居邑界壕的一部分，起到了界隔和输排水的功能。上述这些遗存在丰镐、周原均有发现。在丰镐都邑客省庄、花园村等高等级贵族居邑，不但发现有壕沟，也发现有和高等级宫殿建筑配套使用的陶水管道及石砌水道[3]。而在周原凤雏、召陈等与王室活动有关的居邑，也发现类似的

---

[1] 洛阳市文物工作队：《1975—1979年洛阳北窑西周铸铜遗址的发掘》，《考古》1983年第5期。
[2] 蔡云章、俞凉亘：《西周成周城的结构布局及其相关问题》，《中原文物》2016年第1期。
[3] 中国社会科学院考古研究所沣西发掘队：《陕西长安沣西客省庄西周夯土基址发掘报告》，《考古》1987年第8期；陕西省考古研究所：《镐京西周宫室》，西北大学出版社1995年版，第47—48页。

沟渠与界壕①（图5-5、图5-6）。由此可见，成周洛邑包括王室成员在内的不同居邑也应设置有类似的分支沟渠。这些居邑水系与"榖水"工程共同构成了西周洛邑的城市水利系统。

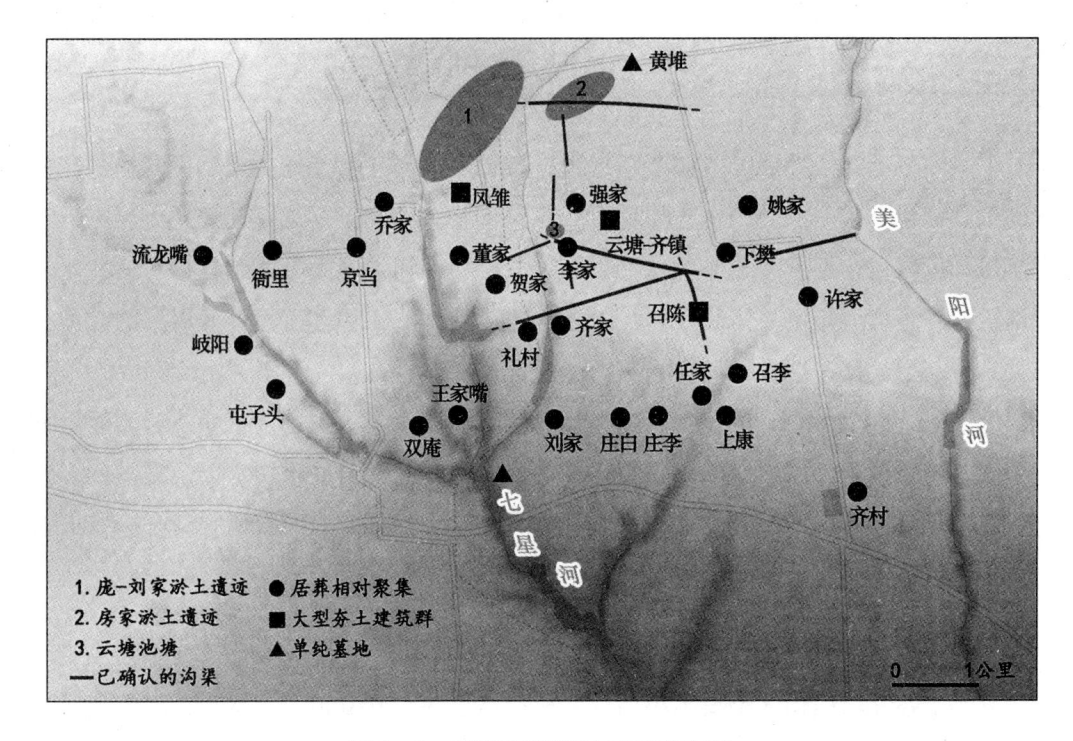

图5-5 周原聚落形态与水系分布图

改自雷兴山、种建荣《周原遗址商周时期聚落新识》，文物出版社2014年版。

综合上述分析，我们不难发现西周洛邑的水利工程设置与周原、丰镐都邑基本相同。更为重要的是，三者一定程度上均具有"聚邑成都"的城市形态，且城市水利也均是由池、渠、堰、陂等系列水利设施构成，并由此加强了不同居邑的相互联系。而这种城市形态与水利系统设置的理念和具体实践，与前文分析的商代晚期殷墟都邑十分相似。尽管不排除各地区独立发展的可能，但文献中有"周因于殷礼"的记载②，反映了商、周在制度层面的沿革，实则也暗示了商王朝对后继的西周国家各方面产生的巨大影响，或许也应该视作是对上述现象的合理解释之一。商周的变革促使不同社会身份人群的流动和融合，带来了技术、文化、思想观念的互通与交流。伴随社会重组的过程，城市的规划营建和水利工程设置也得以承袭和延续。

---

① 陕西周原考古队：《陕西岐山凤雏村西周建筑基址发掘简报》，《文物》1979年第10期；陕西周原考古队：《扶风召陈系统建筑群基址发掘简报》，《文物》1981年第3期。

② 《论语·为政》。（三国）何晏（注），（宋）邢昺（疏）：《论语注疏》，上海古籍出版社1990年版，第18页。

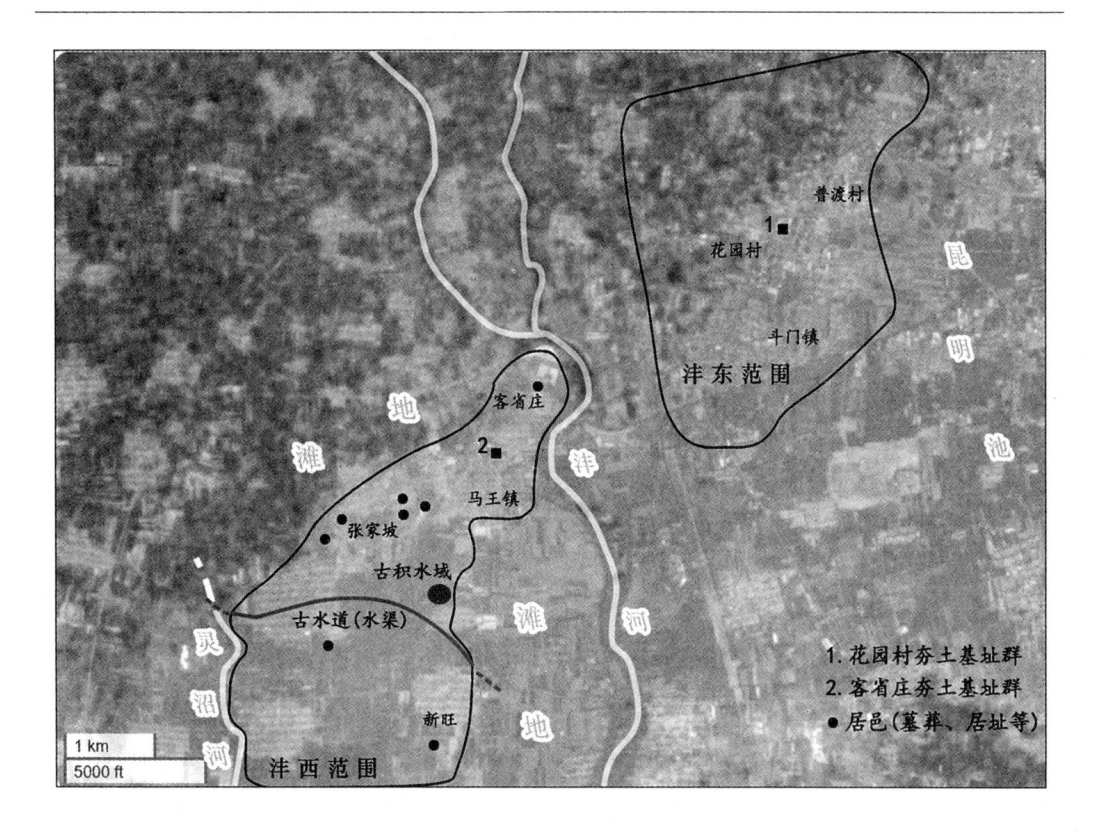

图 5-6　丰镐聚落形态与水系分布图

改自付仲杨等《丰镐遗址近年考古工作收获与思考》,《三代考古（八）》科学出版社 2019 年版。

三　东周王都的城市水利

伴随西周国家的灭亡,自平王东迁入洛后进入东周阶段,周王室地位从此一落千丈。尽管春秋战国凡 500 多年,洛阳仍为周王室的王畿之地,但西周时期营建洛邑的城市形态却发生了巨大变化。东周王城和东周成周城分列东西,取代了西周时期一统的都邑形态,也是这一时期社会裂变、激荡的真实写照。在此背景下,符合新建王都需求的水利工程代为兴起。西周时期确立的城市水利系统也逐渐缺乏有效的统一维护,或被改造,或弃置不用,地区水系也因此经历了较大的变迁。文献记载东周阶段洛阳王畿内水旱灾害增多,除"穀、洛毁王宫"之外,《水经注》引《竹书纪年》云"晋定公二十年（公元前 493 年）,'洛绝于周'。魏襄王九年（公元前 310 年）,'洛入成周,山水大出'"[①],结合文献中记载东周时期周王室实力衰微,至战国阶段权力甚至旁

---

① 《水经注》卷十五《洛水》,参见（北魏）郦道元（著）,陈桥驿（校证）:《水经注校证》,中华书局 2007 年版,第 369 页。

落于东、西周君，其力已经很难对地区水系进行全面管控。可见东周时期地区水系与相应水利事业的种种变化与周王室权威的衰落息息相关。

（一）东周成周城的引水工程

20世纪80年代在汉魏故城发现一座两周之际的城址，其在春秋晚期及战国时期还历经了大规模扩建①。学界对该城的意见一致，是为《左传》记载昭公三十二年（公元前510年）周敬王"城成周"所在。此城初建或可追溯至西周后期周王室处于东对淮夷、西对犬戎（猃狁）战争高峰之时，体现出较强的军事防御色彩②。周敬王时期对其进行修建，则是与王室内部纷争的政治局面有关。总体上，东周成周城的营建具有复杂、动荡的社会历史背景。

根据《左传》昭公三十二年载"己丑，士弥牟营成周，计丈数，揣高卑，度厚薄，仞沟洫，物土方，议远迩，量事期，计徒庸，虑材用，书糇粮，以令役于诸侯，属役赋丈"③，说明在周敬王时期，东周成周城应是按照规划实施建设，其城垣是由各诸侯国分段包工营建而成，城市设计涵盖了包括城壕在内的水利设施。尽管目前已知东周成周城内中部存在两周之际和战国时期的墓葬④，但由于城址被完全叠压于汉魏洛阳城之下，探讨其形态布局极为困难，城市水利设置的具体情况更是不明。我们只能结合汉魏故城的水利设置，勾勒出东周成周城引水的基本状况。

《左传》昭公三十二年"合诸侯之大夫于狄泉，寻盟，且令城成周"⑤，《左传》定公元年"晋魏舒合诸侯之大夫于狄泉，将以城成周……"⑥ 均提到"狄泉"，应是东周成周城一处重要地标。"狄泉"即为翟泉，《水经注》卷十六《穀水》云："……洛阳县之南池……即故狄泉也……皇甫谧曰：悼王葬景王于翟泉。今洛阳太仓中大冢是也……今案：周威烈王葬洛阳城内东北隅……翟泉在两冢之间，侧广莫门道东，建春门路北……"⑦《洛阳伽蓝记》则记载华林宫苑的各类水池"皆有石窦流于地下，西通穀水，东连阳渠，亦与翟泉相连"⑧。由此可见，汉魏时期，狄泉（翟泉）位于都城内东北部，是宫

---

① 中国社会科学院考古研究所洛阳汉魏城队：《汉魏洛阳故城城垣试掘》，《考古学报》1998年第3期。
② 侯卫东：《论西周晚期成周的位置及营建背景》，《考古》2016年第6期。
③ 杨伯峻：《春秋左传注（第二版）》，中华书局1990年版，第1518—1519页。
④ 中国社会科学院考古研究所洛阳汉魏城队：《河南洛阳市汉魏故城M175西周墓发掘简报》，《考古》2014年第3期；中国社会科学院考古研究所洛阳汉魏城队：《河南洛阳市汉魏故城三座东周墓的发掘》，《考古》2014年第9期。
⑤ 杨伯峻：《春秋左传注（第二版）》，中华书局1990年版，第1518页。
⑥ 杨伯峻：《春秋左传注（第二版）》，中华书局1990年版，第1522页。
⑦ （北魏）郦道元（著），陈桥驿（校证）：《水经注校证》，中华书局2007年版，第394、395页。
⑧ （北魏）杨衒之（撰），周祖谟（校释）：《洛阳伽蓝记校释》，中华书局2010年版，第53页。

城东侧重要的蓄水设施,与"榖水"等水利设施相通,属于汉魏故城城市水利系统的一部分,不但可以调蓄水量,也可作为池苑以美化城市环境。结合上文周敬王"城成周""盟于狄泉"等文献可知,作为城市水利的一部分,汉魏时期的狄泉(翟泉)显然应在不晚于周敬王时期就已形成。而根据前文所述西周洛邑城市水利系统的构建,我们有理由认为狄泉在当时也是汇集邙山季节性水流形成的一座池陂,东周成周城水利的基本构成应与西周洛邑类似,狄泉(翟泉)是其引输水工程的关键组成部分,或与东周成周城的壕沟等沟渠水道相连,发挥蓄水调控的功能。

(二)东周王城的城市水利系统

关于东周王城的考古工作开展较多,历史文献也相对丰富。尽管东周王城在秦统一后一度被"堕坏城郭"[1],两汉时期在原址上设河南县城,规模缩小,隋唐时期则又将其作为皇家园林区的一部分,历代的破坏与改建对揭示其城市形态及相关水利设施影响深远,但相对于东周时期的成周城而言,关于东周王城的城市形态与水利仍存在较多的线索可寻。从已有的考古发现看,东周王城呈现出郭城与宫城相套的布局结构,但其早晚仍然有所变化。春秋时期的东周王城尚未营建外郭[2],而至战国时期才迎来了城市建设的高峰[3]。城内的功能分区也日益完善,形成了西南部为宫殿区(含宫城及其南侧的大型夯土基址)和仓储区并列,北部为各类手工业作坊区及市场,西侧为包括高等级贵族在内的墓葬区功能分区[4],与《周礼·考工记》"前朝后市"格局相应。其中,尽管春秋以来宫殿区均在今东周王城西南部的瞿家屯一带,但早晚变化较为复杂。战国时期缩小了原有宫城范围,到了战国晚期因"东西周分治"[5],宫城归属西周君,周王徙居王城只能选择在宫城南墙(即郭城南区)外侧另建居所[6]。而在东周王城城市形态变化的背景下,其城市水利始终以城西侧的涧(榖)水和南部的洛河、伊河为水源,自城郭以外地区开始设置,早晚皆以宫殿区水利设施的修建为核心。

1. 城市外侧的水利工程

东周王城外围的水利工程,一方面包括了对于涧(榖)水的改造和引导,另一方

---

[1] (西汉)司马迁(撰):《史记》卷六《秦始皇本纪》,中华书局点校本1982年版,第252、280页。
[2] 徐昭峰:《成周与王城考略》,《考古》2007年第11期。
[3] 周永珍:《关于洛阳周城》,《洛阳考古四十年》,科学出版社1996年版。
[4] 孙智富:《东周列国都城城市布局形态研究》,山东大学,硕士学位论文,2013年,第8—11页;徐昭峰:《东周王城研究》,科学出版社2019年版,第115页。
[5] (西汉)司马迁(撰):《史记》卷四《周本纪》,中华书局点校本1982年版,第160页。
[6] 徐昭峰、朱磊:《洛阳瞿家屯东周大型夯土建筑基址的初步认识》,《文物》2007年第9期。

面也包含了对洛水和伊水的利用。前者与西周时期的"榖水"水利工程的沿革密切相关。后者则除了与东周王城给排水有关以外，还体现了王城与同期成周城的互动关系。

结合前文对西周城市水利的论述，西周洛邑修建了引涧（榖）水东流的大型"榖水"工程，这项水利设施的正常运行则需要综合维护和定期疏浚，但这对于东周时期日益衰败的周王室来说已较难负担。虽然春秋时期周灵王建有拦截水流的堰坝，并且可能疏通了部分"榖水"渠道或另辟新渠试图将水东引，但其仍然因水势过大而复归故道南下。战国时期修葺郭城城垣时，则顺势将南下的涧（榖）水道及"榖水"旧渠改为城壕。已有的考古发现表明，战国时期东周王城郭城西垣北段依涧（榖）河道走向迤逦南行，显然是将其作为城市外侧的防御壕沟。西郭城垣南段内、外也均发现有与城垣平行的沟渠遗迹①，这些沟渠即是利用"榖、洛斗"的河道改建而成，城垣外侧者也就是东周王城西郭外的城壕，城垣内侧者则应是宫城壕沟。此外，在东周王城北城垣外侧发现的东西向河道遗迹，即是"榖水"干渠的故道②，同时也是战国时期东周王城北郭外的壕沟。而在东周王城东郭城垣外侧，也发现有战国时期的壕沟遗存③。由此可见，战国时期东周王城西、北、东三面城壕均是在"榖水"引水工程早晚变迁的基础上，改造旧有水道而成。在东周王城南部，历史时期洛河不断北移，不同阶段人们也都对其加以控制和利用。尽管东周王城南部瞿家屯以东部分已被毁蚀殆尽，但考古工作者还是发现了南城垣及城壕遗迹④，后者或还利用了洛河河道。总体上，战国时期东周王城将邻近城垣的自然河道以及早期的水利设施改造成为城壕，不但利于城市排水，也增强了城市的军事防御能力。

除此之外，战国时期东周王城因其地处上游之便，开发伊河、洛河的漕运、灌溉等功能，建立起城际间水利工程。《水经注》卷十五《洛水》记载了伊河一段联系东周王城与成周城的渠道，即"伊水自（伊）阙东北流，支津右出焉。东北引溉，东会合水"，并引《战国策》指出该渠的重要作用，"东周欲为田，西周不下水。苏子见西周君曰：今不下水，所以富东周也。民皆种麦，无他种，欲害之，不如下水以病之。东周必复种稻，种稻而复夺之，是东周受命于君矣。西周遂下水。"⑤ 由此可见，战国时期东周王城利用伊河支渠，通过建造水闸等水利工程设施来控制水量，不仅有利于自身城市用水，也加强了对下游东周成周城的资源控制和掠夺，水利工程建设成了城市之间、封国之间获取

---

① 徐昭峰：《东周王城研究》，科学出版社2019年版，第60、61页。
② 王炬：《谷水与洛阳诸城址的关系初探》，《考古》2011年第10期。
③ 郑州大学历史学院、洛阳市文物工作队：《洛阳东周王城东城墙遗址2004年度发掘简报》，《文物》2008年第8期。
④ 洛阳市文物考古研究院：《洛阳东周王城城墙遗址2013年度发掘简报》，《洛阳考古》2015年第4期。
⑤ （北魏）郦道元（著），陈桥驿（校证）：《水经注校证》，中华书局2007年版，第378页。

2. 城内水利工程设置

早年在东周王城的郭城范围，零星发现有分段套接的陶水管道[1]，表明城市应建设有相对完善的输排水管道工程。但从目前的考古发现看，东周王城内布局较明确的大规模水利设施主要集中于西南部的宫殿区。其中，宫城紧贴郭城西南隅，西、南侧分别有涧（穀）水和洛河作为城壕。宫城北侧、今洛阳市行署路一带则发现有北宫城墙和城壕设施[2]，与宫城东墙及东壕相连。由于战国时期建有粮窖仓储区，人们又重修了宫城东墙和壕沟，将缩小后的宫城与粮窖区相区隔[3]（图5-7）。新开辟的宫城北、东

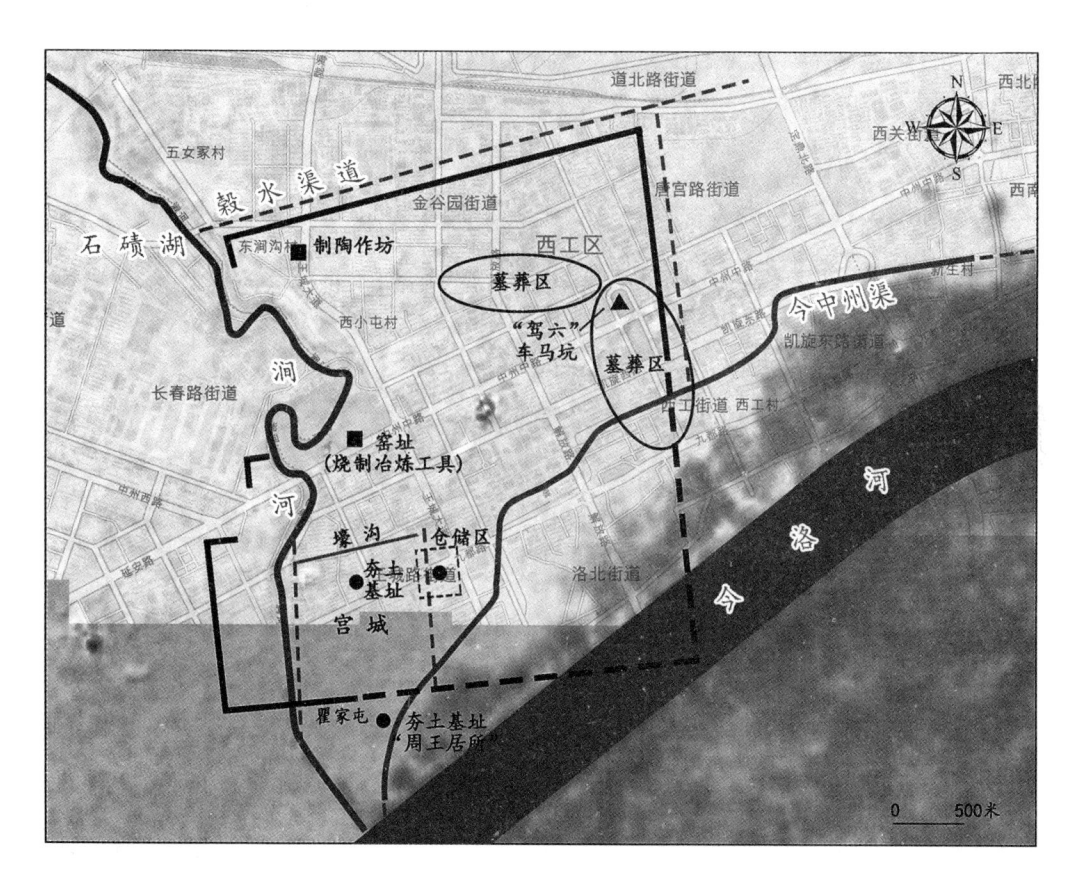

图5-7 东周王城布局与水系分布图

改自徐昭峰《东周王城研究》，科学出版社2019年版。

---

[1] 中国社会科学院考古研究所：《洛阳发掘报告》，北京燕山出版社1989年版，第109页。

[2] 中国社会科学院考古研究所：《洛阳发掘报告》，北京燕山出版社1989年版，第139—140页；王炬：《洛阳东周王城内发现大型夯土基址》，《中国文物报》1999年8月29日第1版。

[3] 洛阳博物馆：《洛阳战国粮仓试掘纪略》，《文物》1981年第11期；洛阳文物工作队：《洛阳市第十三中学大壕沟发掘简报》，《洛阳考古发现（2007）》，中州古籍出版社2009年版，第89—97页。

侧的沟渠均主要引用城西侧的涧（榖）水，由此构成了环绕宫城四周的输排水和防御工程，并为宫城及宫城南部周王居所的水利设施提供了水源。由此可见，包括宫城和宫城南部周王居所在内的王城宫殿区水利系统相对独立，与郭城其他功能区的水利设置连通较少。其中，关于宫城内部的输排水设施，由于发现较少，目前仅已知在宫城内北侧存在南北向的陶水管道[1]，应与宫城北墙外的引涧（榖）水形成的壕沟相通，其整体状况并不十分清楚。材料相对丰富的王城水利设施则属于宫城南部的周王居所。

这处被认为是周王居所的高等级夯土建筑区位于现今瞿家屯南侧。根据考古发现和学者的复原研究，这一周王居所的核心建筑群至少应是一座中轴对称的大型三进院落[2]，与《左传》"闵公二年"记载"天子、诸侯皆三朝：曰外朝，曰治朝，曰燕朝"相对应[3]。其建于战国中晚期之际，至战国晚期废弃，应属于战国时末代周王赧王寄居之处[4]。最南侧的院落中东西两侧应对称设置有夯土建筑基址。受后期破坏及发掘面积的局限，在该庭院南部应该还存在其他的宫殿建筑，组成"外朝"。目前发现的中部庭院建筑是这座三进院落的核心（图5-8）。其应由北侧主殿和东、西厢房构成，是为"治朝"。《周礼·天官·冢宰》"王视治朝，则赞听治。视四方之听朝，亦如之"[5]，可见中部庭院建筑是周王日常朝会之所，地位最为重要。北部庭院则应属于"燕朝"，或为"燕寝"之所。已揭示出的水利设施主要集中于南、北两庭院建筑，与不同庭院建筑的功能相适应，但目前尚未发现两者能够相通的证据。

南部庭院发现的水利系统，主要是以石砌水池（CH1）为中心，位于已知1号夯土建筑（D1）东侧（图5-9），庭院内其他宫殿建筑或均围绕该水池呈对称布局。该水池形制呈长方形斗状，开口平面南北跨度约11.8米，东西残长仅有4.5米。四壁和底部皆用鹅卵石铺砌，底部存在较多螺蛳，说明水池内灌注活水。在庭院西墙内外发现的"之"字形水渠应该就是水池的引水道，而其还应与东周王城宫城壕沟等其他沟渠设施相连，将涧（榖）水引入其中。除此之外，由于缺乏详细信息，仅从发表的材料看，该引水渠在庭院西墙外侧的渠道为明渠，局部用石且不排除存在木构的可能。其由北向南引水东进庭院后改为暗渠[6]（图5-9、图5-10）。该水池向东还应存在相应的排水渠道，但这仍需进一步的考古工作才能知晓。总体上，瞿家屯庭院建筑发现的渠道和大型水池，无论形制还是修筑方式，显然与已知二里头、偃师商城以及郑州

---

[1] 王炬：《洛阳东周王城内发现大型夯土基址》，《中国文物报》1999年8月29日第1版。
[2] 徐昭峰：《东周王城研究》，科学出版社2019年版，第84页。
[3] 杨伯峻：《春秋左传注（第二版）》，中华书局1990年版，第263页。
[4] 洛阳文物工作队：《洛阳瞿家屯发掘报告》，文物出版社2010年版，第214页。
[5] 杨天宇：《周礼译注》，上海古籍出版社2004年版，第30页。
[6] 洛阳文物工作队：《洛阳瞿家屯发掘报告》，文物出版社2010年版，第23页。

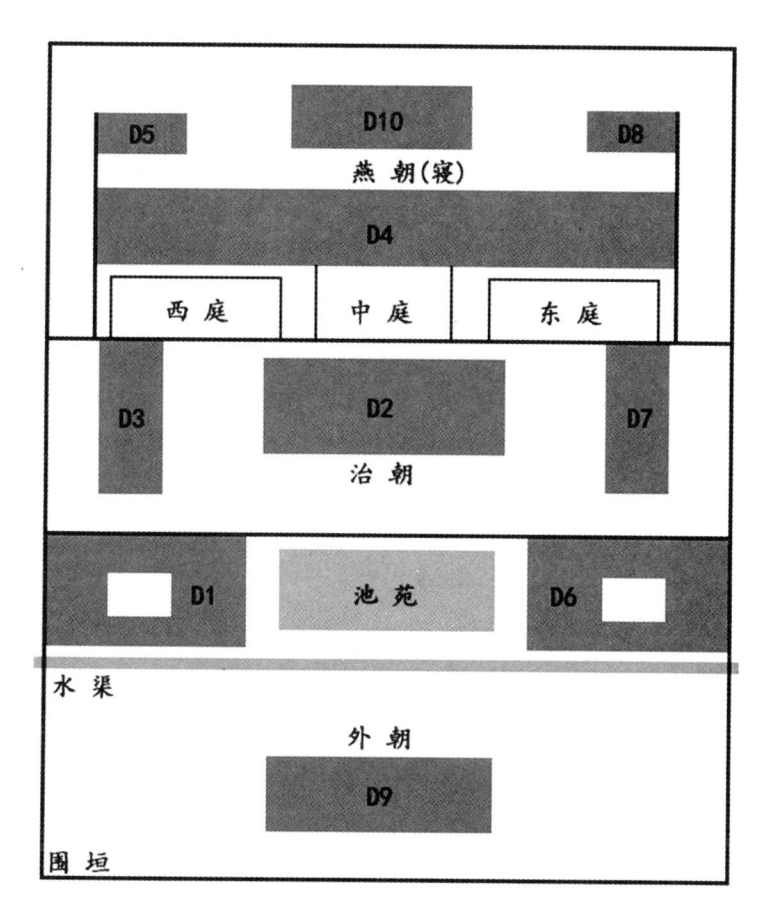

图 5-8　东周王城瞿家屯战国夯土建筑复原示意图
改自徐昭峰《东周王城研究》，科学出版社 2019 年版。

商城发现的同类水利工程存在明显的继承关系。

引水渠向南拐入庭院的区域，还设置有一座方形砖砌的小型水池。该水池通过陶水管道与上述水渠相连，而其入水口就设置在水池的东北角（图 5-11）。发掘者认为这座水池或与附近的作坊生产用水有关[1]，也有学者指出该水池可能和观测水位有关[2]。这一水池的设计与前文所述二里头东部夯土建筑群中的渗水井（即 3 号宫殿建筑基址内的 VH34）较为接近[3]，功能或许也存在相似之处。瞿家屯发现的这座水池深度仅约半米，可能是为了解决水流在转弯时因压强导致水流不畅而专门设置的，以保证渠水能够匀速流动。

---

[1] 洛阳文物工作队：《洛阳瞿家屯发掘报告》，文物出版社 2010 年版，第 23 页。
[2] 徐昭峰：《东周王城研究》，科学出版社 2019 年版，第 65 页。
[3] 见前文第三章内容。

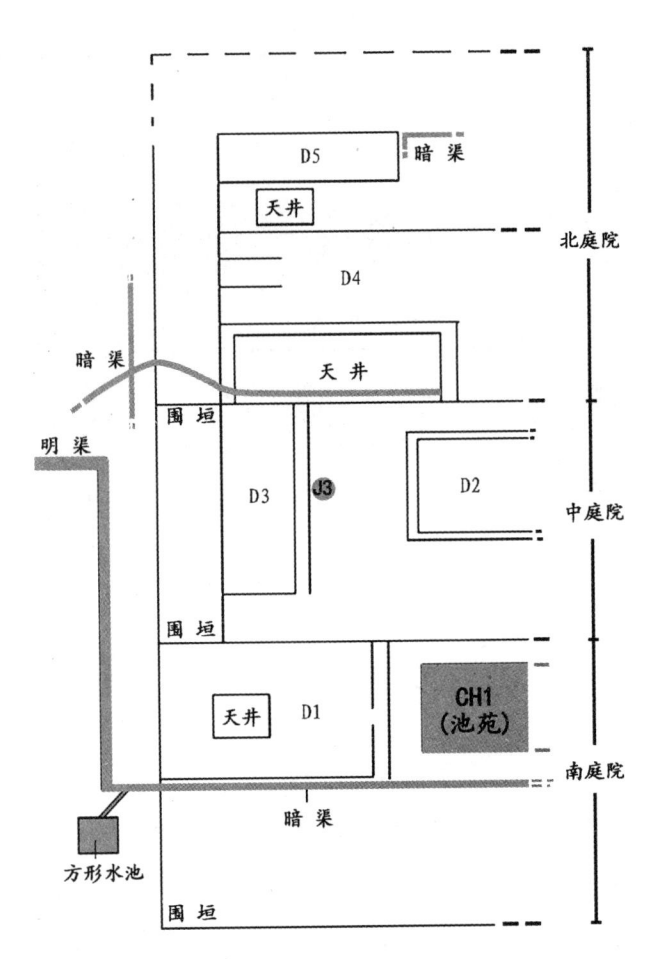

图 5-9 东周王城瞿家屯战国水利设施分布示意图

改自徐昭峰《东周王城研究》，科学出版社 2019 年版。

1. 围垣之外输水明渠　　2. 输水暗渠（围垣内为主）

图 5-10 东周王城瞿家屯南部庭院水渠

据洛阳文物工作队《洛阳瞿家屯发掘报告》，文物出版社 2010 年版。

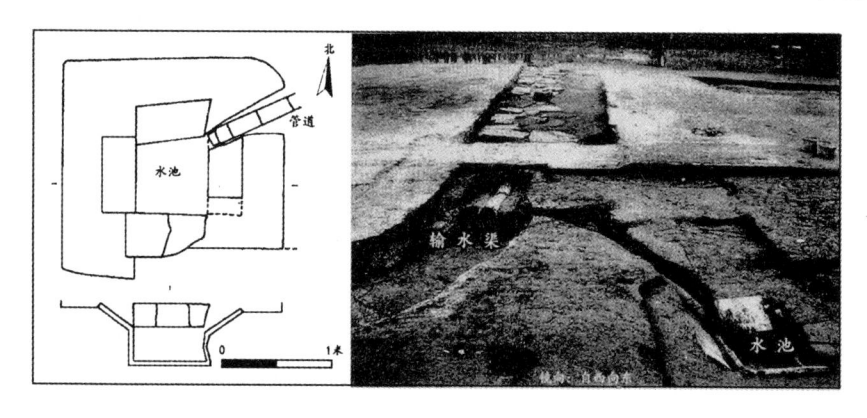

图 5-11　东周王城瞿家屯南部庭院外侧水池与水渠

据洛阳文物工作队《洛阳瞿家屯发掘报告》，文物出版社 2010 年版。

在属于周王居住的北部"后寝"庭院内，其主殿 4 号建筑基址（D4）的南侧，发现有东西走向、套接而成的一条输水管道，延伸至建筑院落西墙之外。伴随 4 号基址在战国晚期重建，相同位置上还发现有晚期管道直接叠压在早期管道上部（图 5-12）。在 4 号基址西北部的 5 号宫殿建筑（D5）东侧，也发现有类似的东西向输水管道。此外，在宫殿建筑院落西墙之外偏北区还发现有南北向的双排管道[①]（图 5-13）。这些排水管道应该可以相连，可能与宫殿排水有关。除此之外，在瞿家屯大型夯土建筑院落内外还存在一些规模较大且形制特殊的窖穴类遗存，例如在 3 号建筑基址前侧发现的一座四壁用鹅卵石、砖块垒砌的 J3，以及在院落西墙之外还发现一座袋状坑 H43，两边对称各设置一座带有输水管道的窖井[②]。上述这些遗迹应该也与宫殿建筑院落及其周邻功能区的用水、排水有关，但具体功能及与其他引输水设施的关系仍待进一步确认。

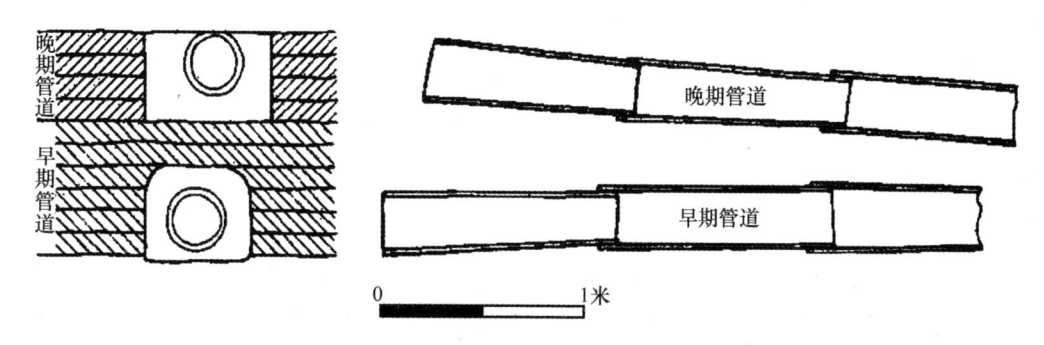

图 5-12　东周王城瞿家屯 4 号建筑南早晚叠压的陶水管道

据洛阳文物工作队《洛阳瞿家屯发掘报告》，文物出版社 2010 年版。

[①] 洛阳文物工作队：《洛阳瞿家屯发掘报告》，文物出版社 2010 年版，第 24 页。
[②] 洛阳文物工作队：《洛阳瞿家屯发掘报告》，文物出版社 2010 年版，第 26—28 页。

总体来看，瞿家屯战国夯土建筑群形成了相对独立且完善的引输水系统，不同类型水利设施的设置与各院落不同的功能相辅相成。在瞿家屯战国夯土建筑群南部庭院内，人们构建了一套设计巧妙的水利设施，形成了沟通"外朝"与"治朝"之间的池苑。池苑核心的石砌水池或位于整个建筑群中轴线上，具有礼制意义，同时还兼具蓄水、美观、防火等功能[1]。此外，1号夯土建筑（D1）发现有通向水池的陶水管道，表明该水池还能够收集院内夯土宫殿建筑的排水。而该院落北侧其他庭院建筑，特别是最北侧作为寝殿的建筑群，其水利设施主要是以宫殿排水为主。各类陶水管道以及院落西墙外的双排水道应该都和排水有关。从这些水利设施的分布以及构造上看，结合目前已知二里头以来大型都邑宫城水利的设置，我们不难发现三代王宫池苑在基本构成、建造技术上均体现出了明确的传承性。

夯土墙Q1北部西侧排水管道（南－北）

图5-13　东周王城瞿家屯院落西墙外并列排水管

据洛阳文物工作队《洛阳瞿家屯发掘报告》，文物出版社2010年版。

第二节　郑韩故城的城市水利

文献记载，郑国于西周末年由关中封地（今陕西华县一带）东迁，相继兼并郐、东虢等国之后，建都新郑（即今河南新郑）。至战国时，韩哀侯于公元前375年灭郑，并徙都新郑[2]。从郑国定都新郑，直至公元前230年秦灭韩，郑、韩两国相继把新郑作为都城，前后历经约500多年，位置不变，因而现今新郑市发现的东周列国都城也被统称为郑韩故城。

郑韩故城地处现今双洎河和黄水河交汇而成的三角形台地上，其范围涵盖了现今新郑市区及其周邻地区，东西跨度约5000米，南北宽约4500米。郑韩故城北、东、南三面高大的城垣至今仍矗立于地表之上，周回约20千米，城内面积可达16平方千米[3]。其城墙依照地形修建，曲折不齐，平面形态呈不规则形，恰与两河交汇的地理形

---

[1]　徐昭峰：《东周王城研究》，科学出版社2019年版，第66页。
[2]　（西汉）司马迁（撰）：《史记》卷四十二《郑世家》，中华书局点校本1982年版，第1757—1778页。
[3]　河南省文物考古研究所：《新郑郑国祭祀遗址·前言》，大象出版社2006年版，第3页。

势相合,被形象地比喻成"四十五里牛角城"①(图5-14)。目前关于郑韩故城城市形态的认识仅局限于总平面图,无法进行更为深入的解读。从已发表的材料看,郑韩故城中部有一道南北向的隔墙将城区划分为东、西两部分。隔墙以西的城区分布有大型夯土建筑基址,绝大部分以战国时期为主,另有春秋时期包括郑公在内的贵族墓葬和祔葬坑。隔墙以东的城区范围则多为春秋至战国时期各类手工业作坊。然而在东城区中部偏北一带也发现有东周时期夯土建筑基址②,中南部存在春秋时期大规模殉马坑、青铜礼乐器坑,或与祭祀有关③。另在东城区南部还有春秋时期的贵族及平民墓地④。

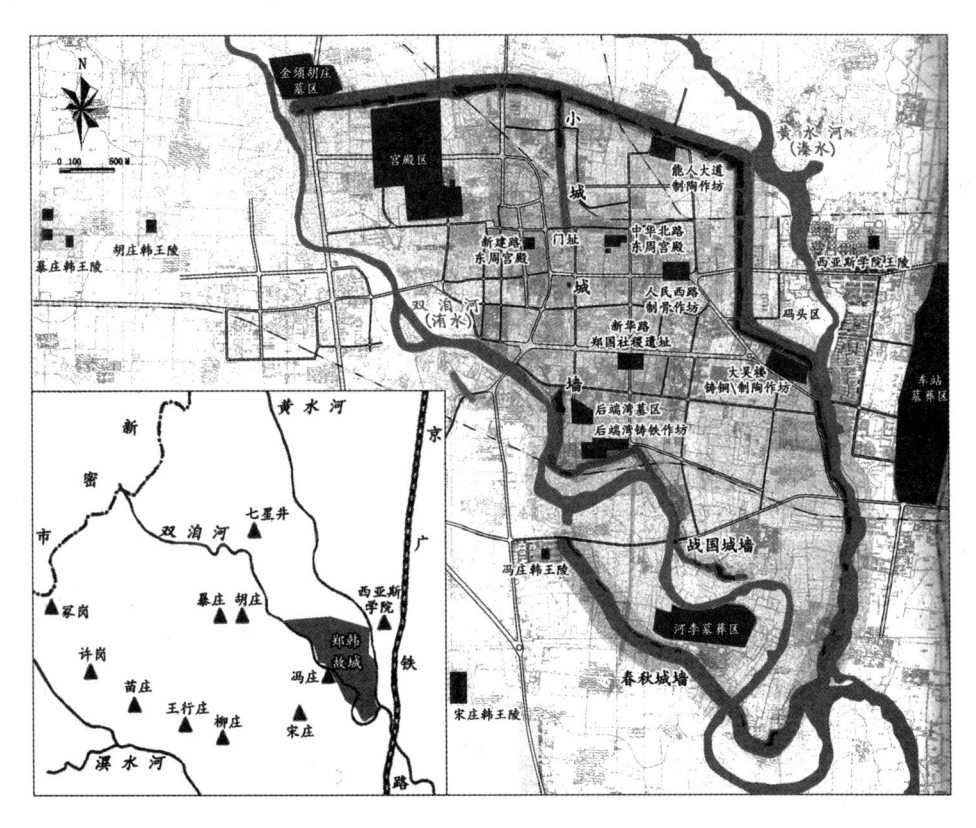

图 5-14 郑韩故城及重要遗迹分布图

改自郑州市文物局《郑州市大遗址保护规划汇编》,科学出版社 2013 年版。

---

① 马俊才:《郑、韩两都平面布局初论》,《中国历史地理论丛》1999 年第 2 期。
② 河南省文物考古研究所:《新郑县郑韩故城》,《中国考古学年鉴 1989》,文物出版社 1990 年版;《新郑郑韩故城遗址》,《中国考古学年鉴 1992》,文物出版社 1994 年版。
③ 河南省文物考古研究所:《新郑郑国祭祀遗址》,大象出版社 2006 年版。
④ 如今后端湾(含金城路)、热电厂等地。其中,前者发现有高规格的铜器墓,并且发现有车马坑、青铜"窖藏"等应具有祔葬坑属性。其应该是郑韩故城内除 20 世纪 20 年代发现李家楼郑公大墓以外,另一处郑国公室贵族墓区。河南省博物馆新郑工作站、新郑市文化馆:《河南新郑郑韩故城的钻探与试掘》,《文物资料丛刊(3)》,1980 年;河南省文物考古研究所:《新郑郑韩故城金城路周代遗址》,《中国考古学年鉴 1994》,文物出版社 1997 年版;河南省文物考古研究所:《郑韩故城兴弘花园与热电厂墓地》,文物出版社 2007 年版。

总体上，郑韩故城经过春秋、战国两个时期的沿用，早晚格局可能存在变化。诚如一些学者指出的那样，春秋时期的高等级遗存在郑韩故城东、西城区内皆有分布，并没有明显集中分布的现象，其城内中部的隔墙此时应尚未修建，春秋时期郑国都城并不具备东西分立的城郭布局[1]。结合《左传》等文献对郑国都城各类出入口（含城门）和宫殿的记载，郑国都城内各类功能区或还具有围垣和出入设施[2]，都城内为多宫制[3]，位于城西并延伸至城内中部一带，郑都的城市布局基本呈现出分散布局的形态，这在很大程度上可看作是对西周时期都邑形态的延续。至战国时期，韩国国君宫殿建筑才全部集中于西城区内，正式确立了西城与东郭并列的形态[4]，并在西城内专门修建有宫城[5]。

目前有关郑韩故城对水进行治理的材料相对较少，较难进行历时性的细致考察。然而从文献记载来看，郑、韩水利事业的发展应已达到较高的水平，尤其战国时期韩国曾派遣水工郑国使秦开辟郑国渠，"用注填阏之水，溉泽卤之地四万余顷……于是关中为沃野，无凶年"[6]，可见韩国拥有杰出的水利人才，相关技术与理念也已经十分成熟，大规模水利工程在韩国境内应不乏其例，城市水利的设计和修建也自当完善，作为国都，除了开凿水井之外，其他各类水利设施应更为复杂和全面。下文我们将结合文献和考古线索对郑韩故城的城市水利进行概述。

---

[1] 马俊才：《郑、韩两都平面布局初论》，《中国历史地理论丛》1999年第2期；陈筱：《中国古代的理想城市——从周鲁故城、东魏北齐邺城和元中都看〈考工记〉理想规划的渊源与影响》，北京大学，博士研究生学位论文，2014年，第73页。

[2] 《左传》等文献中记述郑国国都之门有14座，包括"东门""北门""旧北门""时门""渠门""皇门""墓门""仓门""师之梁门""纯门""专门""闺门""桔秩之门"。另外，《史记》记载韩昭侯二十五年（公元前334年）还筑有"高门"。尽管这些出入口大都和城门有关，其名称多指明了交通路线与方位，但有些也可以直观地解释为城市特殊功能区的出入口，如"仓门""墓门"。目前考古工作能确认的城门（隔墙上的城门除外）包括两座北城门和一座东城门。其中在裴大户寨一带的郑韩故城东城门即为文献中提到的"东门"。参见苏勇《周代郑国史研究》，吉林大学，博士研究生学位论文，2010年，第157—159页；河南省博物馆新郑工作站、新郑市文化馆：《河南新郑郑韩故城的钻探与试掘》，《文物资料丛刊（3）》，1980年；马世之：《郑韩故城的城市布局》，《文物建筑（第3辑）》，科学出版社2009年版；河南省文物考古研究院：《河南新郑郑韩故城北城门遗址春秋战国时期遗存发掘简报》，《华夏考古》2019年第1期。

[3] 文献记载郑国宫殿建筑包括大宫、北宫、西宫等，其功能应存在差异。结合《左传》"襄公十年"载尉止"攻执政于西宫之朝，杀子驷、子国、子耳，劫郑伯以如北宫"，杜注曰："北宫，公宫也，西宫，群臣治事之所。"一般认为西宫即为国朝，北宫为郑伯寝宫，而大宫则为太庙。参见杨伯峻：《春秋左传注（第二版）》，中华书局1990年版，第980页；马俊才：《郑、韩两都平面布局初论》，《中国历史地理论丛》1999年第2期。

[4] 马俊才：《郑、韩两都平面布局初论》，《中国历史地理论丛》1999年第2期。

[5] 李德保：《在新郑郑韩故城内发现宫城遗址》，《中原文物》1978年第2期。

[6] 《汉书·沟洫志》也记载有相同的内容。（西汉）司马迁（撰）：《史记》卷二十九《河渠书》，中华书局点校本1982年版，第1408页；（东汉）班固（撰）：《汉书》卷二十九《沟洫志》，中华书局点校本1975年版，第1677页。

一　城市用水条件

郑韩故城所在地位于环嵩山地区东部，属于豫西山地向豫东平原过渡地带，其西部、西南部为侵蚀低山区，为嵩山余脉具茨山，地区以北则因古黄河泛道还存在有东西向带状沙丘岗地[1]。受地形影响，区域地势大体呈西高东低、北高南低，流经郑韩故城的今双洎河、黄水河也因此均自西北流向东南，属于淮河流域颍河水系。其中，双洎河自嵩山腹地内流出，先后汇集了多条山间发源的小型支流，是区域内水量最大、流程最长的一条河流，而黄水河则是双洎河的支流之一，也是现今流经新郑境内第二大河流。这两条河流奠定了郑韩故城城市用水的基础。而根据《水经注》的记载，郑韩故城所在的颍河水系拥有众多的陂、渠等，应该均是早期水利工程的孑遗。由此可见，人们很早就开始了地区水利工程的营建，郑韩故城所依靠的这两条河流显然也经过了长期的整治，其河道也经历了长期的渠化过程。

需要说明的是，历史文献记载与郑韩故城密切关联的河流一为"溱水"，二为"洧水"[2]。其中，学界对"洧水"即今双洎河的认识并无异议，但对于"溱水"所指，自郦道元注《水经》以来至今仍有争论[3]。《水经注》无"溱水"而存"澮水"，但历代皆有学者指出因文字通假的缘故，二者实为同一条河流[4]。现今双洎河在黄水河支流之上，仍有名为"溱水"的支流，则是遵循了郦道元以"郐水"为"澮（溱）水"之说。《水经注》卷二十二《洧水》则以《水经》经文所说的"澮水"为"黄水"，也就是今黄水河。根据杨守敬《水经注疏》按：《左传》"襄公二十八年，公如楚，过郑，郑伯不在，伯有劳于黄崖"，《释例》"郑地也，黄水之崖"[5]，可知黄水之名应在

---

[1] 河南省文物考古研究所：《新郑郑国祭祀遗址》，大象出版社2006年版，第9—10页。
[2] 如《诗经·郑风·溱洧》云：溱与洧，方涣涣兮；《国语·郑语》云：前华后河，右洛左济，主芣骐而食溱、洧，修典刑以收之，是可以少固。参见（西汉）毛亨（传），（东汉）郑玄（笺），（唐）陆德明（音义）《毛诗传笺》，中华书局2018年版，第124页；（春秋）左丘明（撰），徐元诰（集解），王树民、沈长云（点校）：《国语集解》，中华书局2002年版，第460—482页。
[3] 现代学者对此进行讨论的主要有：史念海：《郑韩故城溯源》，《中国历史地理论丛》1998年第4期；刘文学：《纠正溱水讹误，廓清历史谜团》，《中州今古》2002年第1期；龚延文：《郦道元没有错改溱水为黄水——和刘文学同志商榷》，《中州今古》2002年第7期。蔡全法：《郐国、郐水、郐都析议》，《河南文物考古论集（四）》，大象出版社2006年版；刘文学：《再考溱洧水》，《黄河科技大学学报》2008年第1期。
[4] 朱士光：《论〈水经注〉对"澮""溱"水之误注：兼论〈水经注〉研究的几个问题》，《史学集刊》2009年第1期。
[5] （北魏）郦道元（著），（清）杨守敬（纂疏），熊会贞（参疏）：《水经注疏》，湖北人民出版社、湖北教育出版社1997年版，第1349页。

春秋偏晚阶段就已出现[1]，并逐渐流行。结合《孟子·离娄下》中对"子产听郑国之政，以其乘舆济人于溱、洧"的记载，溱（潧）、洧二水相距应不远。笔者在此暂且遵从目前主流学术意见，认为今黄水河为"溱（潧）水"的可能性相对较大。该河流名称几经改易，似乎也与其长期受到人为干预有关。

二　城市水利的相关线索

结合文献以及考古发现可知，郑韩故城的城市水利不仅包括了利用双洎河（洧水）和黄水河（溱/潧水）构建的城防与漕运设施，也包括引水入城并在城内各功能区建设的输排水系统。

（一）外围水利工程设置

从城垣与两侧河流的位置关系看，郑韩故城显然对流经城市两侧的河道实施了管控，不仅关系到城市防御，还应该与漕运有关[2]。春秋到战国阶段，人们对于城市外围水利的上述两种功能需求也存在变化。随着战国韩都西、南部向北收缩，城市规模限于两河之间，城市防御的重要性日益突出。

1. 漕运工程

交通便利是郑国商业发达、经济发展的重要区位优势之一，其国都新郑应是郑国水陆交通的中心。双洎河（洧水）和黄水河（溱或潧水）均为郑都漕运提供了便利条件。《孟子》记载子产舟济国人于溱、洧水之上，表明了郑国国都两侧的双洎河（洧水）和黄水河（溱或潧水）漕运的兴盛。虽然考古尚未发现与漕运有关的水利设施，但文献还是提供了一定线索。

首先，双洎河（洧水）和黄水河（溱或潧水）南下可沟通颍、淮，二者不仅在郑韩故城东南汇流，并且还通过北城壕相通[3]，后者除了防御功能以外，或还起到了调节两侧河道水量以保证通航畅通的功能。有学者根据文献指出郑韩故城的东门作为城市最为重要城门之一，是来往通行最为频繁、人口汇聚最多的区域，东门外侧还应具备可供船舶停泊的码头[4]。

---

[1] 史念海：《郑韩故城溯源》，《中国历史地理论丛》1998 年第 4 期。
[2] 马俊才：《郑、韩两都平面布局初论》，《中国历史地理论丛》1999 年第 2 期。
[3] 河南省文物考古研究院：《河南新郑郑韩故城北城门遗址春秋战国时期遗存发掘简报》，《华夏考古》2019 年第 1 期。
[4] 史念海：《郑韩故城溯源》，《中国历史地理论丛》1998 年第 4 期。

其次，双洎河（洧水）应是郑韩故城漕运利用最为频繁、涉及各类水利设施最多的河流。考古发现在今双洎河（洧水）的东、南岸还部分保存有春秋时期郑国的城墙，这与《水经注》中"今洧水自郑城西北入，而东南流，迳郑城南"的记载相吻合①。由此可见，郑国可能是有意对双洎河（洧水）进行了管控，或还将水引入城中，这段双洎河（洧水）河道应是加以人工干预的漕运渠道（即运河）。为了便于通航，在漕运河道不同段落也应设置有水利设施。在双洎河（洧水）流经郑韩故城之上游，有阴坂渡和阴坂水口。《水经注》记载"洧水又东，迳阴坂北，水有梁焉。俗谓是济为参辰口"，又引《左传》"襄公九年"（公元前564年）云："晋伐郑，济于阴坂，次于阴口而还"，"杜注曰：阴坂，洧津也。服虔曰：水南曰阴，口者，水口也"②，由此可见，阴坂不但是通往郑国腹地的重要交通要道，并能顺流而下直通郑国都城，所谓阴坂水口也应与漕运水利设施有关。

文献记载，在双洎河（洧水）向东南流经郑韩故城"时门"一带，存在一处较大规模的湖泽"洧渊"。《水经注》云"洧水又东，为洧渊水。《春秋传》曰：龙斗于时门之外洧渊。即此潭也"③，可见该湖泽应是运河之上具有蓄水调控功能的水利设施，而其在郑都南部"时门"之外，也恰为往来船舶停靠提供了空间，显然具有码头的功能属性。虽然由于后期双洎河（洧水）不断摆动，郑韩故城西、南部多已被侵蚀殆尽，但根据杨守敬的考证，"时门"和"洧渊"均在现今郑韩故城西南、双洎河西岸的"望母台"附近④。20世纪60年代航片显示新郑旧城西南部存在大片滩涂，并有细小支流与之相连，为探寻"洧渊"的位置提供了线索⑤。而在双洎河（洧水）下游一带，先有南、北濮水将其与溱水连通，"川渠双引，俱东注洧"⑥，二者实则是引溱给洧的重要水利工程。随后，双洎河（洧水）又与"龙渊水"合，"水出长社县西北。有故沟，上承洧水，水盛则通往龙渊，水减则津渠辍流"⑦。此处的"龙渊"应与上述"洧渊"功能相同，属于运河上的蓄水调节设施。

上述关于漕运通航的水利设置均可追溯至春秋郑国。郑国都城利用双洎河（洧水）和黄水河（溱或潧水）河道开发水运，并设有调蓄设施。随着战国阶段军事紧张局面

---

① （北魏）郦道元（著），陈桥驿（校证）：《水经注校证》卷二十二《洧水》，中华书局2007年版，第520页。
② （北魏）郦道元（著），陈桥驿（校证）：《水经注校证》卷二十二《洧水》，中华书局2007年版，第519页。
③ （北魏）郦道元（著），陈桥驿（校证）：《水经注校证》卷二十二《洧水》，中华书局2007年版，第520页。
④ （北魏）郦道元（著），（清）杨守敬（纂疏），熊会贞（参疏）：《水经注疏》，湖北人民出版社、湖北教育出版社1997年版，第1347页；（清）杨守敬等（编绘）：《水经注图（外二种）》，中华书局2009年版，第299页。
⑤ 该航片由中国社会科学院考古研究所刘建国研究员提供。
⑥ （北魏）郦道元（著），陈桥驿（校订）：《水经注校订》卷二十二《溱水》，中华书局2007年版，第524页。
⑦ （北魏）郦道元（著），陈桥驿（校订）：《水经注校订》卷二十二《洧水》，中华书局2007年版，第521页。

的加剧，这些漕运水利被战国时期的韩都沿用，并改作城市外围的防御设施。

2. 城防工程

郑韩故城两侧的河道不但是城市运河水利重要通道，其与城垣外侧开设的壕沟还构成了城市防御工程的一部分，并为城市引排水提供了便利。其中，郑韩故城东、北部城垣外侧的城壕位置早晚大体不变，但城西、南部则由于早晚城市范围的不同而存在一定变化。

具体来说，郑韩故城北部的壕沟沟通了双洎河（洧水）和黄水河（溱或潧水），成为城市北部的防御屏障。东部则始终利用黄水河河道作为城壕。唯有东北部城垣距离黄水河（溱或潧水）有一定距离，此段城垣外侧专门开辟有壕沟[①]，与北城壕、黄水河相连。而在郑韩故城的西、南部，早晚城壕的设置并不相同。春秋时期郑都的西、南城垣外侧应专门修建有城壕，并与双洎河（洧水）相通。此时双洎河穿城而过，其主要功能在于漕运。到了战国阶段，迫于对外军事压力，城市范围全面收缩至双洎河（洧水）和黄水河（溱或潧水）相夹区域之内，春秋时期在双洎河对岸营建的西、南城垣及城壕此时应该已被废弃。战国时期的城垣沿着双洎河（洧水）东岸修筑，该段河道也逐渐成为城墙外侧的护城河，其军事防御的重要性逐渐凸显，双洎河（洧水）至今仍较均匀地分布有数个凸出的拐折，其显然与城墙外侧设置的瓮城与马面等防御设施相适应。

（二）城内引输水沟渠系统

目前已知文献和考古证据都表明，郑韩故城建有内外通连的引输水系统。根据《左传》"襄公三十年"记载"自墓门之渎入"，可见郑国都城的"墓门"就设置有可与外界相通的沟渠设施[②]。此外，郑韩故城还有"渠门"，或许指的就是便于双洎河（洧水）作为运河渠道穿城而过的水门，而双洎河（洧水）渠道也方便了城市各功能区用排水。除了上述线索以外，近来在对郑韩故城北城墙中部城门的发掘过程中，也发现有与出入城门道路平行、且通向北城壕的水沟（图5-15）[③]。而在郑韩故城内，已发现的四条交通干道，其中三条道路两侧设置有路沟，起到路面排水作用。这些路沟不但可与城壕相通，也与城内的其他引输水设施相连[④]。由此可见，郑韩故城引输水

[①] 陈钦龙：《郑韩故城考古发现与初步研究》，郑州大学，硕士研究生学位论文，2007年，第13页。
[②] 杨伯峻：《春秋左传注（第二版）》，中华书局1990年版，第1176页。
[③] 河南省文物考古研究院：《河南新郑郑韩故城北城门遗址春秋战国时期遗存发掘简报》，《华夏考古》2019年第1期。
[④] 孙艳：《周代都城的排水系统研究》，山东大学，硕士研究生学位论文，2016年，第34页。

系统的设置应十分完善。

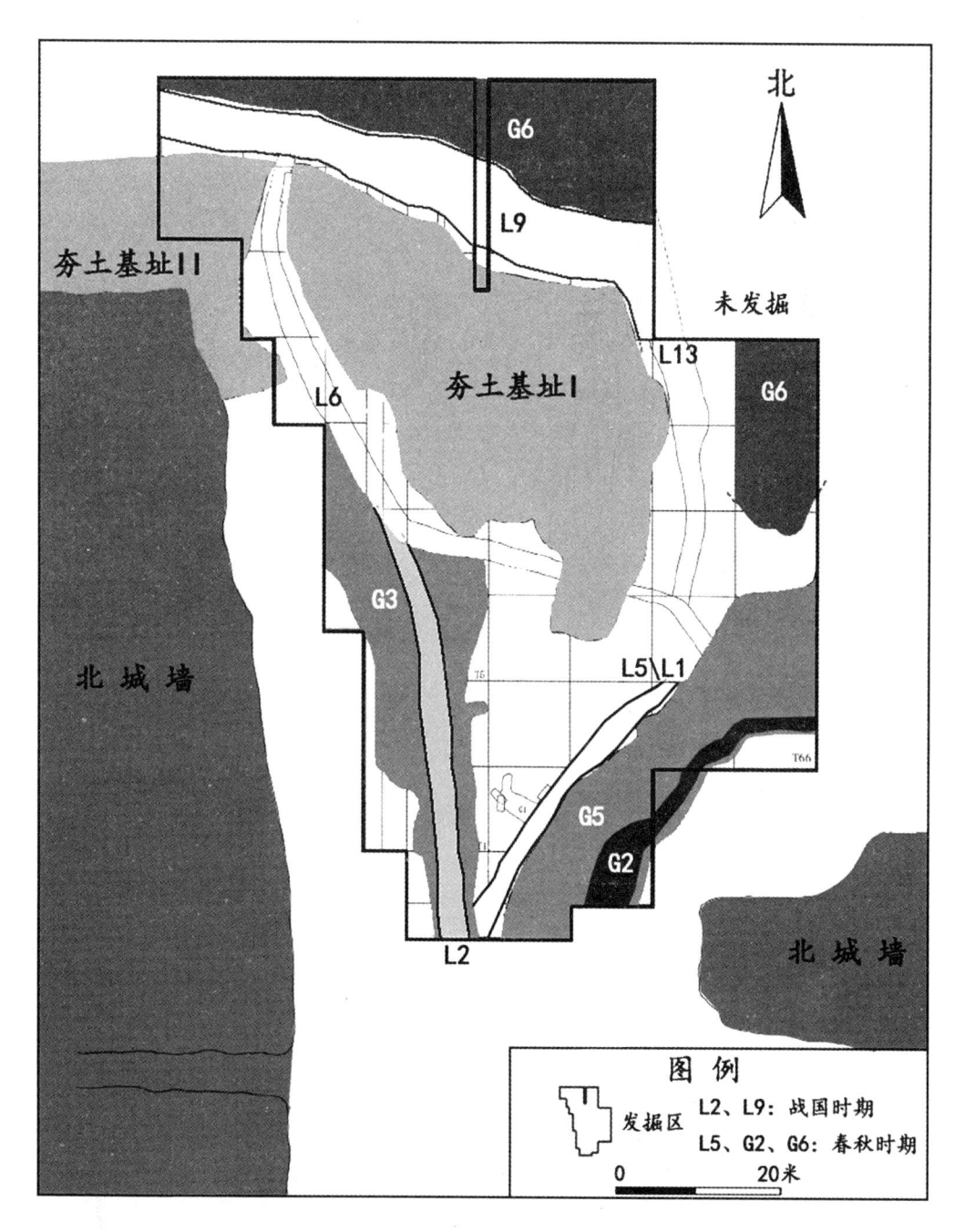

图 5-15 郑韩故城北城门遗迹分布图

改自河南省文物考古研究院《河南新郑郑韩故城北城门遗址春秋战国时期遗存发掘简报》,《华夏考古》2019年第1期。

除此之外，从已有的考古发现看，城市各功能区内也存在相应的引输水设施，且以郑、韩两国宫殿区和手工业作坊区相对集中。

1. 宫殿区

郑国都城拥有不同功能属性的宫殿，各宫均应存在引输水设施。目前发现的郑国宫殿引输水设施主要有两处地点。其中一处集中于城内西北部的今阁老坟村西南一带，此处即为郑都"西宫"所在[1]。阁老坟的"梳妆台"夯土台基始建于春秋时期，战国时还被继续使用。其形制大体呈南北向纵长方形，应为坐西朝东的大型夯土宫殿建筑的主殿，其东侧还应存在配殿[2]。现存台基底部长约135米，宽约80米，高约8米。在该台基上发现带有井圈的三座水井和埋入地下的陶水管道[3]。除此之外，在位于宫殿区西部的一座房基东北外侧，也揭示有三节相套的东西向陶水管道[4]。上述发现表明郑国都城"西宫"的建筑均设置有引输水设施。第二处引输水遗存则位于郑韩故城中部偏南，具体在今新郑市直幼儿园一带，大体属于郑国太庙宫殿区的范畴，年代已经进入了战国阶段。此处发现的引输水设施由进水沟、暗道及陶水管、水井三部分组成。进水沟东西向长约23米，宽1.65米，深0.5米左右，两壁由夯土筑成。暗道开在北壁上，呈拱形，高1米，南高北低，内铺设圆形陶水管道，与水井相通[5]。

战国时期，确立了西城连东郭的城市形态，有关西城宫殿区的引输水设施发现相对较多。在西城宫殿区范畴内，在梳妆台南侧发现有宫城。其东、西宫城墙外侧均发现有壕沟，宽约15米，深5—8米，或向北穿过北城墙与城壕相连。另外，在西城北部邻近隔墙的区域，发现有横穿墙基的五角形输水管道通往城外壕沟，该输水管道为套接而成，最后一节管道还精心垒砌有两块长方形石板，起到支撑加固的作用，来避免流水冲刷造成管道塌落[6]。在宫城内东侧大型夯土基址（F1）的南端有一条东西向的沟渠，宽5米，深3米左右，水流方向为自西而东[7]。其通过东、西宫城墙外的壕沟与城外的城壕相通，或为韩国王宫的引输水干渠。在西城内中部一带，韩国宗庙区中部夯土建筑基址的北端，残存有一段长5.6米的砖砌输水渠道。该渠道也呈东西向，南北两壁由空心砖砌成，底部则由米格纹凹槽砖铺成[8]。在该城区内还发现多座带有陶井

---

[1] 史念海：《郑韩故城溯源》，《中国历史地理论丛》1998年第4期。
[2] 陈钦龙：《郑韩故城考古发现与初步研究》，郑州大学，硕士研究生学位论文，2007年，第14页。
[3] 河南省博物馆新郑工作站、新郑市文化馆：《河南新郑郑韩故城的钻探与试掘》，《文物资料丛刊（3）》，1980年。
[4] 河南省文物考古研究所：《新郑市阁老路东周遗址与古墓葬》，《中国考古学年鉴1996》，文物出版社1998年版。
[5] 河南省文物考古研究所：《新郑市市直幼儿园基建地东周遗址与墓葬》，《中国考古学年鉴1999》，文物出版社2001年版。
[6] 河南省文物考古研究所：《新郑市郑韩路东周遗址》，《中国考古学年鉴1996》，文物出版社1998年版。
[7] 河南省文物考古研究所：《新郑市弘基房地产东周至宋代遗址》，《中国考古学年鉴2002》，文物出版社2003年版。
[8] 河南省文物考古研究所：《新郑市郑韩故城韩宫城遗址》，《中国考古学年鉴1999》，文物出版社2001年版。

圈的水井，井口高低错落，并与陶水管相连通①，这些则是为了方便收集、排水而设置的渗水设施。

2. 作坊区

郑韩故城已发现的手工业作坊大都属于战国时期，这些手工业作坊多集中于东城（郭区）内，另外在西城内也有少量发现，后者可能为王室专营。其中，西城内的丝织、制陶作坊，以及东城（郭区）内的制陶作坊中均发现有输排水设施。

丝织手工业作坊位于西城内韩宫城的西侧，发现有与缫丝工艺流程有关的输排水设施②。缫丝工作台西部两排陶制水槽，应该与煮茧抽丝有关。其北侧还发现有三节陶水管道通往作坊围墙外侧的水沟，显然是为了将处理过蚕茧的废水排出作坊区外。而在西城中北部的制陶作坊中也发现有陶水管道，排列规律，其周围还分布有水井。陶水管道距城墙很近，应该是便于与外部壕沟相通③。

在东城（郭区）内，目前发现的手工业作坊引输水设施主要见于能人路制陶作坊（图5-16）。该作坊位于东城（郭区）东北角，发现多座陶洗池、搥洗池、大盛水器和一条带有路沟的大型道路。作坊区内发现有大规模的陶水管道群，已发现18条，大多与路沟相连，是制陶手工业生产的配套输排水设施。多数管道相互套接，形制较小，既服务于单独工作台池，同时又与其他台池相连。在西部发现一条大型陶水管干道，与其分管道相连，可能是用于较远的作坊建筑向路沟排水的通道，这条管道系统最为考究和复杂，是目前郑韩故城作坊区内具有代表性的输排水设施④。

综上所述，郑韩故城外围利用了双洎河（洧水）和黄水河（溱或潧水）构建了大规模的漕运及城防水利工程。其中，漕运的开发不仅贯通了城市内外空间，还应延伸至更广阔的地区范围，属于由国家主持的地域性水利工程。这在很大程度上与春秋战国时期列国水利事业兴盛，连通多条水系、跨地区大型水利兴修的历史背景相吻合。

郑韩故城城市内、外的各种水道皆可相通，且不同功能区均有相对独立、整体上又相互通连的引输水系统。宫殿区的用水、排水是城市水利设置的重点，已发现的各类引输水沟渠管道、砖砌暗渠、水井、宫城壕沟等的设置奠定了宫殿区水利系统的基础。这些不同的水利设施或还存在更为复杂的组合形式，来满足宫殿区不同的用水需求。除此之外，手工业生产用水则是城市水利的另一个主要方面。无论王室专属、官

---

① 河南省文物考古研究所：《新郑郑韩故城宫城遗址》，《中国考古学年鉴1998》，文物出版社2000年版。
② 河南省文物考古研究所：《新郑市郑韩路东周遗址》，《中国考古学年鉴1996》，文物出版社1998年版。
③ 河南省文物考古研究所：《新郑市华瑞路战国至汉代遗址》，《中国考古学年鉴2004》，文物出版社2005年版。
④ 河南省文物考古研究所新郑工作站：《郑韩故城发现战国时期大型制陶作坊遗址》，《中原文物》2003年第1期。

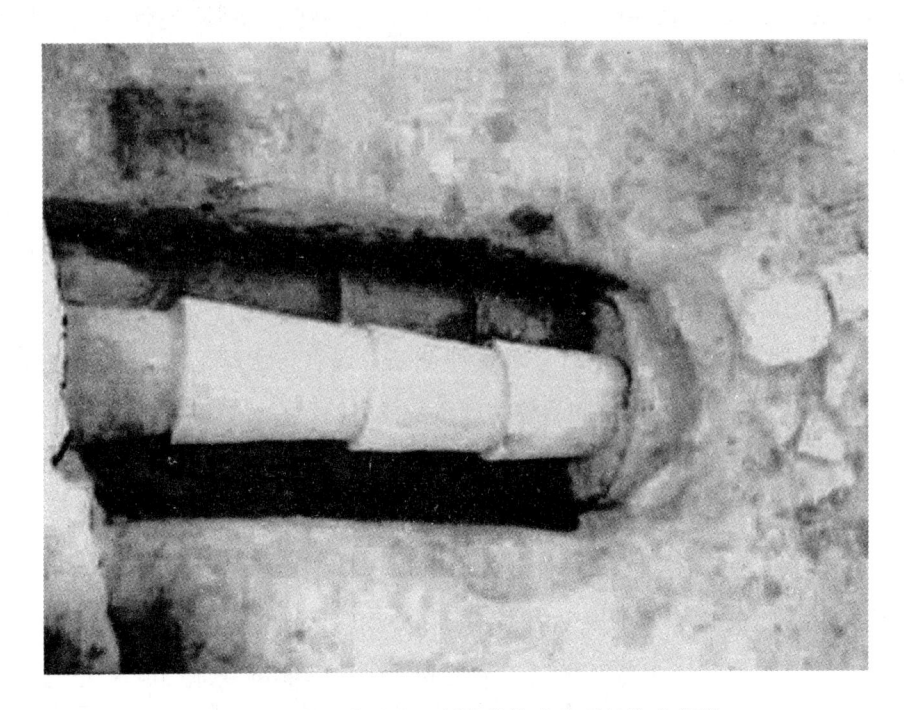

图 5-16　郑韩故城东区制陶作坊内发现的陶水管道

据河南省文物考古研究所新郑工作站《郑韩故城发现战国时期大型制陶作坊遗址》，《中原文物》2003 年第 1 期。

营或私营作坊，凡对水需求量较大的各类手工业作坊均存在水利设施。人们已经能够把水直接引入专门的操作场地，并且对应于具体工艺流程。由此可见，这一时期城市水利的设置不仅全面系统，且已十分精细，由此我们不难推测，郑韩故城的城市水利应该已经能够惠及全城，城内尚有待进一步发掘的其他区域，也应该存在类似的水利设施。

除此之外，郑韩故城内已发现的道路两侧还存在专门的路沟，以防止路面积水。这种路沟的设置也是秦汉以后城市水利的常见设置。城内发现有与暗渠管道相连的渗水井，不仅继承了二里头以来相应的水利工程技术，且发展更为成熟，在设置数目上可根据实际需要进行增减。此时，伴随烧砖技术的进步，部分地区的输水渠道已经采用了砖砌结构，代替了之前大量用石的状况，不仅节省了人力和物力，也提高了营建效率。烧砖自此以后也成为城市水利建筑的主要材料。而诸如汉长安城内通达全城的大型砖砌暗渠工程，也可上溯至这一时期城内砖砌渠道的修建。

第三节　中小型城邑水利的设置

除了两周时期的中心都邑以外，环嵩山地区还存在数量众多的中小型城邑，尤其相对集中于嵩山以北的枯河、索河及须水河流域,以及嵩山东、南麓包括双洎河(洧水)在内的颍河中上游一带。根据文献记载,这些普通的周代城邑在春秋战国阶段大都为郑、韩两国下属,而部分或还可上溯至西周时期的小型封国。需要说明的是,文献记载西周初期当地还存在管邑,是为地区内规模较大的封国都邑。然而,管叔因参与武庚叛乱被杀,其封邑亦被废除,尽管传世文献认为管邑就在郑州商城范围内[①],但仍缺乏足够的材料。目前考古发现环嵩山地区的周代城邑大多属于两周之际至战国时期,但这些中小型城邑的考古材料并不均衡,下文将按照早晚顺序,对其中材料相对丰富的几座城邑进行分析。

一 两周之际的城市水利——以官庄、娘娘寨为例

目前考古确认且材料较丰富的两周之际普通城邑大都分布于嵩山北麓的荥阳、郑州地区,以索河、须水河一带为主,可以官庄、娘娘寨为典型代表,学界多将二者与文献中有关西周末期郑国谋划东迁的历史联系起来[②]。这两座城邑自然地理条件大体相同,在城市规划布局上也具有较强的一致性,因而下文将二者合并起来一同进行论述。

(一)城市用水条件

官庄和娘娘寨所在的现今郑州—荥阳地区,属于嵩山北麓的黄土台地,地区西、南为山地丘陵,北侧则有广武山阻挡了黄河的不断南侵。区域内自北而南存在枯河、索河、须水河等多条河流,皆自西、南而流向东、北,这为古人在此定居提供了优越的水土条件。自史前时期开始伴随区域水资源开发程度的不断加深,地区水系也发生了巨大变化。

二里岗以前,这一区域内尚还保留了一部分因古黄河泛道而形成的湖沼[③],为地区聚落的发展提供了补给水源。但到了两周时期,这些湖泽大多因缺乏补给而缩小或消亡,唯有地区东部的"荥泽"与"圃田"这样的大型湖泽仍然存在。除此之外,受黄河、济水以及隋唐以后运河早晚变迁影响,郑州—荥阳地区河流的下游河道已经与东周时期相去甚远。其中,《水经注》记载汉魏及其以前,地区范围内的枯河、索河、须

---

① 《史记》卷四《周本纪》云:"封弟叔鲜于管……周公奉成王命,伐诛武庚、管叔,放蔡叔。"《正义》引《括地志》"郑州管城县外城,古管国城也,周武王弟叔鲜所封。"
② 关于郑国东迁的历史,可参见《史记》卷四十二《郑世家》。
③ 于革等:《郑州地区湖泊水系沉积与环境演化研究》,科学出版社2016年版,第81—82页。

水至下游皆注入黄河的支津"济（泲）水"①，与现今河道全然不同。而这些河流的中上游则大体可与《水经注》对应。枯河基本对应于《水经注》中的"砾石溪"，而砾石溪上游发端于"李泽，即古冯池也"②，或为早期的湖沼孑遗。索、须两河也与《水经注》的记载基本相符。

由于现今广武山一带是所谓"济水分河"之处，"荥泽"和"圃田"等湖泊大泽又发挥天然的水源调剂功能，所以至少自战国时期开始，该地区通常作为历代大型水利工程兴建的渠首。战国时期"沟通淮泗"的"鸿沟"即从此处开始，汉代则在此基础上形成"渠水（即蒗荡渠）……自河与泲乱流，东南分泲，东经荥泽北，东南分泲，历中牟之圃田泽"③，而此后的唐宋汴河（隋通济渠）也是以此为渠口。

综上，官庄与娘娘寨所在地的水源充足，并且经过了长期的渠化作用。东周以后历代跨地域的大型水利工程修建，地区水系更是得到了广泛而深度的开发。就两周之际而言，地区内以官庄和娘娘寨为代表的城邑，或为小型封国，似乎并不具备对所在地区水系进行宏观调控的能力。二者均选择邻水建城，城市水利工程主要以城邑紧邻的水域为主，有效地节约水利工程的修筑成本。其中，官庄地处枯河（砾石溪）与索河之间，并靠近枯河（砾石溪）发源的湖泽，娘娘寨则位于索河南岸。

（二）官庄与娘娘寨的城市水利工程

官庄与娘娘寨大体均营建于两周之际，时当郑国东迁前后。有学者认为其中的娘娘寨是为郑国东迁之前的东虢国都邑④，或为郑国向东吞并东虢之前建立的军事重镇⑤。但多数学者大都认为二者皆属于郑桓公东迁"寄孥币于虢、郐"所获城邑⑥。从考古揭示出的城市形态上看，它们或遵循了类似的城市规划原则。两者均具备大小相套的重城（壕）结构，小城规整，而大城（壕）或利用小城城垣外扩，或将小城全部包括在

---

① 根据《水经注》等文献的记载，济水在今巩义以北"南入与河，与河合流"，随后又"东出过荥泽北"，成了一条斜穿黄河的河流。但实际上，根据史念海先生的研究，东出荥泽的"济（泲）水"实际上应该是黄河分出的支津，其与自西北流入黄河的"济水"无关（此水实为黄河支流）。参见（北魏）郦道元（著），陈桥驿（校证）《水经注校证》卷七《济水》，中华书局2007年版，第190页；史念海：《论济水和鸿沟》，《河山集（第三集）》，人民出版社1988年版。
② （北魏）郦道元（著），陈桥驿（校证）：《水经注校证》卷七《济水》，中华书局2007年版，第192页。
③ （北魏）郦道元（著），陈桥驿（校证）：《水经注校证》卷二十二《渠水》，中华书局2007年版，第525页。
④ 张松林、张家强：《郑州地区西周考古的收获与思考》，《河南文物考古论集（四）》，大象出版社2006年版。
⑤ 郝红星、张家强：《娘娘寨的春秋事》，《大众考古》2015年第6期。
⑥ 史雪飞：《郑国城市研究》，郑州大学，硕士研究生学位论文，2015年，第37页。

内（图5-17）①。其中，大城散布有墓葬、手工业作坊、普通居址等各类遗存，而城市的核心宫室建筑基址则应分布于小城内②。

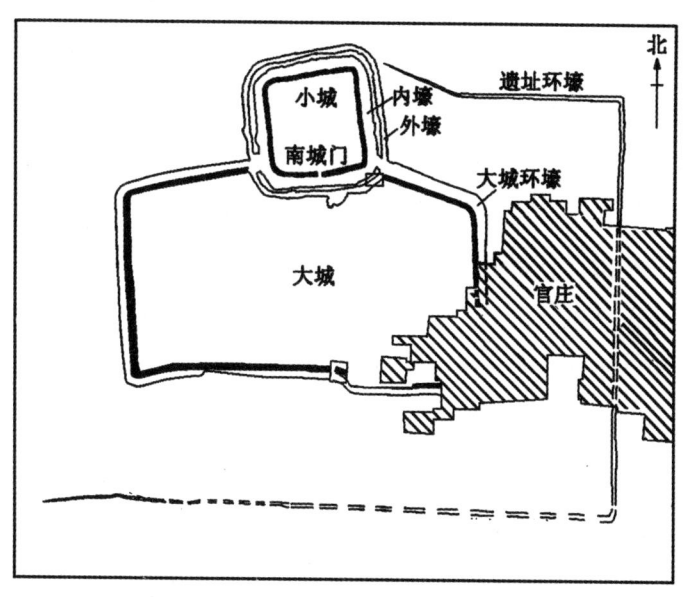

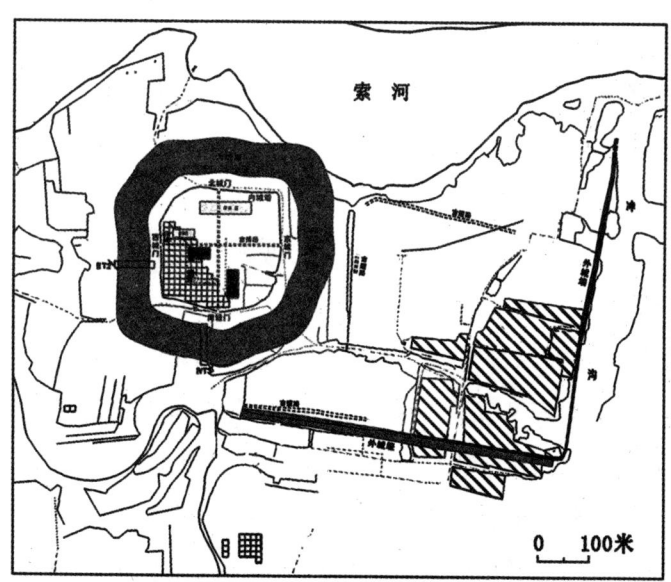

图 5-17 官庄与娘娘寨城邑平面图
据许宏《先秦城邑考古》，金城出版社、西苑出版社 2017 年版。

---

① 张松林等：《河南荥阳娘娘寨城址西周墓葬发掘简报》，《文物》2009 年第 9 期，第 4—20 页；张松林等：《河南荥阳娘娘寨遗址发掘出两周重要城址》，《中国文物报》2009 年 2 月 18 日第 002 版；郑州大学历史文化遗产保护研究中心等：《河南荥阳市官庄周代城址发掘简报》，《考古》2016 年第 8 期，第 25—40 页；韩国河等：《河南荥阳官庄遗址 M1、M2 发掘简报》，《文物》2017 年第 6 期，第 31—40 页。
② 顾万发：《文明之光——古都郑州探索与研究（下册）》，科学出版社 2016 年版，第 285—290 页。

两座城邑最为重要的城市水利工程当属内外多重壕沟的设置,一方面加强了城市的军事防御,另一方面也便于城市用排水。这一点在娘娘寨表现尤为明显。娘娘寨贴近索河南岸建城,其外围大城东、西两侧现今皆是与索河相通的冲沟。根据大城南墙外侧发现的壕沟可知,娘娘寨外侧的大城不仅直接利用北侧的索河作为防御屏障,其余三面皆引灌索河形成环壕,而现今城址东、西两侧的冲沟应该都是在早期城壕的基础上形成的。娘娘寨的小城位于大城内中部,四周城墙外侧开设有宽广的大型环壕,并引索河注入。该壕沟开口宽度现存约48米,深度可达12米,壕沟两壁上部为缓坡,下部则形成陡直的窄沟,有利于减少淤积并保持水流的活性。娘娘寨小城外围的环壕,从其形制看显然是以城市防御为主要目的,而其确实也为城市引排水提供了便利。考古工作者曾在娘娘寨小城的北门内侧发现有套接陶水管道,与一深井相连[①],属于城市引输水设施的一部分,应与排水有关,或还与城壕以及索河相连。

总体上,由于发掘材料所限,有关官庄与娘娘寨城市水利工程的更多细节尚有待进一步的揭示。仅从目前已知的状况看,多重环壕的设置是其城市水利的突出特征,恰也与两周之际郑国东迁并吞各小型封国的动荡社会历史背景相应。其次,这两座小型城邑的水利设施相对简易,结构也较为简单,显然不比洛阳两周王室都邑和郑韩故城拥有规模庞大、结构复杂的水利工程系统。这也在很大程度上表明,官庄和娘娘寨并不具备如同广域国家中心都邑那样的强大社会组织能力,也制约了大型水利工程的修建和维护。

二 战国时期地方城市水利工程

环嵩山地区的战国城邑颇多,考古发现也多和文献记载相合。这些城邑延续时间较长,上起自春秋,下沿至两汉,不仅先后为郑、韩两国下属,并伴随秦汉统一帝国的确立,又多为地方郡县治所。这些城邑早晚沿用,城市水利也大体早晚承袭。

仅从目前已发现的状况看,环嵩山地区的战国城邑多邻水建城,出于军事防御和城市用水的需要,修筑城壕并引水入城。与此同时,大型漕运工程"鸿沟"也牵动了地区城邑的发展和相关城市水利的修建。其中,扼鸿沟渠首的荥阳城尤为典型。总体上,战国时期区域城市水利的营建应十分繁盛,但因年代久远且后世改建颇多,加之各方面材料所限,目前尚无法对这些战国城市的水利工程设施逐一进行深入分析。下文仅以其中线索相对较多的京(襄)城和阳城为例,而二者也大体代表了战国时期当地一般城邑因地制宜营建城市水利工程的两种模式。

[①] 顾万发:《文明之光——古都郑州探索与研究(下册)》,科学出版社2016年版,第286页。

（一）平地城市的水利工程——京城为例

京城位于现今荥阳市西南部的京襄城村一带，地处嵩山北麓荥阳地区的黄土台地上，地势较为平坦，是战国时期平地建城的代表。该城具有悠久的历史，不仅是春秋战国时期郑、韩两国境内重要的地方城邑，两汉时期又一直是京县治所。其建城可上溯至郑庄公时期，根据《左传·隐公元年》记载，郑庄公封其弟共叔段于京[1]，是为郑之京邑，该城名称即来源于此。已有的考古工作表明，京城平面呈南北纵长方形，具有规整的内城和外环壕。其内城中有大体呈"井"字形的路网，并具有一定的功能区划。城垣外侧设置有壕沟。京城的外环壕基本是就着内城西、南壕沟向外扩建而成的[2]，从而在内城的东、北外侧形成了范围更大的外郭区。

京城所在地一带属于须水河中上游，除了常流的支流以外，还存在一些季节性的冲沟。京城城市水利的设置显然与改造利用河流密切相关。京城内城东、南两面的壕沟即是利用须水河支流形成的，其自南而北笔直地穿过了京城的外郭，并与京城外环壕相通（图5-18）。由此可见，古人对河道必然进行了干预，否则不可能形成直角弯折的形态，而其本来应该就是京城水利工程的孑遗，一方面起到了城市防御的作用，另一方面也解决了城内用排水问题。与此同时，根据文献记载，至少在汉魏时期，京城南部还存在一片湖泽。《水经注》云："京城南渊，世谓之'车轮渊'，渊水东北流，谓之'木蓼沟'，又东北流入于须水"[3]。显然，该湖泽作为须水支流"木蓼沟"的源头，也应该起到了为京城提供蓄水补给的重要功能，或为寻找京城蓄水设施提供了线索。

除了上述利用天然水系构建的城市水利工程外，京城城内也存在人为修筑的引输水沟渠。城内发现有"井"字型路网以及各种沟[4]，应是城内各主要道路侧旁的路沟。其中发现的一条沟（G4）不仅纵贯南、北城门，并分别和南城垣外侧以及北郭壕沟相通，显然是城内、外引输水的重要设施。虽然城内各功能区布局及水利设置的具体情况尚不明确，但总的来看，京城城市水利的设置主要包括了两点内容：一是利用并改建邻近的河流为城市用水提供便利；二是利用城市内外连通的壕沟、路沟等作为城市引输水渠道。

---

[1] 《左传·隐公元年》"……请京，使居之，谓之京城大叔……"参见杨伯峻：《春秋左传注（第二版）》，中华书局1990年版，第11页。
[2] 顾万发：《文明之光——古都郑州探索与研究（下册）》，科学出版社2016年版，第294、295页；荥阳文物志编纂委员会：《荥阳文物志》，中州古籍出版社2011年版，第63页。
[3] （北魏）郦道元（著），陈桥驿（校证）：《水经注校证》卷七《济水》，中华书局2007年版，第193页。
[4] 顾万发：《文明之光——古都郑州探索与研究（下册）》，科学出版社2016年版，第294、295页。

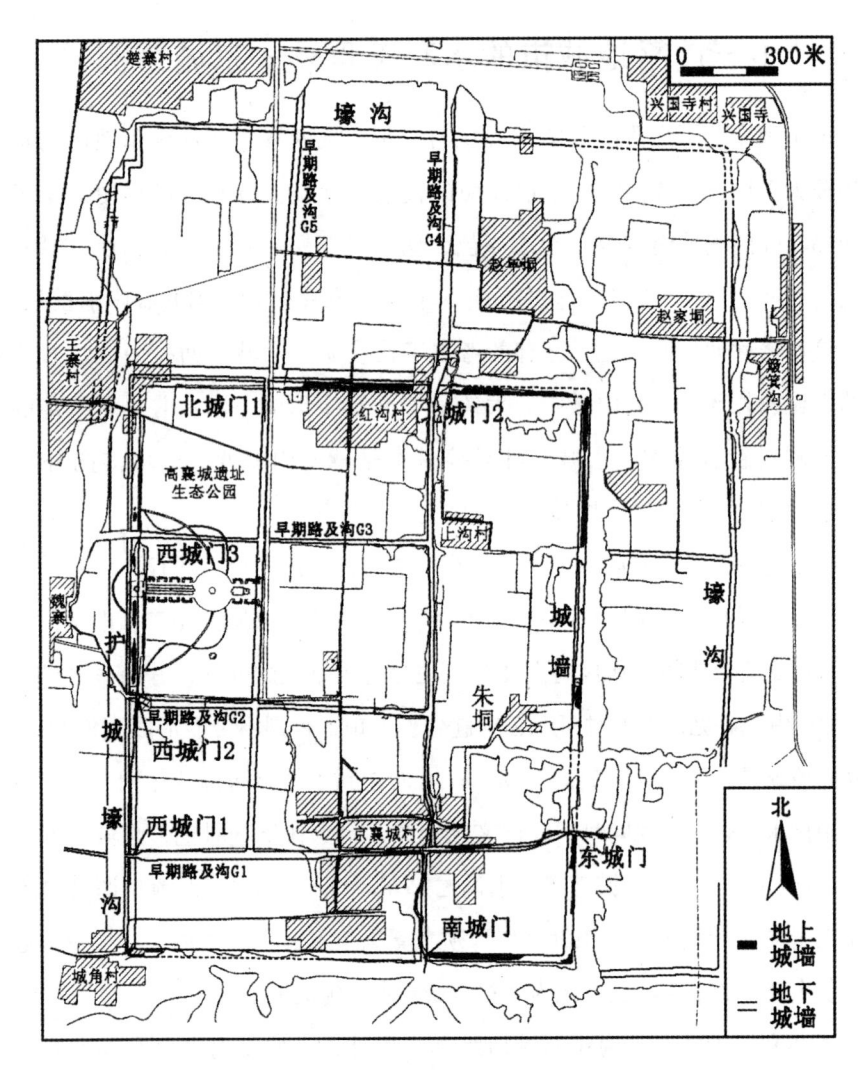

图 5-18　京（襄）城城址平面图

据许宏《先秦城邑考古》，金城出版社、西苑出版社 2017 年版。

（二）山地城市的水利工程——阳城为例

阳城城邑位于嵩山南麓现今登封市东南告成镇的东北部，自古皆谓"禹都阳城"，是探索夏商史迹的重要地标。考古工作者也正是依据史料中的线索，在其西侧发现了著名的王城岗遗址。阳城城邑北部为东西绵延的圪塔坡、告成北坡、王岭尖等丘陵高地，南面颍河[1]，其建城之地处于山间谷地，地狭而多山，与上文列举京（襄）城平地建城情况明显不同。阳城在春秋战国时期先后是扼守郑、韩两国西垂的一处战略要地。

---

[1]　河南省文物研究所、中国历史博物馆考古部：《登封王城岗与阳城》，文物出版社 1992 年版，第 1 页。

在韩灭郑和随后秦灭韩的过程中,几次具有决定意义的战役均在此发生。《史记·韩世家》记载:"(韩)文侯二年(公元前385年)伐郑,取阳城。"① 《史记·秦本纪》云:"(襄王)五十一年(公元前256年),攻韩,取阳城、负黍,斩首四万"②。伴随秦汉统一帝国的确立,阳城又作为郡县治所,前后绵延了很长一段时间。考古发现表明,阳城平面大体呈南北长方形,城内出土有大量战国时期遗存,包括一批模印"阳城"和"阳城仓器"等陶文,证实了文献记载阳城之地望。阳城城垣始筑于春秋,战国时期继续加筑,战国晚期是其繁荣兴盛阶段③。其城内中部偏北一带发现有一片砖铺地面遗存,暗示有大型建筑的存在。

与平地建城不同的是,阳城建在山地丘陵之上,地势险要,易守难攻,城垣顺地势修筑,并不十分规则(图5-19)。阳城所依赖的水源主要是颍河支流五渡河、石淙河等山间季节性溪流与冲沟,其水量并不稳定。《水经注》对此状况就有明确记载:"(五渡水)导源嵩高县东北太室东溪……及春、夏雨泛,水自山顶而迭相灌澍,崿流相承为二十八浦也。旸旱辍津,而石潭不耗……其水东南经阳城西……"④ 由此可见,阳城所在地的水系除山间水潭湖泽时常有水以外,溪流在旱季会断流干涸,在雨季则会溢满倾泻,不仅容易形成堰塞湖,也极易凭陡坡之势引发山洪。因此,阳城的水利工程当以解决城市引蓄水和防洪为主要目标。

阳城城壕与城垣不仅起到了军事防御的功能,也具有防洪导水的作用。阳城四面城墙的外侧,除东城墙外面是利用北沟小溪的断崖作壕沟外,其他三面城墙的外侧都开设有宽约50米左右的壕沟。在城北部外侧则还存在两道东西向的夯土城墙与壕沟,不仅把圪塔坡高地包裹在城垣之内,而且在阳城北面形成了多重防御设施。上述增筑的城垣和城壕分别延伸至阳城东、西两侧的北沟和肖家沟即止,不但具有军事防御的功能,还应该和阻、导水流有关,其与肖家沟、北沟一并构成了集防洪、输排水功能于一体的城市水利工程。

值得注意的是,现今肖家沟自西北而东南斜穿阳城,与东侧的北沟汇流。而阳城发现的城市引输水沟渠的北段基本与之重合,说明该沟对阳城城市水利工程的设置具有重要指示意义。目前发现的城市引输水沟渠系统,是通过输水管道将城外的水流引入城中,由陶输水管道、控制水流量的控制坑(渗井)、蓄水的贮水坑或水池等不同功能设施组成,目前已发现有八组⑤。其中,1—7组联系密切且多能相互连接,均是自

---

① (西汉)司马迁(撰):《史记》卷四十五《韩世家》,中华书局点校本1982年版,第1868页。
② (西汉)司马迁(撰):《史记》卷五《秦本纪》,中华书局点校本1982年版,第218页。
③ 河南省文物研究所、中国历史博物馆考古部:《登封王城岗与阳城》,文物出版社1992年版,第211、229页。
④ (北魏)郦道元(著),陈桥驿(校证):《水经注校证》卷二十二《颍水》,中华书局2007年版,第512页。
⑤ 河南省文物研究所、中国历史博物馆考古部:《登封王城岗与阳城》,文物出版社1992年版,第229—230页。

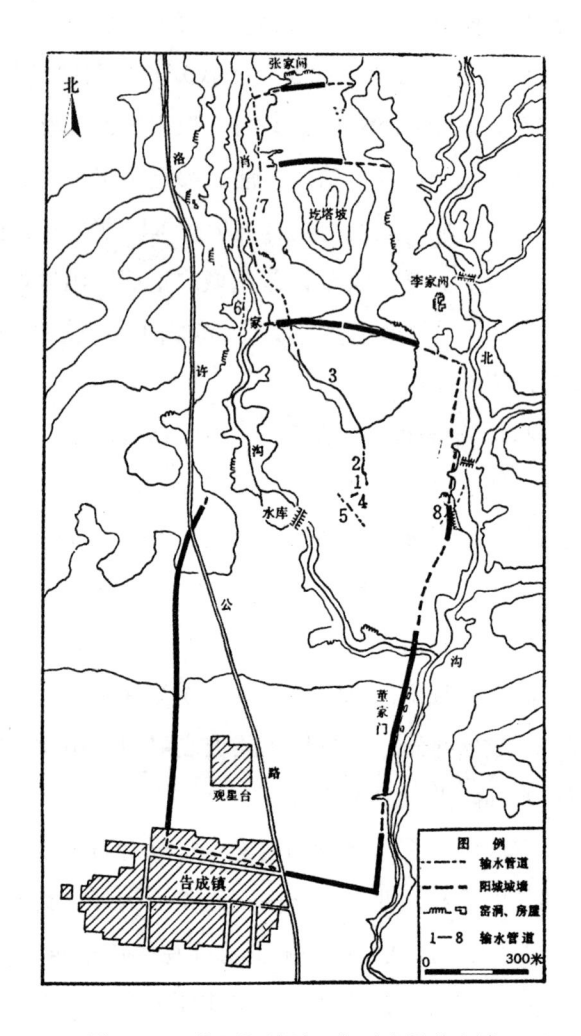

图 5-19　战国阳城城垣与引水渠分布图

据河南省文物考古研究所等《登封王城岗与阳城》，文物出版社1992年版。

城西北将肖家沟水引入城内，第八组则是自城东引北沟入城，依照北高南低、中间高两侧低的地势，向城内的北部、中部和南部输水（图5-19、图5-20）。

从考古发掘的情况看，已发现的陶水管道的铺设方法多是先开挖沟槽，然后在沟槽底部铺设陶水管道。沟槽大部分都开设于红色砂性基岩上，只有少数段落开设于土层之中。沟槽的深浅和宽窄是依据不同区域自然地势及土壤、岩层分布状况而有所区别。由于在砂岩层中开凿沟槽十分困难，坐落于岩层上的沟槽宽度一般只有0.25—0.75米，勉强能够容纳人身。由于发现的陶输水管道延伸距离很长且经过区域存在高差变化，多数段落的管道往往以慢转弯铺设，并且在管道转角处还设置有保证两侧管道水量平衡的长方形渗井（控制坑）（图5-21），这与前文所述东周王城周王居所发现的方形水池功能有一定的相似之处。

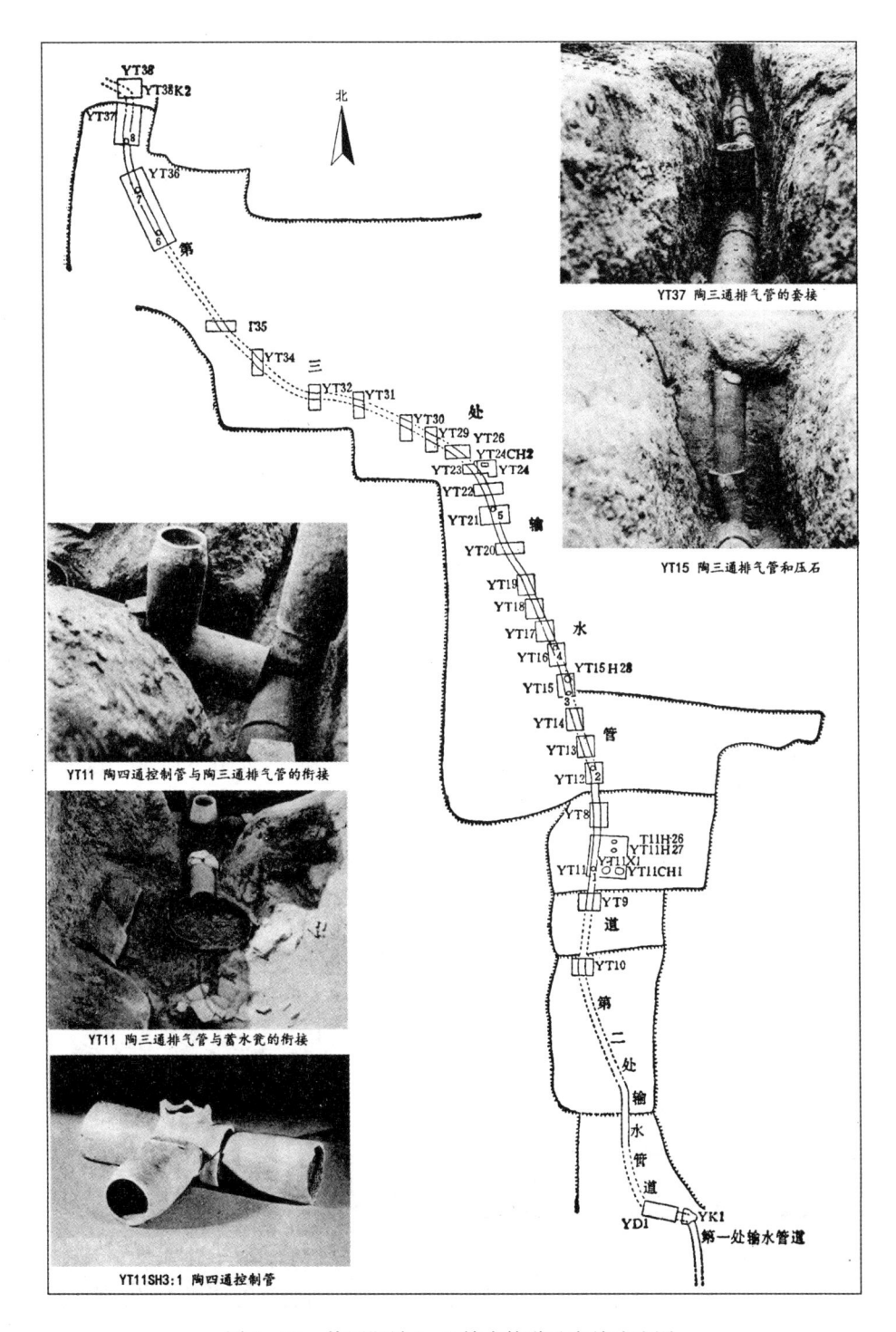

第五章 城市水利系统的兴盛：周王朝时期的城市水利系统 ·177·

图 5-20 战国阳城 1—3 输水管道及有关遗迹图

据河南省文物研究所等《登封王城岗与阳城》，文物出版社 1992 年版。

而在整个引输水沟渠系统中，陶水管道的设置已经体现出十分先进的管道水利技术，充分符合管道力学的设计原理。阳城的陶水管道除采用大量陶直通管外，还根据

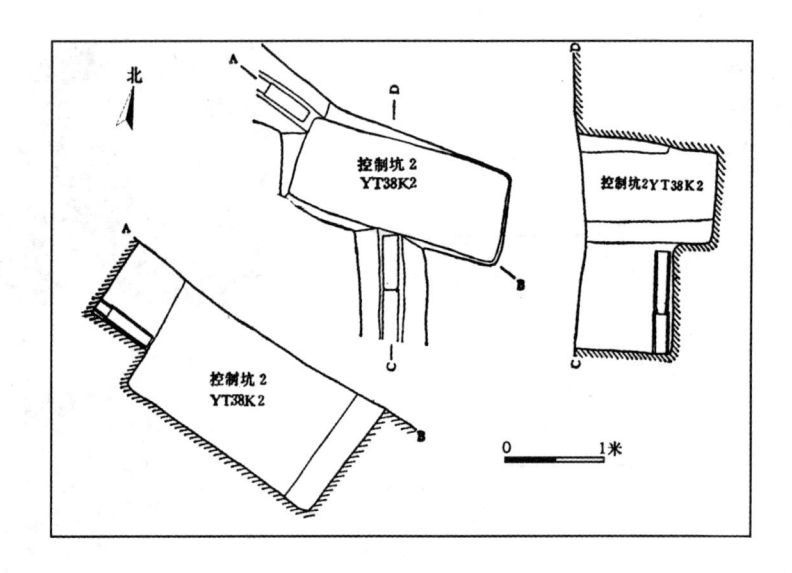

图 5-21　阳城输水渠转角控制坑

据河南省文物考古研究所等《登封王城岗与阳城》，文物出版社 1992 年版。

需要在间隔一段距离后设置三通排气管、三通分水管和四通控水管等不同类型的管道部件（图 5-22）。其中，三通排气管的管口上加有带孔的陶制盖帽或压有石块，以防止污物落入管内污染水源，其疏密程度则是根据与水源的远近距离而定。这种排气管实则采用了"倒虹吸"的管道工程技巧，起到了调节管道内压强的作用，从而保证水流畅行[1]。除此以外，在套接的陶直水管道中还发现连接一节三叉斜支管的现象，并且在支管上还套接有长 50 厘米、直径 20 厘米的陶镂孔管。陶镂孔管的周壁设置有五排六

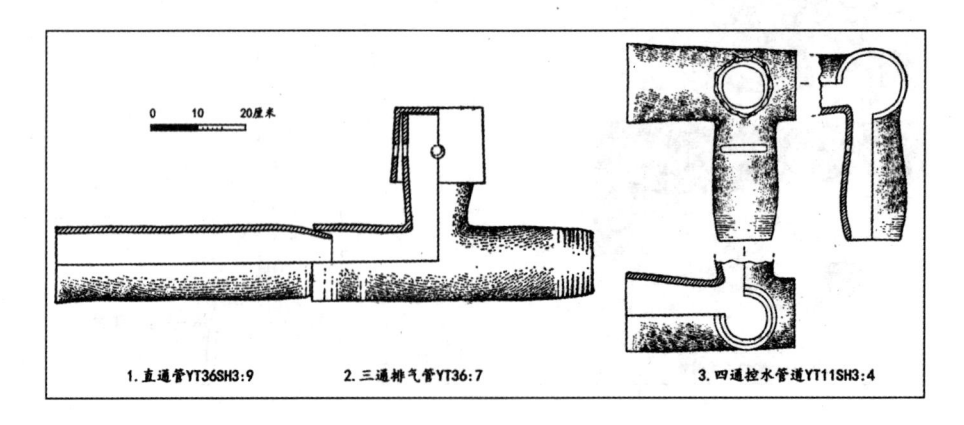

图 5-22　阳城陶水管道形制与组合关系图

据河南省文物研究所等《登封王城岗与阳城》，文物出版社 1992 年版。

---

[1] 周魁一：《中国科学技术史·水利卷》，科学出版社 2002 年版，第 53—55 页。

十余个小圆孔。已发现的这节斜支管与套接的陶镂孔管皆平放在输水管道沟槽底部一个近三角形的凹窝内（图5－23）。关于其用途，发掘者曾认为可能是在陶镂孔管内放置药物，起到净化作用①，但其也应该与调节管道水压有关。

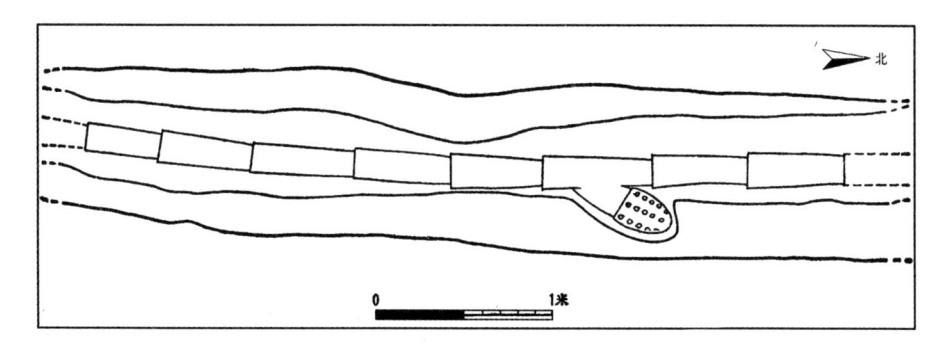

图5－23　阳城战国晚期三通斜支管和陶镂孔管套接平面图
据河南省文物研究所等《登封王城岗与阳城》，文物出版社1992年版。

除了陶水管道以外，阳城内的城市水利工程还包括了与陶水管道相通的蓄水和澄滤池设施。例如，阳城中北部，位于第三组输水管道的东侧，即发现一处贮水坑（YT24CH2），其平面呈西南—东北向的长方形，开凿于红砂岩层中。水池南、东和北三壁垂直，但西壁中部因水管流水的冲蚀，致使壁面微凹。池内西壁自底向上0.84米处凿有水管通道，并发现有套接的两节直通陶水管，东端伸入坑内，西端则通过分流管道与引输水管道主体相连（图5－24）。根据计算，坑内蓄水若与水管相平时，其水量有1.7立方米左右。这类贮水坑在城内的设置不止一处，有的则通过管道与蓄水用的无口陶瓮相连，并将坑壁设置为台阶状，开凿有对称的小台窝，用以架设木板便于人们站立到板上汲水。而上述发现的这些蓄水设施与陶水管道相连接的方式均大体类同。

阳城中目前已知唯一一座带有澄滤或防渗功能的水池，位于城内中部偏北砖铺地面近旁。该水池规模较大，大体略呈长方形斗状，池口东西长14.6米，南北宽约4米左右；池底东西长13.2米，南北宽在3—4米之间。池底平坦，四壁规整。在池底普遍铺设一层排列整齐且大小相仿的鹅卵石，一般直径25—30厘米。最大的直径35—45厘米，最小的直径20—25厘米，可见是经过精心拣选铺设而成（图5－25）。该水池内的存水来自于自北向南延伸并自水池西侧注入的陶水管道，但这段管道大都已被破坏。仅从发掘状况看，其由北向南随地势逐步低下，作慢弯状转向东南，并向水池西壁中部延伸，已发掘长度约20多米，较为完整的陶水管道有9节，这段渠道应该就是水池

---

① 河南省文物研究所、中国历史博物馆考古部：《登封王城岗与阳城》，文物出版社1992年版，第236、237页。

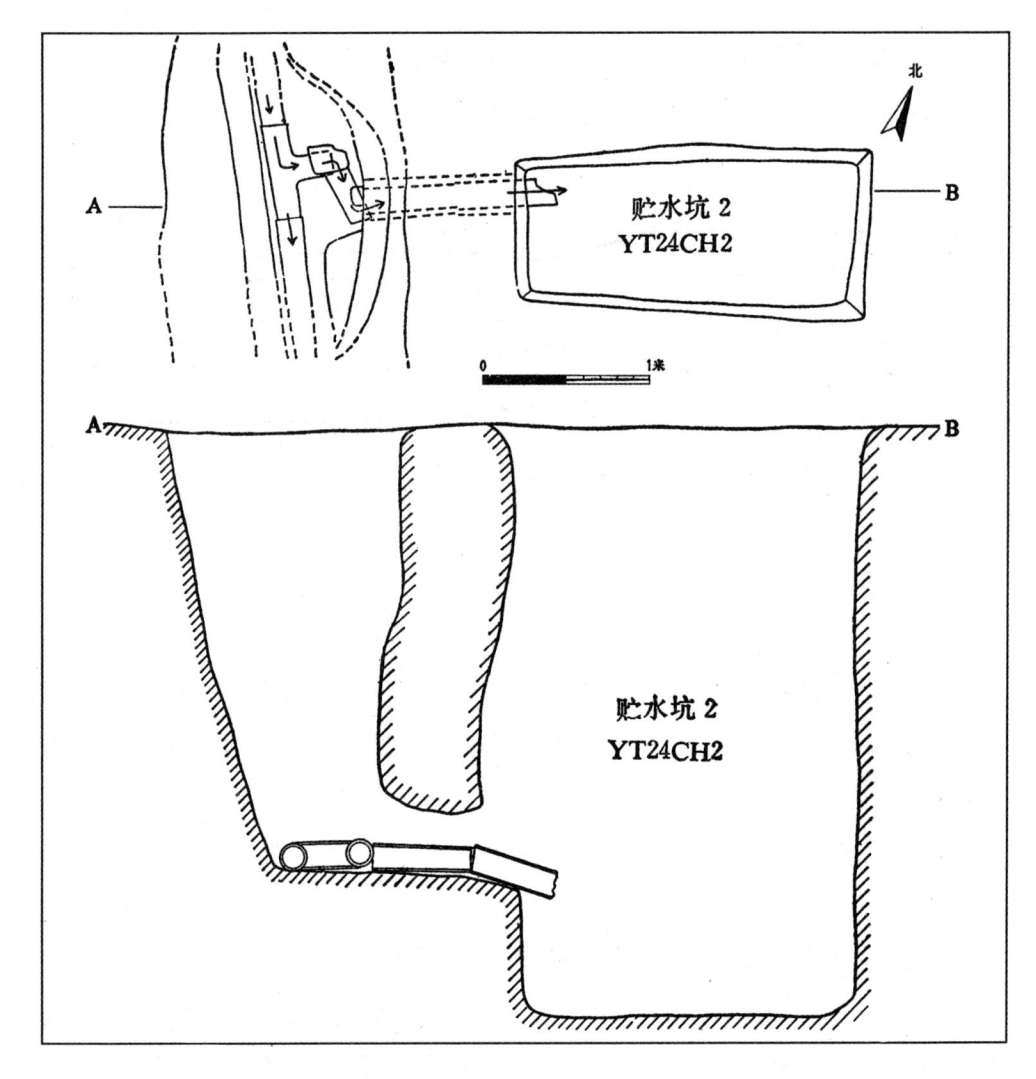

图 5-24　阳城战国晚期陶水管道与贮水坑衔接图
据河南省文物研究所等《登封王城岗与阳城》，文物出版社 1992 年版。

的进水道。该水池的排水端口位于东侧，通过控制水量的渗井（控制坑）与陶水管道相连。其中，已发现的渗井（控制坑）位于水池东侧约 4 米处，由东西相连接的一个方形坑和一个圆形坑组成。其中，方形坑靠西，圆形坑则靠东，两个渗井底部高低略有差异，以保证水流通畅。水池与渗井（控制坑）通过开设涵洞设置陶水管道的方式相连。为了保持陶水管道的牢固，在管道东端的南北两侧，又各砌筑了两层半截砖墙用以加固。在圆形渗井（控制坑）南壁下部，则开设有一处涵洞并铺设有南北向套接的陶水管道。此段陶水管道伸出涵洞南口后，继续向南延伸，并与其他相关的输水管道衔接。

总体上，阳城发现的这座水池拥有进、排水口，水池内蓄水也具有一定活性，水

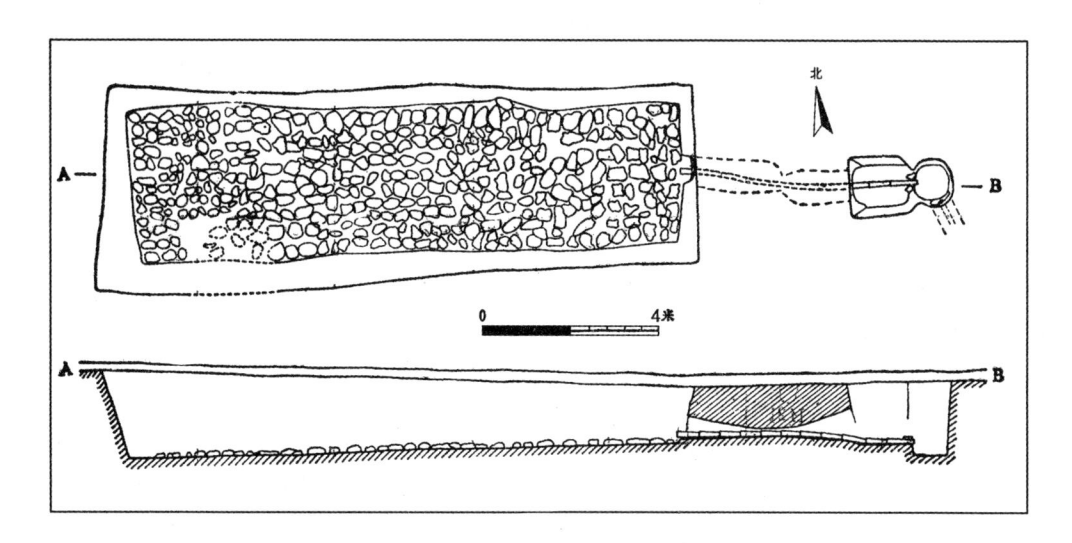

图 5-25 阳城战国晚期澄水池与输水管道衔接图

据河南省文物研究所等《登封王城岗与阳城》，文物出版社 1992 年版。

池底部铺设鹅卵石则起到了澄滤、防渗的功能。该水池与前文所述的贮水坑存在明显的差别。联系到其附近的砖铺地面可能是阳城内高等级建筑遗存所在，该水池应该不是普通的蓄水池，而应是与城内高等级建筑相配套的水利设施。类似的水池自二里头阶段至东周时期的大型都邑内常有发现，除了基本的蓄水功能外，或为皇宫池苑的核心。结合战国时期阳城的重要地位，发现的这座水池也可能是城内官署园囿的重要组成部分。

综合上述分析来看，阳城作为山地建城的代表，其城市水利工程的主体是以防洪、引蓄水为主。利用山间溪流，设置拦截、输导水流的各类防洪排水设施。而城内各种引输水设施则充分适应了地势起伏较大的山地地形。不同类型陶水管道的设置，均是为了确保水流平稳通畅，这比平地修建的城市水利工程更为复杂。由于山地取水较平地更为不便，阳城也因此设置有多处蓄水设施，以便将因雨季而漫涨的山水储存起来以备旱季不时之需。值得注意的是，在阳城中部一带发现的铺石水池，应是与城内高等级官署建筑相配套的水利设施。这一水池除了具有蓄水、澄滤、防渗等功能以外，还应当与这一时期地方官署的池苑有关。其仿效同期或更早阶段中心都邑的王宫池苑，类似的城市水利设施应该在平地建城的其他地方城邑内也有设置。

第四节 两周时期城市水利的重构与完备

在经历了商王朝统治晚期阶段地区城市化的低潮之后，西周王朝的确立再度开启了环嵩山地区的城市化进程。至东周时期（尤其战国阶段），环嵩山地域范围内继二里岗早商国家之后，再次形成了相互联系更为密切的城市网络。城市化进程的复兴推动了地区城市水利的重建。两周时期环嵩山地区的城市水利工程再次得以普及，自史前以来逐步发展起来的各项水利工程设施也在这一阶段得到了全面应用。

嵩山北麓的洛阳盆地作为周王室控制的王畿腹地，是两周时期环嵩山地区城市化程度最高的区域之一。自西周洛邑到东周王城、东周成周城的发展过程中，城市形态的变化也促使城市水利系统发生了一定的变迁，但早、晚水利系统的修建也存在较为明显的继承关系，并且对此后历朝洛阳都城水利工程的修建产生了深远影响。西周洛邑建立了东、西贯通瀍河与涧（榖）水的城市水利系统，通过主干及分支沟渠将不同居邑有机联系在一起，从形态结构上可以看作是商代晚期殷墟都邑城市水利的延续，也是同时期周人城市水利工程设置理念的体现。与此同时，西周都邑水利的修建已经有专人负责，而在洛邑修建"榖水"工程时也应专设有"水官"，这不但是水利工程发展专业化的体现，也是国家政体层面上官僚体制完善并细化的反映。进入东周以后，因周王室内部权力分化，在西周成周洛邑的基础上，形成了东周王城和东周成周城双城东西并列的局面。这两座东周王都的水利工程建设均不同程度地利用并改造了西周时期的"榖水"工程。

东周时期郑韩故城的兴起，促使在嵩山东麓，以双洎河流域为中心出现了新的城市群，也带动了地区范围内更多中小型城邑城市水利工程的兴建。新郑郑国都城与韩国都城的相继沿用，郑国修建的城市水利工程也得到了延续。郑韩故城城市水利工程营建主要依托于城市两侧的双洎河（洧水）、黄水河（溱/潧水），并还涉及对一定流域范围的河道控制。进入战国以后，尤其战国中晚期以来，面对战局转入战略被动的局面，军事防御的需求迫使郑韩故城放弃了城市水利工程的部分漕运功能，从而转向城市防御。除此以外，郑韩故城城内以沟渠管道工程为基础构筑的引输水系统，已经可以覆盖到更细微的功能单元。而对于中小型城邑来说，伴随东周尤其战国时期水利工程技术的提高，出现了结构更为复杂、设计更为合理的城市管道工程。而根据城市选址的不同，城市水利工程的设置在功能上还有不同的侧重。

总体上，两周时期依然延续了二里头以来就已经确立的城市水利工程构筑原则——城市核心权力区（王室贵族居住活动区或地方行政衙署）的水利建设是城市水利系统的重点工程。"池苑"作为城市核心权力区独享的一类特殊城市水利设施，其礼制象征意义更为突出，并伴随周礼的发展成熟，也逐渐融入了理想城市规划之中。战国以后，"辟雍"和"泮池"作为经典礼制建筑的重要组成部分，其本身也与三代以来城市建筑营造技术与城市水利设施的发展、演化密不可分。

在此基础上，由于沟渠管道工程技术的迅速发展，经由沟渠管道（包括明暗沟渠）连通城市内、外不同水利设施（包括对自然水系的改造利用）的城市引（给）输（排）水系统，在两周时期的环嵩山地区得以全面延伸。两周时期城市社会其他阶层的用、排水需求也得到了广泛的关注，城市水利系统较先前几个阶段都显得更为完备，其公共服务性得到了全面提升。除此以外，两周时期大型中心都邑（如西周洛邑、郑韩故城等）的城市水利系统均涉及了对一定流域区间的水系管控，表明这一时期城市水利工程的构建已经可以超出城市选址所在的地区范畴，向更为广阔的城市腹地扩展。而"水工"或"水官"专职水利的技术人员的涌现，显然也与更为成熟的选任制度息息相关。由此可见，两周时期人们已经拥有了丰富的经验和高超的工程技术来进行水资源管理和利用，而地缘性社会关系乃至官僚制度不断发展和成熟，则成为两周时期水利工程修建并长期发挥功效的社会组织保障。

值得注意的是，两周时期尤其战国阶段是环嵩山地区三代城市水利系统发展的顶峰，与这一阶段人们对水文、水资源认识的深化，并形成了较专门、系统的水利知识密不可分。晚商时期甲骨卜辞中已经出现了较多对降雨多寡、河流水量大小等进行占卜的内容[①]，暗示了人们在不断积累了各种有关水文现象的经验和认知的同时，也可能已经开始形成专门的知识。进入两周时期以后，特别是到了战国阶段，出现了以《管子》为代表的学术论著，不但涉及对江河水系特征的分类，还对水流势能以及引水、分水的科学原理进行了阐述，表现出水科学认知水平的极大提升。《管子·度地》根据地表水的水源、水量和流经范围的不同，对江河水系进行了准确的分类，并提出了针对性的引水（因其利而往之）、挡水（因而扼之）的策略[②]。与此同时，《管子》针对水从高处向低处流动的特点，提出通过堤坝、堰、渠等工程设施可将水流引导到需要用水的地方，并可通过"扼"水，形成"领瓴之"的势能，实现从低处向高处引水，并且为控制水道中的水流，还提出了渠道比降的概念[③]。这些有关水流势能的阐释，涵盖了堰坝、渠道等各项水利工程设计的基本原理[④]，既是在总结水利建设有关经验基础上进行的科学提炼和升华，也进一步为城市水利系统建设提供了理论支撑。

---

① 例如问卜水灾及降雨等。参见张兴照《商代水利研究》，中国社会科学出版社 2015 年版，第 87—97、142—145 页。
② 《管子·度地》："水有大小，又有远近。水之出于山，而流入于海者，命曰经水；水别于他水，入于大水及海者，命曰枝水；山之沟，一有水、一毋水者，命曰谷水；水之出于他水沟，流于大水及海者，命曰川水；出地而不流者，命曰渊水。此五水者，因其利而往之可也，因而扼之可也，而不久常有危殆矣。"
③ 《管子·度地》："夫水之性，以高走下则疾，至于漂石；而下向高，即留而不行，故高其上。领瓴之，尺有十分之三，里满四十九者，水可走也。乃迁其道而远之，以势行之。水之性，行至曲必留退，满则后推前，地下则平行，地高即控，杜曲则捣毁。"
④ 谭徐明：《中国古代物质文化史·水利》，开明出版社 2017 年版，第 24 页。

第六章　环嵩山地区三代城市水利的特征
——基于中外比较的视角

> 故圣人之处国者，必于不倾之地。而择地形之肥饶者，乡山，左右经水若泽。内为落渠之写，因大川而注焉。乃以其天材，地之所生利，养其人以育六畜……此谓因天之固，归地之利，内为之城，城外为之郭，郭外为之土阆。地高则沟之，下则堤之，命之曰金城……
>
> ——《管子·度地》

本书的第二至五章按时间顺序对环嵩山地区早期城市水利工程个案进行了分析，展现了在社会复杂化和早期国家起源与发展中，以三代为核心的地区城市水利演进过程，反映了中国古代早期城市文明发展与水利工程存在紧密的互动关系。作为大型的系统公共基础设施，城市水利系统的修建和正常运转，与这一时期形成稳定且强大的地缘性社会组织息息相关。城市的管理者通常也是地区社会的统治者，通过城市功能分区中水资源的管控与分配，强化了城市内部的社会分化。总体上看，环嵩山地区三代城市水利代表了地区古代先民不断适应、改造自然的过程，与中国古代早期城市社会的发展脉络相适应。

放眼世界范围，环嵩山地区城市水利工程作为中国早期文明的一项典型物质表征，在全世界早期文明中显然也代表了中国特色。然而，值得注意的是，洪灾与治水是世界各地创世神话传说中普遍存在的主要内容之一[1]，城市文明和水利工程建设也都是各地区社会复杂化和早期国家进程的重要表现形式。虽然可以肯定的是，包括中国在内，世界不同地区早期文明彼此之间并无明确的直接关联，并且形成了平行发展或协同进化的局面[2]，但就城市出现以及相应水利工程修建而言，这种不约而同的相似性却依然提醒研究者们，不同地区的人类群体还应具有共通的思维和行为模式。在此基础上，问题的关键也从把握各地区文明的独特性，或者认为其中必然存在文化传播的现象，

---

[1] 除了中国大禹治水的古史传说以外，在美索不达米亚流传的《吉尔伽美什》史诗也记载有人类在灭世洪水中生存下来以及抗击洪水的英雄神话，并对至今广为传颂的《圣经》等犹太典籍产生了深刻影响。参见杨建华《两河流域：从农业村落走向城邦国家》，科学出版社2014年版，第291页。

[2] ［加］布鲁斯·G. 崔格尔：《理解早期文明：比较研究》，徐坚译，北京大学出版社2014年版，第4页。

转变为如何理解世界上不同地区早期文明的异同，认识其产生的影响因素，从而更深刻地揭示并阐释人类行为的相似性和文化的多元性。

比较研究的意义即在于，从不同的地域文明之中探究人类共通的思维与行为准则，并在具有跨文化意义的一般模式基础上来理解地域文化的差异。因此，以环嵩山地区三代文明为代表的早期中国，作为世界早期文明的重要组成部分，其城市水利的设置除了因适应地域生态环境而具备的独特性以外，显然也应该具有与世界其他地域文明所共享的一般特征。从跨文化比较研究的视角出发，其特质（"中国特色"）也需要在了解一般特征的基础上才得以彰显①。

正是出于上述考虑，我们接下来将在总结环嵩山地区三代城市水利发展进程及其结构特点的基础上，比较世界其他早期文明创建的城市水利工程，从而全面深入地理解中国早期城市水利的特殊性，并揭示早期城市水利在规划建设上体现出人类行为和观念上的共同特征。

第一节 地区三代城市水利系统的基本特征

总的来看，在社会分化与公共权力集中背景下，环嵩山地区三代城市水利工程的发展与城乡分野的城市化过程保持一致。在三代为代表的广域王权国家的形成与发展中，环嵩山地区城市水利系统自上而下随着都邑为中心的城市网络得以在广域范围普及，地区城市水利的发展进程也受三代早期国家都邑变迁的影响而存在变化。伴随城市起源、发展以及城市结构日益复杂，水利工程的设置也呈现出系统化的趋势。

一 典型城市水利工程的演进趋势

城市水利作为系统工程，包含了不同类型、功能的水利子工程，并且随着城市容纳人口数量的增多，功能分区的日益完善，不同水利工程设施的规模和结构也不断扩展，承担的功能也逐渐多样化，相互之间的联系更为紧密。

在城市水利系统的四项子工程中，水井的早晚演进在环嵩山地区不同阶段的中心都邑相对更明显——宫殿区通常拥有多样的水井类型来满足统治阶层各种生活需要。而以运河为代表的城际水利工程的发展直至东周时期才更为突出，并且极大地促进了

---

① ［美］张光直：《商文明》，张良仁等译，陈星灿校，生活·读书·新知三联书店2013年版，第399页。

城际交通和地区农业生产（特别是中心都邑控制的腹心地带），为秦汉帝国统一之后地区城市网络的发展和巩固奠定了基础。相比之下，城壕与城垣代表的城市防洪工程、以沟渠为中心的引（给）输（排）水工程，在环嵩山地区三代城市水利系统的演进过程中最具代表性。

（一）城市外围防洪工程的演进——以城壕与城垣为线索

城壕和城垣自出现伊始就和聚落防洪的实际需要密不可分。环嵩山地区三代城壕、城垣的起源和发展，见证了其作为防洪水利工程，逐渐成为早期城市形态的一般结构要素，并被赋予了城市权力地位的象征意义。而由垣、壕闭合而成的"围城"也成了中国古代城市的基本形态特征之一。

环嵩山地区新石器时代中晚期以来，定居聚落普遍开设有环壕，是聚落防洪排涝的重要水利工程，并且兼具防御野兽、外敌侵袭等多种用途。一些大型的区域中心聚落还设置有多重环壕。这一时期环壕的设置大都与聚落所在地的自然水系相连，明确了其作为防洪排涝水利工程的基本功能属性。围垣工程的出现相对较晚，西山聚落是地区范围内目前发现最早的垣、壕兼备的大型聚落。因其地处山地，客观上需要抵御山洪、泥石流等地质灾害的侵袭，围垣则是环壕内侧、起到加固作用的辅助工程。

进入龙山阶段以后，随着社会复杂化程度加深以及早期广域王权国家的形成，环壕与围垣在始终保存有基本的防洪功能以外，也逐渐成了不同区域早期城市普遍拥有的配套设置。龙山时期，在环壕与围垣形成的封闭空间内，随着不同于普通村落的早期城市布局特征的出现，环壕与围垣逐渐发展成为早期城市形态要素的一部分，城壕和城垣的概念也由此形成。从这一阶段开始，城垣从工程结构上已与城壕分离，不再只是加固城壕的附属设施，而是成为与城壕并行的地标建筑，拥有高耸于地表的形态特征，在增强城市防御功能的同时，也促成了社会权威地位的象征。在此基础上，城垣与城壕对方正形态的有意追求则更凸显了这种象征意义。在早期广域国家不断发展成熟的过程中，二里头宫城（城市权力核心区）的营建强化了这一象征功能，至二里岗早商阶段城垣与城壕营建更具有一定的规范性，并自上而下从中心都邑到地方城邑得以贯彻。东周时期是继龙山与二里岗之后城邑建设的高峰时期，城垣与城壕成为不同层级城邑不可或缺的基础设施。在东周列国纷争的社会背景下，城垣与城壕的设置凸显了军事防御的功能，但不同城邑在规划营建时仍然利用垣、壕工程，将城市权力核心区与普通居民区进行区隔。在此基础上，环嵩山地区以不同阶段的中心都邑为代表的三代早期城市，确立了"宫城＋郭区/城"的布局结构。

总体而言，自新石器时代中晚期聚落外围设置环壕以及围垣开始，垣、壕兼备就成为此后三代城市的基本特征，并逐步成为凸显城市权力地位的象征。在这一演变过程中，防洪依然是城垣与城壕的基础功能，而随着三代城市多重城圈结构（宫城＋郭城/区）的出现，城市外围的防洪设施则主要由人工修筑的郭区（城）城垣和城壕来承担，除此以外，借助自然水系和地形起伏形成的"外郭"显然也充分考虑了城市防洪的需要，环嵩山地区三代城市中的西周王都洛邑即为典型。

（二）引输水网工程的构建——以沟渠为中心

一般而言，引（给）输（排）水工程是城市水利系统的核心。这项水利工程是通过输水沟渠，连通自然水系以及各类人工修筑的不同蓄、储水设施，以保证城市供水和排水畅通。由于沟渠设置的多样性，其作为城市引（给）输（排）水工程的传输中介，促使这一水利工程通常形成与城市形态相适应的网络结构。环嵩山地区三代城市水利系统以引输水网的构建为主要特征，并与地区早期城市的发展以及社会复杂化进程保持一致。

输水沟渠根据营造特征可分为明沟和暗渠两种。其中，明沟是方便聚落输排水的一种简单且有效的水利设施，出现也较早。新石器时代中期阶段，在环嵩山地区规模较大的聚落中，就发现有开挖明沟用以排水的现象。其明沟规模较小，布局上也并无明显规律，与这一阶段聚落形态反映不出明显社会分层的特征相适应。个别房屋外围开设明沟只是单纯出于消除积水的需求，体现出权宜性和缺乏规划的特点。至龙山时期社会复杂化程度加剧，处于区域中心地位的聚落形态与其他聚落的差异暗示着城乡分化的出现。早期城市的发展极大地推动了城市引（给）输（排）水设施朝着系统化的方向发展。之前根据实际需要而随意设置的明沟，此时已经能够形成规模庞大的沟渠网络，以便于将水流输送到任意需要的区域。而以陶水管道为代表的暗渠工程的发明，标志着沟渠水利在明沟基础上产生了更为精细的分工。暗渠与明沟配套使用，不仅减少了日常用水的污染，确保了居住环境的干净整洁，也加快了污、废水的处理效率。龙山时期不同区域中心聚落有意识地修建明沟与暗渠，体现了城市生活与普通村落的分离，相应水利工程的设置也由此成了城市整体规划的一部分。随着环嵩山地区进一步的社会整合过程，二里头中心都邑全面继承了龙山时期的沟渠设施，在其宫城内首次确立了经由明沟暗渠，连通坑池（陂塘）、水井（含渗水井）等储水设施的引（给）输（排）水系统。

继二里头之后，环嵩山地区见证了早期广域国家政体向统一帝国演化。地缘性社会组织的发展与更为深入的社会分化相结合，不仅通过更为复杂的城市形态予以表现，也体现在一定地域范围内城市层级网络的形成。在此背景下，以沟渠为中心的引（给）

输(排)水工程在不同层级城市中得以普及。不同阶段的中心都邑则是体现沟渠水利发展的典型代表。二里岗早商阶段延续并扩展了都邑中引(给)输(排)水工程的修建。城市引(给)输(排)水工程的营建以反映商王权威与资源控制的功能区域为重点,宫殿区(宫城或衙署)、手工业作坊以及仓储区等都不同程度地修建相应的沟渠设施。两周时期,环嵩山地区的大型都邑形成了以沟渠为主干、贯通城内外自然水系与各种水利设施的引输水网系统。其依然是围绕王室贵族的日常生活、社交活动与城市管理展开。城市核心宫殿区(宫城)以及服务于王室贵族的手工业作坊是引输水系统优先惠及的区域,并且以宫殿区的引输水设施最为复杂和完善。然而,由于引输水网系统并没有完全涵盖城内的普通居民区,可供一般居民使用的水资源相对有限,用排水则主要依靠城市的引排干渠以及在居住区开凿水井等。

由此可见,以沟渠为中心的城市引输水网的形成经过了漫长的发展过程,与环嵩山地区三代城市形态联系最为密切。明沟与暗渠在地区龙山晚期阶段就已经出现,为日后城市引输水系统的形成奠定了基础。自二里头以后,地区范围内的中心都邑确立了"宫城+郭区(城)"的布局结构,具备了更为复杂的城市功能分区。与此相应,以沟渠为中心的城市引(给)输(排)水工程也体现出以宫殿衙署为中心的网络结构特征。城市引输水网的设置以服务王室贵族的社会活动为目的,王室贵族为代表的社会上层统治者也因此掌握了绝大部分的水资源,在满足日常所需之外,对于享乐的追求也促成了王宫池苑功能区的出现。

综上所述,城市外围防洪工程与城市引输水系统的发展,体现了环嵩山地区三代城市水利与城市形态密切的互动关系。伴随不同于普通乡村的聚落形态出现,水利工程的构建以符合城市社会生活需求为准则。在此背景下,聚落防洪(环壕与围垣)和引输水工程(沟渠)等必备的基础设施也均被引入到城市规划营建中,发展出更为复杂的形态和功能,成了反映城市形态特征的关键要素。作为早期广域王权国家实现地域控制的重要工具,包括中心都邑在内的不同层级城邑在布局结构上均不同程度地凸显了对社会权力的表达,深刻影响了城市水利工程的规划营建。高耸的城垣与宽广的城壕脱胎于早期聚落的环壕与围垣,虽然保留了防洪导水的实际功能,但更多情况下体现了礼制意义,暗示了社会上层统治者拥有强大的社会组织能力,也是其权威地位的体现。宫殿衙署区是城市特有的功能区,也是城市的权力核心,而不同阶段中心都邑的宫城还是早期国家的权力中枢。与之相应,宫殿区水利设施的营造成了城市引(给)输(排)水工程的重点,形成了多种明沟暗渠(木石结构与陶质管道)连通储水陂池、水井等设施的水网系统,这在各阶段的中心都邑尤为明显,体现了社会上层统治者在水资源管控、利用方面的权威地位。

二 环嵩山地区三代城市水利的分期与结构特点

前文按照社会复杂化的一般进程，从环嵩山地区新石器时代中晚期的定居聚落水利设施的出现开始，围绕三代早期国家的形成与发展，梳理了地区城市水利系统的发展历程。结合典型的城市水利工程的演进趋势，我们也不难发现，地区城市水利的分期与结构特点都与城市形态的变迁相辅相成（表6-1）。

表6-1　　　　　　　　　环嵩山地区三代城市水利分期阶段对应表

古史分期	中心都邑代表	城市水利发展
夏	各地区中心聚落	第一期
	二里头	第二期
商	郑州商城、偃师商城	第二期
	安阳殷墟（以小屯为中心）	第三期
西周	成周洛邑	第三期
东周	东周王城、郑韩故城	第四期

（一）区域城市水利发展的阶段性

本书采用了考古学文化分期和中心聚落变迁的表述方式，按照"夏、商、周"三代的发展序列对城市水利系统的起源与发展过程进行了论述。环嵩山地区三代城市形态和城市水利的发展在很大程度上与三代政权更迭的节奏不同，这在中心聚落或都邑城市水利系统的设置上表现得尤为明显。按照城市形态和城市水利布局所体现出的稳定结构特点，地区三代城市水利早晚发展可分为如下几个阶段：

1. 龙山阶段

龙山文化晚期是目前主流观点中夏王朝的开始阶段。这一时期方形的城垣、城壕设施以及明沟、暗渠的出现和发展，表明城市水利工程处于初创阶段。而无论这一时期的地区聚落形态还是各区域中心聚落的形态特征，与较早的新石器时代中晚期以及晚期的二里头阶段相比，均体现出明显的不同，暗示了激烈社会变革的发生。而在向二里头阶段的发展过程中，新石器时代中晚期的圆形多重环壕聚落形态的再现，似乎也表明这一时期地区经历了复杂的社会整合过程。

2. 二里头至二里岗阶段

尽管按照主流的观点，二里头作为首个广域国家的中心都邑，与"夏王朝"关联更为密切，但从城市形态与城市水利设置上看，二里头与随后的二里岗早商国家却存在更为明显的前后继承关系。事实上，二里岗早商国家的城市形态布局乃至地区城邑网络，均是在二里头国家基础上进一步扩展而成的。二里岗阶段，以郑州商城为代表的中心都邑，继承并发扬了二里头"宫城+郭区"的城市结构布局，城市水利在完善了外围防洪设施的基础上，进一步发展了城内的引输水系统。二里头时期确立的以宫城及衙署区为中心的城市水利规划，在二里岗阶段得到了自上而下的推广，而这也与这一阶段国家在广域控制上多少体现出的"帝国"特征相符。

3. 商代晚期至西周阶段

伴随商王朝中心都邑从郑州向安阳地区转移，环嵩山地区城市发展和相应水利建设，也在商代晚期社会重组过程中走向低谷。直至西周早期，当地才又再次形成了国家中心都邑，城市水利才得以恢复。成周洛邑的营建，不仅在城市形态上继承了安阳殷墟"聚邑成都"的规划特点，在城市水利的设置上更是全面继承并发展了殷墟"主/支渠+陂塘"的城市水利系统，从而在以周王宫室为核心的前提下，将不同居邑串联起来。尽管成周洛邑的城市水利规划也反映了周人的建都传统，但无论周原、丰镐还是成周洛邑，三座西周王都的城市建设均显示出与商代晚期殷墟都邑极强的内在联系。虽然类似的城市水利规划早在商王朝转移过程中也有短暂实践（小双桥），但对于地区在商代晚期的全面衰落来说，西周时期当地城市水利的营建可能更多地吸取了安阳殷墟都邑的经验。

4. 东周阶段（战国为主）

东周阶段（尤其战国时期）是环嵩山地区城邑营建和城市水利建设再次繁荣的时期。随着兼并战争的频繁，城垣与城壕再次成为地区城市重要的形态要素。而伴随这一时期向秦汉帝国的转变，官僚体系以及地区基层管理制度的发展，宫城或衙署或在不同层级的城市中均占据重要地位，且成了城市水利营建的重点。而对区域水系治理以及水利技术应用也均体现出专职化的特点。东周时期的城市水利系统在城市内外水循环以及城际水利工程的营建上显得更为成熟。无论周王都城还是郑韩故城，均充分利用了周邻的河流构筑了更为复杂精细的水利系统。而在地方城邑的营建过程中，即便是在崎岖的地形状况下，城市水利工程依然能够保持较高的营建水准。

综上所述，环嵩山地区三代城市水利系统的演变节奏与早期国家不同阶段的社会发展相适应。在二里头确立了广域国家之后，中心都邑的变动成了影响地区城市水利发展的重要因素。二里头中心都邑的形成、商王朝中心都邑的转移以及东周列国都邑的确立，均是当地城市形态变迁以及城市水利系统变化的关键节点。当地三代城市水利系统与城市形态早晚变迁的脉络基本一致，这反映了城市水利系统的独特性。其作为一项水利事业，也是城市基础设施的重要组成部分，具有服务于城市布局规划的基本特性。

（二）城市水利的结构特征

总体上，自二里头时期形成广域王权国家之后，环嵩山地区三代城市水利的结构特点更为明确。水利工程作为城市基础设施，在环嵩山地区的中心都邑以及一般城邑都得以普及。在二里头之后至东周不同阶段的城市化进程中，国家或地区管理者所在的区域都在城市中占据核心位置，并通过"宫城+郭区（城）"的城市布局结构，用以强调其至高无上的权威地位。当地三代城市水利的营造符合不同阶段城市形态变迁的同时，也明显体现出以城市权力核心区为核心的结构特点。

其中，二里岗早商阶段以及东周时期是当地三代早期国家城市建设的两个高峰期，上述城市水利的结构特征表现也最为明显。二里岗继承了二里头的城市营建传统，不仅在中心都邑大体延续了宫城与郭区相套的形态，并在地区内的一般城邑也均得以贯彻。不同层级城市的郭区范围基本是在自然水系基础上，通过开挖壕沟引水并设置城垣实现的，不仅起到了防洪和引导水流的作用，也标识了城市的边界。中心都邑的核心宫城面积较大，拥有多组不同功能的大型夯土建筑群，也是城市引输水系统最为完善的功能区。宫城享有一整套独立于城市其他功能区的水源引排和储蓄设施，并且还开辟有池苑，显示出统治阶层对水资源的绝对占有权。而对于地区一般城邑来说，其城市权力核心区的建筑（通常只有一组大型夯土建筑）和城市水利工程均与都邑存在明显的等级差异，但其引（给）输（排）水利工程的修建也贯彻了以城市权力核心区为主导的理念。

东周时期（尤其战国），洛阳盆地内的周王室都邑以及新郑郑韩故城是环嵩山地区最为重要的列国中心，围绕列国都邑（尤其郑韩故城）的城邑群空前发展。城市水利建设也更为兴盛，并且还出现了以漕运工程为代表的大型城际水利。这一时期不同层级城市普遍兼备城垣与城壕，都邑更是宫城、郭城兼具，并且依然分担了引导水流和防洪的功能。在中心都邑内，城市引（给）输（排）水系沿城内主干道分布并可直接引入不同功能区内部（特别是手工业作坊区），具有一定的公共服务性，但将水引入宫城并营建池苑等依然是这一时期都邑水利系统的核心工程。相应的，地区内一般城邑水利工程则大体以衙署区为核心来进行规划营建。

第二节 世界其他早期文明的城市水利建设

在跨文化背景下，早期城市是世界各地区人类文明所共同创造的一项重要物质文化遗产，其与国家、文明的起源和发展息息相关，也是不同学者进行国际比较研究的一项重要内容。不同地域早期文明虽然拥有各自独特的文化传统，但依然表现出一些跨文化的统一性。而从水资源的管控角度来说，这些不同文明在城市水利系统的营造上也存在异同。了解不同地区早期文明的城市水利，有助于我们在理解人类进行城市水资源管控的一般规律基础上，深入认识环嵩山地区为代表的早期中国城市水利的特点。

在世界早期文明中，除了以环嵩山地区三代为代表的早期中国文明以外，亚非大陆的古埃及、美索不达米亚以及古印度文明的发生，也均和水利事业息息相关。不仅如此，其文明的发展均具有原生性的特点，且在年代上与早期中国相对接近，作为世界上早期城市的起源地区，是最具代表性的比较研究对象。

一 古埃及文明的城市与水利

埃及地处地中海东南，非洲东北部，占据亚洲的西奈半岛，既是地中海周域国家，又是"近东"或"中东"的一部分。古埃及的南北边界大致与今日埃及疆域相当。古埃及自大约公元前5000年逐步进入了社会复杂化阶段，直至大约公元前3400年左右，上埃及与下埃及政权分别控制尼罗河河谷地带（南）和尼罗河三角洲（北），古埃及文明已经进入了早期国家阶段[1]，并开始迈向统一王朝国家的发展道路，上述将近两千年的社会发展阶段也被称作"前王朝时期"。我们通常所说的古埃及文明则主要指埃及成为由法老统治的统一王朝国家。其从大约公元前3100年上、下埃及统一的早王朝（古风时期）开始，经过古王国、中王国及新王国，一直延续至公元前332年亚历山大大帝征服埃及全境[2]。

古埃及是水利文明的杰出代表之一，对尼罗河水的调控在其文明发展中扮演着举足轻重的角色。在前王朝向早王朝的过渡阶段，古埃及的灌溉就已经通过在自然水系的基础上兴修水利得以实现[3]。出土的文物也表明这一阶段统治者的权力地位及其日常

---

[1] 刘文鹏：《埃及考古学》，生活·读书·新知三联书店2008年版，第37页。
[2] ［英］罗莎莉·戴维：《古代埃及社会生活》，李晓东译，商务印书馆2016年版，第55—67页。
[3] Karl W. Butzer, *Early Hydraulic Civilization in Egypt: A Study in Cultural Ecology*, University of Chicago Press, 1976, pp. 36—37.

职责已经和水利工程的修建紧密结合在了一起①。在进入统一王朝阶段后，古埃及统治阶级和官僚机构的产生，也体现出对水资源的管控和调配②。支撑法老统治的精英祭司及行政管理者们，也拥有"堤防检查官""渠道主管""水位计观察官"等涉及水资源控制和分配的头衔③。

（一）自然地理环境与水源条件

古埃及所在广大地区属于典型的热带沙漠气候，荒漠遍布，干旱少雨，境内多为海拔200—700米的高原台地。尼罗河几乎提供了这个文明古国所需要的一切，是埃及居民最为稳定且充沛的用水来源。狭长的河谷地带以及入海口的三角洲平原提供了人们生存繁衍的土地资源，埃及农耕和城市建设均集中在这些区域。由于尼罗河上游地区受季风的影响，每年都会在雨季暴发洪水，河流定期泛滥为尼罗河沿岸及三角洲带来了肥沃淤泥，同时也会稀释土壤里因高温蒸发而产生的盐分。除此之外，在河流两岸广袤沙漠形成的天然防御屏障之下，尼罗河不仅自南向北贯通埃及，并且在阿斯旺以北地区还可实现全程通航直抵地中海。这不仅减少了古埃及频繁遭受外部入侵的危害，也保证了国家内部各地区交互往来的通达性，更促使古埃及拥有了对外经地中海和欧亚大陆其他区域深入交流的航线捷径。由此可见，尽管自然环境较为恶劣，水资源相对匮乏，但围绕尼罗河的各种自然现象也为古埃及发展农业、商贸往来、实现行政管理和军事部署等提供了得天独厚的条件，而掌控尼罗河也成了古埃及国家统治者行使权力的基础手段。

除了尼罗河谷与三角洲，沙漠中散布的绿洲也是古埃及人的重要水源地和定居地。其中位于开罗西南部、尼罗河西岸的法尤姆（Faiyum）绿洲较为特殊。其地下水资源并非其成为绿洲的主导因素，而是得益于尼罗河经由当地的天然水道（Joseph's River，优素福运河）源源不断地注入这个沙漠中的自然洼地④。区域内莫里斯湖（Merios Lake）长期发挥了天然水库的功能，在尼罗河的汛期可以储备大量洪水以供干旱期使用。

总体而言，尼罗河奠定了古埃及文明发展的基石，其上下（南北）连通性还成为古

---

① 例如在希拉康坡里斯（Hierakonpolis）的荷鲁斯神庙区，曾出土了一件石雕作品，清晰地展现了传说中力图统一上、下埃及的"蝎子王"负责督造沟渠，掌控水资源的分配。此件文物现今保存在英国牛津阿什莫尔博物馆。参见刘文鹏《埃及考古学》，生活·读书·新知三联书店2008年版，第60—63页。
② G. P. F. van den Boorn, *Duties of the Vizier: Civil Administration in the Early New Kingdom*, Kegan Paul International, 1988, pp. 234, 240—242.
③ [美] 斯蒂芬·所罗门:《水：财富、权力和文明的史诗》，叶齐茂等译，商务印书馆2018年版，第34页。
④ 周敏志:《古埃及第十二王朝对法尤姆地区的开发》，东北师范大学，硕士学位论文，2017年，第12页。

埃及走向政治统一的天然基础①。自然地理条件促使古埃及城市大都沿着尼罗河谷地和三角洲地带修建（图6-1），城市水利的建设也以尼罗河水的涨落为依据。由于尼罗河的通航特性，在古埃及广域国家发展的伊始，以尼罗河为通道的城市网络得以迅速确立。

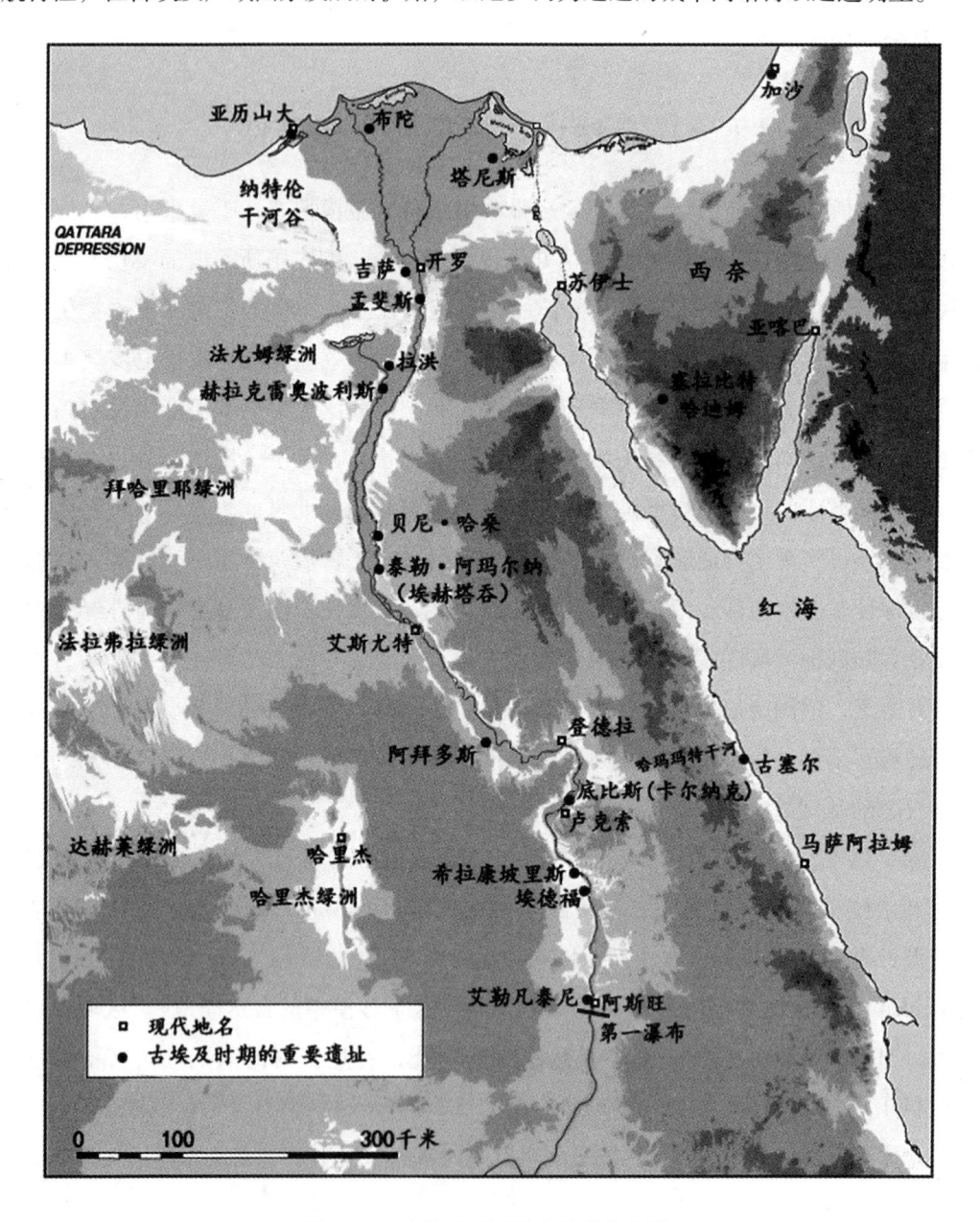

图6-1 古埃及重要城市聚落分布图

改自 Nadine Moeller, *The Archaeology of Urbanism in Ancient Egypt: From the Predynastic Period to the End of the Middle Kingdom*, 2016。

---

① ［美］埃尔曼·塞维斯：《国家与文明的起源：文化演进过程》，龚辛等译，陈淳审校，上海古籍出版社2019年版，第228页。

（二）城市与水利建设

古埃及广域国家的形成和发展同样伴随着城市化进程。进入统一王朝时期以后，埃及境内自上而下确立了由都城到行省省会的城市层级[①]。此外，为了开采资源，督造、维护服务于法老的大型建筑工程等，国家还会在原料产区以及建筑选址区设置金字塔城（Pyramid towns）这样的主要供建设者居住的城镇[②]。多样的城市类型体现了古埃及城市文明的发展程度，而其城市文明的繁荣稳定与以尼罗河为中心的城市水利事业密不可分。

希拉康坡里斯（Hierakonpolis）作为前王朝时期上埃及的首都，见证了古埃及统一王朝的确立以及随后的发展[③]。其聚落从早到晚逐渐向尼罗河泛滥平原上的低丘聚集，并最终发展出带有城垣的城市形态，成为埃及统一王朝下辖的省会城市[④]（图6-2）。

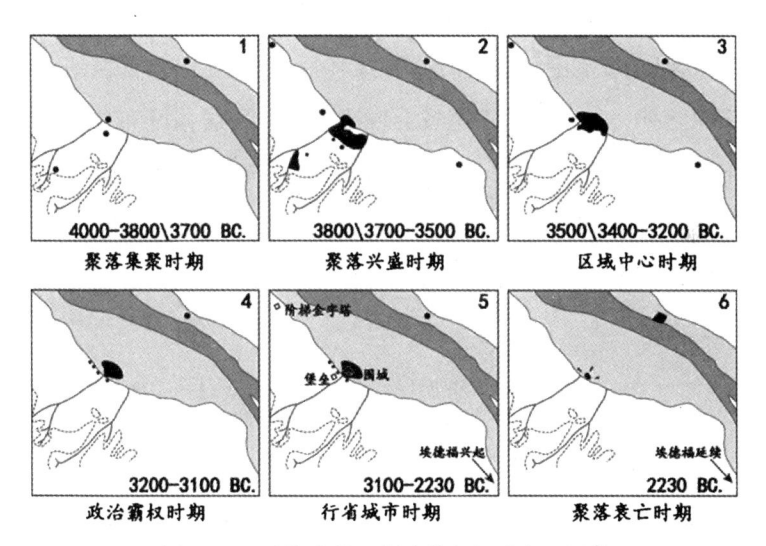

图6-2 希拉康坡里斯聚落与河道变迁图[⑤]

改自 M. A. Hoffman, H. A. Hamroush, and R. O. Allen, 1986. 转引自 Nadine Moeller, 2016。

[①] 埃及通过划分行政区域来实现地域控制，每一省区（被称为"诺姆"）都拥有相应的省级行政中心，并由法老任命行政官员进行管理。
[②] 中国社会科学院考古研究所（编）：《埃及考古专题十三讲》，中国社会科学出版社2017年版，第152页。
[③] 遗址神庙区中发现的那尔迈调色板（Narmer's Palette）、蝎子王权杖头等文物，将这座前王朝时期的城市和传说中统一埃及的首位国王联系在一起。与上下埃及统一有关的统治者包括蝎子王、那尔迈以及美尼斯，三者的关系仍存在争议。
[④] http://www.hierakonpolis-online.org. Nadine Moeller, *The Archaeology of Urbanism in Ancient Egypt: From the Predynastic Period to the End of the Middle Kingdom*, Cambridge University Press, 2016, pp. 81—84.
[⑤] M. A. Hoffman, H. A. Hamroush, and R. O. Allen, "A Model of Urban Development for the Hierakonpolis Region from Predynastic through Old Kingdom Times", *Journal of the American Research Center in Egypt*, 23（1986）, pp. 182, fig. 3.

这一聚落变迁趋势也清晰地展现出早晚城市用水的变化。前王朝时期希拉康坡里斯形成了包含权力核心区和附属乡村的松散聚落集合体[1]，围绕在低地沙漠的河谷及下游冲积扇前端，不仅利于城市防洪，也方便人们从冲积扇上的洼地湖泽直接取水。伴随气候转向干冷，沙漠上原有河流湖泊迅速干涸[2]，尼罗河在统一王朝阶段则成了城市用水的主导。值得注意的是，城市重心向尼罗河泛滥平原转移，是古埃及前王朝向统一王朝过渡中城市发展的普遍规律。此时尼罗河洪水破坏性减弱，泛滥平原面积扩大[3]，为统一王朝阶段古埃及城市建设以及水利开发奠定了基础。

进入统一王朝时期的埃及，除了临时性的城镇以外，都城以及绝大多数的省会城市均脱离了沙漠地区，建立在尼罗河泛滥平原上面积较大、地势相对较高的低丘或阶地之上。受地形的影响，统一王朝时期城市并不一定都具备十分规则的城市边界[4]。其中，都城孟菲斯（Memphis）、底比斯（Thebes，即今卢克索，Luxor）以及新王国时期短暂为都的埃赫塔吞（Akhetaton，即泰勒—阿尔玛纳，Tell el-Amarna）（图6-3），甚至并未明确建有标识城市范围和进行防御的城垣[5]，仅是在出入都城地区的近郊设有岗哨或界碑[6]。除此之外，无论都城还是省会城市，其普通居住区布局通常较为分散，而居住区内的泥砖建筑密集且紧凑，呈现出迷宫一样的布局特征。城市之中唯有神庙圣域、宫殿与行政官署明确环绕有高大的垣墙，作为城市的核心功能区，也是整座城市最为明显且能够清晰辨识的结构[7]。手工业生产及仓储区也是各级城市必要的功能区

---

[1] Karl W. Butzer, "Archaeology and Geology in Ancient Egypt", *Science*, Vol. 132, No. 3440, 1960. pp. 1621—1622. 转引自刘文鹏《埃及考古学》，生活·读书·新知三联书店2008年版，第50页。

[2] Judith Bunbury, "How Ancient Egypt Shows that Climate Changes is Always with Us", *The Ancient Near East Today*, 2020, Vol. VIII, No. 4.

[3] Nadine Moeller, *The Archaeology of Urbanism in Ancient Egypt: From the Predynastic Period to the End of the Middle Kingdom*, Cambridge University Press, 2016, pp. 109.

[4] 例如省会城市建有城墙，基本都依据城市所在地的地形特征而设置。古王国时期营建的艾勒凡泰尼（Elephantite）即为典型代表。M. Ziermann, *Elephantine XXVIII: Die Baustrukturen der älteren Stadt (Frühzeit und Altes Reich): Grabungen in der Nordoststadt (11. -16. Kampagne) 1982-1986*, Mainz am Rhein: P. von Zabern, 2003. 转引自 Nadine Moeller, *The Archaeology of Urbanism in Ancient Egypt: From the Predynastic Period to the End of the Middle Kingdom*, Cambridge University Press, 2016, pp. 165.

[5] 孟菲斯和底比斯均经过了反复多次的营建过程，早期城市形态已模糊不清，目前的考古发现尚无法证实二者在城市营建之初建有城垣。其中，孟菲斯被认为是统一埃及的首位国王建立的都城，最初被称为"白墙之城"（Ineb-hedj），或指的是城市最初建有城墙的状态，但考古工作并未发现相关线索。在底比斯卡尔纳克（Karnak）阿蒙神庙（Temple of Amun）东墙的内侧，考古工作者曾揭示出一段南北向的早期砖砌墙体，但其也可能是早期神庙建筑区的围墙，和城垣并不一定有关联。参见 J. Lauffray et al., "Rapport surles Travaux de Karnak," *Cahiers de Karnak*, 5 (1995), 27.

[6] ［加］布鲁斯·G. 崔格尔：《理解早期文明：比较研究》，徐坚译，北京大学出版社2014年版，第134页；刘文鹏：《埃及考古学》，生活·读书·新知三联书店2008年版，第244页。

[7] Nadine Moeller, *The Archaeology of Urbanism in Ancient Egypt: From the Predynastic Period to the End of the Middle Kingdom*, Cambridge University Press, 2016, pp. 109.

域，通常受王室与行政官署的管理。

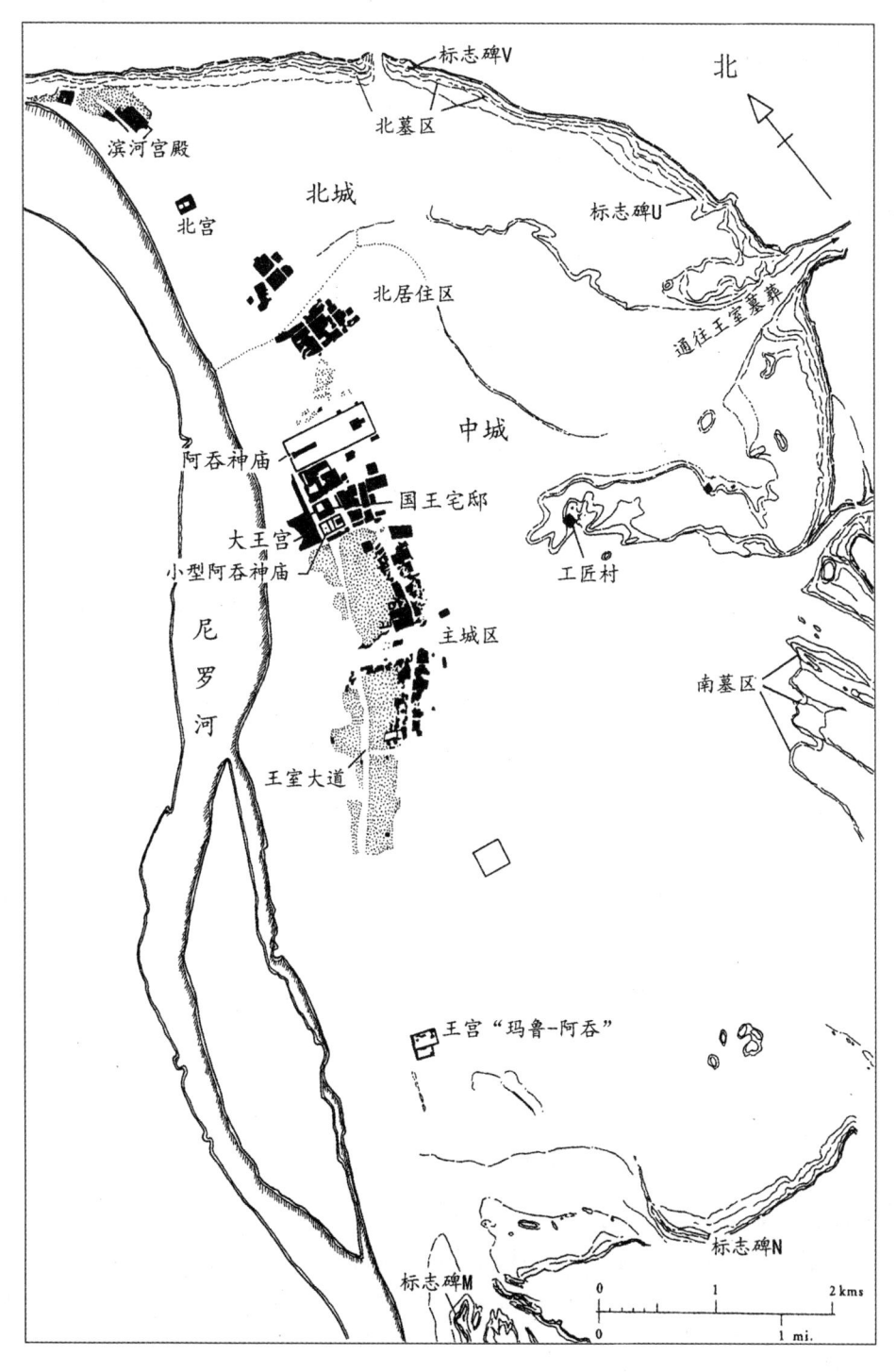

图 6-3 古埃及新王国时期泰勒—阿尔玛纳城市平面布局

改自 Dorothea Arnold, in *The Royal Women of Amarna*, 1996。

总的来看，受制于河流泛滥平原的地形条件，埃及统一王朝时代的城市形态大都不甚规则，但在结构上却体现出了统一的规划特征，象征宗教神权和世俗王权的神庙、宫殿是城市营建的重点区域，且多数情况下是以神庙建筑为主导①。在此基础上，埃及统一王朝时期的城市水利也表现出与上述城市选址、规划相适应的特点。

全年干旱少雨的气候条件、尼罗河水泛滥的稳定规律均减轻了城市防洪的压力。埃及统一王朝时期的城市大都不需要专门建设庞大的防洪工程，而城市主要功能区均位于泛滥平原上地势较高的区域，也有效地避免了洪水的侵袭。与此同时，尼罗河泛滥平原上存在不同时期的岔流以及一些天然洼地湖泽，则为防洪、引输给排水以及水路交通等城市水利设置提供了便利条件。与调控尼罗河水的农业灌溉水利类似②，人们通过开挖或延长沟渠、修筑防护堤堰、设置水闸等一系列工程建设，基本满足了各项城市水资源管控的需求。而为了更为精确地把握尼罗河的变化，城市内设有与尼罗河相连的水位计（Nilometer）来进行观测，不仅有利于城市水利的调节，也是国家衡量农业收成和征税的标准③。

在众多的水利工程中，漕运（运河）在埃及统一王朝城市水利中尤为重要，泊船港口是城市水利建设的重点，即使在临时城镇，也会设置有直通尼罗河的港口以方便材料、人员的运输往来④。而在国家首都地区，通常设置有多个港口并开设有专门的水道，而规模最大的港口都与都城内的主神庙和宫殿毗邻，客观上凸显了宗教神权和世俗王权的崇高地位。营建港口需要充分考虑水深、船舶容量、风浪、洪水、塌方、淤塞以及河流改道等一系列问题，其设置显示了古埃及城市水利建设的超高水平。首都孟菲斯建立在尼罗河岔流之间的台地之上⑤（图6-4），城市早晚港口的建设均围绕城市中心的普塔神庙（the temple of Ptah）展开。人们在神庙南北两侧建筑了加固港口沿

---

① 这一特征在都城表现得尤为明显。已知孟菲斯和底比斯均拥有不止一座神庙圣域，不仅占地面积最为广大，也是城内最核心的建筑群，法老王宫反而并不十分突出。唯一的特例是新王国时期法老阿蒙霍特普四世（Amenhotep IV，即埃赫那吞 Akhenaten）建立的新都埃赫塔吞。其扩大了法老王宫的营建面积，使其成为与神庙同等重要的城市建筑群。这一变化与埃赫那吞的宗教改革密切相关，但在埃赫那吞之后，该城即遭废弃，上述意在增强法老影响力的城市规划也宣告破产。参见刘文鹏《埃及考古学》，生活·读书·新知三联书店2008年版；[法] 让-克劳德·戈尔万：《鸟瞰古文明》，严可婷译，湖南美术出版社、后浪出版公司2019年版。

② Karl W. Butzer, *Early Hydraulic Civilization in Egypt: A Study in Cultural Ecology*, University of Chicago Press, 1976.

③ https://www.ancient-origins.net/artifacts-ancient-technology/nilomete; https://www.messagetoeagle.com/ancient-egyptian-nilometer-for-determining-taxes-discovered/.

④ 吉萨（Gisa）地区的金字塔城即为典型代表。参见[法] 让-克劳德·戈尔万《鸟瞰古文明》，严可婷译，湖南美术出版社、后浪出版公司2019年版，第26、27页。

⑤ Judith Bunbury and David Jeffreys. "Real and Literary Landscape in Ancient Egypt", *Cambridge Archaeological Journal*, 1 (2011), 21.

第六章　环嵩山地区三代城市水利的特征

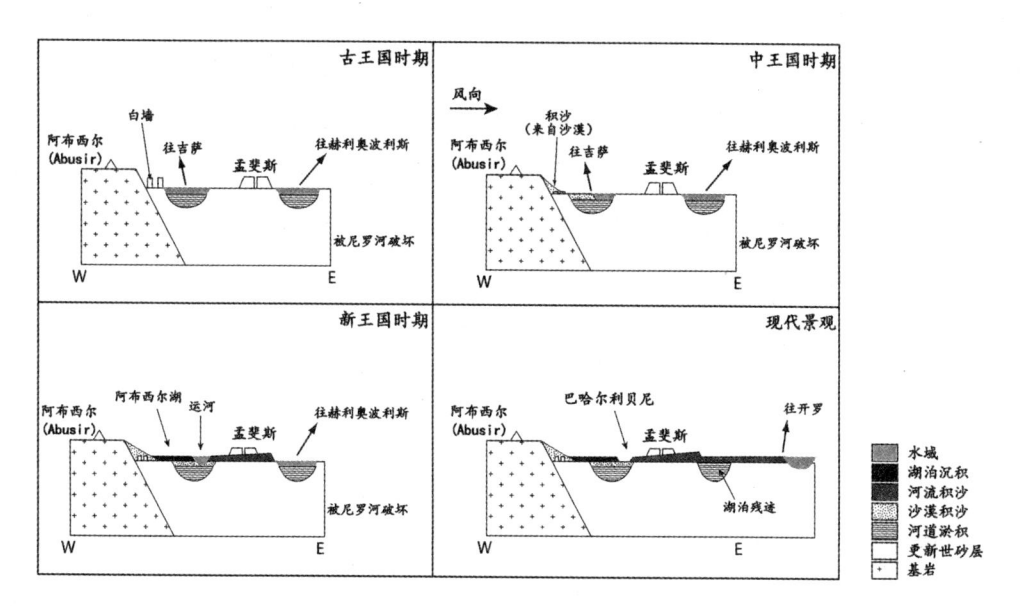

图 6-4　孟菲斯与尼罗河阶地景观变迁图
改自 Judith Bunbury and David Jeffreys, 2011。

岸的堤坝①，并根据尼罗河的摆动状况，在不断填湖造陆扩大城市规模、新建神庙的同时开挖新水道，最终形成了以普塔神庙为中心、南北双港口的布局②（图 6-5）。

在统一王朝时期的各级城市中，还存在一些与城市不同功能区密切相关的水利工程。对于占据城市核心地位的神庙圣域而言，每座神庙各自拥有一处大型水池（可能与尼罗河相通），被称作"圣湖"（sacred lake）。作为祭司举行宗教仪式的取水场所，圣湖是神庙专有的一种特殊的水利设施，其水量随着干湿季节的变化而变化，寓意尼罗河水的涨落，是埃及人宗教世界中的"创世"观念的

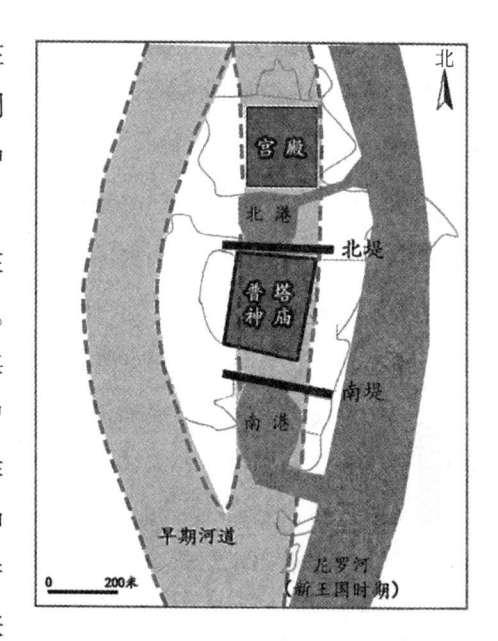

图 6-5　孟菲斯核心区港口与堤坝设施
改自 Judith Bunbury, 2020。

---

① David Jeffreys, *The Survey of Memphis*, vol. I: *The Archaeological Report*, Egypt Exploration Society, 1985.
② Judith Bunbury and David Jeffreys, "Real and Literary Landscape in Ancient Egypt", *Cambridge Archaeological Journal*, 1 (2011), 21; Judith Bunbury, "How Ancient Egypt Shows that Climate Changes is Always with Us", *The Ancient Near East Today*, Vol. VIII, No. 4, 2020.

体现①。对于居住区来说，尽管水井是一种较为常见的水利设施，但其在居住区的分布却体现出明显的社会等级差异——只有社会上层人员的住宅才各自配备独立的水井，用以满足日常生活以及园艺用水的需求。除此以外，古埃及的城市中还利用人力运输水以满足居民的日常用水需求，特别是在金字塔城尤为常见。这一独特的输水方式替代了输水管道工程，不仅受地方城市行政管理，还具有一定的职业化倾向②。其既是城市水利的特殊表现，也代表了城市社会的职业分化。

二 美索不达米亚的城市水利

"美索不达米亚"（Mesopotamia）意为"两河之间"，指的是古代幼发拉底河、底格里斯河的冲积平原，属于西亚"新月地带"的东弯角地区。这里不仅是人类历史上重要的农业起源地之一，也通常被认为是人类历史上最早的城市文明诞生地③。美索不达米亚文明十分早熟，特别是在地区南部，区域文明化进程自公元前6500年前后的欧贝德文化时期开始展开（即进入了前王朝时代）。至公元前4000年乌鲁克文化时期，区域内不但出现了早期的文字，并逐渐形成了大规模集约化的灌溉系统和大型社区，大量的人口集中居住在同一聚落，聚落按照不同社会阶层和职业分工从中心向外有序延伸，直到最外围的普通村落。这一发展不仅宣告了"城市革命"的出现，同时也促成了由城市和农村结合而成的最初国家的形成，进入了"苏美尔城邦国家"阶段④。阿卡德王朝的建立则标志着地区形成了统一的王朝，但随后分裂和统一进程在地区内不断反复。历经了乌尔第三王朝、巴比伦及亚述等政权的相继统治，美索不达米亚在约公元前500年前后被吸纳进强大波斯帝国的版图，宣告了区域本土文明走向衰退和终结⑤。

不同于古埃及文明对于尼罗河水的崇拜，美索不达米亚文明却显示出对水的矛盾心理。虽然河流是孕育美索不达米亚文明的生命之源，但泥板文书中有关洪水的传说

---

① 中国社会科学院考古研究所（编）：《埃及考古专题十三讲》，中国社会科学出版社2017年版，第179页。
② Delphine Driaux, "Water Supply of ancient Egyptian settlements: the role of the state. Overview of a relatively equitable scheme from the Old to New Kingdom (ca. 2543—1077BC)", *Water Hist*, (2016) 8: 43 – 58.
③ "农业革命"与"城市革命"两个有关人类文明发展的重要阐释理论，均是在对这一区域考古发现与研究的基础上提出的。[英]戈登·柴尔德：《城市革命》，《考古学导论》，陈洪波译，陈淳校，上海三联书店2008年版。
④ 杨建华：《两河流域：从农业村落走向城邦国家》，科学出版社2014年版，第96—102页。
⑤ [美]斯蒂芬·伯特曼：《古代美索不达米亚社会生活》，秋叶译，商务印书馆2020年版，第59—65页。

却也显现出人们对河水泛滥无常的畏惧①。因此，治水成了区域文明发展延续所必须采取的生存策略，而美索不达米亚城市文明的崛起也的确和发达水利系统息息相关。水利不但将城市与乡村紧密结合在一起，还成为不同城市之间紧密的政治、经济、社会关系网络构建的基础，也是统治者加强政治控制的工具②。

（一）自然地理环境与水源条件

沿底格里斯河与幼发拉底河，美索不达米亚（两河流域）大致形成了西北—东南走向的长条形地带。范围大致包括了现今伊拉克的大部分地区、叙利亚东北部、土耳其东南部、伊朗西南部以及科威特等地区（图6-6）。这一地区东有扎格罗斯山脉的阻

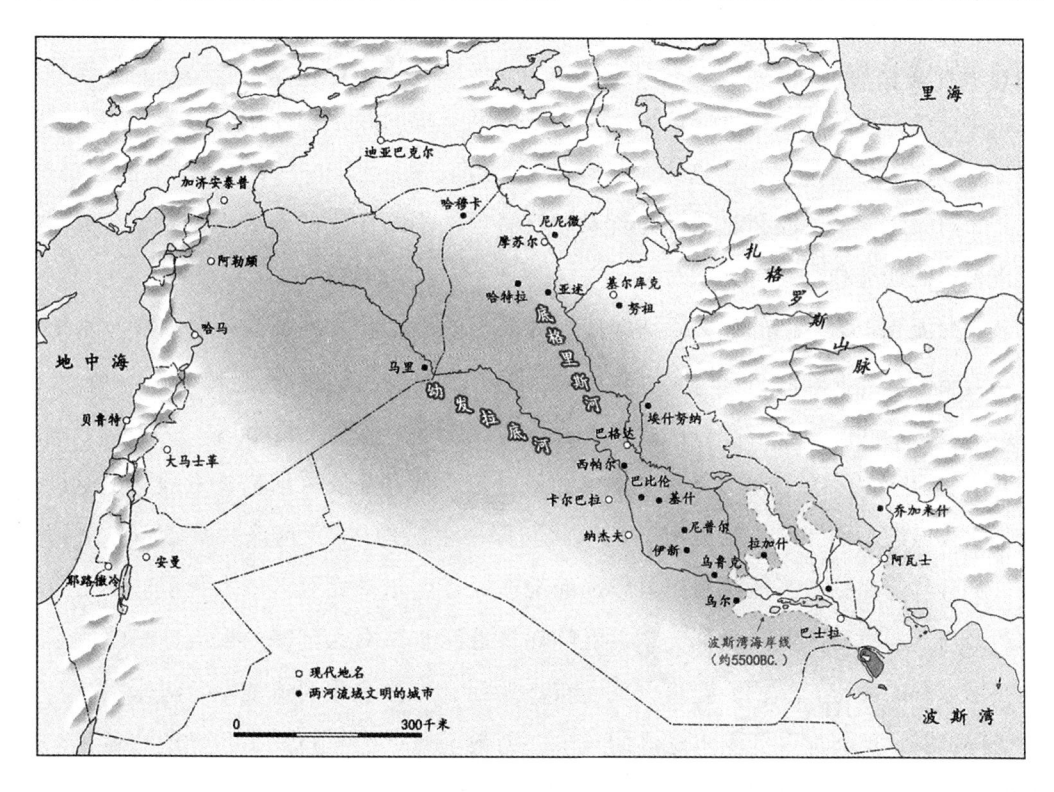

图6-6 美索不达米亚文明主要城市的分布图

改自 https://en.wikipediam.org/wiki/Mesopotamia。

---

① 记述"大洪水"的泥板文书最早是在19世纪出版的《西亚楔形文字铭文集》中被识别出来，并由此带动了西亚考古的高潮。20世纪初期乌尔（Ur）考古发现的"洪水沉积层"则成了地区性洪水灾害频发的重要依据。拱玉书：《西亚考古史（1842—1939）》，文物出版社2002年版。

② 例如，巴比伦著名的国王汉谟拉比就自称"为其臣民提供充足水源的神"。这表明获得神祇的力量是巩固统治者合法地位的重要途径，而为人们解决用水问题则成为统治者神圣权威得以确立的基础。Marvin Harris, Cannibals and Kings: The Origins of Cultures, New York: Random House, 1977. 转引自［美］斯蒂芬·所罗门：《水：财富、权力和文明的史诗》，叶齐茂等译，商务印书馆2018年版，第49页。

隔，北靠土耳其南部的安纳托利亚高原，西南连接阿拉伯半岛干旱炎热的热带沙漠，西、南则分别面向地中海和印度洋。独特的地理位置造就了当地复杂的气候条件，一年之中干、湿不均，温差较大，且容易受到周边大陆气候及海洋暖湿气流异常波动的影响。一般来说，当地绝大多数时间均为高温炎热的干旱、半干旱气候，冬季相对温暖且降雨量增加，但会出现气温骤降现象。地区水源补给主要依靠冬季降雨、春季北部的高山积雪融水以及山地降雨，而偶然的气候波动或异常则会造成地区水源补给的不稳定，从而引发频繁的旱涝灾害。

底格里斯河、幼发拉底河是地区人们生产生活赖以维系的两条主动脉，其间还存在较多细小支流形成的纵横交织的水网。两条河流都发源于土耳其东南高地，经地区北部的亚述高原后，向南则海拔明显降低，进入广阔的冲积平原。大量泥沙沉积在此创造了肥沃的土壤，但也抬高了河床，河流容易决口泛滥，加之长时间高温炎热的天气，洪泛区土地盐碱化的风险也因此增加。河流下游的冲积平原至河流入海的低地区域，还存在大片沼泽湿地，这为开垦耕地造成了不便，但也提供了相对丰富的物产。此外，河流在此多分汊和改道，为行船和航海提供不断变化的新航道，却也造成了区域内聚落的迁徙和重建。

两河流域较为复杂的水文条件促使地区人们的生存和发展都必须建立在对水加以控制的基础上。大致以幼发拉底河的希特（Hit）和底格里斯河的萨马拉（Samarra）为界，上下游不同的地理条件对控制水有着不同的要求。在南美索不达米亚（即下游地区）[①]，降雨量的不足通过充足的地表水得到补偿，但其需要采取措施来预防水量过剩及河流改道的不利影响。北美索不达米亚（即中上游地区），河流较深较窄，下切明显，鲜有改道，则更多地要从相对较远的地区通过引水来克服区域水资源的不足。兴修沟渠与开凿运河不但两全其美，也能够促进地区水路交通网络的形成，因此成了当地兴修水利的关键。然而，过度开发沟渠、运河，也会造成河道变窄、河床抬高、堤岸变得脆弱，反而加重了洪水泛滥的风险，助长了地下水位的升高和土地盐碱化，这导致美索不达米亚的水利工程存在较高的维护成本。

（二）城市水利建设

底格里斯河和幼发拉底河广泛交错的河流系统，孕育了美索不达米亚复杂而长久的灌溉水利传统，但地区水利是在城市和国家组织形成发展之后才有了更为深入的开

[①] 公元前4000年前后，在南美索不达米亚定居的苏美尔人就已经将美索不达米亚划分为南北两部分，根据阿卡德语的称谓，北部地区也就是今日所说的"阿卡德"（Akkade），而南部地区即为"苏美尔"（Sumer）。拱玉书：《西亚考古史（1842—1939）》，文物出版社2002年版。

发，而非相反①。为了确保运送散装货物和商贸驳船进出城市，地区主要水道在经过修筑堤坝、截弯取直、拓展河道的一系列干预之后，最终形成了以各城市为中心的运河网络。发达运河系统不仅起到了水源供给、通航、灌溉的功能，也具有调节水量、防洪排涝的作用，是美索不达米亚文明城市水利最为瞩目的特征之一。需要说明的是，美索不达米亚的古代城市大都经过多次营建，其城市运河水网的形成也并非一蹴而就。在波斯帝国统治前至少2000多年的历史进程中，地区并未形成统一经营的广域运河系统，其涵盖的范围往往仅局限在每个城邦范围内，包含了中心城市及其外围依附的乡村和服务区。

尼普尔（Nippur）为我们提供了理解当地城市运河水利设置的关键线索。这座美索不达米亚文明的城市地处今伊拉克南部，属于幼发拉底河与底格里斯河之间的中心部位，也是苏美尔人划分美索不达米亚地区南北区界的重要地标。根据公元前1600—前1500年左右绘制的地图，尼普尔地方存在发达的运河水利系统。其以王宫田地为中心向四周辐射，形成至少两级结构的水网，将不同的村庄（位于地势相对较高的土丘上）紧密联系起来，也确立了不同领属农田和湿地的边界。灌溉、行船以及日常饮用的水道还似乎存在一定区别②，显示出管理的细化（图6-7）。而尼普尔城市泥板地图中提供了城市布局与运河水利设置的细节，并

图6-7 苏美尔泥板上的尼普尔地区运河与灌溉农田

据S. H. L, in *The Museum Journal*, Penn Museum, 1916。

得到了考古工作的证实（图6-8）。尼普尔城建在一片绵延起伏的岗丘之上，沿着低地开设的运河在环城一周的基础上，还贯穿整个城区中心地带，除了方便通航、提供水源等功能以外，还具有城市功能分区的作用。城内东部高地上修建的大型神庙与城西侧的普通居住生活区、花园等城市建筑区，通过城中运河而形成了明显区隔③。

类似的水利工程在美索不达米亚（尤其南部地区）诸多城市中尤为普遍。地区最早确立中心城市地位的乌鲁克（Uruk），就建有以神庙与宫殿为中心，连接城内外不同

---

① Robert McC. Adams, *Heartland of Cities: Surveys of Ancient Settlement and Land Use on the Central Floodplain of the Euphrates*, The University of Chicago Press, 1981, p. 245.

② S. H. L. "An ancient Babylonian Map", *The Museum Journal*, Penn Museum, Vol. VII, No. 4, 1916.

③ M. Roaf, *Mesopotamien*, Augsburg, 1998.

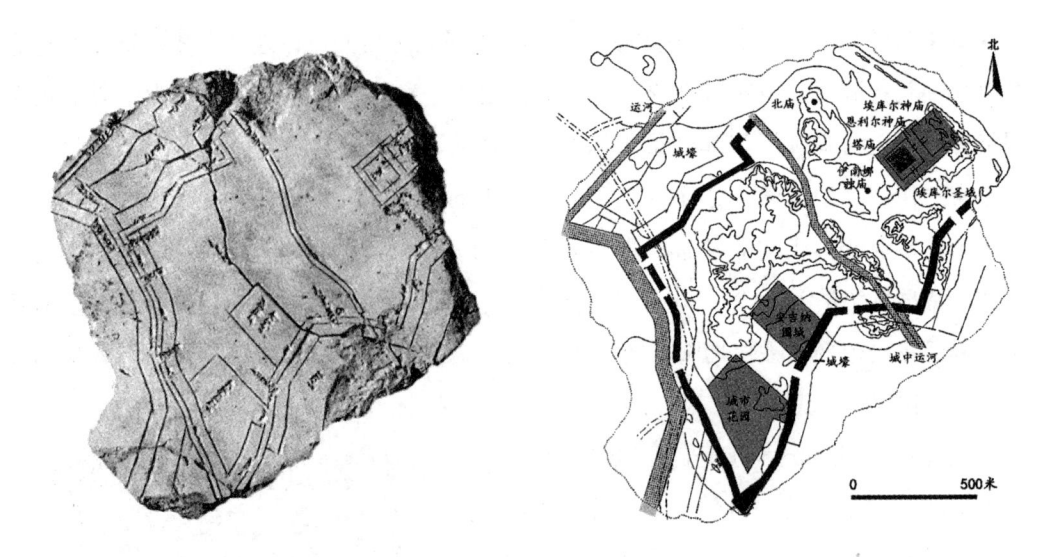

图 6-8　苏美尔泥板上的尼普尔城与考古工作揭示的尼普尔城

改自拱玉书《西亚考古史（1842—1939）》，文物出版社 2002 年版。

区域的复杂水网系统①（图 6-9）。而河道穿城以分隔城市空间的布局也见于沙皮尔（Mashkan-shapir）②。著名的巴比伦（Babylon）则是通过幼发拉底河将整座城市分为了东、西两区，其间又有不同的运河水道与之相通③。尽管两城并列的格局存在时间上的先后次序，但紧邻河流东岸的大型神庙（包含高耸的塔庙建筑）和王室宫殿，表明了这一区域具备更高的社会地位。除了交错纵横的水道以外，运河网络还包括港口、水闸等配套设施。与乌鲁克（Uruk）大体同时并存的乌尔（Ur），就曾在城内邻近主要神庙与宫殿的西、北两侧设置运河港口④（图 6-10）。

在此基础上，为了负担王室成员、神职人员以及贵族阶层对于日常清洁的需求，独立的卫浴间成了城内宫殿以及高级私人宅邸较为普遍的功能设施，城市也因此不得不投入更大的精力和成本来进行污废水的处理。这也奠定了美索不达米亚城市水利的另一项重要特征，即发达的保障城市环卫的输排水系统，其以黏土泥砖垒砌的卫浴设施、拱券渠道以及套接陶水管道为基本组合形式，深入到城市内部建筑的微观结构之

---

① Jörg Fassbinder, Sandra Ostner, Marion Scheiblecker, Mandana Parsi, Margarete van Ess, "Venice in the desert: Archaeological geophysics on the world's oldest metropolis Uruk-Warka, the city of King Gilgamesh (Iraq)", in James Bonsall (ed.), *New Global Perspectives on Archaeological Prospection*: 13th International Conference on Archaeological Prospection 28 August – 1 September 2019 Sligo-Ireland, Archaeopress Publishing LTD, 2019.

② Elizabeth C. Stone, "Surface Survey and Satellite Reconnaissance: Reconstructing the Urban Layout of Mashkan-shapir", *Iraq*, Vol. LXXIV, 2012.

③ ［美］斯蒂芬·伯特曼：《古代美索不达米亚社会生活》，秋叶译，商务印书馆 2020 年版，第 15 页。

④ Strommenger Eva, Max Hirmer, 5000 *Years of the Art of Mesopotamia*, New York: Abrams, 1964. 转引自［加］布鲁斯·G. 崔格尔《理解早期文明：比较研究》，徐坚译，北京大学出版社 2014 年版，第 94 页。

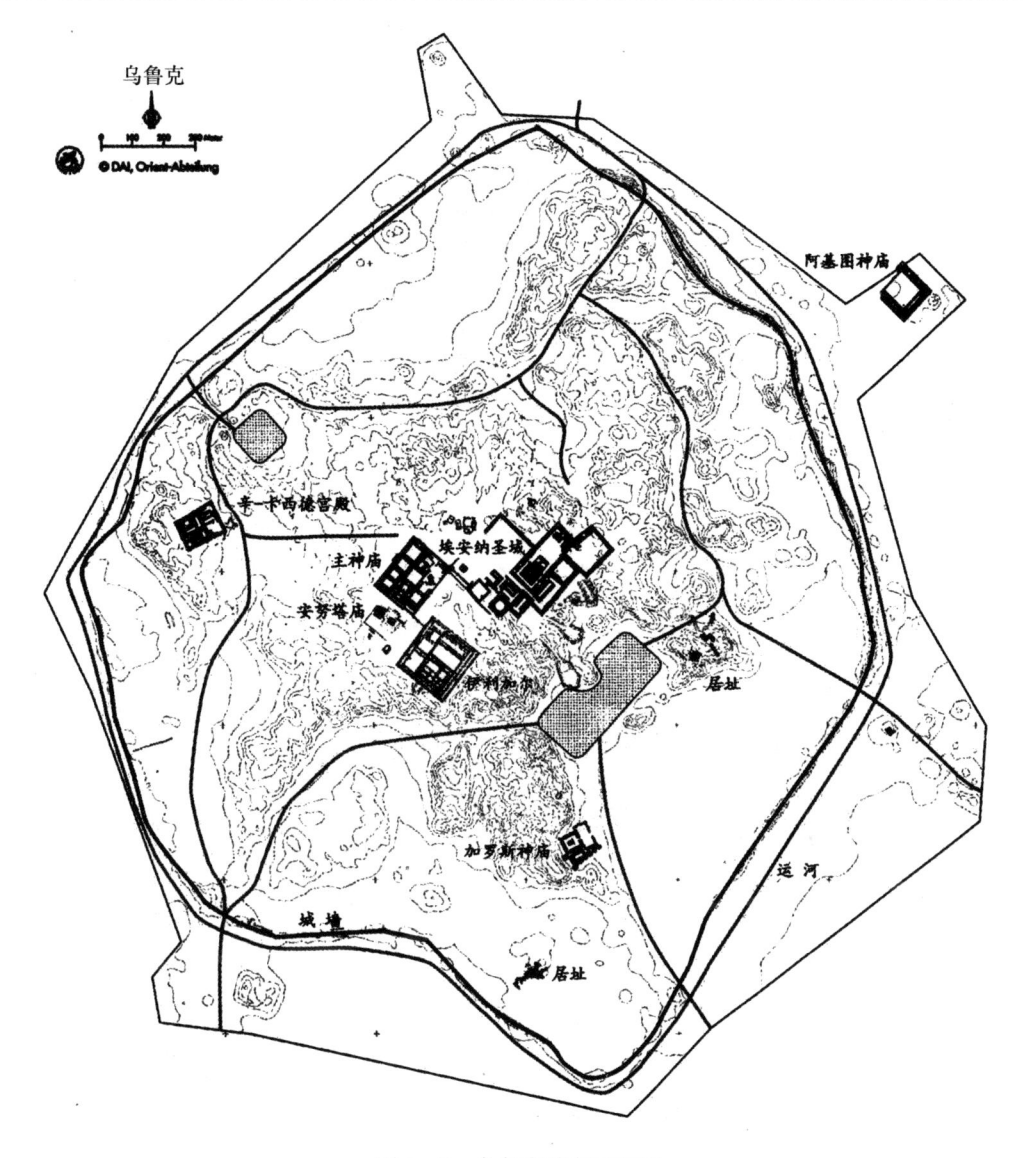

图 6-9 乌鲁克城市平面图

改自 Kristina Sauer, in *Appropriating Innovations: Entangled Knowledge in Eurasia*, 5000 – 1500 BCE, 2017。

中。根据已有的考古发现，阿卡德王朝确立前后逐渐繁盛的埃什努纳（Eshnunna，即今阿斯玛尔遗址，Tell Asmar）即为这一城市水利的典型。在城市北端大型连续套间式的宫殿中，发现有保存完好的输排水系统（图 6-11），复杂的卫浴设施与砖砌或陶质的水管道连通，连接了多个房间，将各种生活污废水集中并经由水管道排出宫殿区之外的水道中。卫浴设施也见于城内其他居住区[①]（图 6-12），从各种建筑排出的污废

---

① Pinhas Delougaz, Harold D. Hill, Seton Lloyd, *Private Houses and Graves in the Diyala Region*, The University of Chicago Press. 1965; Lise A. Truex, "Households and Institutions: A Late 3rd Millennium BCE Neighborhood at Tell Asmar, Iraq (Ancient Eshnunna)", Archaeological Papers of the American Anthropological Association, Vol. 30, 2019.

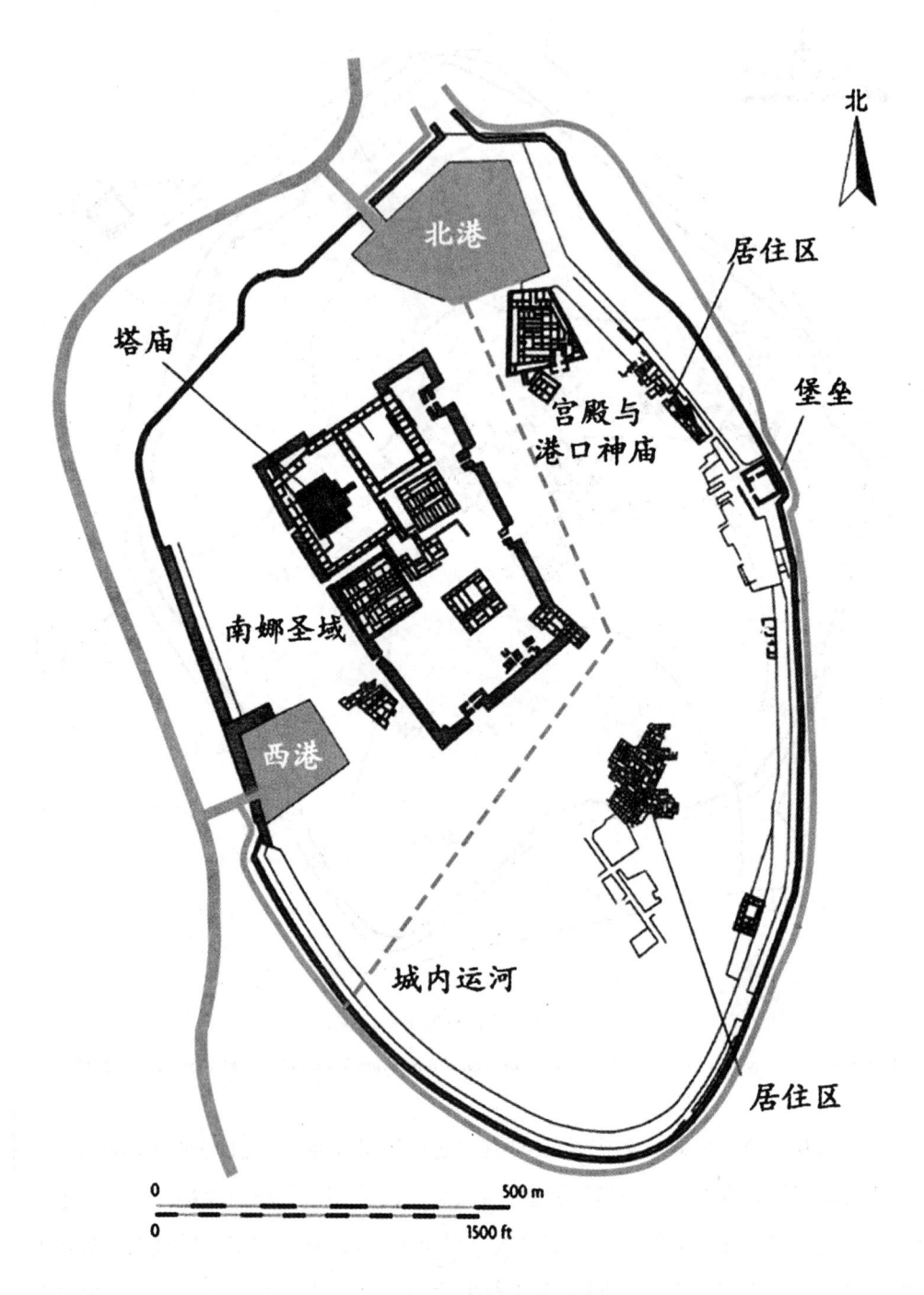

图6-10 乌尔城市平面图

改自 https://essaydocs.org/sumerian-city-states.html 和 https://www.heraldofhope.org.au/wp-content/uploads/2019/02/6-MAP-OF-CITY-OF-UR.jpeg。

水则主要通过街道下的暗渠管道及路沟引向城外的河流。

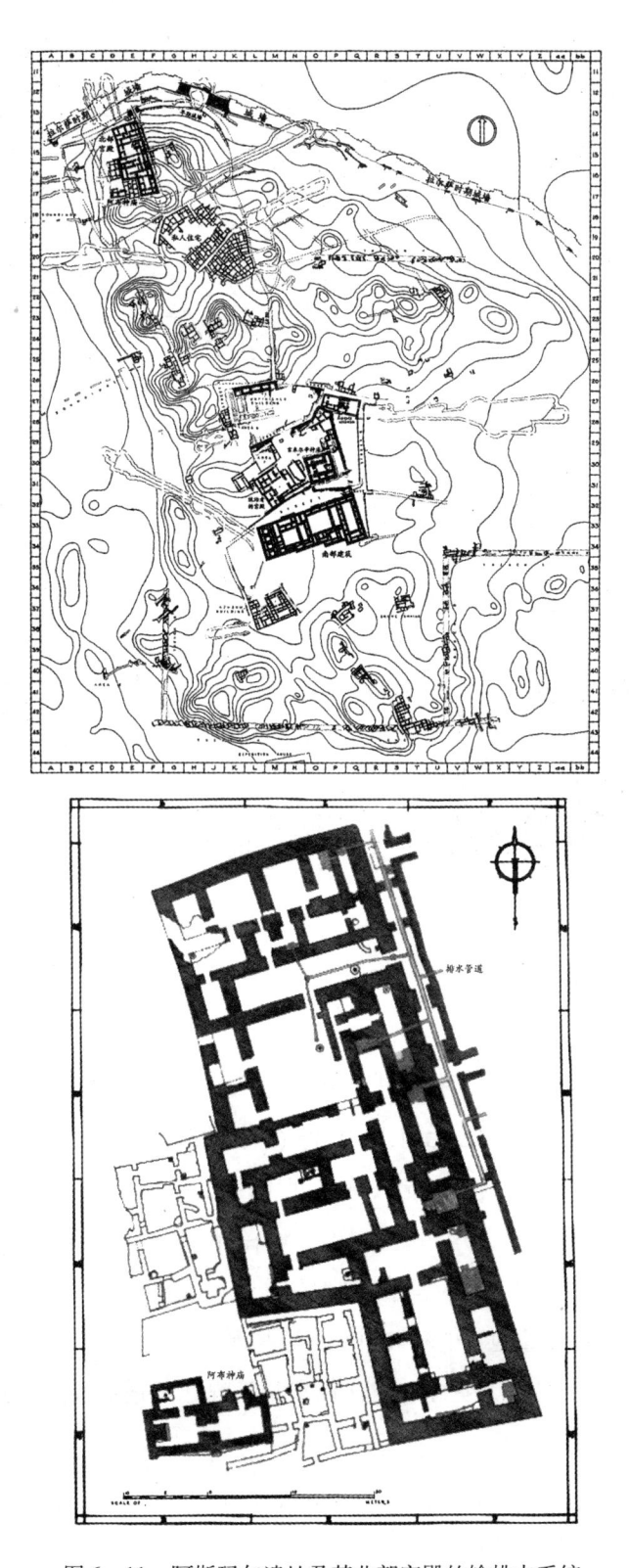

图 6-11 阿斯玛尔遗址及其北部宫殿的输排水系统

改自 Pinhas Deloygaz et al. *Private Houses and Graves in the Diyala Region*, The University of Chicago Press. 1965。

1. 砖砌厕所　　2. 砖砌浴室
3. 街道下的拱顶暗渠　　4. 陶水管道

图 6-12　阿斯玛尔城市的环卫设施与构件

改自 Pinhas Deloygaz et al, *Private Houses and Graves in the Diyala Region*, The University of Chicago Press, 1965。

值得注意的是，美索不达米亚城市的各种生活用水主要依靠运河供给，开凿水井的现象似乎并不十分突出。约公元前 3000 年后期的哈穆卡（Tell Hamoukar）城市普通居住社区考古发现表明，在具有一定公共空间属性的建筑庭院空地中，与砖砌暗渠相距较近的"井"可能与集中处理污物有关[1]。而在乔加米什（Chogha Mish）发现有开口与渠道相通的"井"[2]，应该也起到了类似的作用。直至亚述统治时期"坎儿井"技术发明以后[3]，漫长且深藏地下的斜坡引水隧道与深井组合而成的引蓄水工程，促使通过打井获得清洁用水变得更为明确。但这种水利工程并不适应美索不达米亚南区松软

---

[1] Carlo Colantoni, Jason A. UR, "The Architecture and Pottery of a Late Third-Millennium Presidential Quarter at Tell Hamoukar, Northeastern Syria", *Iraq*, Vol. LXXIII, 2011.

[2] Abbas Alizadeh, *Chogha Mish II: The Development of a Prehistoric Regional Center in Lowland Susiana, Southwestern Iran*, Chicago: Oriental Institute Publications, 2008.

[3] ［美］斯蒂芬·伯特曼：《古代美索不达米亚社会生活》，秋叶译，商务印书馆 2020 年版，第 52 页。

的土地，只有在拥有坚实基岩的美索不达米亚北区才得以实现①。

三 印度河流域的早期城市水利

印度河文明诞生在南亚次大陆的印度河及其支流所在的区域，主要包含了现今巴基斯坦以及印度西北部地区（图6-13）。至少在公元前2500年左右，以哈拉帕文化为代表的早期文明已达到了较高的发展水平，造就了辉煌的城市文明。然而，这一文明在公元前1800—前1700年走向终结。早期学者曾将其衰亡归结于雅利安人的入侵，但考古发现则表明，由雅利安人开启的古典印度吠陀时代晚于印度河文明至少200多年，二者之间并无任何交集②。尽管早在雅利安人之前，印度河文明就已经拥有文字，但其与古典印度时期的书写系统完全不同，至今也未被破译。正因如此，围绕印度河文明的历史进程及其社会组织状况仍然存在极大的谜团。

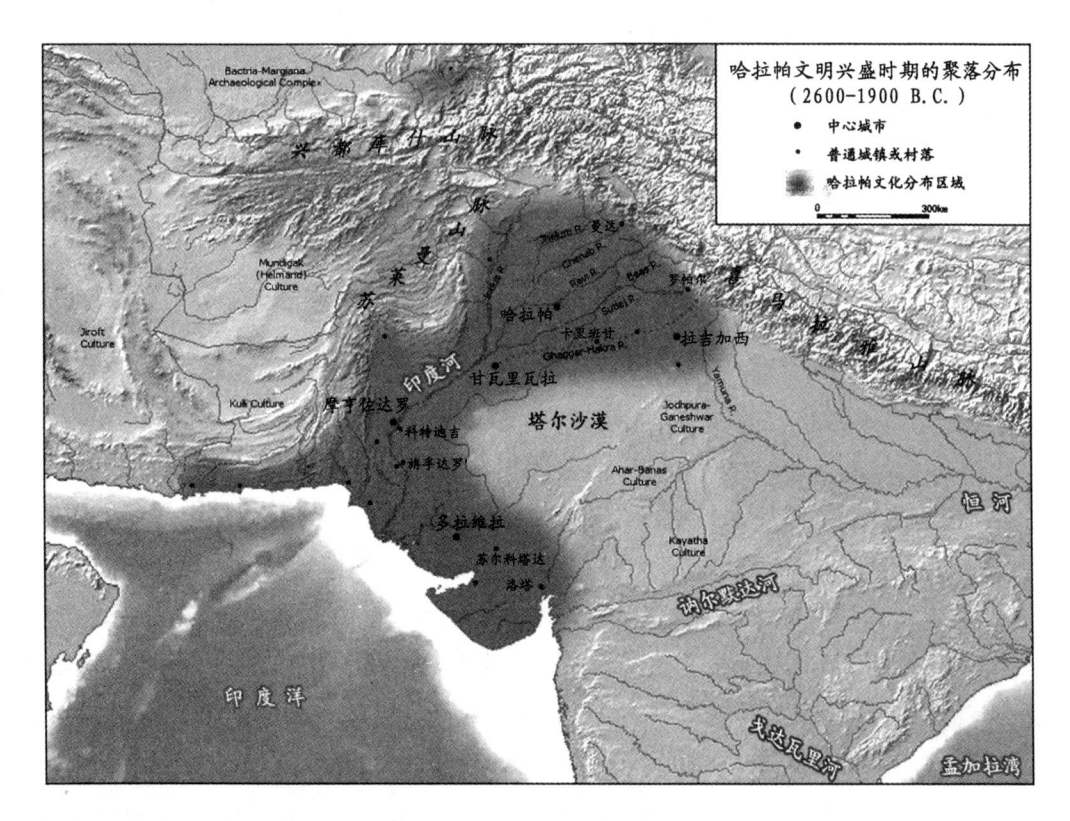

图6-13 印度河流域哈拉帕文明主要城市分布图

改自 https://www.worldhistory.org/image/12853/indus-valley-civilization---mature-harappan-phase/。

---

① [美]斯蒂芬·伯特曼：《古代美索不达米亚社会生活》，秋叶译，商务印书馆2020年版，第223页。
② 拱玉书、刘文鹏、刘欣如等：《世界文明起源研究：历史与现状》，昆仑出版社2015年版，第296页。

自 20 世纪 20 年代摩亨佐达罗（Mohenjo-Daro）以及哈拉帕（Harappa）早期城市遗址的考古发掘开始，各类泥砖垒砌的建筑、滚筒印章等遗存的揭示，促使人们将印度河文明与美索不达米亚文明紧密联系起来①。与美索不达米亚的城市文明相同，印度河地区也是世界早期文明中拥有发达城市水利系统的典型地区，这在一定程度上也与当地特定的自然地理条件相关联。

（一）自然地理环境与水源条件

印度河流域位于南亚次大陆的西北部。其北端自西向东分别由兴都库什山、喀喇昆仑山及喜马拉雅山脉绵延包围，南面阿拉伯湾，东南分布有广大的塔尔沙漠，西南则为俾路支高原。自河流上游的山地至下游及河口地带的冲积平原，还夹杂有中山、低山、丘陵和山间盆地。与美索不达米亚相同的是，尽管印度河流域地处低纬度，一年之中大多数情况下气温偏高，但在大陆气候和印度洋暖湿气流的相互作用下，干湿冷暖变化明显。而复杂的地形条件则在很大程度上也增加了地区局部气候异常的风险，导致极端干旱与洪涝灾害的发生。在气候转向干燥的时期，地区东侧的沙漠则会逐渐蚕食西部的河流冲积平原，使得地区的生态环境变得更为脆弱。除了气候条件外，印度河流域的水源条件也与美索不达米亚类似。除季风带来的降雨之外，作为区域内最为重要的河流，印度河及其支流的水源补给绝大部分要依靠高山冰川与积雪融水。四季冷暖的变化促使河流水量在不同时期迥然有异。冬季通常处于枯水期，春季和初夏伴随气温升高，高山冰雪融化，河流水位回升，至 7 月雨季来临，降水量激增，河水暴涨并经常引发洪水。

与此同时，印度河穿过喜马拉雅山和喀喇昆仑山之间，大体自东北而西南贯穿现今巴基斯坦全境，形成的冲积平原又被分为上、下两部分，这种区域划分也与美索不达米亚地区相似。其中，上印度河平原主要是印度西北部的旁遮普（Punjab），意为"五河之地"，是印度河的五条支流萨特莱杰河、拉维河、比亚斯河、杰纳布河、杰赫勒姆河汇流的地区。河道蜿蜒，雨季洪水带来的大量泥沙经常在此形成新的冲积层和浅滩。下印度河平原地势更为低平，是为广阔的泛滥平原，河流改道频繁。汇流而成

---

① 二者的相似性在一定程度上会影响到对印度河文明起源独立性的判断，而一般认为印度河文明的社会组织形态属于"城邦国家"的范畴，也通常是通过类比美索不达米亚得出的认识。随着考古材料的不断增加，也有学者指出二者之间在城市规模、腹地范围、城市间距等方面存在明显的差异，也有学者认为其并不是单一的政治模式，或许具有类似于古埃及社会组织形态的特点。参见［美］埃尔曼·塞维斯《国家与文明的起源：文化演进的过程》，龚辛等译，陈淳审校，上海古籍出版社 2019 年版，第 239—247 页；Carla M. Sinopoli, "Ancient South Asian Cities in Their Regions", in Norman Yoffee (ed.) *The Cambridge World History* (Vol. III) *Early Cities in Comparative Perspective*, 4000*BCE* - 1200*CE*, Cambridge University Press, 2015.

的印度河成了下印度河平原唯一的地表径流。因缺乏其他支流的水源补给，加之常年高温、地表蒸发快，下印度河平原地区经常面临土壤盐碱化的问题，而区域气候异常则会造成旱涝灾害与不定期的河流改道。

综上，印度河流域与美索不达米亚平原有着类似的自然地理和水文环境。河流孕育了地区的早期文明，但地区生态却在各种因素的作用下显得尤为脆弱。水的变化一直以来都被认为是印度河流域早期文明兴衰的主导诱因[①]。在此背景下，水利的修建则成了地区城市文明发展过程中，应对不稳定气候与多变生态环境的重要策略。

（二）城市水利的设置

与美索不达米亚类似，印度河哈拉帕文化的城市也主要是在地势较高的土丘建城，并普遍采用泥砖建筑（部分采用石块垒砌）。这些特点早在前哈拉帕时期就已经在地区范围内出现，公元前7000年延续至公元前3500年的梅赫尔格尔（Mehrgarh）聚落就见证了泥砖建筑形式的出现和发展。至哈拉帕文化初期，科特迪吉（Kot Diji）则形成了由纵横街巷构成的城市网络，奠定了成熟阶段哈拉帕城市形态基础[②]。目前发现的大部分哈拉帕城市在布局结构上较为相近。其城市主要是由城墙围绕的不同城区组合形成的城堡群（一般分作上、中、下城）（图6-14）。其上城通常分布有包括粮仓在内的大型建筑（包括宫殿或礼仪场所），也被认为是统治阶级所在的区域，中、下城一般分布有较为密集的手工业区及居住区，并且包含了新晋的贵族阶层[③]。而地理位置最为偏南且海拔最低的多拉维拉（Dholavira）则是在统一的城垣内分隔出不同的城市空间。

不同于美索不达米亚城市规模较小、相距较近且城市之间互动密切，哈拉帕文明目前被确认的少数几座区域中心城市均规模宏大（60万平方米以上）且相距遥远。其中，摩亨佐达罗和甘瓦里瓦拉（Ganweriwala）相距最近，但二者间距也跨越了280千米，而摩亨佐达罗与哈拉帕相距可达600千米。这表明当地的城市可能控制着比美索不达米亚更为广大的城市腹地[④]，地区内也因此形成了中长程的城市互动网络[⑤]。受地区生态环境与

---

① Cameron A. Petrie, Ravindra N. Singh et al., "Adaptation to Variable Environments, Resilience to Climate Change: Investigating Land, Water and Settlement in Indus Northwest India", *Current Anthropology*, Vol. 58, No. 1, 2017.
② 嵇梦帆：《印度河流域早期文明进程浅探》，重庆师范大学，硕士学位论文，2018年；王锡惠：《印度早期城市发展初探》，南京工业大学，硕士学位论文，2015年。
③ Massimo Vidale, "Aspects of Palace Life at Mohenjo-Daro", *South Asian Studies*, Vol. 26, No. 1, 2010.
④ Carla M. Sinopoli, "Ancient South Asian Cities in Their Regions", in Norman Yoffee (ed.) *The Cambridge World History (Vol. III) Early Cities in Comparative Perspective*, 4000BCE – 1200CE, Cambridge University Press. 2015.
⑤ Rita P. Wright, *The Ancient Indus: Urbanism, Economy and Society-Case Studies in Early Societies*, Cambridge University Press, 2010, pp. 148 – 166, 182 – 203.

水源条件的影响，哈拉帕文明的城市水利建设和美索不达米亚较为接近，也是以城市内部引输水系统与运河的构建为主要特征。但上述城市空间布局的差异也促使哈拉帕文明的城市水利建设保有自身特色。巨大城市规模可以容纳更多的人口，但也由此带来了城市用水以及污废水处理的难题，客观上推动了哈拉帕城市高超精密的引给输排水系统的建设。而长距离交流的需要在一定程度上还促使专门性港口城镇的出现。

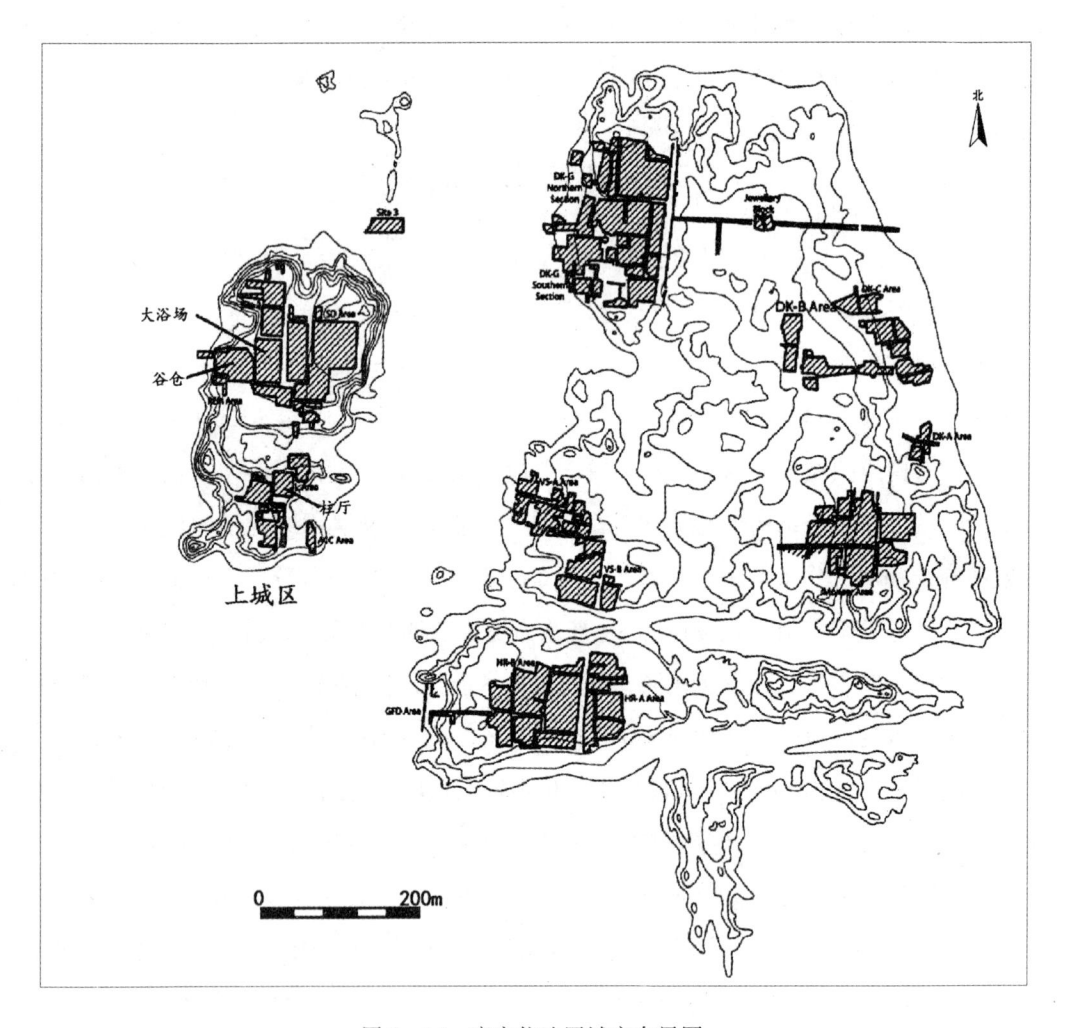

图 6-14 摩亨佐达罗城市布局图

改自 Robin Coningham and Ruth Young, *The Archaeology of South Asia: From the Indus to Asoka*, c. 6500 BCE - 200 CE, 2015。

根据哈拉帕和摩亨佐达罗的考古发现，城市内通常沿街道设置有陶排水管引导水流进入砖砌水沟并通向城外。在沟渠管道每隔一段距离则建有专门的水道清理维修区，用来收集并定期清理固体废弃物，保证水流通畅。这样的沟渠管道设施还直接连通了居住区各家户的厕所与浴室。浴室地面则用砖砌筑形成斜面，汇集的废水则穿过房屋墙体汇入沿街的沟渠管道系统中。每家每户厕所的主要设施是由穿孔的大型陶瓮与斜坡状的排水管道组合而成，并在屋外设置有专门收集污物的设施，并由专人定期清理。由此可见，卫浴设施与沟渠管道在哈拉帕文明的各大城市呈现出普遍化的特征，这一方面显示出城市输排水系统的精巧构造，但另一方面也暗示了城市需要投入专门的人力和物力建设和维护、清洁这些基础城市设施，而这在很大程度上反映出印度河流域早期城市应拥有更为强大的管理权和细化的职业分工。

已发现的哈拉帕城址不同程度地显示出对沐浴用水的重视。除了居住区内的私人浴室以外，城市核心区（通常是上城区）中，与高等级建筑群毗邻的大型下沉式浴室则是城市水利最为重要的组成部分和突出特征。以摩亨佐达罗的发现为例，大浴室和高等级院落由主街相隔，整个浴室南北长52米，东西宽32.4米（图6-15），浴室周

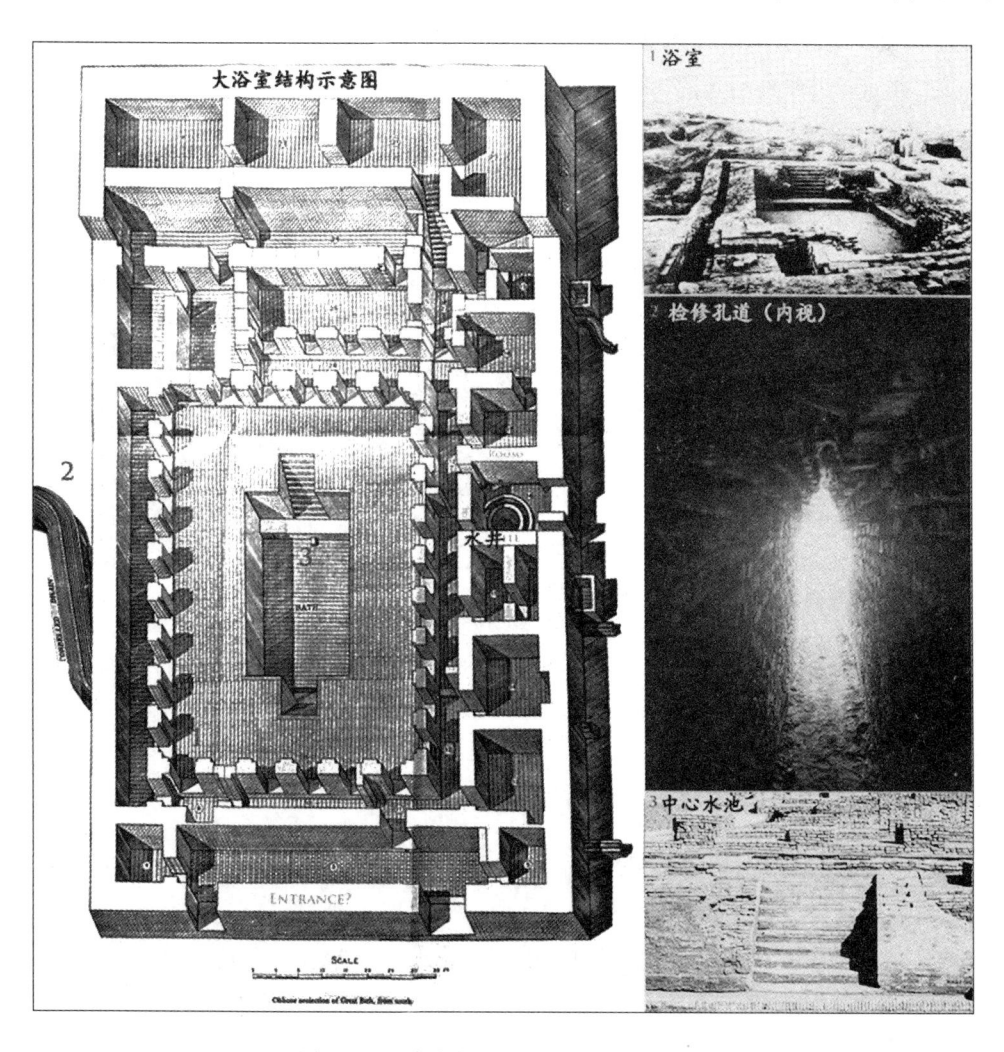

图6-15 摩亨佐达罗大浴场及检修孔道

据 https://www.harappa.com/blog/mohenjo-daro-great-bath-diagram。

围是柱廊和隔间,中心水池规模可达 12 米长,7 米宽,2.4 米深,两端都有供人上下的台阶,水池四面砖砌墙体内侧还涂有沥青防水层。浴池西南角发现有出入水孔,废水可由此通过砖拱涵洞汇入室外的沟渠管道中,涵洞入口端保留有一个检修孔,供人进入检查清理。城内的私人浴室结构与此相近,但规模则明显较小[1]。在此基础上,摩亨佐达罗的水井构成了沐浴用水的主要来源之一。城区水井分布密度可达平均每三座房屋建筑基址共用一座砖砌水井[2]。

由于哈拉帕的城市均沿着印度河及其支流分布,通过运河从自然河道引水也是地区城市水利的重要组成部分,多拉维拉(Dholavira)的考古发现即为典型案例(图 6-16)。其不仅开设运河渠道将水按照一定次序引入城内不同区域,并通过在城区外围设有不同的蓄水区,从而应对当地季节性的水量变化。除此以外,自然河道为长程的城际交通奠定了基础,为了往来中转的便利,在不同的交通节点上则出现了以洛塔(Lothal)为代表的专门性港口城镇。其城内也分设有严整规划的居民区、手工业作坊与仓库等,并拥有完善的引排沟渠系统。与河道相通的砖砌船坞面积可达 8000 多平方米,深度超过 4 米,位于城东侧,便于就近停泊[3]。

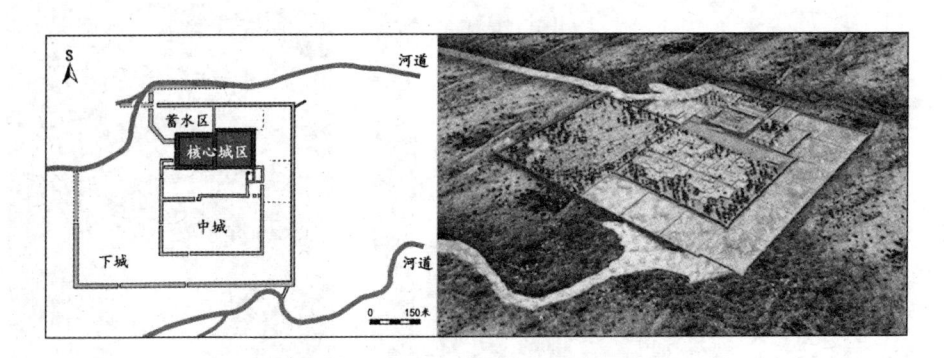

图 6-16 多拉维拉城市布局与景观复原图

改自 Robin Coningham and Ruth Young. *The Archaeology of South Asia: From the Indus to Asoka*, c. 6500 BCE – 200 CE, 2015. 和 https://www.ancient-civilizations.com/lesser-known-facts-indus-valley-civilization/2/。

第三节 世界早期文明城市水利的异与同

将环嵩山地区三代为代表的早期中国城市水利与世界范围内其他原生文明进行比

---

[1] Massimo Vidale, "Aspects of Palace Life at Mohenjo-Daro", *South Asian Studies*, Vol. 26, No. 1, 2010.
[2] M. Jansen, "Water Supply and Sewage Disposal at Mohenjo-Daro", *World Archaeology*, Vol. 21, No. 2, 1989.
[3] 王锡惠:《印度早期城市发展初探》,南京工业大学,硕士学位论文,2015 年,第 28 页。

较，可以发现这些地处不同区域、各自独立发生的早期文明在城市水利的设置上既有差异但也存在一定趋同性。在此基础上，环嵩山地区三代城市水利的独特性得以体现，而各地区文明城市水利的共同特征，则应该反映出跨文化的人类行为的一般规律。

首先，各区域早期城市水利设置的整体状况并不相同。古埃及稳定的自然地理环境，加之尼罗河一年之中有规律的涨落，在很大程度上减少了当地城市用水面临的各种复杂局面，客观上降低了城市水利设置的难度。相比之下，季风带来的气候波动、复杂的地形与多变的水文条件，促使早期中国、哈拉帕以及美索不达米亚早期城市在营建过程中不仅更要注重防洪与排涝，还要考虑城市水源储备的问题。三者绝大多数都拥有明确的城垣设施，与其城市防洪的客观需求有关，而美索不达米亚早期城市的城墙甚至还专门涂刷沥青用以防水浸泡和渗透。针对水源储备，加工、改造自然河道形成的运河及各类沟渠不但有利于疏导水流，也是除了大规模开凿水井以外，解决城市蓄水问题的重要途径。

其次，不同地区的早期城市会建设形态类似的水利工程，但在具体功能及空间设置上也会存在差异。水池和沟渠的设置即为典型代表。早期中国（以二里岗时期为代表）、古埃及以及哈拉帕的城市中都发现有大型蓄水池，其作为与大型宫殿、神庙等礼仪性建筑毗邻的水利设施，通常也是崇高社会权力地位的象征。但从具体功能上讲，早期中国的水池通常是王宫池苑的重要组成部分，属于王室贵族专有，具有较强的私密性。与之相反，古埃及的"圣湖"与哈拉帕的"大型浴室"则通常与各种宗教仪式相关。虽然王室贵族成员是仪式的重要参与者甚至组织者，但其依然需要借助神职人员的力量，这些设施也并非其所私有。以明沟暗渠为基础的引输水系统在早期中国、哈拉帕与美索不达米亚的城市中均较为发达，但三者在城市空间设置上也存在差异。不同于哈拉帕、美索不达米亚城市的引输水设施自上而下可延伸至基层社区的个体家户，体现出较强的公共服务性，早期中国则更加关注城市宫殿区（宫城与衙署）以及手工业作坊区等重点区域的引输水设置，强调以服务于社会上层统治者为目的。

总的来看，自然地理环境与水源条件是城市水利建设的基础，不同早期文明的城市水利是适应各地域不同生态条件的产物，类似的自然条件会促使不同地区的城市水利建设呈现出一定的趋同性。而城市水利在具体功能以及空间布局上的异同则与早期文明社会组织形态有关。作为带有集权特征的广域国家[①]，古埃及与早期中国，在其控制的广阔地域范围内形成以都城为中心、具有明确等级划分的城市网络。美索不达米亚则拥有以相互独立的城市中心构成的城邦国家网络[②]。而印度河流域的哈拉帕文明也

[①] [加] 布鲁斯·G. 崔格尔：《理解早期文明：比较研究》，徐坚译，北京大学出版社2014年版，第78页。
[②] [加] 布鲁斯·G. 崔格尔：《理解早期文明：比较研究》，徐坚译，北京大学出版社2014年版，第70页。

表现出较强的城邦国家特点。因此，在面临同样复杂多变的自然地理条件下，相比于其他城邦国家，具有广域国家属性的早期中国，在城市水利的建设上更加凸显了集权特征，而其城市水利的建设也不同于自然条件更为稳定的古埃及。环嵩山地区三代城市水利以社会上层统治者为中心，优先为王室贵族以及各种为其提供服务的城市功能区提供便利，并且显示出与城市其他社区的严格区别。城市内部以公共服务为目的（特别是一般居民区）的水利设施则相对简易，从而更加明确了城市内部的阶层分化。

在此基础上，抛开各地区的自然条件与社会组织形态的异同，我们不难发现，诚如有学者指出的，世界各地区早期文明的城市基本都以大型的礼仪建筑（包含宫殿、神庙等）为中心[1]。而城市水利系统，无论其具体功能与布置，显然也都是以这些高等级建筑所在的区域最为完善。这一趋同特征与不同地区人类早期文明形成的一般特征有关，即以社会阶层分化为基础，社会上层统治者通过强调自身的权威，来维持这种不平等的社会秩序[2]。以大型礼仪建筑为中心的城市结构从城市空间上确立了不同阶层活动的区域，与之配套的复杂水利设施则保证了统治者享有水资源分配和使用的优先权力，二者共同促成了社会上层统治权威地位的表达。

从另一方面讲，在世界各地不同的早期文明中，城市水利都是社会上层统治者为了维护自身统治地位而不得不实行的一项策略。由于城市作为大型复杂聚落，不仅容纳了作为社会少数群体的统治者，也会吸附服务于这些社会上层精英的其他社群。在此条件下，以不平等政治秩序为基础的统治权威必须以城市社会的稳定为前提，而这又依赖于城市能否长期保障人们生存与生活的基本物质需求（包括水、土地、食物等）。否则，城市中社会分化的大多数群体就容易演变为对抗少数统治阶层的力量，而不平等的统治秩序则会变得脆弱，并面临崩溃的风险。以各地区早期文明中的城市水利系统为典型代表的基础设施权力[3]，其根本作用就在于确保人们基本生存与生活需求，维系城市社会稳定，从而巩固政治统治秩序。这是不同地区早期城市与国家得以延续的基础，也是理解社会可持续发展的关键。

---

[1] Paul Wheatley, *The Pivot of the Four Quarters: A Preliminary Enquiry into the Origins and Character of the Ancient Chinese City*, Edinburgh University Press, 1971.

[2] ［加］布鲁斯·G. 崔格尔：《理解早期文明：比较研究》，徐坚译，北京大学出版社2014年版，第468—476页。

[3] Norman Yoffee, "The Power of Infrastructures: a Counternarrative and a Speculation", *Journal of Archaeology Method and Theory*, Vol. 23, 2016.

第七章 结语

水既是生命之源，也会带来洪荒之祸。人们的日常生活、生产均离不开对水的管控和利用，以治水为目的的水利事业也因此发端。人们经营稳定的农业并且长期定居生活在一定程度上均与兴修水利相辅相成。城市水利系统作为水利事业的一种，主要针对城市这一复杂聚落如何对水进行治理。在以社会分化为特征的社会复杂化与文明演进过程中，城市的出现通常是进入复杂社会阶段的重要标志，与早期国家的形成与发展相伴。城市以空间布局的形式将社会分化予以确立和强调，而与城市功能分区相适应的水利设置不仅是人们治水经验的体现，同时也反映了社会不同阶层在城市空间上的划分。与此同时，作为一项带有公共服务色彩的大规模基础设施，城市水利的兴建、维护也是社会组织形态与早期国家统治秩序的反映。水利的公共性迫使社会上层统治者较多地参与到水资源管理中，并往往主导着水利工程的兴建和延续。水利工程的管理和水资源的分配将社会管理的职权延伸至社会阶层的末端，从而深刻影响各阶层民众及文化观念的形成等。

环嵩山地区是传统意义上三代王朝统治的核心区，不仅见证了中国早期广域国家和城市的起源，同时也是城市水利事业发展最具代表性的地区。伴随社会复杂化的深入以及早期国家的发展，环嵩山地区三代城市水利也经历了系统化的过程，形成了以王宫衙署为中心、连通城市内外水系的空间结构布局，作为体现城市空间特征的要素，显示出依照城市不同社会阶层的水资源分配次序。与此同时，城市水利也是城市必备的一项基础设施，在保证一定公共服务性的基础上，还在空间设置上凸显了王室贵族用水的专有和私密性。而无论水利设施的大规模营建，还是其在城市布局上的有意规划，既展现了社会上层统治者强大的社会组织力量，也促成了其权威地位的表达。本书对地区三代城市水利的发展历程进行了系统论述，基本结论如下。

首先，沟渠是城市水利系统形成的关键。无论宏观上的运河（漕运）交通、城壕设施，还是微观层面上城市内部明暗结合的引输水设施，都是以开挖沟渠为基本行为方式。由于操作最为简易便捷，沟渠自新石器时代定居聚落发展以来就是确保聚落引排水的一项不可或缺的水利设施。伴随人口的集聚以及社会分化下区域中心聚落的出现和发展，沟渠的规模和复杂程度也在逐渐增加，龙山文化晚期阶段更是出现了以陶水管道为组合的暗渠设施。这些均成了环嵩山地区三代城市水利系统（特别是城市内部）构筑的基本内容。而宏观层面上，运河（漕运）渠道的发展则是在早期国家政体发展成熟之后，才明确在地区内出现，并与早期国家形成了超过单一地理单元的地域控制网络息息相关。已知地区范围内的城际水利事业直到东周时期才表现突出，与这一时期水利职官系统的发展和以编户、郡、县为代表的地缘政治逐渐发展成熟相适应。在此之前，以二里岗为代表的早期广域王权国家，初步形成了跨地域城市网络，则应该是追溯城际水利起源的重要阶段。

其次，无论城市形态还是水利系统的设置均根据所在区域的自然地理和水文条件而有所差异，但总体上看，环嵩山地区三代不同阶段均具有以中心都邑为核心、较为严格的城市层级网络，而与不同层级城市布局配套的水利设施也随之体现出较为明显的等级差异。二里头以来的不同阶段的中心都邑不仅是早期国家统治的权力中枢，也是城市水利营建的核心。由于都邑的社会阶层分化最为明显，各种功能区最为繁多，其水利的设置通常也最为复杂和完善。其中，宫城是三代都邑等级最高的功能区，也是城市水利优先设置的区域，并针对不同的功能空间而有所差别。自二里头一直延续至东周，宫城内属于社会上层统治者日常居住生活的区域，不仅拥有完善的明沟暗渠和大型夯土井等水利设施，还专门配备以大型水池为中心的"池苑"。环嵩山地区三代地方城邑也存在类似于都邑宫城的衙署区，其城市水利的营建也以这一功能区为重点，但在功能结构上则相对简易。

再者，城市水利的兴衰历程与地区政治权力中心的迁移相一致。伴随环嵩山地区三代都邑中心的变动，地区城市水利的营建也随之发生变化。二里头到二里岗阶段，二里头的都邑地位被郑州商城以及偃师商城取代，其城市水利设施也因城市的衰落而遭到废弃。而随着商代国家统治中心由郑州转移至安阳洹河两岸，环嵩山地区范围内的城市水利建设全面衰落，直至西周王朝确立成周洛邑的政治权力地位后，环嵩山地区内的城市水利才逐渐恢复。与此同时，以殷墟为代表的安阳都邑形态和水利设置均与二里岗早商时期的郑州发生了较大变化，并且长期影响了当地西周王朝的城市营建。直至东周以后，环嵩山地区不同层级城市形态再度以"围城"的形式明确了城市边界及功能区划，当地城市水利系统的规划建设又逐渐回归到二里头至二里岗时期形成的建设传统上来，等级有别、结构分明的城市水资源管理和配置特点也因此更为突出。

环嵩山地区三代城市水利的形态与功能结构，不仅代表了早期国家阶段对于水资源的有效管控，也是通过治水来表现早期国家的政治统治秩序。早期国家统治秩序的确立，不仅体现在凸显统治阶层权力地位的城市布局结构和地区城市网络上，也存在于与之配套的各项城市水利系统的空间分布上及其早晚演变过程中。早期国家不同阶段的社会变革和重组都会带动新一轮城市水利系统的修建。不同时期城市各功能区的水利设施均促成了自上而下按照社会层级的水资源配给结构，而统治者的权威地位与其在城市范围优先占有丰足的水资源相一致。城际水利工程便利了城市网络的形成，也促使国家权力控制进一步向城市腹地渗透。通过调动社会力量组织修建城市水利不仅是社会上层统治者权威的体现，也是其巩固统治秩序的手段。在此基础上，水利事业所蕴藏的社会权力意义，通过中国古代早期国家统治腹心地区的城市组建得以充分展现。

参考文献

一 古典文献

（春秋）左丘明（撰），徐元诰（集解），王树民、沈长云（点校）：《国语集解》，中华书局2002年版。

（秦）吕不韦（编），许维遹（集释）：《吕氏春秋集释》，中华书局2009年版。

（西汉）毛亨（传），（东汉）郑玄（笺），（唐）陆德明（音义）：《毛诗传笺》，中华书局2018年版。

（西汉）司马迁（撰）：《史记》，中华书局点校本1982年版。

（西汉）孔安国（传），（唐）孔颖达（正义），黄怀信（整理）：《尚书正义》，上海古籍出版社2007年版。

（东汉）班固（撰）：《汉书》，中华书局点校本1975年版。

（三国）何晏等（注），（宋）邢昺（疏）：《论语注疏》，上海古籍出版社1990年版。

（北魏）杨衒之（撰），周祖谟（校释）：《洛阳伽蓝记校释》，中华书局2010年版。

（北魏）郦道元（著），陈桥驿（校证）：《水经注校证》，中华书局2007年版。

（北魏）郦道元（著），（清）杨守敬（纂疏），熊会贞（参疏）：《水经注疏》，湖北人民出版社、湖北教育出版社1997年版。

（南朝·宋）范晔（撰）：《后汉书》，中华书局点校本1965年版。

（清）杨守敬等（编绘）：《水经注图（外二种）》，中华书局2009年版。

（清）张钺（修），毛如诜（纂）：《郑州志》，乾隆十三年（1748）刻本。

（清）徐松（撰），李健超（增订）：《增订〈唐两京城坊考〉（修订版）》，三秦出版社2006年版。

黄怀信（撰著）：《逸周书校补注释》，西北大学出版社1996年版。

杨伯峻：《春秋左传注（第二版）》，中华书局1990年版。

黎翔凤（撰）：《管子校注》，中华书局点校本2004年版。

杨天宇：《周礼译注》，上海古籍出版社2004年版。

二　金文、铜器集录等

《河南出土商周青铜器》编辑组编:《河南出土商周青铜器（一）》,文物出版社1981年版。

中国社会科学院考古研究所:《殷周金文集成》,中华书局1984—1994年版。

三　考古报告、简报

宝鸡市周原博物馆、宝鸡市考古研究所:《周原遗址池渠遗存的钻探与发掘》,《周原（第1辑）》,三秦出版社2013年版。

北京大学考古文博学院、河南省文物考古研究所:《登封王城岗考古发现与研究（2002—2005年）》,大象出版社2007年版。

北京大学震旦古代文明研究中心、郑州市文物考古研究院:《新密新砦——1999—2000年田野考古发掘报告》,文物出版社2008年版。

曹桂岑:《淮阳平粮台龙山文化城址出土的陶甗和陶水管》,《华夏考古》1991年第2期。

段鹏琦等:《偃师商城的初步勘探和发掘》,《考古》1984年第6期。

谷飞、曹慧奇:《2011—2014年偃师商城宫城遗址复查工作的主要收获》,《三代考古（六）》,科学出版社2016年版。

国家文物局考古领队培训班:《郑州西山仰韶时代城址的发掘》,《文物》1999年第7期。

韩国河等:《河南荥阳官庄遗址M1、M2发掘简报》,《文物》2017年第6期。

河南省博物馆:《郑州南关外商代遗址的发掘》,《考古学报》1973年第1期。

河南省博物馆新郑工作站、新郑市文化馆:《河南新郑郑韩故城的钻探与试掘》,《文物资料丛刊（3）》,1980年。

河南省文物管理局、河南省文物考古研究所:《河南小浪底水库考古报告集》,黄河水利出版社1998年版。

河南省文物管理局、河南省文物考古研究所:《新安荒坡——黄河小浪底水库考古报告（三）》,大象出版社2008年版。

河南省文物管理局南水北调文物保护办公室、郑州市文物考古研究院:《河南新郑市唐户遗址裴李岗文化遗存2007年发掘简报》,《考古》2010年第5期。

河南省文物管理局南水北调文物保护办公室、郑州市文物考古研究院：《河南新郑市唐户遗址裴李岗文化遗存发掘简报》，《考古》2008年第5期。

河南省文物考古研究所：《舞阳贾湖》，科学出版社1999年版。

河南省文物考古研究所：《新郑郑国祭祀遗址》，大象出版社2006年版。

河南省文物考古研究所：《郾城郝家台》，大象出版社2012年版。

河南省文物考古研究所：《郑韩故城兴弘花园与热电厂墓地》，文物出版社2007年版。

河南省文物考古研究所：《郑州商城——1953—1985年考古发掘报告》，文物出版社2001年版。

河南省文物考古研究所：《郑州商城北大街商代宫殿遗址的发掘与研究》，《文物》2002年第3期。

河南省文物考古研究所：《郑州商城外郭城的调查与发掘》，《考古》2004年第3期。

河南省文物考古研究所：《郑州商城外夯土墙基的调查与试掘》，《中原文物》1991年第1期。

河南省文物考古研究所：《郑州商城新发现的几座商墓》，《文物》2003年第4期。

河南省文物考古研究所：《郑州小双桥——1990—2000年考古发掘报告》，科学出版社2012年版。

河南省文物考古研究所、平顶山市文物局：《河南平顶山蒲城店遗址发掘简报》，《文物》2008年第5期。

河南省文物考古研究所、新密市炎黄历史文化研究会：《河南新密市古城寨龙山文化城址发掘简报》，《华夏考古》2002年第2期。

河南省文物考古研究所、中国历史博物馆考古部：《登封王城岗与阳城》，文物出版社1992年版。

河南省文物考古研究所新郑工作站：《郑韩故城发现战国时期大型制陶作坊遗址》，《中原文物》2003年第1期。

河南省文物考古研究院：《河南新密古城寨城址2016—2017年度发掘简报》，《华夏考古》2019年第4期。

河南省文物考古研究院：《河南新郑郑韩故城北城门遗址春秋战国时期遗存发掘简报》，《华夏考古》2019年第1期。

河南省文物考古研究院、北京大学考古文博学院：《河南淮阳平粮台遗址2018年度发掘简报》，《华夏考古》2019年第4期。

河南省文物考古研究院、北京大学考古文博学院：《禹州瓦店环壕聚落考古收获》，《华夏考古》2018年第1期。

河南省文物研究所：《1992年度郑州商城宫殿区发掘收获》，《郑州商城考古新发现与研究1985—1992》，中州古籍出版社1993年版。

河南省文物研究所：《郑州电力学校考古发掘报告》，《郑州商城考古新发现与研究1985—1992》，中州古籍出版社1993年版。

河南省文物研究所：《郑州三德里、花园新村考古发掘简报》，《郑州商城考古新发现与研究1985—1992》，中州古籍出版社1993年版。

河南省文物研究所：《郑州商城内宫殿遗址区第一次发掘报告》，《文物》1983年第4期。

河南省文物研究所：《郑州医疗机械厂考古发掘报告》，《郑州商城考古新发现与研究1985—1992》，中州古籍出版社1993年版。

河南省文物研究所、周口地区文化局文物科：《河南淮阳平粮台龙山文化城址试掘简报》，《文物》1983年第3期。

湖北省文物考古研究所：《盘龙城——1963—1994年考古发掘报告》，文物出版社2001年版。

湖南省文物考古研究所：《澧阳城头山——新石器时代遗址发掘报告》，文物出版社2007年版。

湖南省文物考古研究所：《彭头山与八十垱》，科学出版社2006年版。

李德保：《在新郑郑韩故城内发现宫城遗址》，《中原文物》1978年第2期。

刘斌、王宁远：《2006—2013年良渚古城考古的主要收获》，《东南文化》2014年第2期。

洛阳博物馆：《洛阳锉李遗址发掘简报》，《考古》1978年第1期。

洛阳博物馆：《洛阳战国粮仓试掘纪略》，《文物》1981年第11期。

洛阳市第二文物工作队：《洛阳五女冢西周墓发掘简报》，《文物》1997年第9期。

洛阳市第二文物工作队：《洛阳五女冢西周早期墓葬发掘简报》，《文物》2000年第10期。

洛阳市文物工作队：《1975—1979年洛阳北窑西周铸铜遗址的发掘》，《考古》1983年第5期。

洛阳市文物工作队：《洛阳瞿家屯发掘报告》，文物出版社2010年版。

洛阳市文物工作队：《洛阳市第十三中学大壕沟发掘简报》，《洛阳考古发现（2007）》，中州古籍出版社2009年版。

洛阳市文物考古研究院：《洛阳东周王城城墙遗址2013年度发掘简报》，《洛阳考古》2015年第4期。

南越王宫博物馆筹建处、广州市文物考古研究所：《南越宫苑遗址——1995—1997年考古发掘报告》，文物出版社2008年版。

陕西省考古研究所：《镐京西周宫室》，西北大学出版社1995年版。

陕西省考古研究院、北京大学考古文博学院、宝鸡市周原博物馆：《周原遗址东部边缘——2012年度田野考古报告》，上海古籍出版社2018年版。

陕西周原考古队：《扶风召陈西周建筑群基址发掘简报》，《文物》1981年第3期。

陕西周原考古队：《陕西岐山凤雏村西周建筑基址发掘简报》，《文物》1979年第10期。

石璋如：《小屯·第一本·遗址的发现与发掘·乙编·殷墟建筑遗存》，"中央研究院"历史语言研究所，1959年版。

石璋如：《小屯殷代建筑遗迹》，《历史语言研究所集刊》第二十六本，1955年。

石璋如：《殷代的夯土、版筑与一般建筑》，《历史语言研究所集刊》第四十一本，1969年。

徐旭生：《1959年夏豫西调查"夏墟"的初步报告》，《考古》1959年第11期。

杨育彬：《郑州商城的考古发现和研究》，《中原文物》1993年第3期。

袁广阔、秦小丽：《焦作府城遗址发掘报告》，《考古学报》2000年第4期。

曾晓敏：《郑州商代石板蓄水池及相关问题》，《郑州商城考古新发现与研究1985—1992》，中州古籍出版社1993年版。

张松林等：《河南荥阳娘娘寨城址西周墓葬发掘简报》，《文物》2009年第9期。

浙江省文物考古研究所：《杭州市良渚外围水利系统的考古调查》，《考古》2015年第1期。

郑州大学历史文化遗产保护研究中心等：《河南荥阳市官庄周代城址发掘简报》，《考古》2016年第8期。

郑州大学历史学院、洛阳市文物工作队：《洛阳东周王城东城墙遗址2004年度发掘简报》，《文物》2008年第8期。

郑州市博物馆、郑州市文物考古研究所：《青台仰韶文化遗址1981年上半年发掘简报》，《中原文物》1987年第1期。

郑州市文物考古研究所：《郑州大河村》，科学出版社2001年版。

郑州市文物考古研究所：《郑州大师姑2002—2003》，科学出版社2004年版。

郑州市文物考古研究所：《郑州市铭功路东商代遗址》，《考古》2002年第9期。

郑州市文物考古研究所、北京大学考古文博学院：《河南巩义市花地嘴遗址"新砦期"遗存》，《考古》2005年第6期。

郑州市文物考古研究所、荥阳市文物保护管理所：《河南荥阳大师姑遗址 2002 年度发掘简报》，《文物》2004 年第 11 期。

郑州市文物考古研究院：《新郑望京楼 2010—2012 年田野考古发掘报告》，科学出版社 2016 年版。

郑州市文物考古研究院：《郑州市老坟岗商代遗址发掘简报》，《中原文物》2009 年第 4 期。

郑州市文物考古研究院、河南省文物管理局南水北调文物保护办公室：《河南新郑市唐户遗址裴李岗文化遗存 2007 年发掘简报》，《考古》2010 年第 5 期。

中国科学院考古研究所：《河南成皋广武区考古纪略》，《科学通报》1951 年第 2 卷第 7 期。

中国历史博物馆考古部等：《垣曲商城（二）：1988—2003 年度考古发掘报告》，科学出版社 2014 年版。

中国社会科学院考古研究所：《安阳殷墟小屯建筑遗存》，文物出版社 2010 年版。

中国社会科学院考古研究所：《二里头（1999—2006）》，文物出版社 2014 年版。

中国社会科学院考古研究所：《洛阳发掘报告——1955—1960 年洛阳涧滨考古发掘资料》，北京燕山出版社 1989 年版。

中国社会科学院考古研究所：《偃师二里头——1959 年—1978 年考古发掘报告》，中国大百科全书出版社 1999 年版。

中国社会科学院考古研究所：《偃师商城（第一卷）》，科学出版社 2013 年版。

中国社会科学院考古研究所：《殷墟发掘报告（1958—1961）》，文物出版社 1987 年版。

中国社会科学院考古研究所安阳发掘队：《河南安阳市洹北商城宫殿区 1 号基址发掘简报》，《考古》2003 年第 5 期。

中国社会科学院考古研究所安阳发掘队：《殷墟出土的陶水管和石磬》，《考古》1976 年第 1 期。

中国社会科学院考古研究所二里头工作队：《河南偃师市二里头遗址宫殿区 1 号巨型坑的勘探与试掘》，《考古》2015 年第 12 期。

中国社会科学院考古研究所二里头工作队：《河南偃师市二里头遗址墙垣与道路 2012—2013 年发掘简报》，《考古》2015 年第 1 期。

中国社会科学院考古研究所丰镐队：《西安市长安区丰京遗址水系遗存勘探与发掘》，《考古》2018 年第 2 期。

中国社会科学院考古研究所沣西发掘队：《陕西长安沣西客省庄西周夯土基址发掘报告》，《考古》1987 年第 8 期。

中国社会科学院考古研究所河南第二工作队：《河南临汝煤山遗址发掘》，《考古学报》1982年第4期。

中国社会科学院考古研究所河南第二工作队：《河南偃师商城宫城池苑遗址》，《考古》2006年第6期。

中国社会科学院考古研究所河南第二工作队：《河南偃师商城宫城第三号宫殿建筑基址发掘简报》，《考古》2015年第12期。

中国社会科学院考古研究所河南第二工作队：《河南偃师商城宫城第五号宫殿建筑基址》，《考古》2017年第10期。

中国社会科学院考古研究所河南第二工作队：《河南偃师商城小城发掘简报》，《考古》1999年第2期。

中国社会科学院考古研究所河南新砦队、郑州市文物考古研究院：《河南新密市新砦遗址东城墙发掘简报》，《考古》2009年第2期。

中国社会科学院考古研究所河南新砦队、郑州市文物考古研究院：《河南新密市新砦遗址浅穴式大型建筑基址的发掘》，《考古》2009年第2期。

中国社会科学院考古研究所洛阳发掘队：《洛阳涧滨东周城址发掘报告》，《考古学报》1959年第2期。

中国社会科学院考古研究所洛阳汉魏城队：《汉魏洛阳故城城垣试掘》，《考古学报》1998年第3期。

中国社会科学院考古研究所洛阳汉魏城队：《河南洛阳市汉魏故城M175西周墓发掘简报》，《考古》2014年第3期。

中国社会科学院考古研究所洛阳汉魏城队：《河南洛阳市汉魏故城三座东周墓的发掘》，《考古》2014年第9期。

周原考古队：《陕西宝鸡市周原遗址2014—2015年的勘探与发掘》，《考古》2016年第7期。

四　年鉴、报道

白云翔：《城市水利考古的探索与实践——〈汉长安城地区城市水利设施和水利系统的考古学研究·序〉》，《中国文物报》2017年2月21日第7版。

曹艳朋、李胜利、朱树政：《河南淮阳平粮台城址南门龙山时期排水系统》，《2015年中国重要考古发现》，文物出版社2016年版。

顾万发、汪旭、胡亚毅、信应君：《"河洛古国"双槐树：4300平方米夯土建筑群基址、大型院落布局，开古代大型宫殿式建筑形制之先河》，《文博中国》2020 年 12 月 20 日（微信版）。

顾万发等：《东赵遗址：夏商周考古的又一重大收获》，《中国文物报》，2015 年 2 月 27 日第 5 版。

河南省文物考古研究所：《新郑市阁老路东周遗址与古墓葬》，《中国考古学年鉴 1996》，文物出版社 1998 年版。

河南省文物考古研究所：《新郑市弘基房地产东周至宋代遗址》，《中国考古学年鉴 2002》，文物出版社 2003 年版。

河南省文物考古研究所：《新郑市华瑞路战国至汉代遗址》，《中国考古学年鉴 2004》，文物出版社 2005 年版。

河南省文物考古研究所：《新郑市市直幼儿园基建地东周遗址与墓葬》，《中国考古学年鉴 1999》，文物出版社 2001 年版。

河南省文物考古研究所：《新郑市郑韩故城韩宫城遗址》，《中国考古学年鉴 1999》，文物出版社 2001 年版。

河南省文物考古研究所：《新郑市郑韩路东周遗址》，《中国考古学年鉴 1996》，文物出版社 1998 年版。

河南省文物考古研究所：《新郑县郑韩故城》，《中国考古学年鉴 1989》，文物出版社 1990 年版。

河南省文物考古研究所：《新郑郑韩故城宫城遗址》，《中国考古学年鉴 1998》，文物出版社 2000 年版。

河南省文物考古研究所：《新郑郑韩故城金城路周代遗址》，《中国考古学年鉴 1994》，文物出版社 1997 年版。

河南省文物考古研究所：《新郑郑韩故城遗址》，《中国考古学年鉴 1992》，文物出版社 1994 年版。

刘斌、王宁远：《杭州余杭良渚古城遗址》，《新世纪中国考古新发现（2001—2010）》，中国社会科学出版社 2013 年版。

秦岭、曹艳朋：《中国古代城市规划建制的始源——河南淮阳平粮台城址》，《中国文物报》2020 年 4 月 25 日。

桂娟、双瑞：《河南巩义"河洛古国"重大考古成果发布》，《新华每日电讯》2020 年 5 月 8 日 01 版。

王炬：《洛阳东周王城内发现大型夯土基址》，《中国文物报》1999 年 8 月 29 日第 1 版。

王胜昔、王羿：《揭开五千年前"河洛古国"神秘面纱》，《光明日报》2020年5月8日01版。

许宏：《中国古代城市排水系统》，《中国文物报》，2012年8月3日第5版。

袁广阔：《郑州大师姑二里头城址发现的意义》，《中国文物报》2005年3月25日第7版。

张家强：《河南郑州东赵遗址》，《2014年中国重要考古发现》，文物出版社2015年版。

张松林等：《河南荥阳娘娘寨遗址发掘出两周重要城址》，《中国文物报》2009年2月18日第002版。

五 研究专著、编著

［美］张光直：《中国青铜时代》，生活·读书·新知三联书店2013年版。

［美］张光直：《商文明》，生活·读书·新知三联书店2013年版。

蔡蕃：《北京古运河与城市供水研究》，北京出版社1987年版。

陈隆文：《郑州历史地理研究》，中国社会科学出版社2011年版。

戴应新：《关中水利史话》，陕西人民出版社1977年版。

杜金鹏：《殷墟宫殿区建筑基址研究》，科学出版社2010年版。

傅筑兰：《中国运河城市发展史》，四川人民出版社1985年版。

拱玉书、刘文鹏、刘欣如等：《世界文明起源研究：历史与现状》，昆仑出版社2015年版。

拱玉书：《西亚考古史（1842—1939）》，文物出版社2002年版。

顾朝林：《中国城市地理》，商务印书馆1999年版。

顾万发（编著）：《文明之光——古都郑州探索与研究》，科学出版社2016年版。

郭涛：《中国古代水利科学技术史》，中国建筑工业出版社2013年版。

侯仁之（著），邓辉等（译）：《北平历史地理》，外语教学与研究出版社2014年版。

李令福：《关中水利开发与环境》，人民出版社2004年版。

李鑫：《商周城市形态的演变》，中国社会科学出版社2012年版。

刘莉、陈星灿：《中国考古学：旧石器时代晚期到早期青铜时代》，生活·读书·新知三联书店2017年版。

刘文鹏：《埃及考古学》，生活·读书·新知三联书店2008年版。

刘卫：《广州古城水系与城市发展关系研究》，华南理工大学出版社2016年版。

钱耀鹏：《中国史前城址与文明起源研究》，西北大学出版社2001年版。

时子明（主编）：《河南自然条件与自然资源》，河南科学技术出版社 1983 年版。

童书业（著），童教英（整理）：《童书业历史地理论集》，中华书局 2004 年版。

谭徐明：《中国古代物质文化史·水利》，开明出版社 2017 年版。

王立新：《早商文化研究》，高等教育出版社 1998 年版。

王文楷（主编）：《河南地理志》，河南人民出版社 1990 年版。

王震中：《商代都邑》，中国社会科学出版社 2010 年版。

吴庆洲：《中国古城防洪研究》，中国建筑工业出版社 2010 年版。

荥阳文物志编纂委员会：《荥阳文物志》，中州古籍出版社 2011 年版。

许宏：《先秦城市考古学研究》，北京燕山出版社 2000 年版。

许宏：《何以中国——公元前 2000 年的中原图景》，生活·读书·新知三联书店 2014 年版。

许宏：《大都无城——中国古都的动态解读》，生活·读书·新知三联书店 2016 年版。

许宏：《先秦城邑考古》，金城出版社、西苑出版社 2017 年版。

徐海亮：《郑州古代地理环境与文化探析》，科学出版社 2015 年版。

徐昭峰：《东周王城研究》，科学出版社 2019 年版。

严文明：《仰韶文化研究》，文物出版社 1989 年版。

杨宽：《中国古代都城制度史》，上海人民出版社 2003 年版。

杨建华：《两河流域：从农业村落走向城邦国家》，科学出版社 2014 年版。

叶青超等：《黄河下游河流地貌》，科学出版社 1990 年版。

于革等：《郑州地区湖泊水系沉积与环境演化研究》，科学出版社 2016 年版。

张国硕：《夏商时代都城制度研究》，河南人民出版社 2001 年版。

张建锋：《汉长安城地区城市水利设施和水利系统的考古学研究》，科学出版社 2016 年版。

张兴照：《商代水利研究》，中国社会科学出版社 2015 年版。

赵春青：《郑洛地区新石器时代聚落的演变》，北京大学出版社 2001 年版。

赵春青、顾万发（主编）：《新砦遗址与新砦文化研究》，科学出版社 2016 年版。

郑连第：《古代城市水利》，水利电力出版社 1985 年版。

郑州市文物局：《郑州市大遗址保护规划汇编》，科学出版社 2013 年版。

中国社会科学院考古研究所（编著）：《殷墟的发现与研究》，科学出版社 1994 年版。

中国社会科学院考古研究所（编著）：《中国考古学·夏商卷》，中国社会科学出版社 2003 年版。

中国社会科学院考古研究所（编著）：《中国考古学·新石器时代卷》，中国社会科学出版社 2010 年版。

中国社会科学院考古研究所（编著）：《埃及考古专题十三讲》，中国社会科学出版社 2017 年版。

中国社会科学院考古研究所（编著）：《二里头考古六十年》，中国社会科学出版社 2019 年版。

周魁一：《中国科学技术史·水利卷》，科学出版社 2002 年版。

邹衡：《夏商周考古学论文集》，文物出版社 1980 年版。

邹逸麟主编：《黄淮海平原历史地理》，安徽教育出版社 1993 年版。

邹逸麟、张修桂（主编）：《中国历史自然地理》，科学出版社 2013 年版。

六　研究论文

［美］张光直：《关于中国初期"城市"这个概念》，《文物》1985 年第 2 期。

［美］张光直：《中国相互作用圈与文明的形成》，《庆祝苏秉琦考古五十五年论文集》，文物出版社 1989 年版。

安金槐：《再论郑州商代城址——隞都》，《中原文物》1993 年第 3 期。

蔡全法：《邻国、邻水、邻都析议》，《河南文物考古论集（四）》，大象出版社 2006 年版。

蔡运章、俞凉亘：《西周成周城的结构布局及其相关问题》，《中原文物》2016 年第 1 期。

曹大志：《论商代的粮储设施——亩、亶、京》，《古代文明（第 13 卷）》，上海古籍出版社 2019 年版。

曹慧奇：《偃师商城宫城水井初探》，《夏商都邑与文化（一）》，中国社会科学出版社 2014 年版。

陈筱：《早商时期地方城市的规划与营建：从河南新郑望京楼商城遗址谈起》，《城市规划历史与理论（1）》，东南大学出版社 2014 年版。

陈旭：《商代隞都探寻》，《郑州大学学报（哲学社会科学版）》1991 年第 5 期。

崔英杰：《中国史前水井的发现与研究》，《农业考古》2011 年第 4 期。

戴向明：《中原地区早期复杂社会的形成与初步发展》，《考古学研究（九）》，文物出版社 2012 年版。

邓辉：《〈北平历史地理〉评介》，《地理研究》2013 年第 11 期。

杜金鹏：《试论商代早期王宫池苑考古发现》，《考古》2006 年第 11 期。

杜金鹏：《二里头宫殿建筑基址初步研究》，《夏商周考古学研究》，科学出版社 2007 年版。

段鹏琦：《汉魏洛阳城与自然河流的开发和利用》，《庆祝苏秉琦考古五十五年论文集》，文物出版社 1989 年版。

付仲杨：《丰京遗址水系与聚落布局》，《江汉考古》2019 年第 5 期。

付仲杨：《丰镐遗址近年考古工作收获与思考》，《三代考古（八）》，科学出版社 2019 年版。

高炜、杨锡璋、杜金鹏、王巍：《偃师商城与夏商文化分界》，《考古》1998 年第 10 期。

龚延文：《郦道元没有错改溱水为黄水——和刘文学同志商榷》，《中州今古》2002 年第 7 期。

顾万发：《花地嘴遗址聚落问题的初步研究》，《中国聚落考古的理论与实践（第一辑）——纪念新砦遗址发掘 30 周年学术研讨会论文集》，科学出版社 2010 年版。

郭涛：《中国城市水利史的研究现状及趋势》，《水利史研究论文集（第 1 辑）——姚汉源先生八十华诞纪念》，河海大学出版社 1994 年版。

韩建业：《西山古城兴废缘由试探》，《中原文物》1996 年第 3 期。

郝红星、张家强：《娘娘寨的春秋事》，《大众考古》2015 年第 6 期。

何驽：《陶寺遗址的水资源利用和水控制》，《故宫博物院院刊》2019 年第 11 期。

何毓灵、岳洪彬：《洹北商城十年之回顾》，《中国国家博物馆馆刊》2011 年第 12 期。

黄富成：《先秦到秦汉"圃田泽"环境变迁与文化地理关系考略》，《农业考古》2014 年第 1 期。

黄盛璋：《关于〈水经注〉长安城附件复原的若干问题》，《考古》1962 年第 6 期。

侯卫东：《"荥泽"的范围形成与消失》，《历史地理（第 26 辑）》，上海人民出版社 2012 年版。

侯卫东：《论西周晚期成周的位置及营建背景》，《考古》2016 年第 6 期。

侯卫东：《郑州小双桥商代都邑布局探索》，《中国国家博物馆馆刊》2016 年第 9 期。

侯卫东：《郑州商城肇始阶段王畿区域聚落变迁与社会重组》，《江汉考古》2018 年第 2 期。

贾兵强：《先秦时期我国水井形制初探》，《农业考古》2007 年第 4 期。

雷兴山、种建荣：《周原遗址商周时期聚落新识》，《大宗维翰：周原青铜器特展》，文物出版社 2014 年版。

李德方、吴倩：《夏末商汤居亳与韦地同域说——议新郑望京楼二里头文化城址性质》，

《中国国家博物馆馆刊》2010 年第 10 期。

李锋：《郑州大师姑商汤韦亳之我见》，《考古与文物》2007 年第 1 期。

李克煌：《论豫西山地区的水分平衡和气候干燥度》，《河南大学学报（自然科学版）》1985 年第 1 期。

李民：《说洛邑、成周与王城》，《郑州大学学报（哲学社会科学版）》1982 年第 1 期。

李乾太：《北魏故都平城城市水利试探》，《晋阳学刊》1990 年第 4 期。

梁亮、夏正楷、刘德成：《中原腹地距今 5000～4000 年间古环境重建的软体动物化石证据》，《北京大学学报（自然科学版）》第 39 卷第 4 期，2003 年。

梁云：《成周与王城考辨》，《考古与文物》2002 年第 5 期。

刘昶、方燕明：《河南禹州瓦店遗址出土植物遗存分析》，《南方文物》2010 年第 4 期。

刘富良：《洛阳西周陶器墓研究》，《考古与文物》1998 年第 3 期。

刘建国：《空间分析技术支持的良渚古城外围水利工程研究》，《江汉考古》2018 年第 4 期。

刘建国：《江汉平原及其周边地区史前聚落调查》，《江汉考古》2019 年第 5 期。

刘诗中：《中国古代水井形制初探》，《农业考古》1991 年第 1 期。

刘文学：《纠正溱水讹误，廓清历史谜团》，《中州今古》2002 年第 1 期。

刘文学：《再考溱洧水》，《黄河科技大学学报》2008 年第 1 期。

刘彦锋等：《郑州商城布局及外廓城墙走向新探》，《郑州大学学报（哲学社会科学版）》2010 年第 3 期。

刘亦方：《试论郑州城垣形态及相关河道的变迁》，《古代文明（第 13 卷）》，上海古籍出版社 2019 年版。

鲁鹏等：《环嵩山地区 9000—3000aBP 聚落分布与区域构造的关系》，《地理学报》2014 年第 6 期。

马俊才：《郑、韩两都平面布局初论》，《中国历史地理论丛》1999 年第 2 期。

马世之：《郑州大师姑城址性质试探》，《中原文物》2007 年第 3 期。

马世之：《郑韩故城的城市布局》，《文物建筑（第 3 辑）》，科学出版社 2009 年版。

逄博、张海、方燕明：《河南禹州瓦店遗址出土石铲制品的初步研究——嵩山地区夏商时期石铲生产工业管窥》，《华夏考古》2013 年第 2 期。

裴安平：《澧阳平原史前聚落的特点与演变》，《考古》2004 年第 11 期。

秦文生：《新郑望京楼遗址城址形制初探》，《华夏考古》2012 年第 4 期。

任相宏：《郑州小双桥出土的岳石文化石器与仲丁征蓝夷》，《中原文物》1997 年第 3 期。

史念海：《论济水和鸿沟》，《河山集（第三集）》，人民出版社 1988 年版。

史念海：《郑韩故城溯源》，《中国历史地理论丛》1998 年第 4 期。

施其仁：《伊洛河流域暴雨主要特征及其成因分析》，《河南师范大学学报（自然科学版）》1983 年第 1 期。

施其仁：《淮河上游地形对大暴雨的影响》，《河南大学学报（自然科学版）》1997 年第 1 期。

时西奇、井中伟：《商周时期大型仓储建筑遗存刍议》，《中国国家博物馆馆刊》2018 年第 7 期。

施雅风、孔昭宸、王苏民：《中国全新世大暖期气候与环境的基本特征》，《中国全新世大暖期气候与环境》，海洋出版社 1992 年版。

宋国定：《试论郑州商代水井类型》，《郑州商城考古新发现与研究》，中州古籍出版社 1993 年版。

宋江宁：《文献、金文和考古资料在西周史研究中关系的讨论》，《三代考古（五）》，科学出版社 2013 年版。

孙华：《商文化研究的若干问题——在纪念殷墟发掘 70 周年之际的反思》，《三代文明研究（一）》，科学出版社 1999 年版。

孙华：《商代前期的国家政体——从二里岗文化城址和宫室建筑基址的角度》，《多维视域——商王朝与中国早期文明研究》，科学出版社 2008 年版。

孙华：《中国城市考古概说》，《东亚都城和帝陵考古与契丹辽文化国际学术研讨会论文集》，科学出版社 2016 年版。

孙华：《战国时期的成都城——兼探蜀国的都城规划传统》，《古代文明（第 13 卷）》，上海古籍出版社 2019 年版。

孙卓：《郑州商城与偃师商城城市发展进程的比较》，《考古》2018 年第 6 期。

唐际根：《安阳殷墟宫庙区简论》，《三代考古（一）》，科学出版社 2004 年版。

唐际根、岳洪彬等：《洹北商城与殷墟的路网水网》，《考古学报》2016 年第 3 期。

唐际根、荆志淳：《安阳的"商邑"与"大邑商"》，《考古》2009 年第 9 期。

王迪、魏泽华：《再议丰京遗址新发现的水系遗存》，《中原文物》2019 年第 3 期。

王炬：《谷水与洛阳诸城址的关系初探》，《考古》2011 年第 10 期。

王立新：《从嵩山南北的文化整合看夏王朝的出现》，《二里头遗址与二里头文化研究》，科学出版社 2006 年版。

王辉、张海、张家富、方燕明：《河南省禹州瓦店遗址的河流地貌演化及相关问题》，《南方文物》2015 年第 4 期。

王鹏：《从西周金文材料看一座西周都邑的基本空间构成》，《建筑史（第43辑）》2019年第1期。

王荣彦：《郑州东区灰色地层的工程性状及其对策措施》，《岩土工程界》2006年第11期。

王学荣：《河南偃师商城第Ⅱ号建筑群遗址研究》，《三代考古（一）》，科学出版社2004年版。

王学荣、谷飞：《偃师商城宫城布局与变迁研究》，《中国历史文物》2006年第6期。

夏正楷等：《伊洛河水系变迁和二里头都邑的出现》，《夏商都邑与文化（二）》，中国社会科学出版社2014年版。

许宏：《对山东地区商代文化的几点认识》，《纪念山东大学考古专业创建20周年论文集》，山东大学出版社1992年版。

许宏：《"新砦文化"研究历程述评》，《三代考古（二）》，科学出版社2006年版。

许宏：《都邑变迁与商代考古学的阶段划分》，《二十一世纪的中国考古学》，文物出版社2006年版。

许宏：《大都无城——论中国古代都城的早期形态》，《文物》2013年第10期。

许宏：《三代文明与青铜时代考古——以概念和时空流变为中心："三代文明"专栏开栏语》，《南方文物》2014年第1期。

许宏：《关于二里头为早商都邑的假说》，《南方文物》2015年第3期。

许宏：《二里头遗址"1号大墓"学案综理》，《中原文物》2017年第5期。

许宏、陈国梁、赵海涛：《二里头遗址聚落形态的初步考察》，《考古》2004年第11期。

许宏、刘莉：《关于二里头遗址的省思》，《文物》2008年第1期。

许俊平、李锋：《小双桥商代遗址性质探索》，《中原文物》1997年第4期。

许顺湛：《中国最早的"两京制"——郑亳与西亳》，《中原文物》1996年第2期。

许天申：《洛阳盆地古河道变迁初步研究》，《河南省博物院落成暨河南省博物馆建馆70周年纪念论文集》，中州古籍出版社1998年版。

徐海亮：《史前郑州地区黄河河流地貌与新构造活动关系初探》，《华北水利水电学院学报（自然科学版）》2010年第6期。

徐海亮：《郑州地区地貌、水系演变与人文崛起初探》，《历史地理（第28辑）》，上海人民出版社2013年版。

徐良高：《宗庙与祭祀：夏商周都城的突出特征》，《"城市与文明"学术研讨会论文集》，上海古籍出版社2016年版。

徐良高：《先秦城市聚落中的水与水系》，《三代考古（三）》，科学出版社 2009 年版。

徐为民：《汉长安城对周边水环境的改造与利用》，《河南科技大学学报（社会科学版）》2007 年第 6 期。

徐昭峰：《成周与王城考略》，《考古》2007 年第 11 期。

徐昭峰、朱磊：《洛阳瞿家屯东周大型夯土建筑基址的初步认识》，《文物》2007 年第 9 期。

严文明：《中国史前文化的统一性与多样性》，《文物》1987 年第 3 期。

严文明：《中国文明起源的探索》，《中原文物》1996 年第 1 期。

严文明：《聚落考古与史前社会研究》，《文物》1997 年第 6 期。

严文明：《关于聚落考古的方法问题》，《中原文物》2010 年第 2 期。

杨鸿勋：《河姆渡遗址木构水井的鉴定》，《建筑考古学论文集》，文物出版社 1987 年版。

杨瑞霞等：《遥感技术在河南省考古中的应用》，《国土资源遥感》2001 年第 2 期。

杨育彬：《郑州商城的考古新发现与研究》，《中原文物》1993 年第 3 期。

杨肇清：《试论郑州西山仰韶文化晚期古城址的性质》，《华夏考古》1997 年第 1 期。

叶万松、张剑、李德方：《西周洛邑城址考》，《华夏考古》1991 年第 2 期。

叶万松、李德方：《三代都洛水系考辨》，《河南文物考古论集》，河南人民出版社 1996 年版。

余西云、赵新平：《西山城的情境分析》，《考古学研究（十）》，科学出版社 2012 年版。

袁广阔、曾晓敏：《论郑州商城内城和外郭城的关系》，《考古》2004 年第 3 期。

袁广阔：《略论郑州商城外郭城墙的走向与年代》，《中原文物》2018 年第 3 期。

岳洪彬、岳占伟等：《小屯宫殿宗庙区布局初探》，《三代考古（二）》，科学出版社 2006 年版。

岳洪彬、何毓灵等：《殷墟都邑布局研究中的几个问题》，《三代考古（四）》，科学出版社 2011 年版。

张本昀、吴国玺：《全新世洛阳盆地的水系变迁研究》，《信阳师范大学学报（自然科学版）》2006 年第 4 期。

张东：《编年与阐释：二里头文化年代学研究的时间观》，《文物》2013 年第 6 期。

张国硕：《小双桥遗址的性质》，《殷都学刊》1992 年第 4 期。

张国硕：《郑州商城与偃师商城并为亳都说》，《考古与文物》1996 年第 1 期。

张国硕：《盘庚迁都来龙去脉之推断》，《郑州大学学报（哲学社会科学版）》2004 年第

6 期。

张国硕：《望京楼夏代城址与昆吾之居》，《苏州大学学报》2012 年第 1 期。

张海：《景观考古学——理论、方法与实践》，《南方文物》2010 年第 4 期。

张光业：《河南省第四纪古地理的演变》，《河南大学学报（自然科学版）》1985 年第 3 期。

张松林、张家强：《郑州地区西周考古的收获与思考》，《河南文物考古论集（四）》，大象出版社 2006 年版。

张文军等：《关于偃师尸乡沟商城的考古学年代及相关问题》，《青果集》，知识出版社 1993 年版。

张应桥：《我国史前人类治水的考古证明》，《中原文物》2005 年第 3 期。

张玉石：《西山仰韶城址及相关问题研究》，《中国考古学的跨世纪反思》，商务印书馆 1999 年版。

张煜珧：《周原西周水资源利用的初步认识》，《中国国家博物馆馆刊》2019 年第 1 期。

张子明：《秦汉以前水井的考古发现和凿井技术》，《文博》1996 年第 1 期。

郑杰祥：《郑州商城的定名及其存在的年代》，《考古学研究（六）》，科学出版社 2006 年版。

郑若葵：《殷墟"大邑商"族邑布局初探》，《中原文物》1995 年第 3 期。

赵海涛：《二里头都邑聚落形态新识》，《考古》2020 年第 8 期。

赵辉：《以中原为中心的历史发展趋势的形成》，《文物》2000 年第 1 期。

赵辉：《中国的史前基础——再论以中原为中心的历史趋势》，《文物》2006 年第 8 期。

赵辉、魏峻：《中国新石器时代城址的发现与研究》，《古代文明（第 1 卷）》，文物出版社 2002 年版。

赵芝荃：《略论新砦期二里头文化》，《中国考古学会第四次年会论文集》，文物出版社 1985 年版。

赵芝荃：《试论二里头文化的源流》，《考古学报》1986 年第 1 期。

赵芝荃：《偃师商城建筑概论——1983 年～1999 年建筑遗迹考古》，《华夏考古》2001 年第 2 期。

周昆叔等：《论嵩山文化圈》，《中原文物》2005 年第 1 期。

周永珍：《关于洛阳周城》，《洛阳考古四十年》，科学出版社 1996 年版。

朱士光：《论〈水经注〉对"澬""溱"水之误注：兼论〈水经注〉研究的几个问题》，《史学集刊》2009 年第 1 期。

邹衡：《郑州商城即汤都亳说（摘要）》，《文物》1978 年第 2 期。

邹衡:《郑州小双桥商代遗址隞（嚣）都说辑补》,《夏商州考古学论文集（续集）》,科学出版社1998年版。

邹逸麟:《历史时期华北大平原湖沼变迁述略》,《历史地理（第5辑）》,上海人民出版社1987年版。

七　学位论文

陈钦龙:《郑韩故城考古发现与初步研究》,郑州大学,硕士学位论文,2007年。

陈筱:《中国古代的理想城市——从周鲁故城、东魏北齐邺城和元中都看〈考工记〉理想规划的渊源与影响》,北京大学,博士研究生学位论文,2014年。

侯卫东:《郑州商城都邑地位的形成与发展》,北京大学,博士研究生学位论文,2014年。

嵇梦帆:《印度河流域早期文明进程浅探》,重庆师范大学,硕士学位论文,2018年。

刘建国:《GIS支持的聚落考古研究》,中国地质大学,博士学位论文,2007年。

刘亦方:《从中心都城到地方城市——郑州古代城市的考古学研究》,北京大学,博士研究生学位论文,2019年。

毛智周:《新郑望京楼遗址夏商城址研究》,武汉大学,硕士研究生学位论文,2018年。

史雪飞:《郑国城市研究》,郑州大学,硕士研究生学位论文,2015年。

宋雪地:《河南史前聚落外围沟状设施的分类研究》,南京师范大学,硕士学位论文,2012年。

苏勇:《周代郑国史研究》,吉林大学,博士研究生学位论文,2010年。

孙艳:《周代都城的排水系统研究》,山东大学,硕士学位论文,2016年。

孙智富:《东周列国都城城市布局形态研究》,山东大学,硕士学位论文,2013年。

王书林:《北宋西京城市考古研究》,北京大学,博士研究生学位论文,2018年。

王锡惠:《印度早期城市发展初探》,南京工业大学,硕士学位论文,2015年。

王卓然:《古代开封城市水利建设》,武汉大学,硕士学位论文,2008年。

谢佳明:《郑州东赵遗址2014—2015年度小城南墙发掘简报》,郑州大学,专业硕士学位论文,2016年。

许俊杰:《郑州及其邻近地区全新世人地关系研究》,北京大学,博士研究生学位论文,2013年。

徐晓亮:《都城时代安阳水环境与城市发展互动关系研究》,陕西师范大学,硕士学位论文,2008年。

张海:《公元前4000至前1500年中原腹地的文化演进与社会复杂化》,北京大学,博士研究生学位论文，2007年。

张莉：《从龙山到二里头——以嵩山南北为中心》，北京大学，博士研究生学位论文，2012年。

张小虎：《中全新世黄河流域不同区域的环境考古研究》，北京大学，博士研究生学位论文，2010年。

周敏志：《古埃及第十二王朝对法尤姆地区的开发》，东北师范大学，硕士学位论文，2017年。

周通：《商代用水问题研究》，郑州大学，硕士学位论文，2012年。

周勋：《曹魏至北魏时期洛阳用水研究》，陕西师范大学，硕士学位论文，2016年。

八　国外研究者论著

［法］让-克劳德·戈尔万：《鸟瞰古文明》，严可婷译，湖南美术出版社、后浪出版公司2019年版。

［加］布鲁斯·G. 崔格尔：《理解早期文明：比较研究》，徐坚译，北京大学出版社2014年版。

［美］埃尔曼·塞维斯：《国家与文明的起源：文化演进的过程》，龚辛等译，陈淳审校，上海古籍出版社2019年版。

［美］斯蒂芬·伯特曼：《古代美索不达米亚社会生活》，秋叶译，商务印书馆2020年版。

［美］斯蒂芬·所罗门：《水：财富、权力和文明的史诗》，叶齐茂等译，商务印书馆2018年版。

［日］菊地利夫：《历史地理学的理论与方法》，辛德勇译，陕西师范大学出版社2014年版。

［日］饭岛武次：《洛阳西周时代的遗址与成周、王城》，《考古学研究（五）》，科学出版社2003年版。

［英］戈登·柴尔德：《城市革命》，陈洪波译，陈淳校，《考古学导论》，上海三联书店2008年版。

［英］罗莎莉·戴维：《古代埃及社会生活》，李晓东译，商务印书馆2017年版。

［澳］刘莉（著），《中国新石器时代：迈向早期国家之路》，陈星灿等译，文物出版社2007年版。

Abbas Alizadeh, *Chogha Mish II*: *The Development of a Prehistoric Regional Center in Low-*

land Susiana, Southwestern Iran, Chicago: Oriental Institute Publications, 2008.

Cameron A. Petrie, Ravindra N. Singh et al., "Adaptation to Variable Environments, Resilience to Climate Change: Investigating Land, Water and Settlement in Indus Northwest India", *Current Anthropology*, Vol. 58, No. 1, 2017.

Carla M. Sinopoli, "Ancient South Asian Cities in Their Regions", in Norman Yoffee (ed.) *The Cambridge World History (Vol. III) Early Cities in Comparative Perspective*, 4000BCE – 1200CE, Cambridge University Press, 2015.

Carlo Colantoni, Jason A. UR., "The Architecture and Pottery of a Late Third-Millennium Presidential Quarter at Tell Hamoukar, Northeastern Syria", *Iraq*, Vol. LXXIII, 2011.

David Jeffreys, *The Survey of Memphis, vol. I: The Archaeological Report*, Egypt Exploration Society, 1985.

Delphine Driaux, "Water Supply of ancient Egyptian settlements: the role of the state. Overview of a relatively equitable scheme from the Old to New Kingdom (ca. 2543—1077BC)", *Water Hist*, (2016) 8.

Dorothea Arnold, "An Artistic Revolution: The Early Years of King Amenhotep IV / Akhenaten", in *The Royal Women of Amarna: Images of Beauty from Ancient Egypt*, The Metropolitan Museum of Art, 1997.

Elizabeth C. Stone, "Surface Survey and Satellite Reconnaissance: Reconstructing the Urban Layout of Mashkan-shapir", *Iraq*, Vol. LXXIV, 2012.

G. P. F. van den Boorn, *Duties of the Vizier: Civil Administration in the Early New Kingdom*, Kegan Paul International, 1989.

Judith Bunbury and David Jeffreys, "Real and Literary Landscape in Ancient Egypt", *Cambridge Archaeological Journal*, 1 (2011), 21.

Judith Bunbury, "How Ancient Egypt Shows that Climate Changes is Always with Us", *The Ancient Near East Today*, Vol. VIII, No. 4, 2020.

Jörg Fassbinder, Sandra Ostner, Marion Scheiblecker, Mandana Parsi, Margarete van Ess, "Venice in the desert: Archaeological geophysics on the world's oldest metropolis Uruk-Warka, the city of King Gilgamesh (Iraq)", in James Bonsall (ed.), *New Global Perspectives on Archaeological Prospection: 13th International Conference on Archaeological Prospection 28 August-1 September 2019 Sligo-Ireland*, Archaeopress Publishing LTD, 2019.

J. Lauffray et al., "Rapport surles Travaux de Karnak" *Cahiers de Karnak*, 5 (1995), 27.

Karl A. Wittfogel, *Oriental Despotism: A Comparative Study of Total Power*, Yale University

Press, 1957.

Karl W. Butzer, *Early Hydraulic Civilization in Egypt: A Study in Cultural Ecology*, University of Chicago Press, 1976.

Karl W. Butzer, "Archaeology and Geology in Ancient Egypt", *Science*, Vol. 132, No. 3440, 1960.

Kristina Sauer, "From Counting to Writing: The Innovative Potential of Bookkeeping in Uruk Period Mesopotamia", in Philipp W. Stockhammer et al. (ed.), *Appropriating Innovations: Entangled Knowledge in Eurasia, 5000 – 1500 BCE*, Oxbow books, 2017.

Lise A. Truex, "Households and Institutions: A Late 3rd Millennium BCE Neighborhood at Tell Asmar, Iraq (Ancient Eshnunna)", *Archaeological Papers of the American Anthropological Association*, Vol. 30, 2019.

Marvin Harris, *Cannibals and Kings: The Origins of Cultures*, New York: Random House, 1977.

Massimo Vidale, "Aspects of Palace Life at Mohenjo-Daro", *South Asian Studies*, Vol. 26, No. 1, 2010.

M. A. Hoffman, H. A. Hamroush, and R. O. Allen, "A Model of Urban Development for the Hierakonpolis Region from Predynastic through Old Kingdom Times", *Journal of the American Research Center in Egypt*, 23 (1986).

M. Jansen, "Water Supply and Sewage Disposal at Mohenjo-Daro", *World Archaeology*, Vol. 21, No. 2, 1989.

M. Roaf, *Mesopotamien*, Augsburg, 1998.

M. Ziermann, *Elephantine XXVIII: Die Baustrukturen der älteren Stadt (Frühzeit und Altes Reich): Grabungen in der Nordoststadt (11. – 16. Kampagne) 1982 – 1986*, Mainz am Rhein: P. von Zabern, 2003.

Nadine Moeller, *The Archaeology of Urbanism in Ancient Egypt: From the Predynastic Period to the End of the Middle Kingdom*, Cambridge University Press, 2016.

Norman Yoffee, "The Power of Infrastructures: a Counternarrative and a Speculation", *Journal of Archaeology Method and Theory*, Vol. 23, 2016.

Paul Wheatley. *The Pivot of the Four Quarters: A Preliminary Enquiry into the Origins and Character of the Ancient Chinese City*, Edinburgh University Press, 1971.

Pinhas Delougaz, Harold D. Hill, Seton Lloyd, *Private Houses and Graves in the Diyala Region*, The University of Chicago Press, 1965.

Rita P. Wright, *The Ancient Indus*: *Urbanism*, *Economy and Society-Case Studies in Early Societies*, Cambridge University Press, 2010.

Robert McC. Adams, *Heartland of Cities*: *Surveys of Ancient Settlement and Land Use on the Central Floodplain of the Euphrates*, The University of Chicago Press, 1981.

Robin Coningham and Ruth Young, *The Archaeology of South Asia*: *From the Indus to Asoka*, *c. 6500 BCE-200 CE*, Cambrige University Press, 2015.

Strommenger Eva, Max Hirmer, 5000 *Years of the Art of Mesopotamia*, New York: Abrams, 1964.

Wang Haicheng, "China's First Empire? Interpreting the Material Record of the Erligang Expansion", in Kyle Steinke with Dora C. Y. Ching. P. Y. and Kinmay W. Tang Center for East Asian Art Department of Art and Archaeology (ed.), *Art and Archaeology of the Eriligang Civilization*, Princeton University in association with Princeton University Press, 2014.

九　网页、网站资源

https: //en. wikipediam. org/wiki/Mesopotamia

https: //essaydocs. org/sumerian-city-states. html

http: //kaogu. cssn. cn/zwb/xsdt/xsdt_ 3348/202105/t20210526_ 5336216. shtml

https: //www. ancient-civilizations. com/lesser-known-facts-indus-valley-civilization/2/

https: //www. ancient-origins. net/artifacts-ancient-technology/nilomete

https: //www. harappa. com/blog/mohenjo-daro-great-bath-diagram

https: //www. heraldofhope. org. au/wp-content/uploads/2019/02/6-MAP-OF-CITY-OF-UR. jpeg

https: //www. messagetoeagle. com/ancient-egyptian-nilometer-for-determining-taxes-discovered/

https: //www. worldhistory. org/image/12853/indus-valley-civilization---mature-harappan-phase/

https: //www. hierakonpolis-online. org

后　　记

　　本书是郑州中华之源与嵩山文明研究会重点课题的结项成果，非常感谢该研究会为此重点课题提供的科研经费和出版基金资助。

　　2015年初，在对良渚古城以北新发现的堤坝系统及城市水利系统进行全面分析和工程学研究的基础上，我们向郑州中华之源与嵩山文明研究会提出了"三代时期环嵩山地区城市给排水系统的工程学研究"的课题申请，旨在从先民对自然环境的适应能力入手，通过对环嵩山地区考古学资料进行梳理，对夏商周时期不同层级的城市给排水设施的演化序列及规划格局进行分析，建立主要城址的考古地理信息系统模型，进一步分析给排水设施的空间位置分布与相应水系位置关系，从而整体把握城市规划格局的发展与演变以及先民对自然的适应能力，揭示环嵩山地区的城市水利特征。

　　由于种种原因，这一有关城市水利的研究，直到2020年底才终于告一段落。课题结项报告中也舍弃了工程学研究的内容，因此，我们将课题名称改成了"环嵩山地区三代城市水利系统考古学研究"。虽然有些遗憾，但这毕竟算是一个阶段性成果，也应了那句老话"路漫漫其修远兮，吾将上下而求索"。

　　本书由宋国定教授和刘亦方博士共同合作完成。宋国定负责撰写内容大纲，对全书的体例、格式和总体框架进行修订，对文稿内容进行必要的增删、充实和调整，并最终审定成稿。刘亦方博士于2019年加入课题组，结合自身城市考古的背景，对考古资料做了具体分析和研究，与宋国定教授商讨并确立了本书的研究思路，修改大纲并细化和重组了研究内容。本书共分为七章：第一章，"绪论"。主要内容为：研究缘起与意义、相关概念以及中国古代城市水利研究综述；第二章，"城市水利工程的萌动"。主要讨论环嵩山地区考古发现的三代以前定居聚落及其水利设施；第三章，"城市水利系统的肇始"。内容为龙山文化至二里头文化时期的城市化与城市水利的兴起；第四章，"城市水利系统的演进"。内容以介绍商王朝时期的城市水利设置为主；第五章，"城市水利系统的兴盛"。主要介绍两周时期城市水利工程的发展；第六章，"环嵩山地区三代城市水利的特征"。基于中外比较的视角，与世界其他早期文明的城市水利系统的异同做了比较；第七章，"结语"。其中第一章和第五章主要由宋国定执笔，余下的第二章至第四章、第六章至第七章为刘亦方博士执笔。

　　在本书写作过程中，中国社会科学院考古研究所研究员刘建国研究员，在地理信息系统及航片地图资料等方面为我们提供了无私的帮助，并慷慨为本书作序；北京大学考古文博学院的孙华教授和雷兴山教授（现已到首都师范大学），在城市考古研究领域和城市水利考古方面均给予了悉心指导；中国社会科学院考古研究所张东助理研究员发挥自己新石器时代考古的专业特长，帮助我们筛选新石器时代的考古资料，在很大程度上弥补了我们研究中的薄弱环节，并帮忙搜集、翻译了相关外文文献，保证了研究报告的顺利完成。郑州大学的郜向平副教授，山西大学的王炜副教授，北京大学的曹大志副教授、杨坤博士、铁莹硕士，北京联合大学的杨菁博士和国家文物局考古研究中心的任文勋博士等牺牲自己的学习和生活时间，不厌其烦地帮助下载、借阅各类电子版、纸版的参考文献。另外，首都师范大学的李文成博士为本书制作了部分地图，中国社会科学院考古研究所的张东助理研究员核对了全书的插图。在此对他们的辛勤劳动和无私奉献表示由衷的感谢！

本书所采用的城址平面示意图、遗迹图等插图除注明出处外，皆采自相关的考古发掘简报、报告和考古专刊，在此恕不一一注明。

在项目进行和书稿出版期间，得到了郑州嵩山文明研究院张建华、柴小羽等领导和工作人员的大力支持；郑州中华之源与嵩山文明研究会学术委员会的李伯谦先生、张国硕教授等先后对报告内容提出了诸多宝贵意见和建议。本书的出版还得益于中国社会科学出版社编辑郭鹏老师的辛勤劳动和付出，在此一并对他们表示感谢！

由于考古材料以及研究者水平所限，难免会有一些缺憾，不妥之处，望业内同仁批评指正。

刘亦方、宋国定

2021 年 8 月于北京